教育部高等学校高职高专汽车类专业教学指导委员会规划教材
总主编 仪垂杰

汽车电工与电子技术

主　编　牟盛勇
副主编　刘猛洪　徐景山　吴　伟
主　审　陈开考

山东大学出版社

内容简介

本教材从先进的职业教育理念出发，坚持“以就业为导向，以全面素质为基础，以能力为本位”的宗旨，一方面对传统的学科型教材进行整合，另一方面，从专业课的角度出发，对本教材框架重新进行构建。全书共分九章，主要内容包括：直流电路、正弦交流电路、磁路及电磁器件、电动机、汽车常用仪器仪表的使用、模拟电子技术基础和数字电路基础等。本教材以电工、电子基础知识与汽车专业知识相结合作为出发点，力求有较宽的覆盖面来容纳较大的信息量。针对汽车专业要求，选取了最基本、最主要的电工电子基础内容，着重讲述基本概念、原理和应用，列举了许多汽车电子电路的实例，理论结合实际，通俗易懂，适用性强。

图书在版编目(CIP)数据

汽车电工与电子技术/牟盛勇主编．—济南：山东大学出版社，2011.8
教育部高等学校高职高专汽车类专业教学指导委员会规划教材/仪垂杰总主编
ISBN 978-7-5607-3748-5

Ⅰ．①汽…
Ⅱ．①牟…
Ⅲ．①汽车—电工—高等职业教育—教材
②汽车—电子技术—高等职业教育—教材
Ⅳ．①U463.6

中国版本图书馆 CIP 数据核字(2011)第 157402 号

山东大学出版社出版发行
(山东省济南市山大南路 20 号　邮政编码：250100)
山东省新华书店经销
山东省英华印刷厂印刷
787×1092 毫米　1/16　16 印张　368 千字
2011 年 8 月第 1 版　2011 年 8 月第 1 次印刷

定价：27.00 元

教育部高等学校高职高专汽车类专业教学指导委员会规划教材

编审委员会

总 序

进入新世纪以来，我国加快了转变经济发展方式的步伐，从而有力地推动着各领域的科学发展。随着科技创新能力的不断提高，科学技术的产业化进程日益加快，制造业不断优化结构，改善品种质量，并淘汰落后产能，汽车制造业尤其如此。《中华人民共和国国民经济和社会发展十二五规划纲要》提出的培育发展新能源汽车等新兴产业的战略目标就充分体现了这一点。

2010 年，中国汽车产销量已超过 1800 万辆，居全球首位，市场潜力巨大。中国汽车与装备制造业已进入了一个新的发展阶段。汽车工业的飞速发展带动了汽车与制造相关产业链的发展，为汽车和机械制造类相关专业毕业生提供了广阔的就业空间和很好的发展前景。然而，老版本的汽车类教材已经远远不能满足汽车专业的教学需求，为广大汽车专业的师生提供一套新版教材成为当务之急。同时，为贯彻《教育部财政部关于实施国家示范性高等职业院校建设计划加快高等职业教育改革与发展的意见》(教高[2006]14 号)和《教育部关于全面提高高等职业教育教学质量的若干意见》(教高[2006]16 号)的精神，进一步推动职业教育由"重视规模发展"向"注重提高质量"的工作重心转变，适应我国现代汽车工业和职业教育发展的需要，教育部高等学校高职高专汽车类专业教学指导委员会决定在工学结合课程开发和教材建设方面进行探索，组织高校富有经验的教师和企业专家共同编写一套理论性和实践性相结合的汽车类专业教材。

教学质量是学校的生命线。提高教学质量，专业建设是龙头，课程建设是关键。高职教育的课程改革是一项长期的工作，它不是片面的课程内容的解构与重构，必须以人才培养模式创新为核心，以双师素质教师团队建设、实训条件建设、实训项目开发、教学方法改革、教学实施创新等一系列条件为支撑。多年来，在教育部高等学校高职高专汽车类专业教学指导委员会指导下，各高职高专院校进行了广泛的调研，以课程建设为抓手，以校企合作、工学结合为突破口，狠抓课程实施，在教材建设方面做出了高等职业教育的特色。本套教材既注重技能的提高，又兼顾理论的提升，力求满足广大高职高专汽车类专业学生学习的需要，为学生的就业和继续深造打下坚实的基础，充分体现了工学结合的职业教育特色。

经过各分册编写者和主审们的辛勤劳动，本套教材即将陆续面世。希望教育部高等学校高职高专汽车类专业教学指导委员会的工作可以为各高职院校提供一些借鉴，并通过这套教材进一步推动各地的高职高专教学与课程改革。同时，也希望业内专家和同仁对本套教材提出指导性和建设性意见，以便在教学实践中共同完善和提高。

在本套教材编写过程中，得到了教育部领导、行业专家、各高职高专院校和企业专家的支持，山东大学出版社对教材的出版给以了大力支持和帮助，在此一并致谢。

教育部高等学校高职高专汽车类专业
教 学 指 导 委 员 会 主 任 委 员　仪垂杰

2010 年 12 月于青岛

前　言

随着汽车的发展，汽车电控技术发展越来越快，很多电子新技术引入到汽车电控技术中。原来高职类汽车专业学习的都是《电工电子技术》，而《电工电子技术》太注重理论，内容太宽泛，与汽车结合太少，学习过程中理解困难，也不利于之后的譬如《汽车电器设备与维修》、《汽车电控技术》的相关内容的学习，所以《电工电子技术》已经不能满足高职汽车类专业教育教学的需要。《汽车电工与电子技术》是在这基础上，针对高职汽车专业知识技能的要求编写的，内容结合汽车专业展开，内容全面且注重实践技能的学习，学完本课程，会为以后的相关专业课的学习打下坚实的理论和实践基础。

本教材在内容安排上，遵循高职汽车相关专业队电工电子技术的要求，以汽车为主线，包括电工技术、模拟电子技术、数字电子技术，共分为九章的内容，每章内容以全面够用为度，每章后面都有相关的实训，知识和技能紧密结合，注重学生的技能水平的提高，并且每章内容都有在汽车上的相关应用分析，注重汽车上的实际应用。本教材形式上生动活泼，有提示、讨论、教学建议、拓展阅读等内容，体现一体化思想，力求简洁实用，旨在培养学生的技术应用能力，加强针对性与实用性，因此本教材是一本具有鲜明特色的高职高专教材。

本教材适合高职高专汽车检测与维修技术、汽车电子技术等相关专业使用，参考学时为 80 学时，使用时可根据教学需要进行取舍。

本教材由浙江经济职业技术学院陈开考教授主审。日照职业技术学院牟盛勇教授担任主编，济宁职业技术学院刘猛洪高级讲师担任副主编并编写了第 4 章部分内容；包头轻工职业技术学院徐景山高级讲师担任副主编并编写了第 9 章；山东新汶矿业集团工程师吴伟担任副主编并且编写了第 5 章。济宁职业技术学院的汪爱丽老师编写第 4 章部分内容，包头轻工职业技术学院刘仪凤老师编写第 1 章，日照职业技术学院老师刘静、于海涛老师共同编写第 2 章，王云强老师编写第 3 章，苏青老师编写第 7 章，孙丽君老师编写第 8 章，第

6章内容由日照职业技术学院贾仟伟老师完成。全书由牟盛勇统稿。

本书在编写过程中得到了许多专家与同行的热情支持，并参阅了许多国内外公开出版和发表的文献，在此一并表示感谢。由于编者水平有限，书中难免有不妥和错误之处，恳请读者提出宝贵意见。

编者

2011年4月

目录

第1章 直流电路

学习目标

1. 学习电路的基本组成、电路的三种工作状态和基本物理量。
2. 学会利用基尔霍夫定律分析基本电路。
3. 了解汽车电路的基本知识。

考核标准

知识要求：

1. 学会用直流电路的基本定律分析电路。
2. 学习几种直流电路常用元器件的识别与使用方法。

技能要求：

1. 学习万用表的使用方法。
2. 学会认识连接检测简单的汽车电路。

教学建议

教具：直流电源、导线、开关、万用表。

建议：直流电路的基本知识建议用多媒体，相关的实验在实训室里进行。

1.1 电路的组成及基本物理量

1.1.1 电路的组成

电路是由各种电气器件按一定方式用导线连接组成的总体，它提供了电流通过的闭合路径。电路的组成部分包括：

(1)电源：是供应电能的设备。如发电厂、电池等。

(2)负载：是取用电能的设备。如电灯、电机等。

(3)中间环节：是连接电源和负载的部分，起传输和分配电能的作用。如变压器、输电线等。

图 1-1 为一最简单的电路。这里干电池将化学能转换为电能，小灯泡取用电能并转换为光能。导线和开关用来连接电源和负载，为电流提供通路，把电源的能量供给负载，并根据负载需要接通和断开电路。

电路的功能和作用有两类：第一类功能是进行能量的转换、传输和分配；第二类功能是进行信号的传递与处理。例如，扩音机输入的是由声音转换而来的电信号，通过晶体管组成的放大电路，输出的便是放大了的电信号，从而实现了放大功能；电视机可将接收到的信号，经过处理，转换成图像和声音。

电路是由电特性相当复杂的元器件组成的，为了便于使用数学方法对电路进行分析，可将电路实体中的各种电器设备和元器件用一些能够表征它们主要电磁特性的理想元件（模型）来代替，而对它的实际上的结构、材料、形状等非电磁特性不予考虑。由理想元件构成的电路叫做实际电路的电路模型，也叫做实际电路的电路原理图，简称为电路图。例如，图 1-1 所示的实际电路的电路模型如图 1-2 所示。常用理想元件及图形符号如表 1-1 所示。

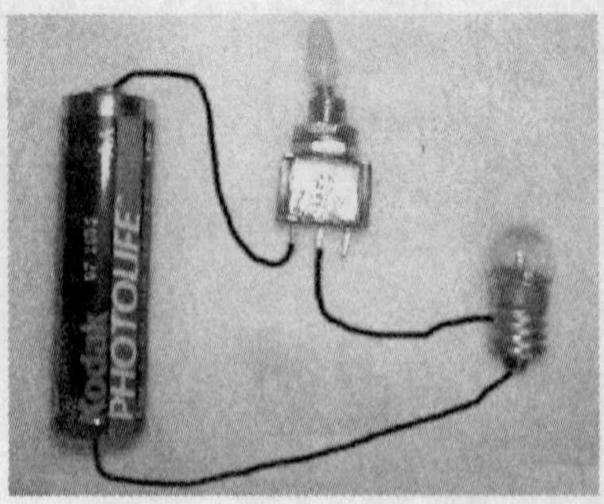

图 1-1　简单的电路

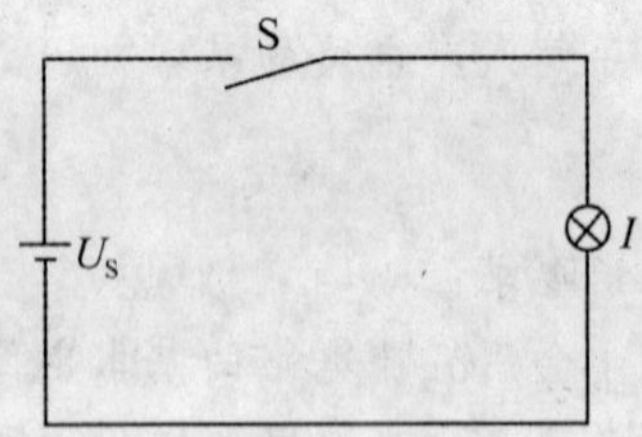

图 1-2　电路图

表 1-1　常用理想元件及图形符号

名　称	符　号	名　称	符　号
电阻	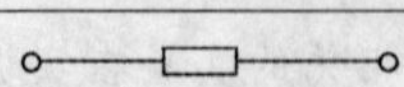	电压表	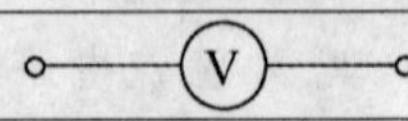
电池	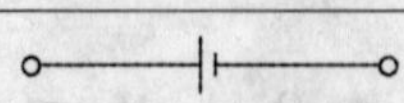	接地	⏚或⊥
电灯	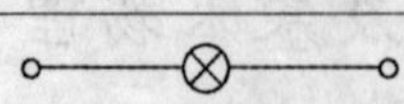	熔断器	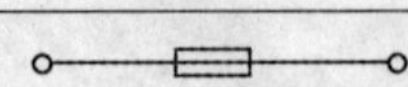
开关	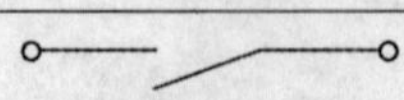	电容	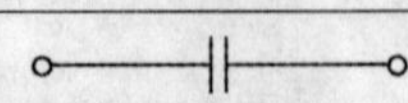
电流表		电感	

1.1.2　电路的基本物理量

1. 电流

电流是由电荷的定向移动而形成的。当金属导体处于电场之内时，自由电子要受到电场力的作用，逆着电场的方向作定向移动，这就形成了电流。

大小和方向均不随时间变化的电流叫恒定电流，简称直流(Direct Current)，记为 DC 或 dc。

电流的强弱用电流强度来表示，对于恒定直流，电流强度 I 用单位时间内通过导体截面的电量 Q 来表示，即

$$I=\frac{\Delta q}{\Delta t}=\frac{Q}{t}=\text{常数}$$

电流的单位是 A(安[培])。在 1s 内通过导体横截面的电荷为 1C(库[仑])时，其电流为 1A。计算微小电流时，电流的单位用毫安(mA)、微安(μA)或纳安(nA)，其换算关系为：$1\text{kA}=10^3\text{A}$；$1\text{mA}=10^{-3}\text{A}$；$1\mu\text{A}=10^{-6}\text{A}$；$1\text{nA}=10^{-9}\text{A}$。

习惯上，规定正电荷的移动方向为电流的实际方向。在外电路，电流由正极流向负极；在内电路，电流由负极流向正极。

2. 电压

电场力把单位正电荷从电场中点 A 移到点 B 所做的功 W_{AB} 称为 A、B 两点间的电压，用 U_{AB} 表示，即

$$U_{AB}=\frac{W_{AB}}{Q} \tag{1-1}$$

电压的单位为伏[特](V)。如果电场力把 1C 电量从点 A 移到点 B 所作的功是 1J(焦[耳])，则 A 与 B 两点间的电压就是 1V。计算较大的电压时用千伏(kV)，计算较小的电压时用毫伏(mV)。其换算关系为：$1\text{kV}=10^3\text{V}$；$1\text{mV}=10^{-3}\text{V}$。

电压的实际方向规定为从高电位点指向低电位点，即由正极指向负极，因此，在电压的方向上电位是逐渐降低的。

电压总是相对两点之间的电位而言的，所以用双下标表示，一个下标(如 A)代表起点，一个下标(如 B)代表终点。电压的方向则由起点指向终点，有时用箭头 1-3(a))，电压为正值；当标定的参考方向与实际电压方向相反时(图 1-3(b))，电压为负值。

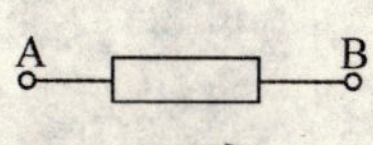

(a)参考正方向与实际方向一致

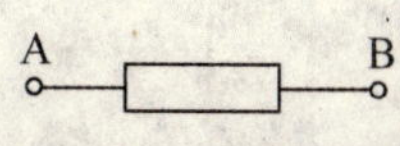

(b)参考正方向与实际方向相反

图 1-3　电压的参考方向与实际方向

3. 电功率

在直流电路中，根据电压的定义可知，电场力所做的功是 $W=QU$。把单位时间内电场力所做的功称为电功率，则有

$$P=\frac{\mathrm{d}W}{\mathrm{d}t}=u\frac{\mathrm{d}Q}{\mathrm{d}t}=UI \tag{1-2}$$

功率的单位是瓦[特](W)。对于大功率，采用千瓦(kW)或兆瓦(MW)作单位，对于

小功率则用毫瓦(mW)或微瓦(μW)作单位。

在电源内部，外力做功，正电荷由低电位移向高电位，电流逆着电场方向流动，将其他能量转变为电能，其电功率为

$$P=EI \tag{1-3}$$

我们把能量传输(流动)的方向定为功率的方向。类似电流、电压的处理方式，也可以为功率假设参考方向，功率的实际方向与参考方向一致时，功率为正，否则，功率为负。简单地说，当任意一个二端电路元件的电压和电流取一致的参考方向时，其所吸收(即外界输入)的功率为 $P>0$；如果该电路元件的电压和电流的参考方向不一致，则其所吸收的功率为 $P<0$。如果计算出的功率值为正，表明该元件吸收能量(吸收功率)，为负则表明它向外界提供能量(提供功率)。

当已知设备的功率为 P 时，在 t 秒内消耗的电能为 $W=Pt$，电能就等于电场力所作的功，单位是 J(焦[耳])。在电工技术中，往往直接用 $W\cdot s$(瓦特秒)作单位，实践中则常用 kW·h(千瓦小时)作单位，俗称 1 度电。$1\text{kW}\cdot\text{h}=3.6\times10^6\ \text{W}\cdot\text{s}$

【例 1-1】 有一功率为 60W 的电灯，每天使用它照明的时间为 4h，如果按每月 30 天计算，那么每月消耗的电能为多少度？合为多少 J？

解：该电灯平均每月工作时间 $t=4\times30=120\text{h}$，则

$$W=P\cdot t=60\times120=7200\text{W}\cdot\text{h}=7.2\text{kW}\cdot\text{h}$$

即每月消耗的电能为 7.2 度，约合为 $3.6\times10^6\times7.2\approx2.6\times10^7\text{J}$。

1.2 欧姆定律、线性电阻和非线性电阻

电阻元件是对电流呈现阻碍作用的耗能元件，例如灯泡、电热炉等电器。图 1-4 所示的常见元件都可作为电阻。

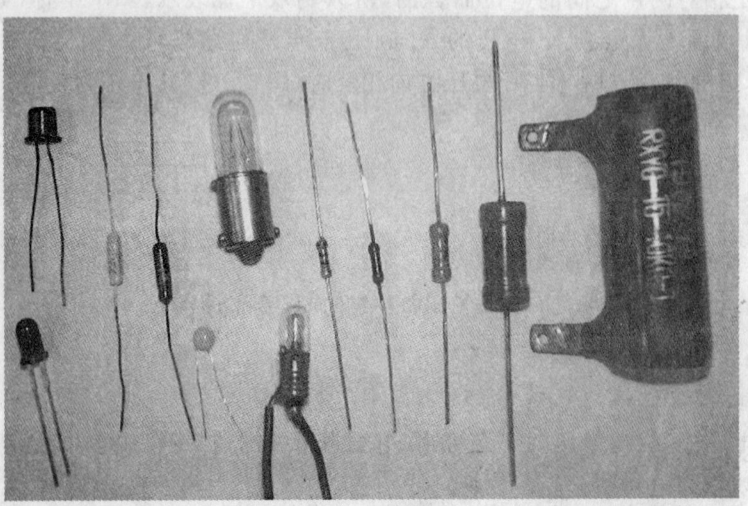

图 1-4 常见的电阻元件

电阻定律：
$$R=\rho\frac{l}{S} \tag{1.4}$$

式中：ρ ——制成电阻的材料电阻率，国际单位制单位为 Ω・m（欧[姆]米）；

l——绕制成电阻的导线长度，国际单位制为 m（米）；

S——绕制成电阻的导线横截面积，国际单位制为 m^2（平方米）；

R——电阻值，国际单位制为 Ω（欧[姆]）。

经常用的电阻单位还有 kΩ（千欧）、MΩ（兆欧），它们与 Ω 的换算关系为

$$1\ \text{k}\Omega=10^3\,\Omega;\quad 1\text{M}\Omega=10^6\,\Omega$$

电阻的倒数 $1/R=G$，称为电导，它的单位为 S（西[门子]）。

欧姆定律：导体中的电流 I 与加在导体两端的电压 U 成正比，与导体的电阻 R 成反比。

1.2.1　一段电路的欧姆定律

图 1-5 所示电路，是只含有电阻的一段电路。

若 U 与 I 正方向一致，则欧姆定律可表示为

$$U = IR \tag{1-5}$$

若 U 与 I 方向相反，则欧姆定律表示为

$$U=-IR \tag{1-6}$$

1.2.2　全电路的欧姆定律

图 1-6 是简单的闭合电路，R_0 为电源内阻，R_L 为负载电阻，若略去导线电阻不计，则此段电路用欧姆定律表示为

$$I=\frac{E}{R_L+R_0} \tag{1-7}$$

式(1-7)的意义是：电路中流过的电流，其大小与电动势成正比，而与电路的全部电阻成反比。电源的电动势和内电阻一般认为是不变的，所以，改变外电路电阻，就可以改变回路中的电流大小。

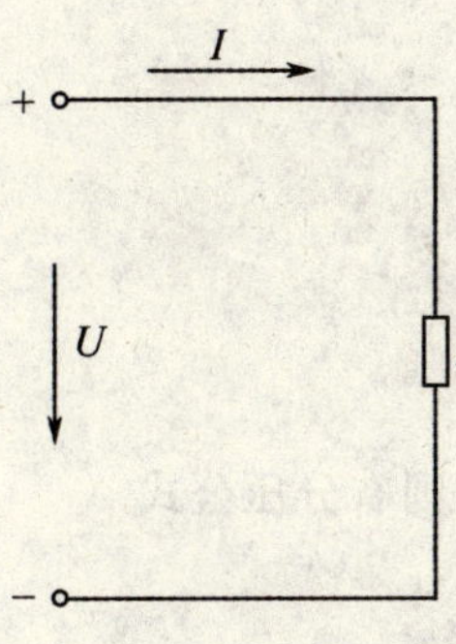

图 1-5　一段电路的欧姆定律图

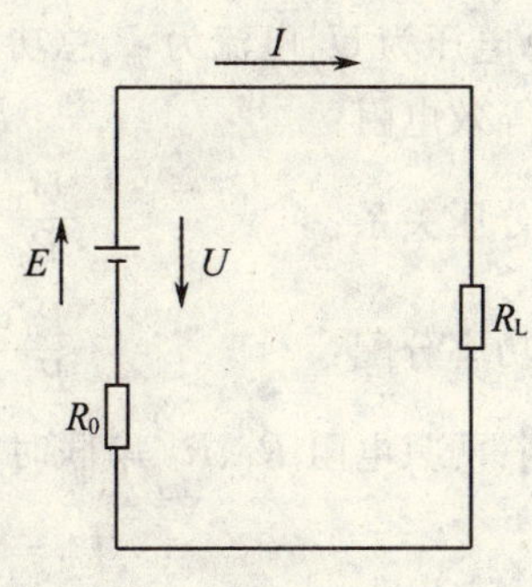

图 1-6　闭合电路的欧姆定律

1.2.3 线性电阻和非线性电阻

电阻值 R 与通过它的电流 I 和两端电压 U 无关(即 R =常数)的电阻元件叫做线性电阻,其伏安特性曲线在 $I-U$ 平面坐标系中为一条通过原点的直线,如图 1-7 所示。

电阻值 R 与通过它的电流 I 和两端电压 U 有关(即 $R\neq$常数)的电阻元件叫做非线性电阻,其伏安特性曲线在 $I-U$ 平面坐标系中为一条通过原点的曲线,如图 1-8 所示。

通常所说的“电阻”,如不作特殊说明,均指线性电阻。

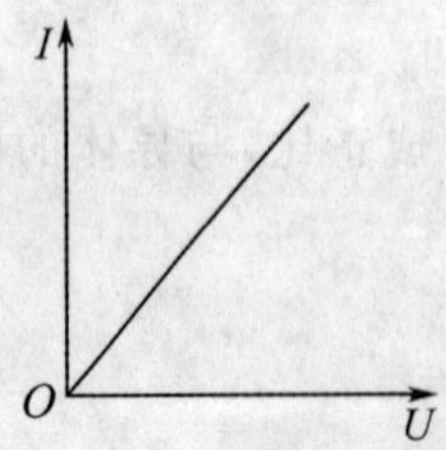

图 1-7 线性电阻的伏安特性

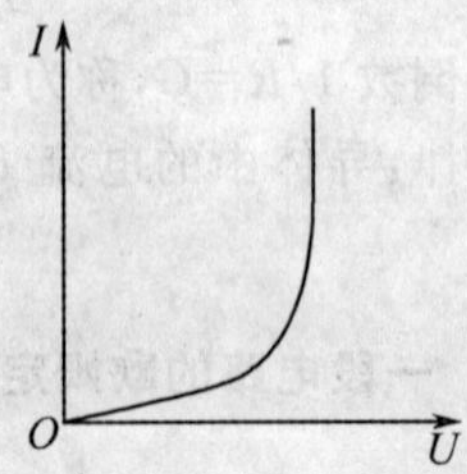

图 1-8 非线性电阻的伏安特性

1.2.4 电阻电路的连接

由于工作的需要,常将许多电阻按不同的方式连接起来,组成一个电路网络。

1. 电阻的串联

由若干个电阻顺序地连接成一条无分支的电路,称为串联电路。如图 1-9 所示电路,是由三个电阻串联组成的。

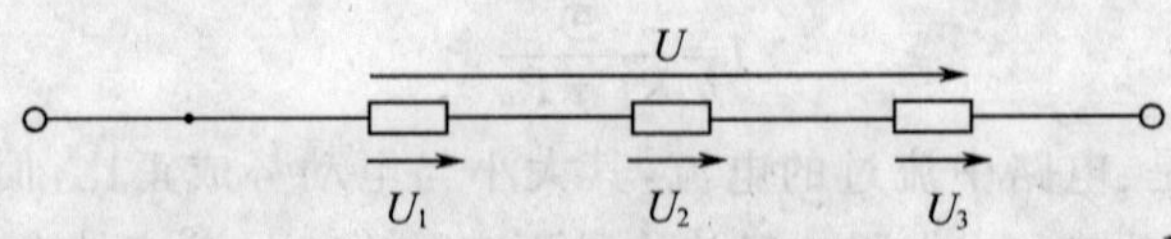

图 1-9 电阻串联电路

设总电压为 U、电流为 I、总功率为 P。

(1)等效电阻: $R=R_1+R_2+\cdots+R_n$

(2)分压关系: $\dfrac{U_1}{R_1}=\dfrac{U_2}{R_2}=\cdots=\dfrac{U_n}{R_n}=\dfrac{U}{R}=I$

(3)功率分配: $\dfrac{P_1}{R_1}=\dfrac{P_2}{R_2}=\cdots=\dfrac{P_n}{R_n}=\dfrac{P}{R}=I^2$

特例:两只电阻 R_1、R_2 串联时,等效电阻 $R=R_1+R_2$,则有分压公式

$$U_1=\frac{R_1}{R_1+R_2}U,U_2=\frac{R_2}{R_1+R_2}U \tag{1-8}$$

2. 电阻的并联

将几个电阻元件都接在两个共同端点之间的连接方式称之为并联。图 1-10 所示电

路是由三个电阻并联组成的。

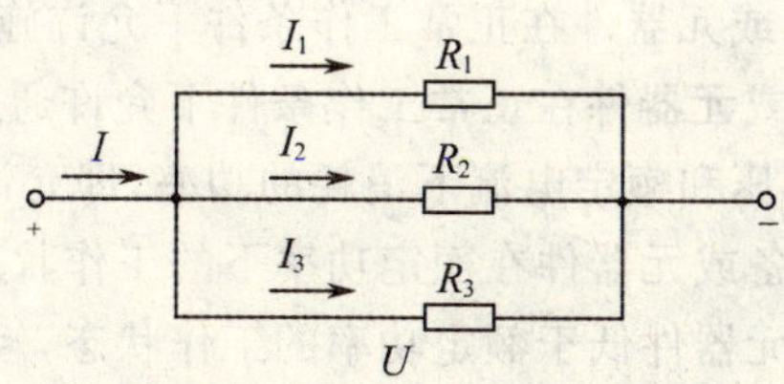

图 1-10　电阻的并联

设总电流为 I、电压为 U、总功率为 P。

(1)等效电导：　$G=G_1+G_2+\cdots+G_n$

即 $\frac{1}{R}=\frac{1}{R_1}+\frac{1}{R_2}+\cdots+\frac{1}{R_n}$

(2)分流关系：　$R_1I_1=R_2I_2=\cdots=R_nI_n=RI=U$

(3)功率分配：　$R_1P_1=R_2P_2=\cdots=R_nP_n=RP=U^2$

特例：两只电阻 R_1、R_2 并联时，等效电阻 $R=\frac{R_1R_2}{R_1+R_2}$，则有分流公式

$$I_1=\frac{R_2}{R_1+R_2}I,I_2=\frac{R_1}{R_1+R_2}I \tag{1-9}$$

在实际应用中，用电器在电路中通常都是并联运行的，属于相同电压等级的用电器必须并联在同一电路中，这样，才能保证它们都在规定的电压下正常工作。

【例 1-2】　有三盏电灯接在 220V 电源上，其额定值分别为 220V、100W，220V、60W，220V、40W，求总功率 P、总电流 I 以及通过各灯泡的电流及灯泡的等效电阻。

解：因外接电源符合各灯泡额定值，各灯泡正常发光，故总功率为

$$P=P_1+P_2+P_3=100+60+40=200\text{W}$$

总电流与各灯泡电流为

$$I_2=\frac{P_2}{U_2}=\frac{60}{220}\approx0.27\text{A}$$

$$I_3=\frac{P_3}{U_3}=\frac{40}{220}\approx0.18\text{A}$$

$$I=\frac{P}{U}=\frac{200}{220}\approx0.9\text{A}$$

等效电阻为

$$R=\frac{U}{I}=\frac{220}{0.9}\approx244.4\Omega$$

1.3　额定值以及电源有载工作、开路、短路

1.3.1　额定值

为了保证电气设备和电路元件能够长期安全地正常工作，规定了额定电压 U_e、额定

电流 I_e、额定功率 P_e 等铭牌数据。

额定电压 U_e：电气设备或元器件在正常工作条件下允许施加的最大电压。

额定电流 I_e：电气设备或元器件在正常工作条件下允许通过的最大电流。

额定功率 P_e：在额定电压和额定电流下消耗的功率，即允许消耗的最大功率。

额定工作状态：电气设备或元器件在额定功率下的工作状态，也称满载状态。

轻载状态：电气设备或元器件低于额定功率的工作状态，轻载时电气设备不能得到充分利用或根本无法正常工作。

过载(超载)状态：电气设备或元器件高于额定功率的工作状态，过载时电气设备很容易被烧坏或造成严重事故。

轻载和过载都是不正常的工作状态，一般是不允许出现的。

1.3.2 电源有载工作、开路、短路

1. 电源的有载工作

电源的有载工作如图 1-11(a)所示。

(1)电压与电流的关系：

$$I=\frac{E}{R_0+R} \tag{1-9}$$

(2)功率的平衡：电源产生功率＝负载取用功率＋内阻及线路损耗功率。

(3)电源与负载的判定：

电源：U 与 I 的实际方向相反，电流从“＋”流出，输出功率。

负载：U、I 实际方向相同，电流从“＋”流入，取用功率。

(4)额定值与实际值：

电源输出的功率和电流决定于负载的大小。电气设备工作在最佳状态时各个量的值称为额定值，电气设备处在实际工作状态时各量的值为实际值。实际值不一定等于其额定值。

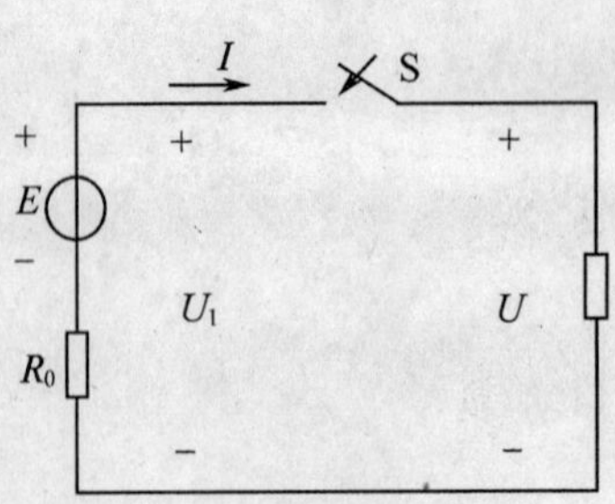

(a)电源的有载工作

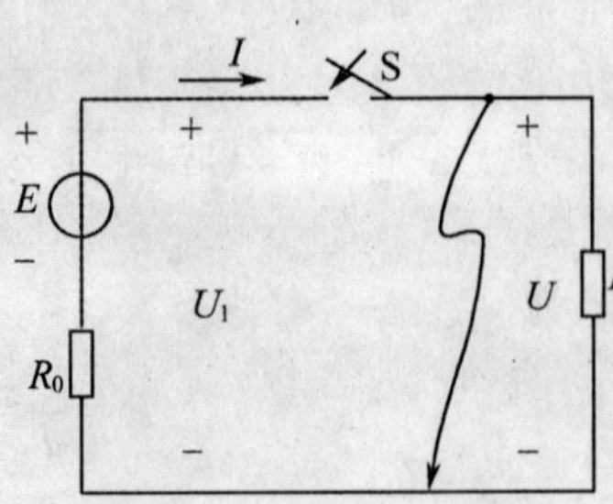

(b)电源短路

图 1-11 电源的有载工作及短路

2. 电源的开路

图 1-11(a)中的开关断开后，电源将处于开路状态，其特点为

$$I=0,U=U_0=E \tag{1-10}$$

3. 电源的短路

如图 1-11(b)，其特点为

$$U=0,I=I_S=\frac{E}{R_0} \tag{1-11}$$

短路通常是一种严重的事故，应尽力预防。

1.4　基尔霍夫定律

本节首先介绍以下几个基本概念：

(1)支路：电路中的每一分支。

(2)节点：由三条或三条以上的支路相连接的点。

(3)回路：由一条或多条支路所组成的闭合路径。

(4)网孔：不含交叉支路的回路。

1.4.1　基尔霍夫电流定律(KCL)

1. 表述

它描述了连接在同一节点上，各支路电流之间的约束关系，反映了电流的连续性，可缩写为 KCL。即在任一瞬间，流入某一节点的电流之和等于流出该节点的电流之和。数学关系式为

$$\sum I_{流入}=\sum I_{流出} \tag{1.12}$$

还有一种表述是：在任何时刻，电路中任一节点上的各支路电流代数和恒等于零，即

$$\sum I=0$$

一般可在流入节点的电流前面取“+”号，在流出节点的电流前面取“−”号，反之亦可。

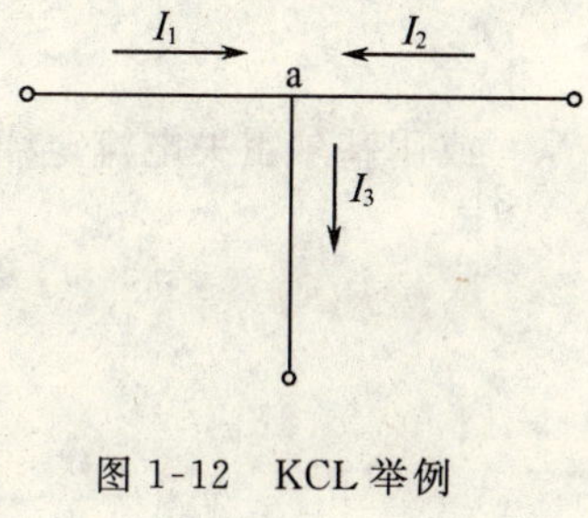

图 1-12　KCL 举例

例如图 1-12 中，在节点 a 上：

$$I_1+I_2=I_3$$

$$或\ I_1+I_2-I_3=0$$

在使用电流定律时，必须注意：

(1)对于含有 n 个节点的电路，只能列出$(n-1)$个独立的电流方程。

(2)列节点电流方程时，只需考虑电流的参考方向，然后再带入电流的数值。

为方便分析电路，通常需要在所研究的一段电路中事先选定(即假定)电流流动的方向，叫做电流的参考方向，通常用"→"表示。

电流的实际方向可根据数值的正、负来判断，当 $I>0$ 时，表明电流的实际方向与所标定的参考方向一致；当 $I<0$ 时，表明电流的实际方向与所标定的参考方向相反。

2. KCL 的应用举例

对于电路中任意假设的封闭面来说，电流定律仍然成立。在图 1-13 中，对于封闭面 S 来说，有 $I_1+I_2=I_3$。

对于网络(电路)之间的电流关系，仍然可由电流定律判定。在图 1-14 中，流入电路 B 中的电流必等于从该电路中流出的电流。

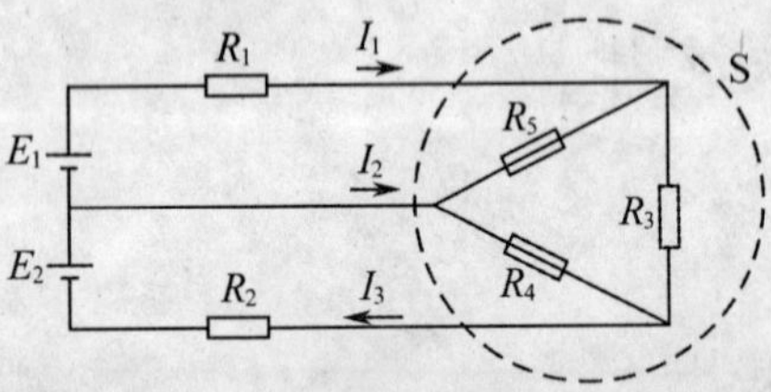

图 1-13　基尔霍夫电流定律的应用举例

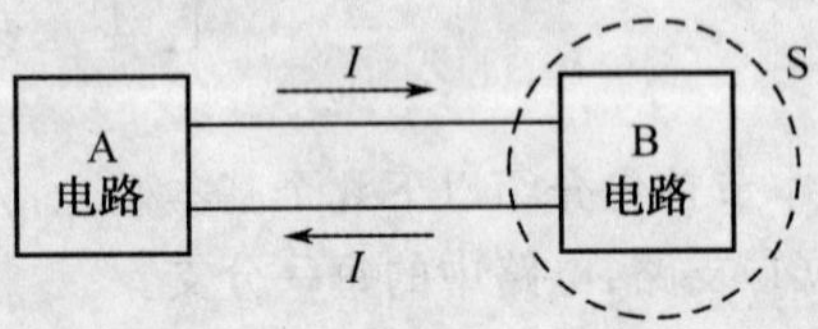

图 1-14　基尔霍夫电流定律的应用举例

若两个网络之间只有一根导线相连，那么这根导线中一定没有电流通过。

若一个网络只有一根导线与地相连，那么这根导线中一定没有电流通过。

【例 1-3】　在图 1-15 中，已知 $I_1=0.01\mu A$，$I_2=0.3\mu A$，$I_5=9.61\mu A$，试求电流 I_3，I_4，I_6。

解：图 1-15 所示电路中有三个节点，根据基尔霍夫电流定律有

$$I_3=I_1+I_2=0.01+0.3=0.31\mu A$$

$$I_3+I_4=I_5$$

$$I_4=I_5-I_3=9.61-0.31=9.3\mu A$$

$$I_6=I_2+I_4=0.3+9.3=9.6\mu A$$

或用基尔霍夫电流定律的推广，将中间三条支路圈成一个广义节点，则有

$$I_6+I_1=I_5$$

$$I_6=I_5-I_1=9.61-0.01=9.6\mu A$$

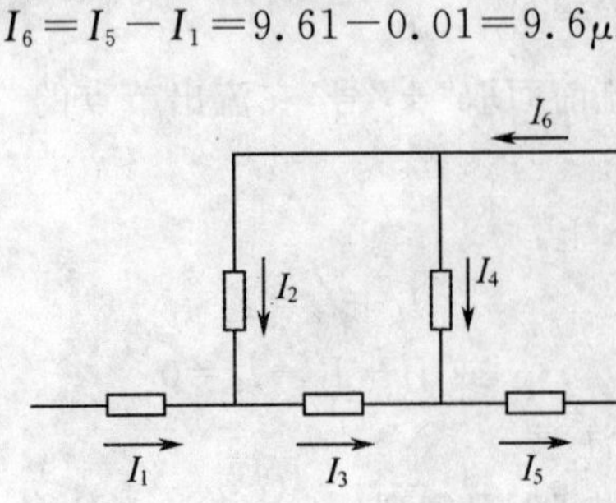

图 1-15　例 1-3 的图

结果与上相同。

1.4.2　基尔霍夫电压定律

1. 表述

它是用来确定一个回路内各部分电压之间关系的定律。可叙述为:在任一瞬时,沿任一闭合回路绕行一周,回路中各支路(或各元件)电压的代数和等于零,缩写为 KVL。其数学表达式为

$$\sum U = 0 \tag{1.13}$$

对于电阻电路来说,任何时刻,在任一闭合回路中,各段电阻上的电压降代数和等于各电源电动势的代数和,即

$$\sum RI = \sum E$$

2. 利用 $\sum RI = \sum E$ 列回路电压方程的原则

标出各支路电流的参考方向并选择回路绕行方向(既可沿着顺时针方向绕行,也可沿着反时针方向绕行)。

电阻元件的端电压为 RI,当电流 I 的参考方向与回路绕行方向一致时,选取"+"号;反之,选取"−"号。

电源电动势为 $\pm E$,当电源电动势的标定方向与回路绕行方向一致时,选取"+"号,反之应选取"−"号。

电路如图 1-16 所示。列电压方程

$$E-U_2+U_1=0$$

或

$$E=U_2-U_1$$

两种方程各表示什么含义,请自己分析一下。

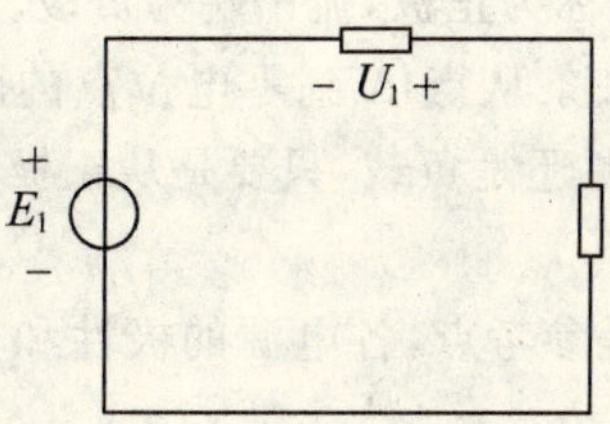

图 1-16　基尔霍夫电压定律例图

【例 1-4】　在图 1-17 所示的电路中,$U_1=10\text{V}$,$E_1=4\text{V}$,$E_2=4\text{V}$,$R_1=4\Omega$,$R_2=2\Omega$,$R_3=5\Omega$。1,2 两点处于开路状态,试计算开路电压 U_2。

解:根据基尔霍夫电压定律,电路左边回路电流为

$$I=\frac{U_1-E_1}{R_2+R_1}=\frac{10-4}{2+4}=1\text{A}$$

对电路右边回路有

$$IR_1+E_1=E_2+U_2$$

所以

$$U_2=IR_1+E_1-E_2=1\times4+4-2=6\text{V}$$

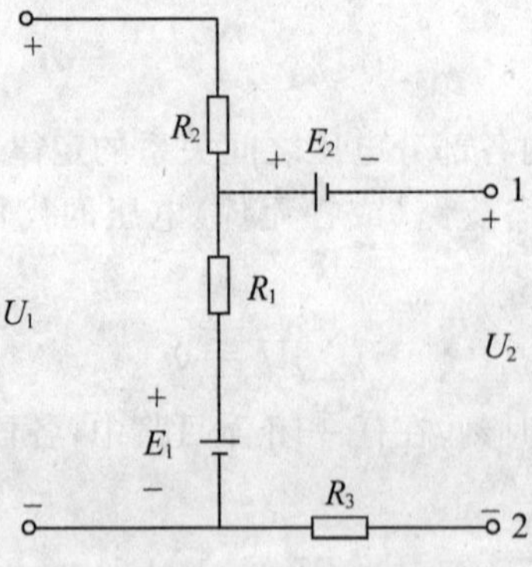

图 1-17　例 1-4 的图

1.5　电路中电位的计算

在电路中要求得某点的电位值,也必须在电路中选择一个参考点,这个参考点叫零电位点。零电位点可以任意选择。在电工技术中,为了工作安全,通常把电路的某一点与大地连接,称为接地。这时,电路的接地点就是电位等于零的参考点。它是分析线路中其余各点电位高低的比较标准,用符号"⊥"表示。

电路中某点的电位,就是从该点出发,沿任选的一条路径到参考点所经过的全部电位降的代数和。计算电位的方法和步骤如下:

(1)选择一个零电位点,即参考点。

(2)标出电源和负载的极性:按 E 的方向是由负极指向正极的原则,标出电源的正负极性,设电流方向,将电流流入端标为正极,流出端为负极。

(3)求点 A 的电位时,选定一条从点 A 到零电位点的路径,从点 A 出发沿此路径到零电位点,不论一路经过的是电源还是负载,只要是从正极到负极,就取该电位降为正,反之就取负值,然后,求代数和。

以图 1-18 电路为例,点 D 是参考点,各电源的极性和 I 的方向如图所示,求点 A 的电位时有三条路径

沿 AE_1D 路径:　　$V_A=E_1$

沿 ABD 路径:　　$V_A=I_1R_1+I_3R_3+E_3$

沿 ABCD 路径:　　$V_A=I_1R_1+I_2R_2-E_2$

显然,沿 AE_1D 路径计算点 A 的电位最简单,但三种计算方法的结果是完全相同的。

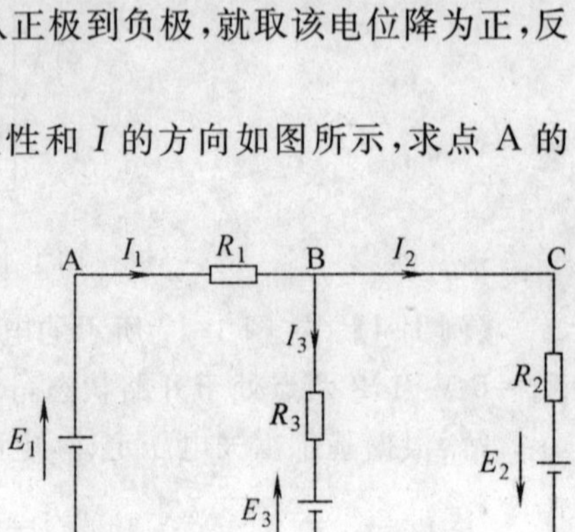

图 1-18　求解 A 点的电位

特点:

(1)电路中某一点的电位等于该点与参考点

(电位为零)之间的电压。

(2)电路中所选的参考点不同,则各点的电位也不同,但任意两点间的电压不变。

【例 1-5】 (1)在图 1-19 所示电路中,求开关 S 闭合和断开两种情况下 a、b 两点电位。

解:当开关 S 闭合时:

$$V_a=-6V, V_b=-6+\frac{12-(-6)}{30+30}\times30=3V$$

当开关 S 断开时:

$$V_a=\frac{12}{30+30+20}\times20=3V$$

$$V_b=12-\frac{12}{30+30+20}\times30=7.5V$$

(2)已知电路如图 1-20 所示,求 V_b。

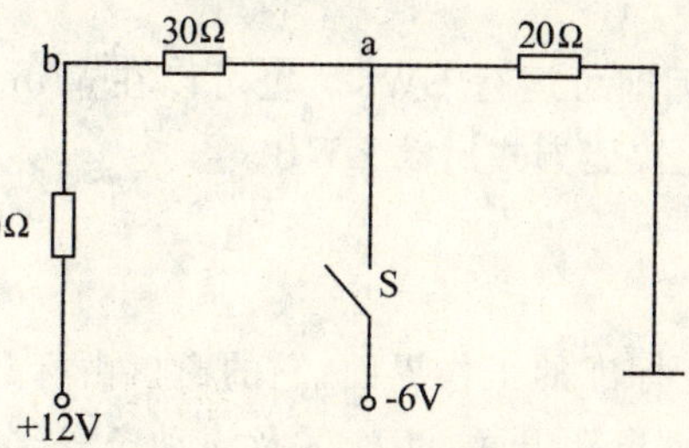

图 1-19　例 1-12(1)的图

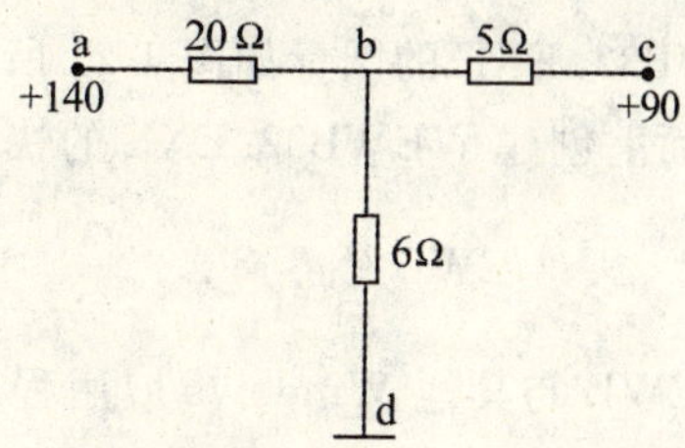

图 1-20　例 1-12(2)的图

解:根据基尔霍夫电流定律可得:

$$(V_a-V_b)/20+(V_c-V_b)/5=V_b/6$$

解得

$$V_b=60V$$

1.6　实训与实验仿真

1.6.1　EWB 简介

EWB 是 Electronics Workbench 的缩写,称为电子工作平台,是一种在电子技术界广为应用的优秀计算机仿真设计软件,被誉为"计算机里的电子实验室"。其特点是图形界面操作,易学、易用、快捷、方便、真实、准确,使用 EWB 可实现大部分硬件电路实验。

电子工作平台的设计实验工作区好像一块"面包板",在上面可建立各种电路进行仿真实验。电子工作平台的器件库可为用户提供 350 多种常用模拟和数字器件,设计和实验时可任意调用。虚拟器件在仿真时可设定为理想模式和实模式,有的虚拟器件还可直观显示,如发光二极管可以发出红绿蓝光,逻辑探头像逻辑笔那样可直接显示电路节点的高低电平,继电器和开关的触点可以分合动作,熔断器可以烧断,灯泡可以烧毁,蜂鸣器可以发出不同音调的声音,电位器的触点可以按比例移动改变阻值。电子工作平台的虚拟仪器库存放着数字电流表、数字电压表、数字万用表、双通道 1000MHz 数字存储示波器、999MHz 数字函数发生器、可直接显示电路频率响应的波特图仪、16 路数字信号逻辑分析仪、16 位数字信号发生器等,这些虚拟仪器随时可以拖放到工作区对电路进行测试,并直接显示有关数据或波形。电子工作平台还具有强大的分析功能,可进行直流工作点分析,暂态和稳态分析,高版本的 EWB 还可以进行傅里叶变换分析、噪声及失真度分析、零极点和蒙特卡罗等多项分析。

1. EWB5.0 的安装和启动

EWB5.0 版的安装文件是 EWB50C. EXE。新建一个目录 EWB5.0 作为 EWB 的工作目录,将安装文件复制到工作目录,双击运行即可完成安装。安装成功后,在工作目录下会产生可执行文件 WEWB32. EXE 和其他一些文件,WEWB32. EXE 的图标如图 1-21 所示,双击该图标即可运行 EWB。也可以在 Windows 的桌面上创建 WEWB32. EXE 的快捷方式,通过此快捷方式启动 EWB。

图 1-21 快捷方式图标

2. 认识 EWB 的界面

EWB 与其他 Windows 应用程序一样,有一个标准的工作界面,它的窗口由标题栏、菜单栏、常用工具栏、虚拟仪器、器件库图标栏、仿真电源开关、工作区及滚动条等部分组成,如图 1-22 所示。

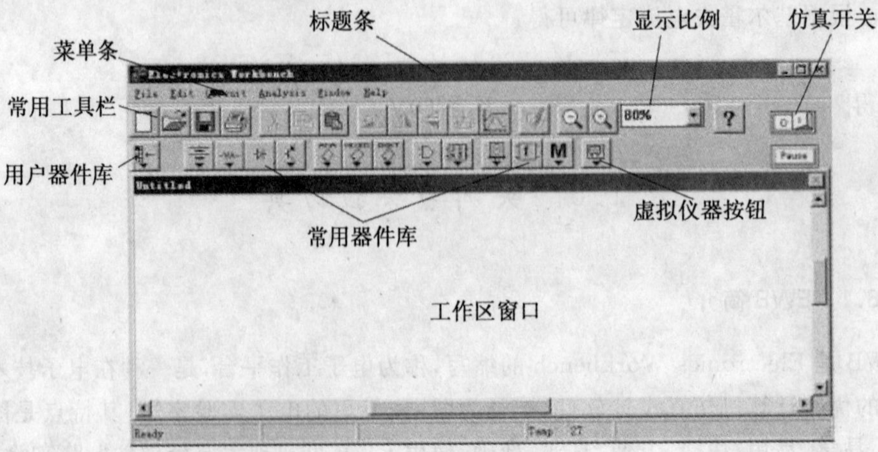

图 1-22 EWB 的工作窗口

标题栏中，显示出当前的应用程序名 Electronics Workbench，即电子工作平台。标题栏左端是最小化、最大化（还原）和关闭三个按钮。菜单位于标题栏的下方，如图 1-23 所示。共有六组菜单：File（文件）、Edit（编辑）、Circuit（电路）、Analysis（分析）、Window（窗口）和 Help（帮助），在每组菜单里，包含有一些命令和选项，建立电路、实验分析和结果输出均可在这个集成菜单系统中完成。

图 1-23 EWB 的标题栏和菜单栏

在常用工具栏中，有一些常用工具按钮，如图 1-24 所示。

图 1-24 EWB 的常用工具栏

常用器件库按钮栏中包含电源器件、模拟器件、数字器件等 12 个按钮，单击按钮可打开相应器件库，用鼠标可将其中的器件拖放到工作区，以完成电路的连接。图 1-25 即为常用器件库按钮栏，这里打开了晶体管器件库。

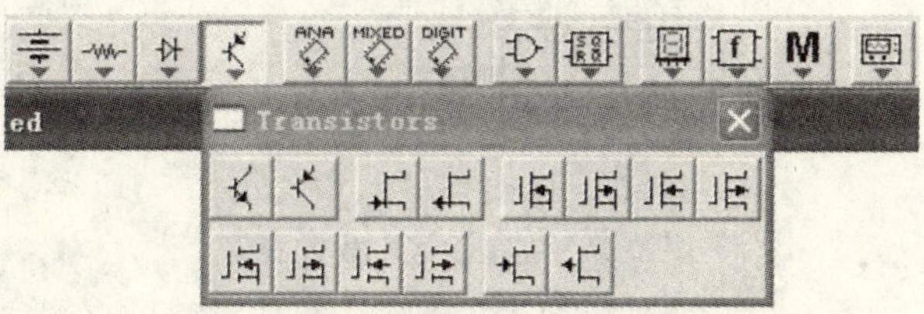

图 1-25 打开了晶体管器件库的常用器件库按钮栏

单击虚拟仪器按钮可打开虚拟仪器库，其中从左到右排列的仪器图标分别是：数字万用表、信号发生器、示波器、波特图仪、字符发生器、逻辑分析仪和逻辑转换器，如图 1-26 所示。可用鼠标将虚拟仪器拖放到工作区，并对电路进行测试。

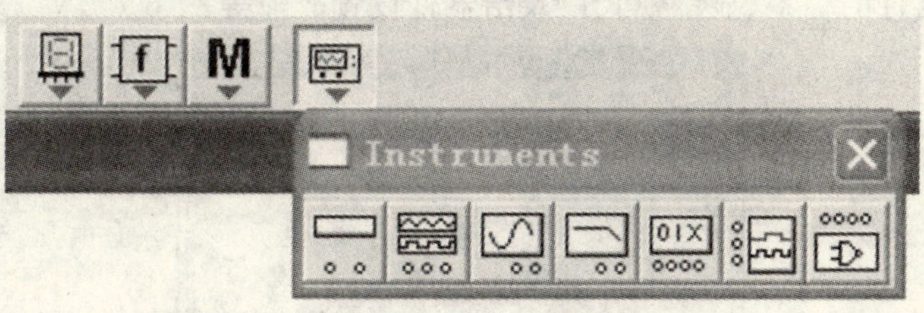

图 1-26 打开了虚拟仪器库的虚拟仪器按钮

工作区窗口是我们进行虚拟实验使用的最基本的窗口，在其中可以放置元件、虚拟仪器，连接电路以及对电路进行即时的修改和控制。此外，在 EWB 的主窗口中还有仿真开关、暂停开关、用户扩展器件库按钮、状态栏等，在此不再详述。

1.6.2 应用 EWB 对电路进行计算机仿真实验——电阻、电流、电压的测量

下面用 EWB 来做一个电压、电流、电阻测量的电路实验。

1. 放置器件,并调整其位置和方向

启动 EWB,单击电源器件库按钮打开电源器件库,将电池器件拖放到工作区,此时电池符号为红色,处于选中状态,可用鼠标拖动改变其位置,用旋转或翻转按钮使其旋转或翻转,单击工作区空白处可取消选择,单击元件符号可重新选定该元件,对选定的元件可进行剪切、复制、删除等操作。用同样方法在工作区中再放置接地端(电源器件)、电阻、电压表、电流表(虚拟仪器),如图 1-27 所示。

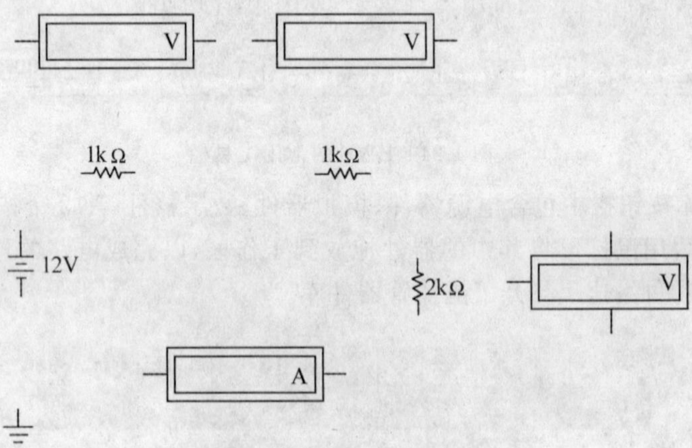

图 1-27 在工作区中放置器件

2. 设置器件属性

双击电池符号,会弹出电池属性设置对话框,如图 1-28 所示,将 Value(参数值)选项卡中 Voltage(电压)项的参数改为 12V,单击确定按钮,工作区中元件旁的标示随之改变,用同样方法将电阻分别设置为 1kΩ、1kΩ、2kΩ。通过器件属性设置对话框中的其他选项卡还可以改变器件的标签、显示模式以及给器件设置故障等。

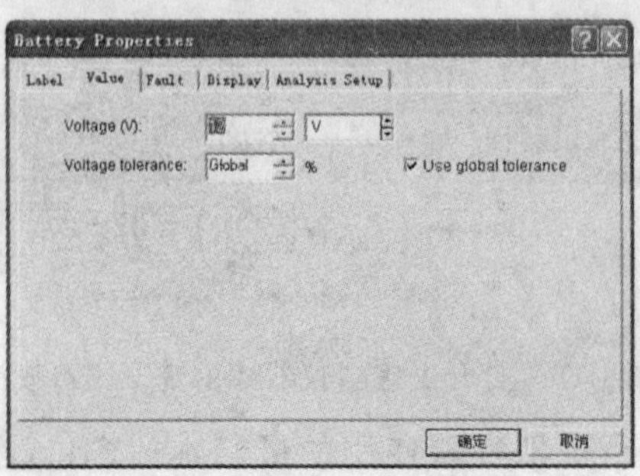

图 1-28 器件属性设置对话框

3. 连接电路

把鼠标指向一个器件的接线端，这时会出现一个小黑点，拖动鼠标(按住左键，移动鼠标)，使光标指向另一器件的接线端，这时又出现一个小黑点，放开鼠标左键，这两个器件的接线端就连接起来了。照此将工作区中的器件连成如图 1-29 所示的电路。值得注意的是，这时如果为了排列电路而移动其中一个器件，接线是不断开的。要断开连接线，可用鼠标指向有关器件的连接点，这时出现一个小黑点，拖动鼠标，连线即脱离连接点。

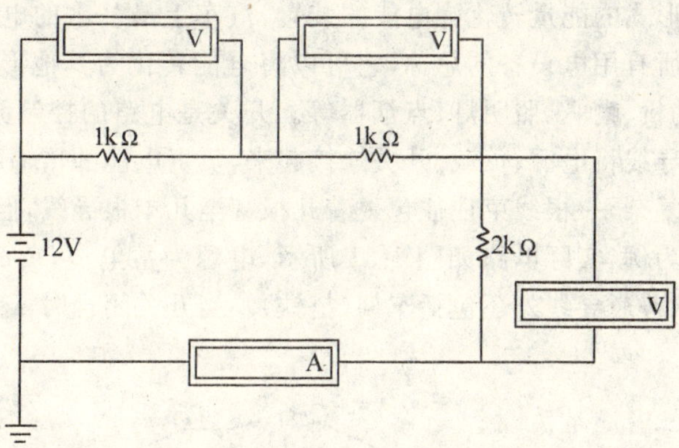

图 1-29　在工作区中连接电路

4. 观察实验现象，保存电路及仿真结果

单击仿真开关，电路即被激活，开始仿真，电压表和电流表显示出了测量结果，如图 1-30 所示。

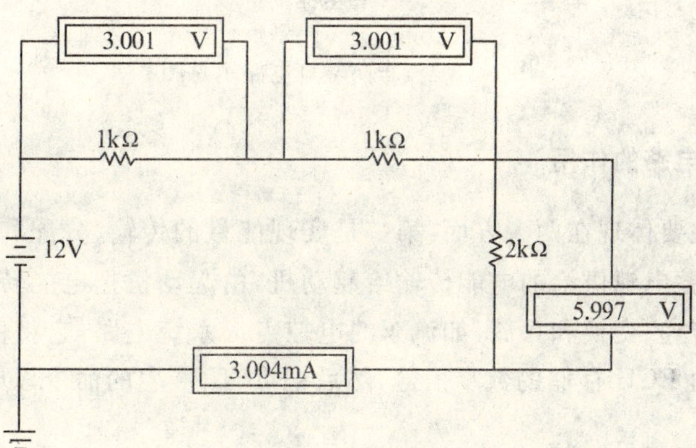

图 1-30　电压表和电流表测量结果

由电压表和电流表显示测量结果可近似计算出电阻的值为

$$R_1=\frac{3\text{V}}{3\text{mA}}=1\text{k}\Omega,R_2=\frac{3\text{V}}{3\text{mA}}=1\text{k}\Omega,R_3=\frac{6\text{V}}{3\text{mA}}=2\text{k}\Omega$$

经过验算，仿真分析成立。单击工具栏中的保存按钮会弹出保存文件对话框，选择路径并输入文件名，单击确定按钮可将电路保存为 *.EWB 文件。

1.7 汽车电路概述

1.7.1 汽车电路及其组成

所谓汽车电路，即为电流所经过的路径，它通常由电源、负载、开关及连接导线组成。

电源是把其他形式的能量转化为电能的装置，汽车上最基本的电源为蓄电池和发电机。负载是电路中所有用电设备的总称，它可以将电能转化为其他形式的能量。汽车上的负载很多，如起动机、喇叭、照明灯、点烟器等。开关是电路的控制元件，起着控制电路工作与否的作用。导线将电源、负载、开关连接起来，负责电能的传输和分配。

汽车电路非常复杂，一根线束往往包裹着几根甚至几十根导线，但它可以化为基本电路。以汽车防雾灯为例，实际电路如图 1-31 所示，电源为蓄电池，负载为防雾灯，开关处于仪表台上，导线除普通导线外还包括车架(搭铁)。当开关闭合时，蓄电池通过导线向防雾灯供电。

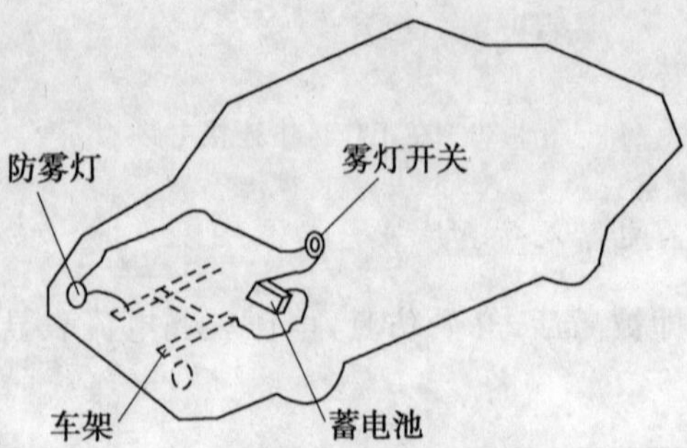

图 1-31 汽车防雾灯电路示意图

1.7.2 汽车电路的作用

电路的作用主要体现在两大方面：第一是实现能量的传输、分配和转换，如汽车的起动系统电路，它将蓄电池供给的电能传输给起动机，由起动机把电能转换为机械能；第二是实现电信号的传递、变换和存储，如汽车的电控点火系统电路，它将信号发生器传给的信号变换为能够由 ECU 存储的数字信号，然后把 ECU 产生的命令以电信号的形式传给点火控制模块。

1.7.3 汽车电路的特点

汽车电路虽然复杂，但所有系统电路都有他的共性，具备相同的特点：

(1)低压：汽车用电在安全电压以下，一般汽油机车为 12V，柴油机车为 24V。

(2)直流：汽车上的用电设备基本上是由蓄电池供电的，而蓄电池的充电必须用直流电，因此汽车电路都是直流电路。

(3)单线制:汽车上所有用电设备的正极均由导线连接,而负极导线由车架或车身代替,这样既简化了电路,又节省了材料。

(4)负极搭铁:在采用单线制的电路中,蓄电池的一个电极需要接至车架或车身上,俗称“搭铁”。由于负极搭铁对车架或车身的电化学腐蚀轻,对无线电干扰小,所以我国标准规定汽车电路统一采用负极搭铁。

(5)并联连接:汽车上的用电设备均采用并联连接,这样即使某支路用电设备损坏,也不会影响其他用电设备的使用。

(6)保护装置:为了防止线路短路而烧坏线束,汽车电路中一般设有保护装置,如熔断器、易熔线等。

(7)线路颜色和编号:为了便于识别线路的连接,汽车的低压导线均选用不同的单色或双色线,并在每根导线上编号。

实训1.1　指针式万用表的基本原理及使用

1.实训目的

(1)了解指针万用表的基本原理。

(2)学会指针万用表的基本应用。

2.实训设备、器件与实训电路

指针万用表及相关实训电路。

3.指针万用表的基本原理

万用表又叫做复用电表,通常称为万用表。它是一种可以测量多种电量的多量程便携式仪表,由于它具有测量的种类多、量程范围宽、价格低以及使用和携带方便等优点,因此广泛应用于电气维修和测试中。

指针万用表可以测量直流电压、直流电流、电阻、交流电压等,数字万用表还可以测量音频电平、交流电流、电容、电感以及晶体管的β值等。

指针万用表的基本原理是建立在欧姆定律和电阻串联分压、并联分流等规律基础之上的。

指针万用表的表头是进行各种测量的公用部分。表头内部有一个可动的线圈(叫做动圈),它的电阻R_g称为表头的内阻。动圈处于永久磁铁的磁场中,当动圈通有电流之后会受到磁场力的作用而发生偏转。固定在动圈上的指针随着动圈一起偏转的角度,与动圈中的电流成正比。当指针指示到表盘刻度的满标度时,动圈中所通过的电流称为满偏电流I_g。R_g与I_g是表头的两个主要参数。

(1)直流电压的测量

将表头串联一只分压电阻R,即构成一个简单的直流电压表,如图1-32所示。

测量时将电压表并联在被测电压 U_x 的两端，通过表头的电流与被测电压 U_x 成正比

$$I=\frac{U_x}{R+R_g}$$

在指针万用表中，用转换开关分别将不同数值的分压电阻与表头串联，即可得到几个不同的电压量程。

(2)直流电流的测量

将表头并联一只分流电阻 R，即构成一个最简单的直流电流表，如图 1-32(a)所示。设被测电流为 I_X，则通过表头的电流与被测电流 I_X 成正比，即

$$I_G=\frac{R}{R_g+R}I_X$$

分流电阻 R 由电流表的量程 I_L 和表头参数确定

$$R=\frac{I_g}{I_L-I_g}R_g$$

实际指针万用表是利用转换开关将电流表制成多量程的，如图 1-32(b)所示。

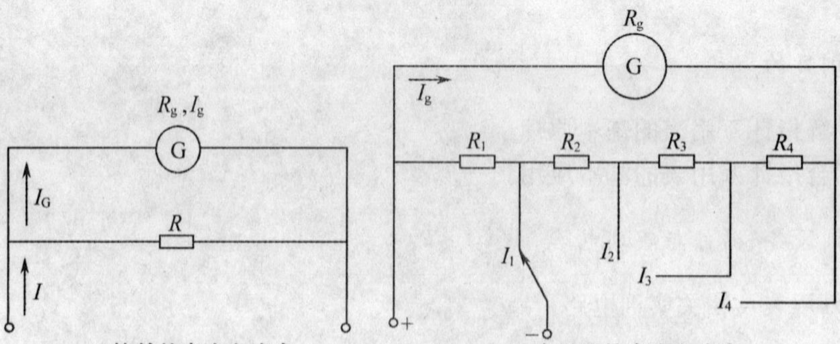

(a) 简单的直流电流表　　(b) 多量程的直流电流表

图 1-32　直流电流表的组成原理图

【例 1-6】　如图 1-33 所示某指针万用表的直流电压表部分电路，五个电压量程分别是 $U_1=2.5\text{V}$，$U_2=10\text{V}$，$U_3=50\text{V}$，$U_4=250\text{V}$，$U_5=500\text{V}$，已知表头参数 $R_g=3\text{k}\Omega$，$I_g=50\mu\text{A}$。试求电路中各分压电阻 R_1、R_2、R_3、R_4、R_5。

解：利用电压表扩大量程公式 $R=(n-1)R_g$，

其中　　$n=(U_n/U_g)$，$U_g=R_gI_g=0.15\text{V}$

①求 R_1：$n_1=(U_1/U_g)=16.67$，$R_1=(n_1-1)R_g=47\text{k}\Omega$

②求 R_2：把 $R_{g2}=R_g+R_1=50\text{k}\Omega$ 视为表头内阻，$n_2=(U_2/U_1)=4$，则

$$R_2=(n_2-1)R_{g2}=150\text{k}\Omega$$

③求 R_3：把 $R_{g3}=R_g+R_1+R_2=200\text{k}\Omega$ 视为表头内阻，$n_3=(U_3/U_2)=5$，则

$$R_3=(n_3-1)R_{g3}=800\text{k}\Omega$$

④求 R_4：把 $R_{g4}=R_g+R_1+R_2+R_3=1000\text{k}\Omega$ 视为表头内阻，$n_4=(U_4/U_3)=5$，则

$$R_4=(n_4-1)R_{g4}=4\text{M}\Omega$$

⑤求 R_5：把 $R_{g5}=R_g+R_1+R_2+R_3+R_4=5\text{M}\Omega$ 视为表头内阻，$n_5=(U_5/U_4)=2$，则

$$R_5=(n_5-1)R_{g5}=5\text{M}\Omega$$

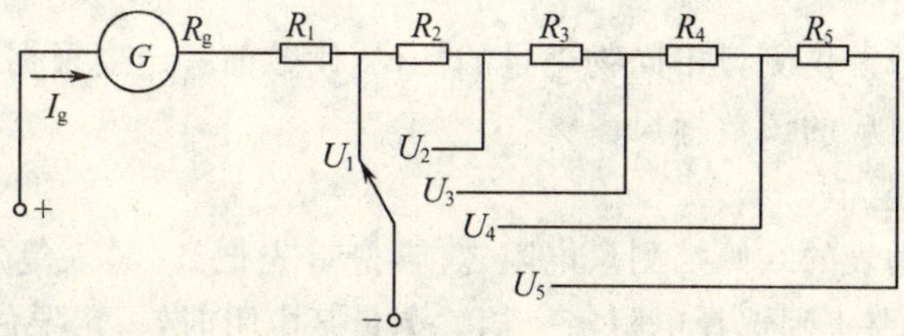

图 1-33　例 1-6 的图

(3)电阻的测量

指针万用表测量电阻(即欧姆表)的电路如图 1-34 所示。

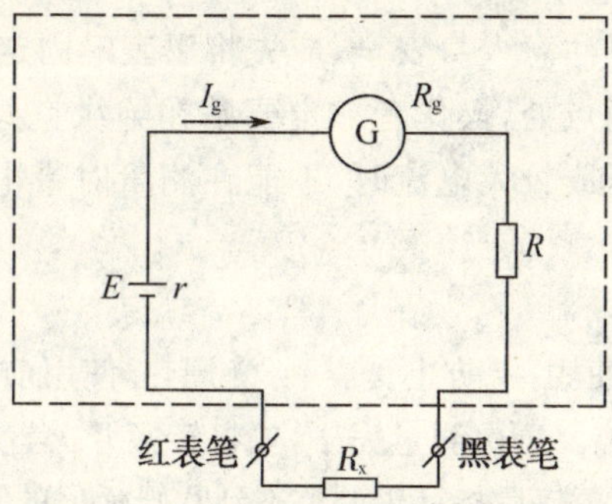

图 1-34　指针万用表测电阻的原理图

可变电阻 R 叫做调零电阻，当红、黑表笔相接时(相当于被测电阻 $R_X=0$)，调节 R 的阻值使指针指到表头的满刻度，即

$$I_g=\frac{E}{R_g+r+R}$$

指针万用表电阻挡的零点在表头的满刻度位置上。而电阻无穷大时(即红、黑表笔间开路)指针在表头的零刻度位置上。

当红、黑表笔间接被测电阻 R_X 时，通过表头的电流为

$$I=\frac{E}{R_g+r+R+R_X}$$

可见表头读数 I 与被测电阻 R_X 是一一对应的，并且成反比关系，因此欧姆表刻度不是线性的。

4. 指针万用表的使用

(1)正确使用转换开关和表笔插孔

指针万用表有红与黑两只表笔(测棒)，表笔可插入万用表的“+”、“−”两个插孔里，注意一定要将红表笔插入“+”插孔里，黑表笔插入“−”插孔里。测量直流电流、电压等物理量时，必须注意正负极性。根据测量对象，将转换开关旋至所需位置，在被测量大小不详时，应先选用量程较大的高挡位试测，如不合适再逐步改用较低的挡位，以表头指针移动到满刻度的 2/3 位置附近为宜。

(2)正确读数

指针万用表有数条供测量不同物理量的标尺，读数前一定要根据被测量的种类、性质和所用量程认清所对应的读数标尺。

(3)正确测量电阻值

在使用指针万用表的欧姆挡测量电阻之前，应首先把红、黑表笔短接，调节指针到欧姆标尺的零位上，并要正确选择电阻倍率挡。测量某电阻时，一定要使被测电阻不与其他电路有任何接触，也不要用手接触表笔的导电部分，以免影响测量结果。当利用欧姆表内部电池作为测试电源时(例如判断二极管或三极管的管脚)，要注意到：黑表笔接的是电源正极，红表笔接的是电源负极。

(4)测量高电压时的注意事项

在测量高电压时务必要注意人身安全，应先将黑表笔固定接在被测电路的地电位上，然后再用红表笔去接触被测点处，操作者一定要站在绝缘良好的地方，并且用单手操作，以防触电。在测量较高电压或较大电流时，不能在测量时带电转动转换开关旋钮改变量程或挡位。

(5)指针万用表的维护

指针万用表应水平放置使用，要防止受震动、受潮热，使用前首先要看指针是否指在机械零位上，如果不在，应调至零位。每次测量完毕，要将转换开关置于空挡或最高电压挡上。在测量电阻时，如果将两只表笔短接后指针仍调整不到欧姆标尺的零位，则说明应更换万用表内部的电池；长期不用万用表时，应将电池取出，以防止电池受腐蚀而影响表内其他元件。

实训 1.2　数字万用表的使用

1. 实训目的

(1)熟悉常用汽车万用表。

(2)掌握数字万用表的正确使用方法。

2. 实训设备、器件与实训电路。

数字万用表及相关实训电路。

3.汽车用数字万用表

随着电控发动机的广泛推广，与其配套的检测工具也发生着巨大的变化。在发动机电子控制系统检测过程中除测试程序中特殊指明者外，一般不能用指针式万用表测试电子控制系统的部件，而应使用高阻抗的数字式万用表(内阻 10MΩ 以上)。

常用数字式万用表具有测量精度高、测量范围广、输入阻抗高、抗干扰能力强、容易读数等优点，可以测量直流和交流电压、直流电流、电阻、二极管、晶体管和电路的通断等，同时对于电控汽车来讲，由于还必须检测转速、闭合角、占空比、频率、压力、时间、电容、电感等，因此现代电控汽车的检测及故障诊断必须采用汽车专用万用表。图 1-35 为常用数字式万用表。图 1-36 为汽车专用数字万用表。

图 1-35　常用数字式万用表

图 1-36 汽车专用数字万用表

(1)数字万用表的使用方法

1)使用前,应认真阅读有关的使用说明书,熟悉电源开关、量程开关、插孔、特殊插口的作用。

2)将电源开关置于 ON 位置。

3)交直流电压的测量:根据需要将量程开关拨至 DCV(直流)或 ACV(交流)的合适量程,红表笔插入 V/Ω 孔,黑表笔插入 COM 孔,并将表笔与被测线路并联,读数即显示。

4)交直流电流的测量:将量程开关拨至 DCA(直流)或 ACA(交流)的合适量程,红表笔插入 mA 孔(<200mA 时)或 10A 孔(>200mA 时),黑表笔插入 COM 孔,并将万用表串联在被测电路中即可。测量直流量时,数字万用表能自动显示极性。

5)电阻的测量:将量程开关拨至 Ω 的合适量程,红表笔插入 V/Ω 孔,黑表笔插入 COM 孔。如果被测电阻值超出所选择量程的最大值,万用表将显示"1",这时应选择更高的量程。测量电阻时,红表笔为正极,黑表笔为负极,这与指针式万用表正好相反。因此,测量晶体管、电解电容器等有极性的元器件时,必须注意表笔的极性。

(2)使用注意事项

1)如果无法预先估计被测电压或电流的大小,则应先拨至最高量程挡测量一次,再视情况逐渐把量程减小到合适位置。测量完毕,应将量程开关拨到最高电压挡,并关闭电源。

2)满量程时,仪表仅在最高位显示数字"1",其他位均消失,这时应选择更高的量程。

3)测量电压时,应将数字万用表与被测电路并联。测电流时应与被测电路串联,测直流量时不必考虑正、负极性。

4)当误用交流电压挡去测量直流电压,或者误用直流电压挡去测量交流电压时,显示屏将显示"000",或低位上的数字出现跳动。

5)禁止在测量高电压(220V 以上)或大电流(0.5A 以上)时换量程,以防止产生电弧,烧毁开关触点。

6)当显示""、"BATT"或"LOWBAT"时,表示电池电压低于工作电压。

习　题

1.1　在图 1-37 的两个电路中，要在 12V 的直流电源上使 6V、50mA 的电珠正常发光，应该采用哪一个电路？

1.2　在图 1-38 所示电路中，R_1，R_2，R_3 和 R_4 的额定值均为 6.3V、0.3A，R_5 的额定值为 6.3V、0.45A。为使上述各电阻元件均处于额定工作状态，问应选配多大阻值的电阻元件 R_x 和 R_y？

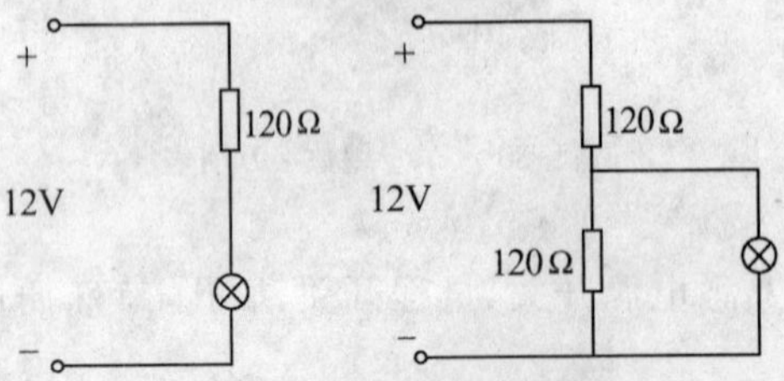

(a)　　(b)

图 1-37　习题 1.1 图

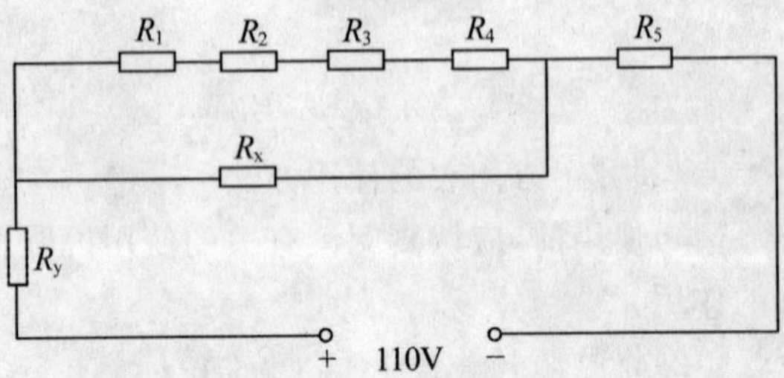

图 1-38　习题 1.2 图

1.3　有两只电阻，其额定值分别为 40Ω、10W 和 200Ω、40W，试问它们允许通过的电流是多少？如将两者串联起来，其两端最高允许电压可加多大？

1.4　试求图 1-39 所示电路中 A 点的电位。

1.5　试求图 1-40 所示电路中 A 点和 B 点的电位。如将 A，B 两点直接连接或接一电阻，对电路工作有无影响？

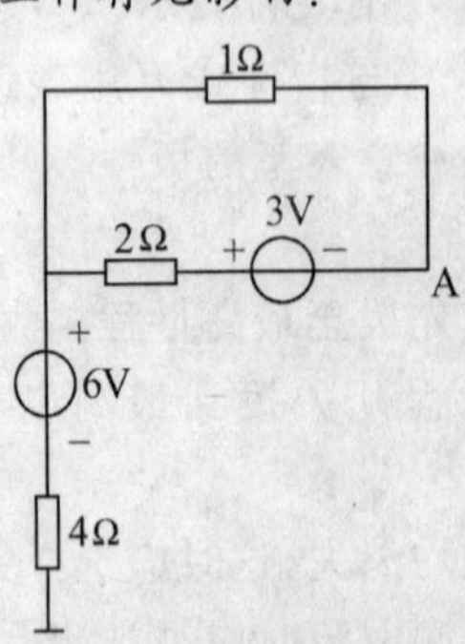

图 1-39　习题 1.4 图

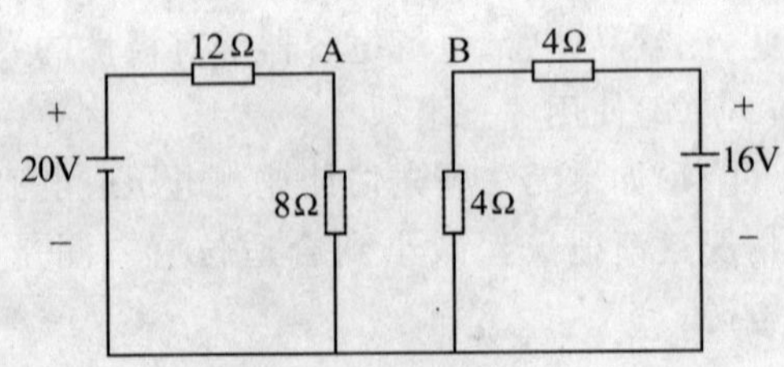

图 1-40　习题 1.5 图

1.6　在图 1-41 中，在开关 S 断开和闭合的两种情况下试求 A 点的电位。

1.7　在图 1-42 中，求 A 点电位 V_A。

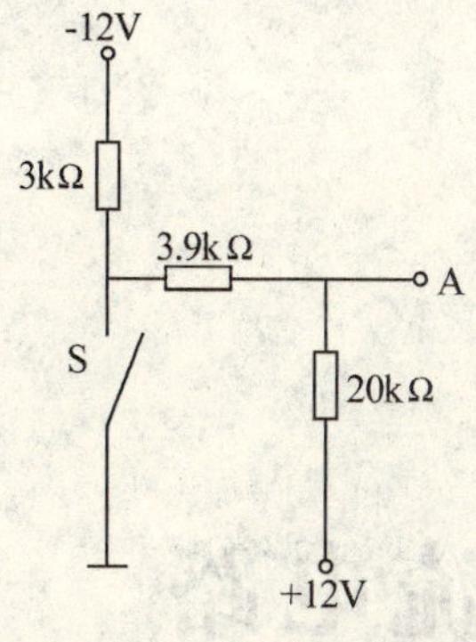

图 1-41　习题 1.6 图

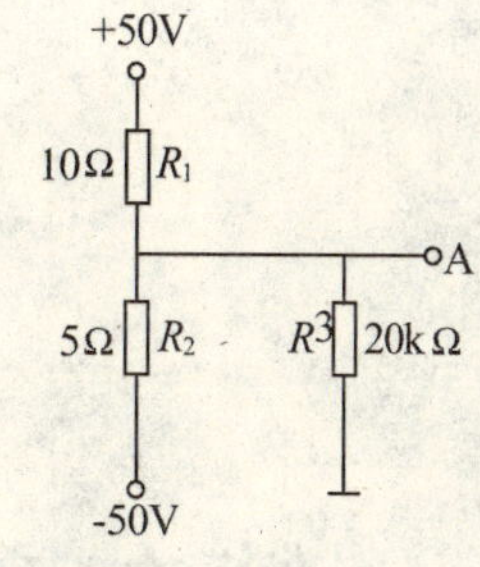

图 1-42　习题 1.7 图

1.8　图 1-43 所示的是由电位器组成的分压电路，电位器的电阻 $R_P=270\Omega$，两边的串联电阻 $R_1=350\Omega$，$R_2=550\Omega$。设输入电压为 U_1，试求输出电压 U_2 的变化范围。

1.9　在图 1-44 所示的电路中，求各理想电流源的端电压、功率及各电阻上消耗的功率。

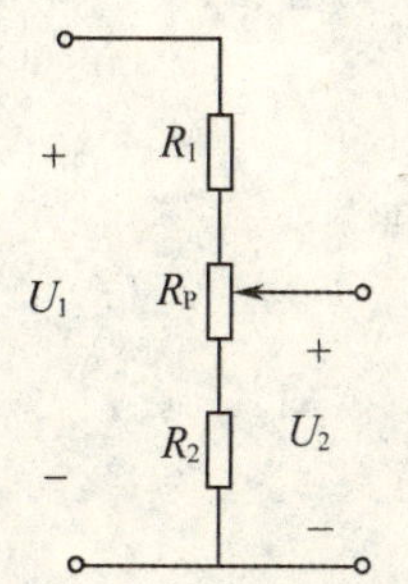

图 1-43　习题 1.8 图

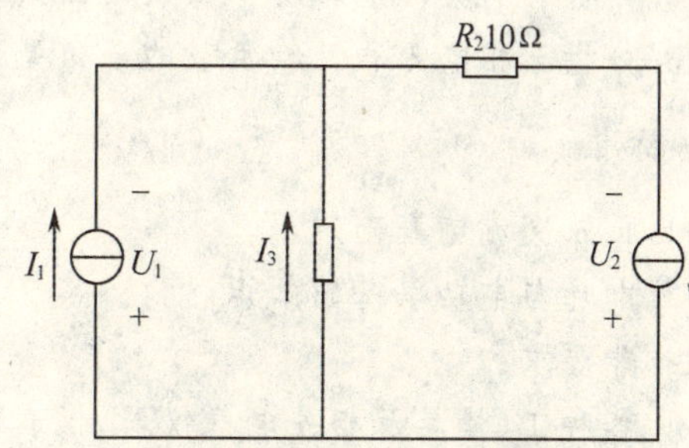

图 1-44　习题 1.9 图

1.10　计算图 1-45 中的电流 I_3。

1.11　图 1-46 是两台发电机并联运行的电路。已知 $E_1=230\text{V}$，$R_{01}=0.5\Omega$，$E_2=226\text{V}$，$R_{02}=0.3\Omega$，负载电阻 $R_L=5.5\Omega$，试分别用支路电流法和节点电压法求各支路电流。

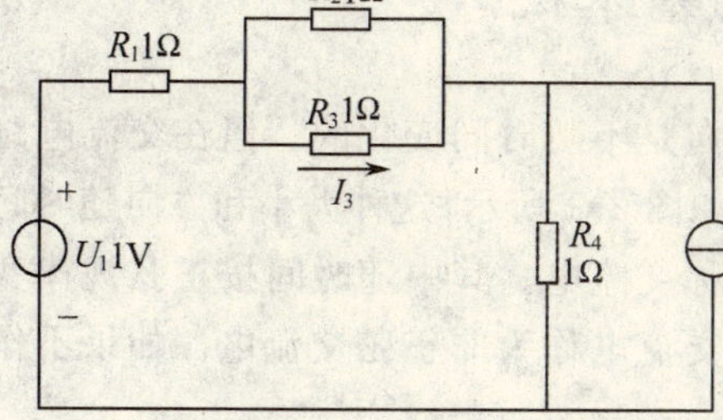

图 1-45　习题 1-10 图

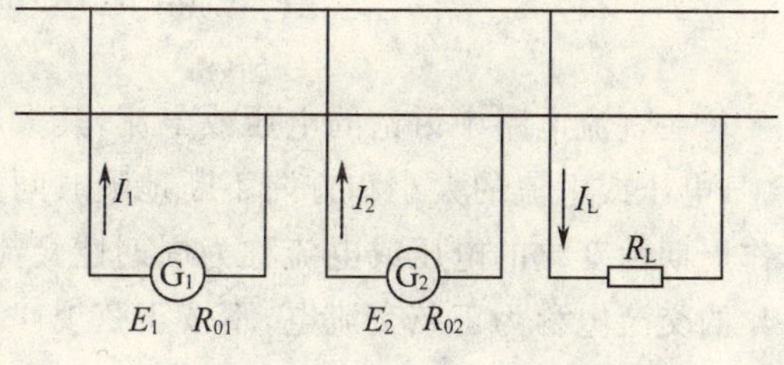

图 1-46　习题 1-11 图

第 2 章　正弦交流电路

学习目标

1. 能以单一参数正弦交流电路为基础，分析 RLC 的串、并联电路及谐振。

2. 分析影响交流电路功率因数的因素，能进行功率因数的补偿。

3. 分析三相电源和三相负载的三角型连接和星型连接。

考核标准

1. 正弦交流电基础知识。

2. 电功与电功率基础知识。

技能要求：

1. 各种工、量具及相关电气仪器、仪表的使用。

2. 汽车总线路与主要部件电路的分析与识读。

教学建议

教具：万用表、交流毫安表、多量程功率表、日光灯照明电路接线板、灯箱。

建议：实训内容安排在实验室进行，理论知识建议使用多媒体教学。

2.1　正弦交流电的基本概念

在直流电路中讨论的电压或电流，其大小和方向是不随时间变化的。但在交流电路中，电压或电流的大小和方向不断地随时间变化。如图 2-1 所示，这种大小和方向随时间作周期性变化的电压或电流称为周期性交流电，简称交流电。其中随时间按正弦规律变化的交流电称为正弦交流电；不按正弦规律变化的交流电称为非正弦交流电。如果不作特别说明，本章所说的交流电都是指正弦交流电。

2.1.1　表征交流电的三要素

随时间作正弦规律的交流量简称正弦量。现以正弦电动势为例来说明正弦量的三要素。其一般数学表达式为：

$$u=U_m\sin(\omega t+\varphi) \tag{2-1}$$

其中 U_m 为电动势变化的幅值，ω 为角频率，φ 为初相角。上述三者为确定正弦量的三要素。电流的数学表达式为：

$$i=I_m\sin(\omega t+\varphi_i) \tag{2-2}$$

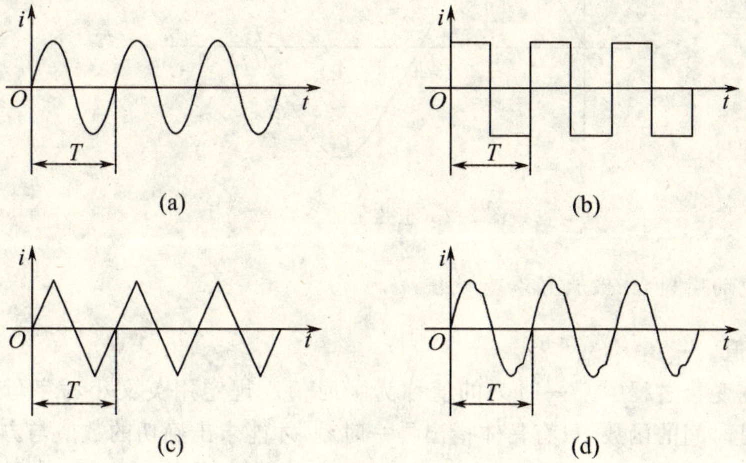

图 2-1　几种周期性交流电波形

1. 正弦量的三要素

(1)振幅(最大值)

正弦量瞬时值中的最大值，叫振幅值，也叫峰值。用大写字母带下标 m 表示，如 U_m、I_m 等。

(2)角频率 ω

既然每秒钟变化的次数称为交流电的频率，那么每秒钟经过的电角度则称为角频率，用 ω 表示。正弦交流电每变化一周所经历的电角度为 360°或 2π 弧度，所以角频率与频率之间的关系为

$$\omega=\frac{2\pi}{T}=2\pi f \tag{2-3}$$

单位是弧度/秒(rad/s)。

其中 T 表示正弦量变化一周所需的时间，称为周期。单位为秒(s)。f 表示正弦量每秒钟变化的周数，称为频率，单位为赫[兹](Hz)。我国供电电源频率为 50Hz，称为工频，世界上许多国家采用这一频率，少数国家如美国、日本等为 60Hz。在其他技术领域中，交流电的频率范围各不相同，如高频感应电炉的频率为 200kHz～300kHz，有线通信的频率为 300Hz～5000Hz，无线电工程的信号频率为 10^4 Hz～30×10^{10} Hz 等。

(3)初相

正弦量解析式中的 $\omega t+\varphi$ 称为相位角。$t=0$ 时，相位为 φ，称其为正弦量的初相。如图 2-5 正弦量的三要素：幅值为 U_m、初相为 0、角频率为

$$\omega=\frac{2\pi}{T}=2\pi f \tag{2-4}$$

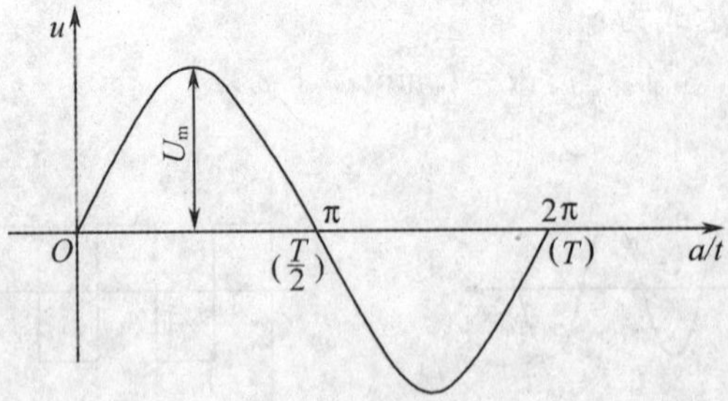

图 2-2　正弦量的三要素

2. 交流电的瞬时值、最大值和有效值

(1)瞬时值

交流电在变化过程中某一时刻的值称为瞬时值。规定用英文小写字母 i、u、e 等表示。瞬时值是时间的函数，只有具体指出哪一时刻，才能求出确切的数值与方向。

(2)最大值

数值最大的瞬时值称为最大值(又称峰值)，用带有下标 m 的英文大写字母表示，如 I_m、U_m 和 E_m 等。

(3)有效值

正弦量的最大值在某种意义上虽然可以反映正弦交流电的大小，但只能说明其变化范围，瞬时值只能作逐点的描述。从做的功来看，它不能反映出交流整体效果(平均效果)。因此，在电工技术中常用交流电的有效值来计量交流电的大小。

有效值是根据电流的热效应来定义的，即某一交流电流通过电阻 R，经过一周期所产生的热量与另一直流电流通过相同电阻经过相同时间所产生的热量相等，以此直流电流的数值作为交流电流的有效值。按照规定，有效值用英文大写字母表示，如 I、U、E 等，正弦交流电流的有效值等于最大值的 $1/\sqrt{2}$ 倍，即 0.707 倍。

电压、电动势相应的关系为：

$$U=\frac{U_m}{\sqrt{2}}=0.707U \tag{2-5}$$

$$E=\frac{E_m}{\sqrt{2}}=0.707E_m \tag{2-6}$$

今后常用有效值代替最大值，作为正弦量的三要素之一，如 $i=\sqrt{2}I\sin(\omega t+\varphi)$。在实际应用中常用有效值来计量正弦电，如铭牌所示的参数及仪表指示值一般都是指有效值。

2.2　同频率正弦量的相加和相减

2.2.1　正弦量的表示法

1. 相量法的引入

一个正弦量可以用三角函数式表示，也可以用正弦曲线表示。但是用这两种表示方法进行正弦量的计算是很繁琐的。由于在正弦交流电路中，所有的电压、电流都是同频率的正弦量，所以要确定这些正弦量，只要确定它们的有效值和初相就可以了。相量法就是用复数来表示正弦量，使正弦交流电路的稳态分析与计算转化为复数运算的一种方法。

2. 正弦量的表示法

(1)解析式表示法

用三角函数式表示正弦交流电的方法称为解析式表示法。正弦交流电的电动势、电压和电流的解析式分别为

$$e=E_m\sin(\omega t+\varphi_e) \tag{2-7}$$

$$u=U_m\sin(\omega t+\varphi_u) \tag{2-8}$$

$$i=I_m\sin(\omega t+\varphi_i) \tag{2-9}$$

(2)波形图表示法

在平面直角坐标系中，以横坐标表示电角度或时间，纵坐标表示正弦量的瞬时值，作出 e、u、i 的波形图，这样可以很直观地看出交流电的变化规律。这种方法称为波形图表示法。

(3)相量图表示法

在分析和计算正弦交流电路时，常会遇到对同频率正弦量进行加、减运算，采用上述两种方法都很麻烦。为此，引入正弦交流电的相量图表示法。

所谓相量图表示法，就是用一个在直角坐标系中用绕原点旋转的矢量表示正弦交流电的方法。现以正弦电动势 $e=E_m\sin(\omega t+\varphi)$ 为例说明如下：如图 2-3 所示，从坐标原点作一矢量，使其长度为正弦交流电动势的最大值 E_m，矢量与 x 轴正方向的夹角为正弦交流电的初相，矢量以正弦交流电动势的角频率为角速度，绕原点逆时针旋转，这样，在任一瞬间，旋转矢量在纵轴上的投影就是该正弦交流电动势的瞬时值。

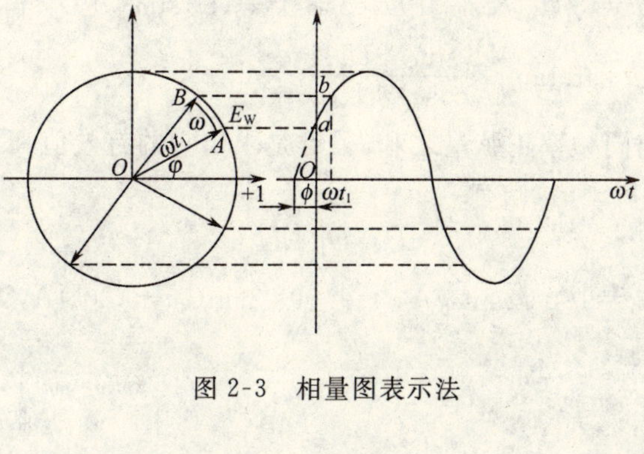

图 2-3　相量图表示法

从以上分析我们可以看出,正弦量可以用一个旋转矢量来表示,但实际上交流电本身并不是矢量,因为它们是时间的正弦函数,所以能用旋转矢量的形式来描述它们。为了与电场强度、力等一般的空间矢量相区别,我们把表示正弦交流电的这一矢量称为相量,用 $\dot{I}_m$、$\dot{U}_m$、$\dot{E}_m$ 表示。实际应用中也常采用有效值相量图,这样,相量图中每一个相量的长度不再是最大值,而是有效值,有效值相量用 $\dot{I}$、$\dot{E}$、$\dot{U}$ 表示。用相量表示正弦交流电以后,它们的加、减运算就可以按平行四边形法则进行。

【例 2-1】 $u_1=100\sqrt{2}\sin(314t+60°)$ V,$u_2=50\sqrt{2}\sin(314t-60°)$ V。写出表示 u_1 和 u_2 的相量,画相量图。

解:$\dot{U}_1=100/60°$ V,$\dot{U}_2=50/-60°$ V。

相量图如图 2-4 所示。

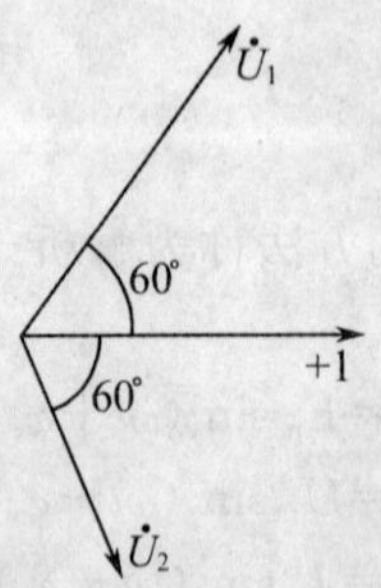

图 2-4 例 2-1 图

2.2.2 同频率正弦量的加、减法

1. 两个同频率正弦量相加

设有两个同频率正弦量

$$u_1(t)=U_{1m}\sin(\omega t+\varphi_1)=\sqrt{2}U_1\sin(\omega t+\varphi_1)$$

$$u_2(t)=U_{2m}\sin(\omega t+\varphi_1)=\sqrt{2}U_2\sin(\omega t+\varphi_2)$$

利用三角函数,可以得出它们之和为同频率的正弦量,即:

$$u(t)=u_1(t)+u_2(t)=\sqrt{2}U\sin(\omega t+\varphi)$$

$$U=\sqrt{(U_1\cos\varphi_1+U_2\cos\varphi_2)^2+(U_1\sin\varphi_1+U_2\sin\varphi_2)^2}$$

$$\varphi=\arctan\frac{U_1\sin\varphi+U_2\sin\varphi_2}{U_1\cos\varphi_1+U_2\cos\varphi_2}$$

可以看出,要求出同频率正弦量之和,关键是求出它的有效值和初相。

可以证明,若 $u=u_1+u_2$,则有:

$$\dot{U}=\dot{U}_1+\dot{U}_2 \tag{2-10}$$

【例 2-2】 已知 $i_1=100\sqrt{2}\sin\omega t$ A,$i_2=100\sqrt{2}\sin(\omega t-120°)$ A,试用相量法求 i_1+i_2,画相量图。

解:$\dot{I}_1=100/0°$ A

$\dot{I}_2 = 100\angle -120^\circ \text{A}$

$\dot{I}_1 + \dot{I}_2 = 100\angle 0^\circ + 100\angle -120^\circ = 100\angle -60^\circ \text{A}$

$i_1 + i_2 = 100\sqrt{2}\sin(\omega t - 60^\circ)\text{A}$

相量图如图 2-5 所示。

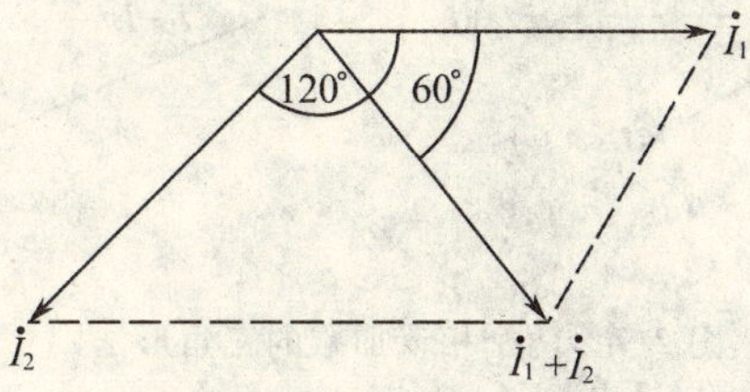

图 2-5　例 2-2 图

【例 2-3】　已知：$u_1 = \sqrt{2}U_1\sin(314t + 60^\circ)\text{V}$，$u_2 = \sqrt{2}U_2\sin(314t + 30^\circ)\text{V}$。用相量图求 $u = u_1 + u_2$。

解：画出相量图，如图 2-6 所示。根据平行四边形法则可得出 $u = u_1 + u_2$。

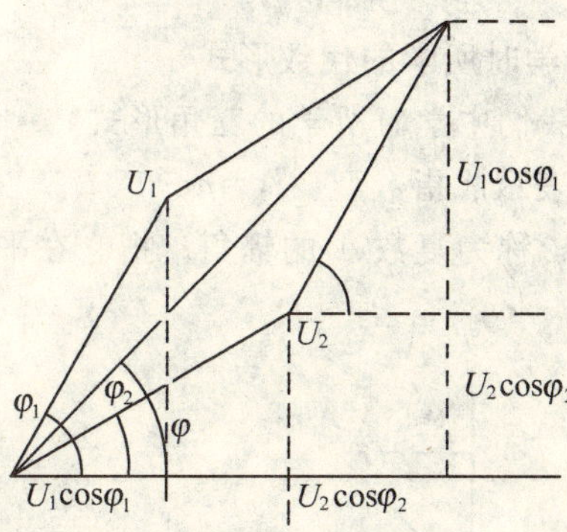

图 2-6　例 2-3 图

2. 同频率正弦量的减法

同频率正弦量的减法同加法。例如，两个同频率的正弦量

$$u_1(t) = U_{1m}\sin(\omega t + \varphi_1)$$

$$u_2(t) = U_{2m}\sin(\omega t + \varphi_2)$$

相位差 $\varphi_{12} = (\omega t + \varphi_1) - (\omega t + \varphi_2) = \varphi_1\varphi_2$。

求相量和（差）的步骤（如图 2-7 所示）如下：

(1)写出相应的相量，并表示为代数形式。

(2)按复数运算法则进行相量相加（减），求出和（差）的相量。

(3)作相量图，按照矢量运算法则求相量和。

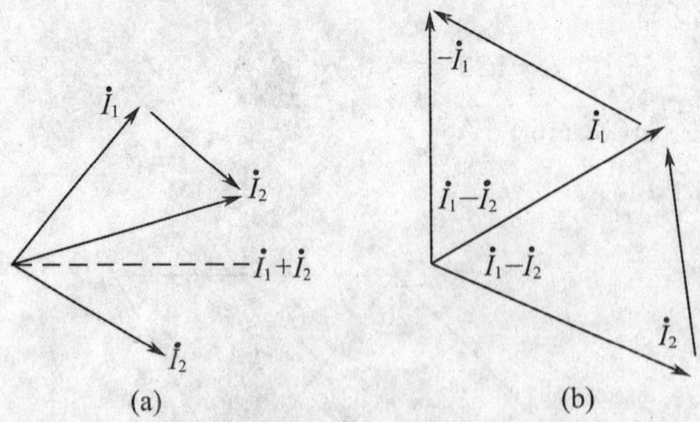

图 2-7　两个相量加减的三角形法则

拓展阅读：

用复数表示正弦交流电和计算正弦交流电。

在分析电路的正弦稳态响应时，经常遇到正弦波的代数、微分等复杂运算，为此，我们借用复数来表示正弦交流电，从而可以使正弦稳态电路的分析和计算得到简化。

复数的概念：

$A=a_1+jb_1$（这是我们中学时所学的代数形式）

$A=a\cos\theta+ja\sin\theta$（这是我们中学时所学的三角形式）

我们知道，一个复数还能表示成指数型。$A=ae^{j\beta}$

式中 a 称为复数 A 的模，β 称为复数 A 的辐角。把它在平面上表示如图 2-14 所示。

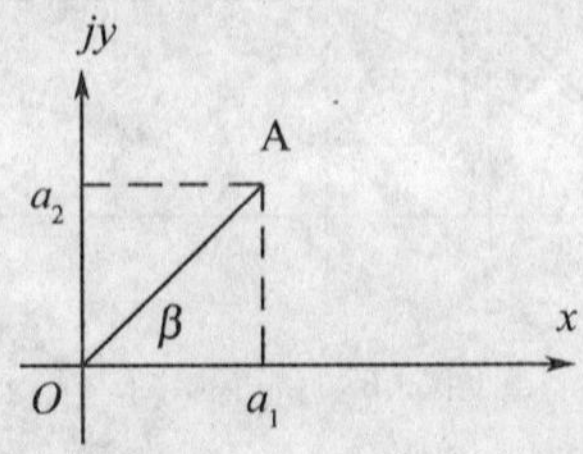

图 2-8　复数的表示

$$a=\sqrt{a_1^2+a_2^2}\qquad \beta=\arctan\frac{a_2}{a_1}$$

$$a_1=a\cos\beta\qquad a_2=a\sin\beta$$

a_1 和 a_2 也可以表示为 $a_1=\mathrm{Re}[A]$　$a_2=\mathrm{Im}[A]$

式中 Re 表示取复数 A 的实部，Im 表示取复数 A 的虚部，它的指数型常简写为

$$A=a\angle\beta$$

2.3　交流电路中的电阻、电容与电感

直流电流的大小与方向不随时间变化，而交流电流的大小和方向则随时间不断变化。

1. 电压电流的正方向

在交流电路中，电压、电流均为交变的，作用在电路中有两个不同的方向，通常在分析电路时把其中一个方向规定为正方向。由于交流电路中电流、电压、电动势的大小和方向随时间变化，因而分析和计算交流电路时，必须在电路中给电流、电压、电动势标定一个正方向。同一电路中电压和电流的正方向应标定一致(如图 2-9 所示)。若在某一瞬时电流为正值，则表示此时电流的实际方向与标定方向一致；反之，当电流为负值时，表示此时电流的实际方向与标定方向相反。所以在分析电路以前，首先得规定电压(或电流)的正方向。以后推导的所有公式，都是在这个规定的正方向前提下获得的。

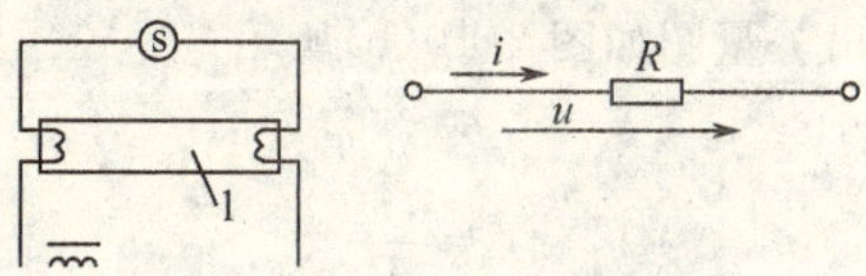

图 2-9　交流电方向的设定

2. 电阻、电感、电容在电路中的作用

(1)电阻元件

无论工作在直流电路还是交流电路中都要消耗能量，它对电流起着阻碍作用。要维持电流通过电阻，必须施加电压，其值等于电阻与电流的乘积。

(2)电感元件

在直流电路中工作时，当电路进入稳定状态以后，电流就不再变化，此时电路中自感电动势为零，电感对电流不起作用。因此，在直流电路中不考虑电感的影响。但在交流电路中，因为电流的大小和方向均不断变化，电路中始终存在自感电动势；由于自感应电动势阻碍电流的变化，所以，电感元件在交流电路中和电阻元件相同，对交流电流起着阻碍作用。和电阻元件不同之处是电感元件不消耗电能，但它却可以存储磁场能。因此，电感元件在交流电路中工作时，它和电源之间不断地进行着能量的交换。

(3)电容元件

在直流电路中，电容充电完毕，电路进入稳定状态以后，电路中电流便为零，处于断路状态。而在交流电路中，由于电压的大小和方向是不断变化的，于是电容器不断地处在充电过程中，使电路中存在一定的充放电电流，即有交变电流通过，可见电容元件对交变电流同样也起着阻碍作用。和电感元件相同，它也不消耗电能，却能储存电场能。因此，电容元件在交流电路中工作时，它和电源之间也存在着能量的转换。

概括地说，电阻为耗能元件，电感和电容为储能元件，在交流电路中，三者对电流都起着制约作用

2.3.1　纯电阻交流电路

交流电路中如果只有线性电阻，这种电路就叫做纯电阻交流电路。我们日常生活中

接触到的白炽灯、电炉、电熨斗等都属于电阻性负载，在这类电路中影响电流大小的主要是负载的电阻 R。下面我们讨论正弦交流电压加在电阻两端时的情况。

1.纯电阻电路

(1)电阻电路中的电流

将电阻 R 接入如图 2-10(a)所示的交流电路，设交流电压为 $u=U_m\sin\omega t$，则 R 中电流的瞬时值为

$$i=\frac{u}{R}=\frac{U_m}{R}\sin\omega t \tag{2-11}$$

这表明，在正弦电压作用下，电阻中通过的电流是一个相同频率的正弦电流，而且与电阻两端电压同相位。画出矢量图如图 2-10(b)所示。

(2)电流最大值为

$$I_m=\frac{U_m}{R}$$

比较电流和电压，我们可以看出：

① 电阻上的电压电流频率相等；

② 电压电流的瞬时值、最大值、有效值都符合欧姆定律；

③ 电压和电流的相位差为 0。

2.电阻电路的功率

(1)瞬时功率

电阻在任一瞬时取用的功率，称为瞬功率，按下式计算：$P=u_i=U_m I_m\sin^2\omega t$。

$P\geqslant 0$，表明电阻任一时刻都在向电源取用功率，起负载作用。i、u、p 的波形图如图 2-10(c)所示。

$$P=\frac{1}{T}\int_0^t P\mathrm{d}t=\frac{1}{t}\int_0^t U_m I_m\sin\omega t\,\mathrm{d}t=\frac{U_m I_m}{2}$$

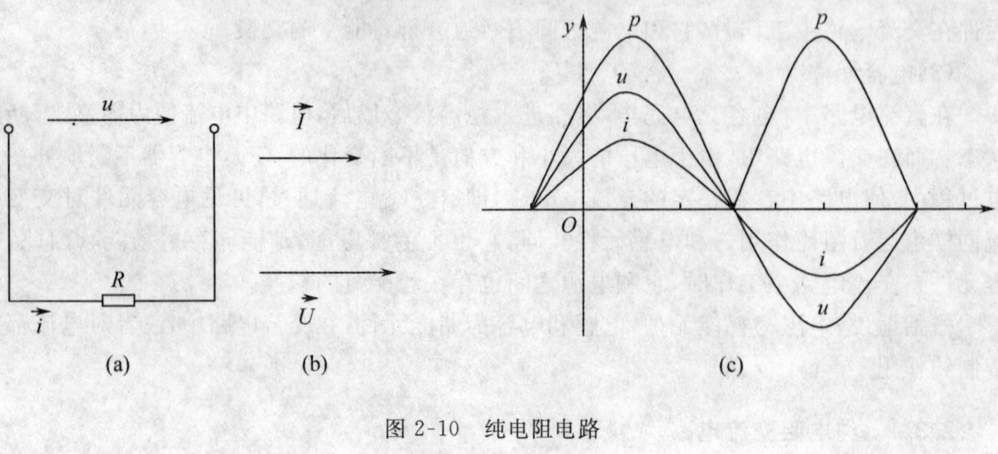

图 2-10 纯电阻电路

(2)平均功率(有功功率)

由于瞬时功率是随时间变化的，为便于计算，常用平均功率来计算交流电路中的功率。平均功率为：

$$p=\frac{U_m I_m}{2}=UI=I^2R \tag{2-12}$$

这表明，平均功率等于电压、电流有效值的乘积。平均功率的单位是瓦[特](W)。通常，白炽灯、电炉等电器所组成的交流电路，可以认为是纯电阻电路。

【例 2-4】 已知电阻 $R=440\Omega$，将其接在电压 $U=220\text{V}$、50Hz 的交流电路上，试求电流 I 和功率 P。如将电源的频率改为 100Hz，试问此时电流变不变？

解：电流为

$$I=\frac{U}{R}=\frac{220}{440}=0.5\text{A}$$

功率为

$$P=UI=220\times0.5=110\text{W}$$

因为电阻元件与频率无关，故电流不变。

比较电流和电压，我们可以看出：

①电阻上的电压电流频率相等；

②电压电流的瞬时值、最大值、有效值都符合欧姆定律；

③电压和电流的相位差为 0。

2.3.2　纯电容交流电路

电容器在电路内或多或少总有点能量损耗，但当电路中的电阻、电感的影响和电容相比可以忽略不计时，我们把这种由电容器所构成的电路称为纯电容电路。

图 2-11(a)为仅含电容的交流电路，设电容器 C 两端加上电压 $u=U_m\sin\omega t$。

由于电压的大小和方向随时间变化，电容器极板上的电荷量也随之变化，电容器的充、放电过程不断进行，形成了纯电容电路中的电流。

1. 电路中的电流

(1)瞬时值

$$I=\sqrt{I_R{}^2+(I_L-I_C)^2}$$

$$i=\frac{dq}{dt}=C\frac{du_c}{dt}$$

$$=\omega CU_m\sin(\omega t+\frac{\pi}{2}) \tag{2-13}$$

$$=I_m\sin(\omega t+\frac{\pi}{2})$$

这表明，纯电容电路中通过的正弦电流比加在它两端的正弦电压超前 π/2 电角，如图 2-11(b)所示。纯电容电路电压、电流波形图如图 2-11(c)所示。

(2)最大值 $I_m=\omega CU_m=\dfrac{U}{\dfrac{1}{\omega C}}=\dfrac{U}{X_C}$(3)有效值 $I=\omega CU=\dfrac{U}{\dfrac{1}{\omega C}}=\dfrac{U}{X_C}$

容抗 $X_C=\frac{1}{\omega C}=\frac{1}{2\pi fC}$式中，$X_C$ 的单位是欧姆(Ω)。

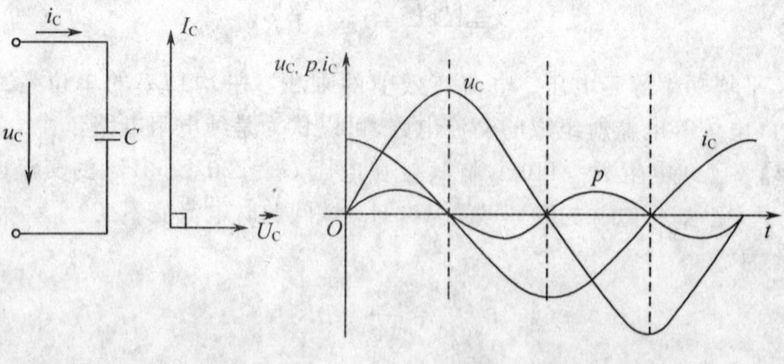

图 2-11　纯电容电路

2. 功率

(1)瞬时功率

$$p=ui=U_m I_m \sin\omega t\cos\omega t=U_m I_m \sin 2\omega t=\sin 2\omega t \tag{2-14}$$

这表明，纯电容电路瞬时功率波形与电感电路的相似，以电路频率的两倍按正弦规律变化。电容器也是储能元件，当电容器充电时，它从电源吸收能量；当电容器放电时则将能量送回电源(图 2-11(c))。

(2)平均功率

$$p=\frac{1}{T}\int_0^T P\mathrm{d}t=0 \tag{2-15}$$

(3)无功功率

$$Q_c=U_C I=I^2 X_C \tag{2-16}$$

电感电流和电压的关系：

①电阻上的电压电流频率相等。

②电压电流的瞬时值、最大值、有效值都符合欧姆定律。

③电压和电流的相位差为 90°。

2.3.3　纯电感交流电路

一个线圈当它的电阻小到可以忽略不计时，可以看成是一个纯电感。将它接在 I_{BC} 交流电源上就构成了纯电感电路。由于空心线圈的电感 L 为常数，所以由它构成的电路为线性电感电路。如图 2-12(a)所示。

1. 电感的电压

设 L 中流过的电流为 $i=I_m\sin\omega t$

L 上的自感电动势 $e_L=L\mathrm{d}i/\mathrm{d}t$，由图示标定的方向，电压瞬时值为：

$$U_L=-e_L=L\mathrm{d}i/\mathrm{d}t=\omega LI_m\cos\omega t=\omega LI_m\sin(\omega t+\frac{\pi}{2})$$

图 2-12 纯电感电路表明，纯电感电路中通过正弦电流时，电感两端电压也以同频率的正弦规律变化，而且在相位上超前于电流 $\pi/2$。纯电感电路的矢量图如图 2-12(b)所示。

电压最大值为

$$U_{Lm}=\omega LI_m$$

电压有效值为

$$U_L=\omega LI \tag{2-17}$$

2. 电感的感抗

从式(2-17)得

$$X_L=\frac{U_L}{I}=\omega L=2\pi f\mathrm{L} \tag{2-18}$$

X_L 称感抗，单位是欧姆(Ω)。与电阻相似，感抗在交流电路中也起阻碍电流的作用。这种阻碍作用与频率有关。当 L 一定时，频率越高，感抗越大。在直流电路中，因频率 $f=0$，其感抗也等于零。

3. 电感电路的功率

(1)瞬时功率

纯电感电路的瞬时功率 p、电压 u、电流 i 的波形图见图 2-12(c)。从波形图看出：第 1、3 个 $T/4$ 期间，$p\geqslant0$，表示线圈从电源处吸收能量；在第 2、4 个 $T/4$ 期间，$p\leqslant0$，表示线圈向电路释放能量。

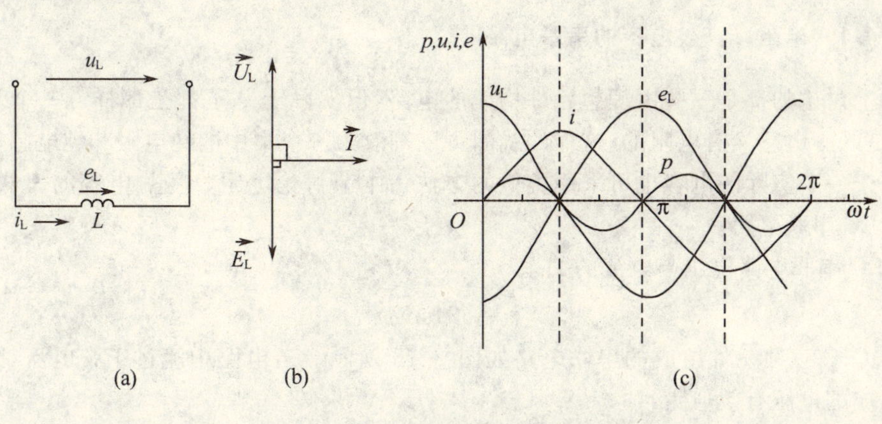

图 2-12　纯电感交流电路

$$p=ui=U_m\sin(\omega t+\frac{\pi}{2})I_m\sin\omega t=U_mI_m\cos\omega t\cdot\sin\omega t=\frac{1}{2}U_mI_m\sin2\omega t=UI\sin2\omega t$$

(2)平均功率(有功功率)P

瞬时功率表明,在电流的一个周期内,电感与电源进行两次能量交换,交换功率的平均值为零,即纯电感电路的平均功率为零。纯电感线圈在电路中不消耗有功功率,它是一种储存电能的元件。

(3)无功功率 Q

纯电感线圈和电源之间进行能量交换的最大速率,称为纯电感电路的无功功率,用 Q_L 表示。

$$Q_L=U_LI=I^2X_L$$

无功功率的惯用单位为乏(var)。

【例 2-5】 一个线圈电阻很小,可略去不计。电感 $L=35\text{mH}$。求该线圈在 50Hz 和 1000Hz 的交流电路中的感抗各为多少。若接在 $U=220\text{V}$,$f=50\text{Hz}$ 的交流电路中,电流 I、有功功率 P、无功功率 Q 又是多少?

解:

(1)$f=50\text{Hz}$ 时,

$$X_L=2\pi fL=2\pi\times50\times35\times10^{-3}\approx11\Omega$$

$f=1000\text{Hz}$ 时,

$$X_L=2\pi fL=2\pi\times1000\times35\times10^{-3}\approx220\Omega$$

(2)当 $U=220\text{V}$,$f=50\text{Hz}$ 时,

$$I=\frac{U}{X_L}=\frac{220}{11}=20\text{A},$$

$$P=0$$

$$Q_L=UI=220\times20=4400\text{V}\cdot\text{A}$$

2.4 电阻、电感、电容的串、并联电路及谐振

2.4.1 电阻、电感、电容的串联电路

以上讨论的都是一些由理想元件构成的电路,但实际上并不都是那样。一个真实的线圈,是既有电感又有电阻的,这样的线圈可以等效为一个集中的纯电阻和纯电感串联电路。对于一个实际的电容也可采用类似的方法。本节讨论电阻、电感、电容的串联电路。简称 RLC 串联电路。

RLC 串联电路电压与电流的关系

$$i=\sqrt{2}I\sin\omega t$$

R、L、C 三种元件组成的串联电路如图 2-13 所示。若电路中流过正弦电流,则各元件上对应的电压有效值为:

$$U_R=IR$$
$$U_L=IX_L$$
$$U_C=IX_C$$

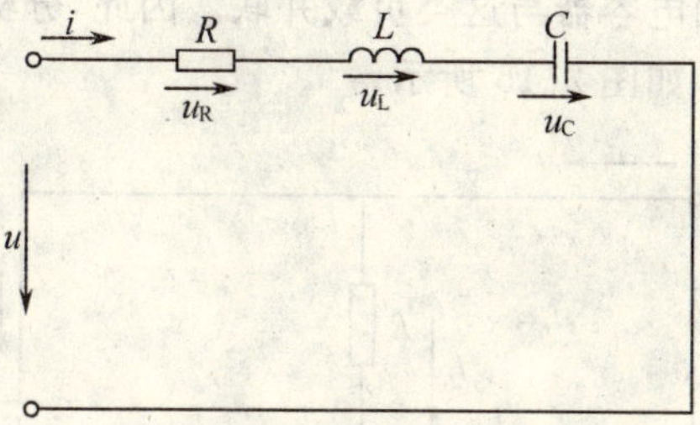

图 2-13　RLC 串联电路

总电压的有效值矢量应为各段电压有效值矢量之和：

$$U=U_R+U_L+U_C$$

且 U_R 与电流 I 同相，U_L 超前 I 90°，U_C 滞后 I 90°，电压、电流矢量图如图 2-14 所示。

从矢量图可得总电压有效值为

$$\sqrt{U_R{}^2+(U_L-U_C)^2}=I\sqrt{R^2+(X_L-X_C)^2}=IZ$$

式中

$$Z=\sqrt{R^2+(X_L+X_C)^2}=\sqrt{R^2+X^2}$$

称为电路阻抗，$X=X_L-X_C$ 称为电路的电抗。阻抗和电抗的单位都是 Ω。电路中总电压和电流的相位差为：

$$\varphi=\arctan\frac{U_L-U_C}{U_R}=\arctan\frac{X_L-X_C}{R}\qquad(2\text{-}19)$$

从上式可以看出：

当 $X_L>X_C$ 时，$\varphi>0$，总电压超前于电流（图 2-14(a)），电路属感性电路；

当 $X_L<X_C$ 时，$\varphi<0$，总电压滞后于电流（图 2-14(b)），电路属容性电路；

当 $X_L=X_C$ 时，$\varphi=0$，总电压和电流同相位（图 2-14(c)），电路属阻性电路，这种现象称为谐振。

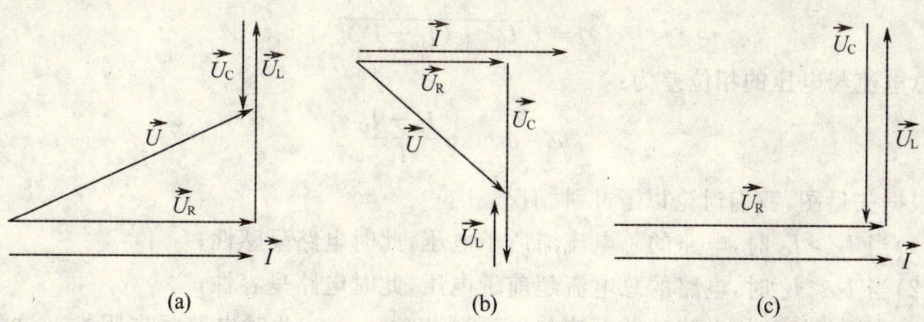

图 2-14　RLC 串联电路电流、电压矢量图

2.4.2 电阻、电感、电容的并联电路

交流电路中的负载，大多数为既有电阻又有电感的感性负载。用户为了减少电源对其提供的无功功率，常常用电容器与这类负载并联。因此，分析感性负载和电容并联的电路，具有很大的现实意义。如图 2-15 所示。

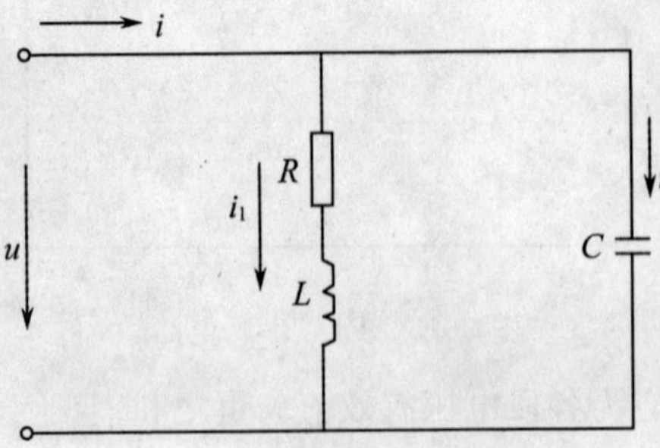

图 2-15 感性负载和电容器的并联电路

由图可知 Z_1 支路电流为

$$I_1=\frac{U}{Z_1}=\frac{U}{\sqrt{R^2+X_L{}^2}}$$

$$Z_1=\sqrt{R^2+X_L{}^2}$$

i_1 滞后于总电压 u 的电角为：$\theta_1=\arccos\dfrac{R}{Z_1}$

电容 C 支路的电流为 $I_C=U/X_C$，电路总电流为 $I=I_1+I_C$。值得注意的是：由于相位不同，总电流 I 的有效值应从 I_1 和 I_C 的矢量和求得。根据电流矢量式画出该电路电流、电压矢量图如图 2-16 所示，并联电路取总电压为参考矢量。感性负载中的电流 I_1 可以分解成两个分量，与电压同相的 I_R 称为有功分量。另一个滞后于电压 π/2 电角的 I_L 称为无功分量，它们的大小分别是：

$$I_R=I_1\cos\varphi_1$$

$$I_L=I_1\sin\varphi_1$$

从矢量图求出总电流的有效值为：

$$I=\sqrt{I_R{}^2+(I_L-I_C)^2}$$

总电流与电压的相位差为：

$$\varphi=\arctan\frac{I_L-I_C}{I_R}$$

根据矢量图，我们讨论以下几种情况：

(1)当 $I_L>I_C$ 时，电路的总电流滞后于电压，此时电路呈感性；

(2)当 $I_L<I_C$ 时，电路的总电流超前于电压，此时电路呈容性；

(3)当 $I_L=I_C$ 时，电路的总电流与电压同相位，$\varphi=0$，此时电路呈电阻性。这种情况称为并联谐振(或电流谐振)。并联谐振时，电路的阻抗最大，总电流最小。

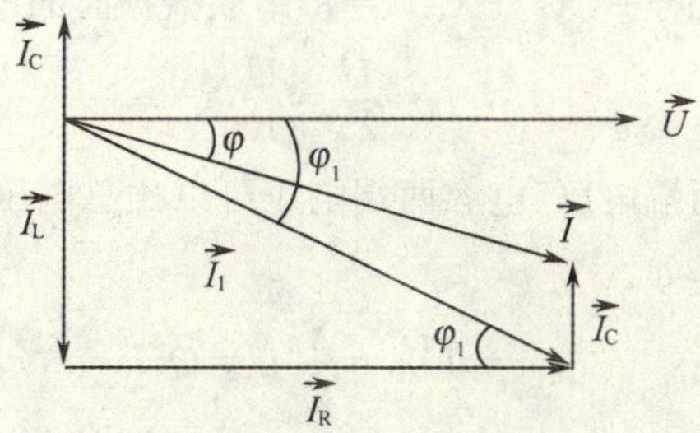

图 2-16 电流、电压矢量图

【例 2-6】 如图 2-22，已知电压 $U=220\text{V}$，电路频率 $f=50\text{Hz}$，电动机取用功率 $P=4\text{kW}$，其 $\cos\varphi_1=0.6$，并入电容 $C=220\mu\text{F}$ 后，求总电流 I。

解：电动机支路的电流

$$I_1=\frac{P}{U\cos\theta_1}=\frac{4000}{220\times0.6}\approx30.3\text{A}$$

电容支路电流 $I_C=\dfrac{U}{X_C}=\dfrac{U}{\dfrac{I}{2\pi fC}}=U\cdot2\pi fC=220\times2\pi\times50\times200\times10^{-6}\approx13.8\text{A}$

$$\cos\theta_1=0.6,\theta_1\approx53^\circ,\sin\theta_1\approx0.8$$

由图 2-23 的矢量图，总电流为：

$$I=\sqrt{(I_1\cos\theta)^2+(I_1\sin\theta_1-I_c)^2}-\sqrt{18.2^2+(24.2-13.8)^2}\approx21\text{A}$$

只要电源电压不变，则感性负载的工作状态就不变 $P_1=UI_1\cos\theta_1$。由于电容支路的平均功率为零。所以整个电路的平均功率仍不变，即 $P=P_1=UI_1\cos\varphi_1$。

2.4.3 电路的谐振

电路中存在 LC，而总电压与总电流又同相位，则说该电路处于谐振状态，电路发生了谐振。

1. 串联谐振

在 RLC 串联电路中，当电路总电压与电流同相时，电路呈纯阻性，电路的这种状态叫做串联谐振。

(1)谐振条件和谐振频率

如上所述，在 RLC 串联电路中，当 $X_L=X_C$ 时，电路中总电压和电流同相位，这时电路中产生谐振现象，所以，$X_L=X_C$ 便是电路产生谐振的条件。

因为 $X_L=X_C$ 又知 $X_L=2\pi fL$，故

$$X_C=\frac{1}{2\pi fC},\quad 2\pi f_0L=\frac{1}{2\pi f_0C}\tag{2-20}$$

(2)串联谐振时的电路特点

①总电压和电流同相位，电路呈电阻性。

②串联谐振时电路阻抗最小，电路中电流最大。串联谐振时电路阻抗为：

$Z_0=\sqrt{R^2+(X_L-X_C)^2}=R$ 串联谐振时的电流为：

$$I_0=\frac{U}{Z_0}=\frac{U}{R}$$

③串联谐振时，电感两端电压、电容两端电压可以比总电压大许多倍。

电感电压为：

$$U_L=IX_C=\frac{X_C}{R}U=QU$$

电容电压为：

$$U_C=LX_C=\frac{X_C}{R}U=QU$$

$$Q=\frac{X_L}{R}=\frac{X_C}{R}=\frac{\omega_0 L}{R}=\frac{1}{\omega_0 CR}$$

可见，谐振时电感（或电容）两端的电压是总电压的 Q 倍，Q 称为电路的品质因数。在电子电路中经常用到串联谐振，例如某些收音机的接收回路便用到串联谐振。在电力线路中应尽量防止谐振发生，因为谐振时电容、电感两端出现的高压会使电器损坏。

2. 并联谐振电路

为了提高谐振电路的选择性，常常需要较高的品质因数 Q（下节讲述）值。当信号源内阻较小时，可采用串联谐振电路。如信号源内阻很大，采用串联谐振，Q 值就很低，选择性会明显变坏。这种情况下，可采用并联谐振电路。

(1)并联谐振的条件

在对电阻、电感串联再与电容并联的电路，我们已经讨论过，当 $I_1\sin\varphi_1=I_2$ 时，感性支路的无功电流和容性支路的无功电流相互抵消，电路呈阻性。这种情况称为电路发生并联谐振。

谐振角频率：

$$f_0=\frac{1}{2\pi\sqrt{LC}}$$

(2)并联谐振电路的特点

①电路的总阻抗最大，总电流最小

根据对图 2-17 所示的相量图分析可知，电路中电流的感性无功分量与容性无功分量完全补偿，电路的总电流最小，且等于电感支路的有功分量电流，谐振电流为：

$$I_0=I_1\cos\varphi_1$$

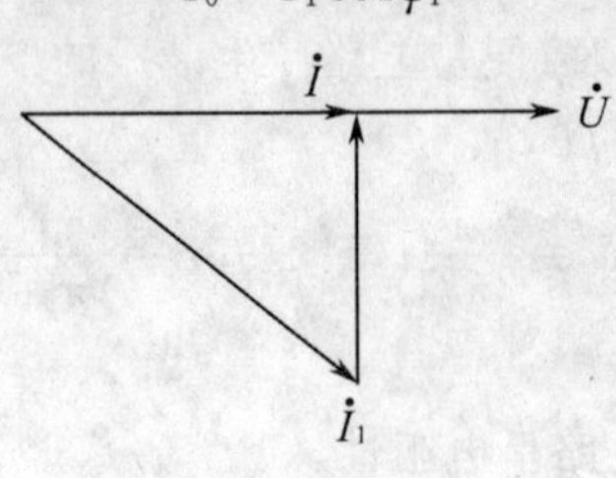

图 2-17 相量图

电路的总电流最小，说明电路的总阻抗最大，总阻抗为：

$$|Z|=\frac{U}{I_0}$$

②谐振时两支路可能产生过电流

并联谐振时：

$$I_2=I_1\sin\varphi_1=I_0Q$$

式中 Q 为电路的品质因数。可见，并联谐振时，感性无功电流和容性无功电流可能比总电流大许多倍，所以，并联谐振也叫电流谐振。

3. 并联谐振电路的应用

并联谐振电路主要用来构造选频器或振荡器等，广泛用于电子设备中。电路对电源 E 某一频率谐振时，谐振回路呈现很大阻抗，因而电路中电流很小。这样在内阻 R 的压降也很小。于是就得到一个高电压输出，而对于其他频率，电路不发生谐振，阻抗较小，电流就较大，在内阻 R 的压降也较大，使这些不需要的频率信号在输出端所形成的电压很低。这样便起到了选择信号的作用。收音机、电视机中的中周变压器就是由并联谐振电路构成的。

2.5　功率因数的补偿

2.5.1　电路的功率因数

在交流电路中，有功功率为 $P=UI\cos\varphi$，其中 $\cos\varphi$ 称为电路的功率因数。功率因数是用电设备的一个重要技术指标。通过感性负载与电容并联电路的分析可知，并联适当的电容以后可以提高 $\cos\varphi$ 值。也就是说在同一感性负载下电源提供的线路电流可以减小。生产中使用的电气设备多属于感性负载，如变压器、异步电动机及带镇流器的日光灯和高压柔灯等，都属于感性负载，它们的功率因数都比较低，有的低至 0.35（如电焊变压器）。

1. 充分利用电源设备的容量

交流电源（发电机或变压器）的容量是用其视在功率来衡量的，当容量一定的电源设备向外供电时，负载能够得到多少有功功率 P，除了与电源设备的视在功率有关外，还与负载的功率因数有密切关系，有功功率 $P=UI\cos\varphi$，功率因数 $\cos\varphi$ 越大，$P=UI\cos\varphi$ 越大。无功功率就越小。提高用户的功率因数，可以使同等容量的供电设备向用户提供更多的有功功率，提高供电能力。或者说在用户所需有功功率一定的情况下，发电机、变压器输配电线等容量都可以相应减小，从而降低对电网的投资。

2. 减小输电线路上的能量损失

在一定的电源电压下，向用户输送一定的有功功率时，由 $I=P/U\cos\varphi$ 可知，电流 I 和功率因数成反比，功率因数越低，流过输电线路的电流就越大，由于输电线路本身具有一定的阻抗，因此，线路上的电压降也就越大，这不仅使更多的电能白白消耗在线路上，而且使用户端的电压也随之降低。特别是在电网的末端(远离发电机)，将会长期处于低电压运行状态，影响负载的正常工作。为了减少电能损耗，改善供电质量，就必须提高功率因数。当负载的有功功率 P 和电压 U 一定时，功率因数越大，输电线上的电流越小，线路上能耗就越少。

3. 提高供电质量

线路损耗减少，可以使负载电压与电源电压更接近，电压调整率更高。

4. 节约用铜

在线路损耗一定时，提高功率因数可以使输电线上的电流减小，从而可以减小导线的截面，节约铜材。

由此可见，功率因数提高后，一方面可使电源设备的容量得到充分利用，同时减小电能在输送过程中的损耗。因此，提高电网的功率因数，对发展经济有着重要的现实意义。

2.5.2　功率因数的补偿

1. 提高功率因数的办法

功率因数不高的原因，主要是由于大量感性负载的存在。工厂中广泛使用的三相异步电动机就相当于感性负载。为了提高功率因数，可以从两个方面来着手：一方面是改进用电设备的功率因数，这主要涉及更换或改进设备；另一方面是在感性负载的两端并联适当大小的电容器，原理如下。

设原负载为感性负载，其功率因数为 $\cos\varphi$，电流为 I_1，在其两端并联电容器 C，电路如图 2-18 所示，并联电容以后，并不影响原负载的工作状态。从相量图可知由于电容电流补偿了负载中的无功电流，使总电流减小，电路的总功率因数提高了。

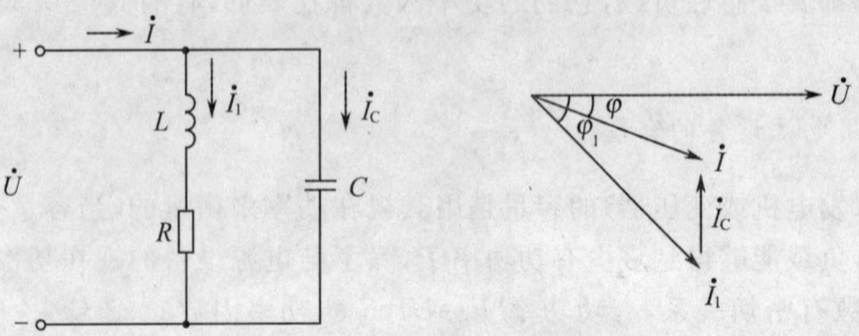

图 2-18　并联电容的 *RLC* 电路

2. 电容量的计算

有一感性负载的端电压为 U，功率为 P，功率因数 $\cos\varphi_1$，为了使功率因数提高到，可推导所需并联电容 C 的计算公式：

$$I_1\cos\varphi_1=I\cos\varphi=\frac{P}{U}$$

流过电容的电流 $I_C=I_1\sin\varphi-I\sin\varphi=\frac{P}{U}(\tan\varphi_1-\tan\varphi)=\omega CU$

所以

$$C=\frac{P}{\omega U^2}(\tan\varphi_1-\tan\varphi) \tag{2-21}$$

【例 2-7】 两个负载并联，接到 220V、50Hz 的电源上。一个负载的功率 $P_1=2.8\text{kW}$，功率因数 $\cos\varphi_1=0.8$(感性)，另一个负载的功率 $P_2=2.42\text{kW}$，功率因数 $\cos\varphi_2=0.5$(感性)。

试求：

(1)电路的总电流和总功率因数；

(2)电路消耗的总功率；

(3)要使电路的功率因数提高到 0.92，需并联多大的电容？此时，电路的总电流为多少？

解：

(1)$I=\frac{P_1}{U\cos\varphi_1}=\frac{2800}{220\times0.8}=15.9\text{A}$，$\cos\varphi_1=0.8\Rightarrow\varphi_1=3.69°$

$I_2=\frac{P_2}{U\cos\varphi_2}=\frac{2420}{220\times0.5}=22\text{A}$，$\cos\varphi_2=0.5\Rightarrow\varphi_1=60°$

设电源电压 $\dot{U}=220\angle0°\text{V}$，则 $\dot{I}_1=15.9\angle-36.9°\text{A}$，$\dot{I}_2=22\angle-60°\text{A}$

$\dot{I}=\dot{I}_1+\dot{I}_2=15.9\angle-36.9°+22\angle-60°=37.1\angle-50.3°\text{A}$

$I=37.1\text{A}$，$\varphi'=50.3°\Rightarrow\cos\varphi'=0.64$

(2)$P=P_1+P_2=2.8+2.42=5.22\text{kW}$

(3)$\cos\varphi=0.92\Rightarrow23.1°$，$\cos\varphi'=0.64\Rightarrow\varphi'=50.3°$

$$C=\frac{P}{\omega U^2}(\tan50.3°-\tan23.1°)=0.00034(1.2.0.426)=263\mu\text{F}$$

$$I=\frac{P}{U\cos\varphi}=\frac{5220}{220\times0.92}=25.8A$$

注意：

(1)并联电容器后，对原感性负载的工作情况没有任何影响，即流过感性负载的电流和它的功率因数均未改变。这里所谓功率因数提高了，是指包括电容在内的整个电路的功率因数比单独的感性负载的功率因数提高了。

(2)线路电流的减小，是电流的无功分量减小的结果，而电流的有功分量并未改变，这从相量图上可以清楚地看出。实际生产中，并不要求把功率因数提高到 1，即补偿后仍使整个电路呈感性，感性电路功率因数习惯上称滞后功率因数。若将功率因数提高到 1，需要并联的电容较大，会增加设备投资。

(3)功率因数提高到什么程度为宜，在作具体的技术、经济指标比较之后，才能确定。

2.6 三相交流电路

前几节我们讨论了单相交流电路，所设发电机只产生一个交变电动势。但在实际应用中，电能的产生、输送和分配，普遍采用“三相制”。所谓三相制，就是由三个频率相同、最大值相等、相位互差 120°的三相电源供电的体系，这样的三个电动势，称为三相电动势。用输电导线把三相电源和负载连在一起所构成的电路，叫做三相交流电路，或称为“三相制”。组成三相电路的每一单相电路，称为一相。

之所以广泛应用三相制，主要是因为它与单相交流电源相比具有下面的优点：

(1)远距离输送电能较为经济：电能损耗小，节约导线的使用量。在输送功率，电压、距离和线损相同的情况下，三相输电用铝仅是单相的 75%。

(2)三相电器（发电机，用电器等）在结构和制造上比较简单，工作性能优良，使用可靠。

因此，在单相交流电路的基础上，进一步研究三相交流电路具有重要意义。本节内容中将研究三相电动势的产生及三相电源的星型联接和角形联接。

2.6.1 三相交流电动势的产生

1.电动势产生

三相正弦交流电动势是由三相正弦交流发电机所产生的，三相发电机主要由电枢和磁极所组成。图 2-19(a)所示为一对磁极的三相发电机原理示意图。

电枢是固定的，称为定子，由定子铁芯和三相绕组组成。定子铁芯是用内圆表面冲有槽的硅钢片叠成。在槽内放置三组匝数相对相等、相互独立的对称绕组，称为三相绕组。绕组的起端分别用 U_1、V_1、W_1 标注，末端分别用 U_2、V_2、W_2 标注。其中一相绕组，如图 2-19(b)所示。三相绕组的 3 个起端（或末端）在空间彼此相邻 120°；电机的磁极是旋转的，也称为转子。转子铁芯上绕有励磁绕组，通过直流电励磁。合理选择极面的形状和励磁绕组的分布，可以使气隙中的磁感应强度沿圆周作正弦分布。

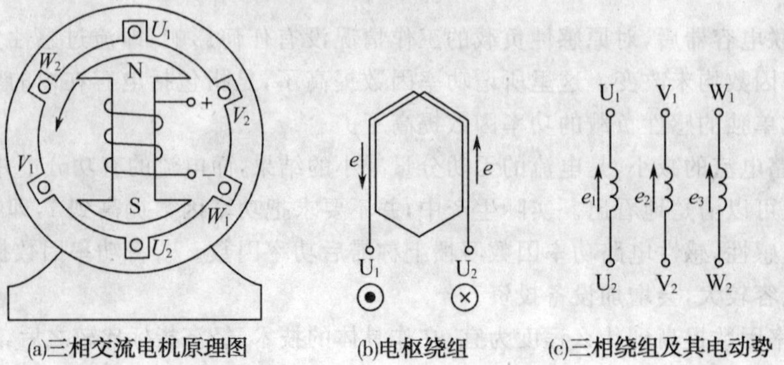

图 2-19 三相交流发电机原理图

2.三相正弦交流电动势的表示方法

当转子以均匀的速度顺时针转动时，在每相绕组中产生频率相同、幅值相等的正弦电动势 e_1、e_2、e_3，参考方向选定为由末端指向始端，如图 2-19(c)所示。

由图 2-19(a)可见，当 N 极轴线转到 U_2 处时，U 相的电动势达到正幅值；经过后 N 极的轴线转到 V_2 处时，V 相的电动势达到正幅值；在经过 120°，N 极的轴线转到 W_2 处时，W 相电动势达到正幅值。所以，e_1 超前 e_2，e_2 超前 e_3，e_1 超前 e_3，这是个连续的过程。以 U 相为参考，则三相电动势的解析式可表示为：

$$\begin{aligned} e_1 &= E_m \sin\omega t \\ e_2 &= E_m \sin(\omega t - 120^\circ) \\ e_3 &= E_m \sin(\omega t + 120^\circ) \end{aligned} \tag{2-22}$$

用相量表示为：

$$\begin{aligned} \dot{E}_1 &= E\angle 0^\circ \\ \dot{E}_2 &= E\angle -120^\circ \\ \dot{E}_3 &= E\angle 120^\circ \end{aligned} \tag{2-23}$$

对于图 2-19 中所示发电机来说，转子在空间旋转一周，各相电动势将变化 1 个周期，即变化电角。若以 U_1 相电动势作为计时开始的参考矢量，即 $t=0$ 时其初相角为零，相应的波形图和矢量图，如图 2-20 所示。满足上述条件的三相电动势称为三相对称电动势。

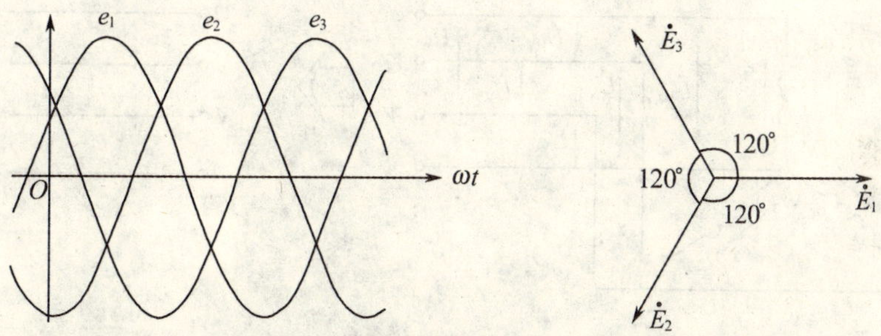

图 2-20　对称三相电压波形和向量图

2.6.2　三相电源的星形连接和三角形连接

三相交流发电机所发出的三相电能是怎样输送给负载的呢？如果在三相发电机的每相绕组两端都用两根导线接上负载，而与另外两相不发生关系，这样的三相制电路称为互不联系的三相电路或三相六线制，如图 2-21 所示。这种电路总共需要六根导线输送电能，这样很不经济，没有实用价值，故实际上已不采用。为了节省导线，可以把三相电源的绕组作适当的连接。通常三相电源的绕组有两种连接方法：星形接法(Y 形)和三角形接法(△形)。

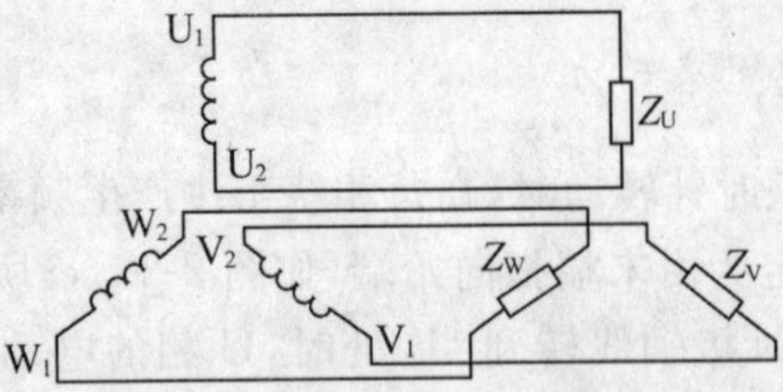

图 2-21　三相六线制

1. 三相电源绕组的星形连接

将三相发电机中三相绕组的末端 U_2、V_2、W_2 连在一起，始端 U_1、V_1、W_1 引出作输出线，这种连接称为星形接法，用 Y 表示。从始端 U_1、V_1、W_1 引出的三根线称为相线或端线，俗称火线；末端接成的一点称为中性点，简称中点，用 N 表示；从中性点引出的输电线称为中性线，简称中线。低压供电系统的中性点是直接接地的，把接大地的中性点称为零点，而把接地的中性线称为零线。工程上，U、V、W 三根相线分别用黄、绿、红颜色来区别。有中线的三相制叫做三相四线制，如图 2-22 所示；无中线的三相制叫做三相三线制，如图 2-23。电源每相绕组两端的电压称为电源的相电压，用 $\dot{U}_U$、$\dot{U}_V$、$\dot{U}_W$ 表示。相电压的参考方向规定为始端指向末端。有中线时，各相线与中线的电压就是相电压。相线与相线之间的电压称为线电压，用 $\dot{U}_{UV}$、$\dot{U}_{VW}$、$\dot{U}_{WV}$ 表示，规定线电压的参考方向是自 U 相指向 V 相，V 相指向 W 相，W 相指向 U 相。

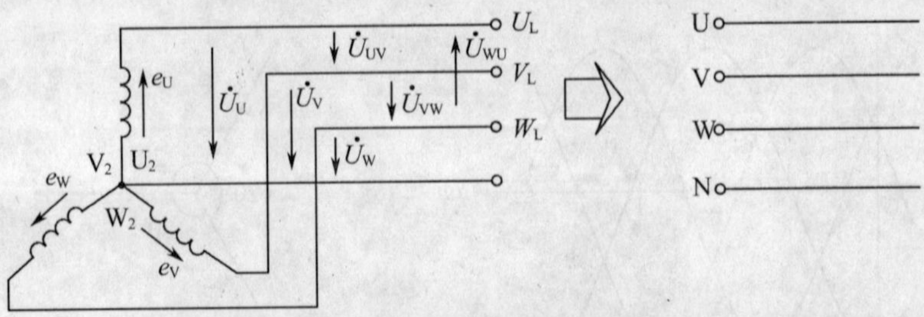

图 2-22　三相四线制接线

现在来研究三相电源绕组接成星形时，线电压与相电压的关系。

一般电源绕组的阻抗很小，故不论电源绕组有无电流，常认为电源各电压的大小就等于相应的电动势。因为通常情况下电源三相电动势是对称的，所以，电源三相电压也是对称的，即大小相等、频率相同、相位互差 120°。

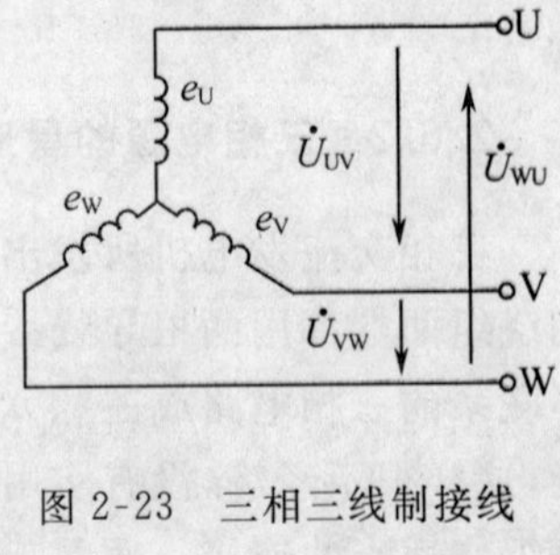

图 2-23　三相三线制接线

发电机(或变压器)的绕组接成星形，可以为负载提供两种对称三相电压，一种是对称的相电压，另一种是对称的线电压。目前电力电网的低压供电系统中的线电压为 380V，相电压为 220V，常写作“电源电压 380V/220V”。

2. 三相电源绕组的三角形连接

将三相电源内每相绕组的末端和另一相绕组的始端依次相连的连接方式，称为三角形接法，用△表示，如图 2-24 所示。

在图 2-24 中可以明显看出，三相电源作三角形连接时，线电压就是相电压，即：

$$U_{线}=U_{相} \tag{2-24}$$

若三相电动势为对称三相正弦电动势，则三角形闭合回路的总电动势等于零。

$$E=\dot{E}_U+\dot{E}_V+\dot{E}_W=0$$

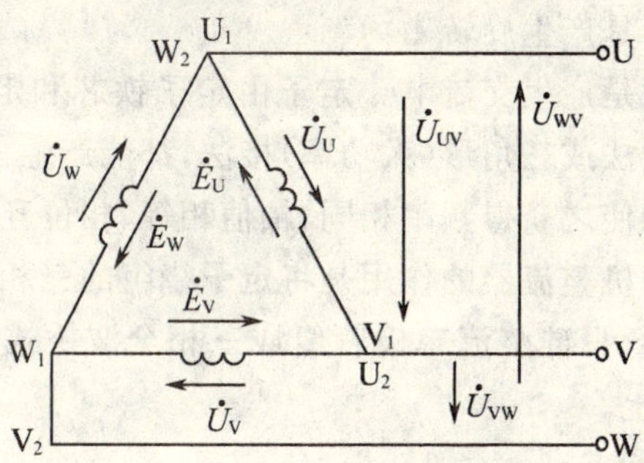

图 2-24　电源绕组的三角形连接

由此可以得出，这时电源绕组内部不存在环流。但若三相电动势不对称，则回路总电动势就不为零，此时即使外部没有负载，也会因为各相绕组本身的阻抗均较小，使闭合回路内产生很大的环流，这将使绕组过热，甚至烧毁。因此，三相发电机绕组一般不采用三角形接法而采用星形接法。三相变压器绕组有时采用三角形接法，但要求在连接前必须检查三相绕组的对称性及接线顺序。

星形接法比三角形接法有如下优点：①采用星形接法时，发电机绕组的电压较低（若同样输出 380V 的线电压，采用星形接法时绕组电压为 220V，而采用三角形接法时绕组电压为 380V），绝缘等级也较低；②采用星形接法时可引出中性线，构成三相四线制供电系统，可以为用户提供两种不同的电压（380V/220V），以适应照明（220V）和动力（380V）的需要。

拓展阅读：常用汽车发电机

1.6 管交流发电机的结构

交流发电机一般由转子、定子、整流器、端盖四部分组成。

JF132 型交流发电机结构图如图 2-25 所示。

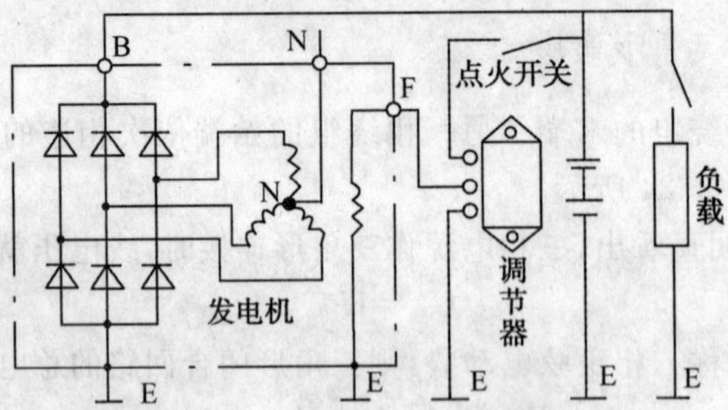

图 2-25　JF132 型交流发电机结构图

(1)转子。转子的功用是产生旋转磁场。

(2)定子。定子的功用是产生交流电。定子由定子铁芯和定子绕组成。定子绕组有三相,三相绕组采用星形接法或三角形(大功率)接法,都能产生三相交流电。三相绕组的必须按一定要求绕制,才能使之获得频率相同、幅值相等、相位互差 120°的三相电动势。

(3)整流器。交流发电机整流器的作用是将定子绕组的三相交流电变为直流电,6 管交流发电机的整流器是由 6 只硅整流二极管组成三相全波桥式整流电路,6 只整流管分别压装(或焊装)在两块板上。

汽车用硅整流二极管特点:

①工作电流大,正向平均电流 50A,浪涌电流 600A;

②反向电压高,反向重复峰值电压 270V,反向不重复峰值电压 300V;

③只有一根引线。并且有的二极管引线是正极,有的二极管引线是负极,引出线为正极的管子叫正极管,引出线为负极的管子叫负极管,所以说整流二极管有正二极管和负二极管之分。

(4)端盖。端盖一般分两部分(前端盖和后端盖),起固定转子、定子、整流器和电刷组件的作用。端盖一般用铝合金铸造,一是可有效的防止漏磁,二是铝合金散热性能好。

2.8 管交流发电机

8 管交流发电机(如夏利车用)和 6 管交流发电机的基本机构是相同的,所不同的是整流器有 8 只硅整流二极管,其中 6 只组成三相全波桥式整流电路,还有 2 只是中性点二极管,1 只正极管接在中性点和正极之间,1 只负极管接在中性点和负极之间。对中性点电压进行全波整流。如图 2-26 所示。

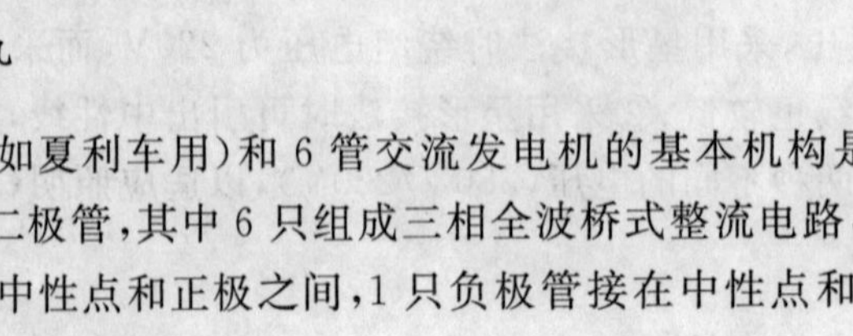

图 2-26　8 管交流发电机结构图

试验表明:加装中性点二极管的交流发电机在结构不变的情况下可以提高发电机的功率 10%～15%。

3.9 管交流发电机(日车应用较多)

9 管交流发电机的基本结构和 6 管交流发电机相同,所不同的是整流器。9 管交流发电机的整流器是由 6 只大功率整流二极管和 3 只小功率励磁二极管组成的交流发电机。其中 6 只大功率整流二极管组成三相全波桥式整流电路,对外负载供电,3 只小功率管二极管与三只大功率负极管也组成三相全波桥式整流电路专门为发电机磁场供电。所以称 3 只小功率管为励磁二极管。如图 2-27 所示。

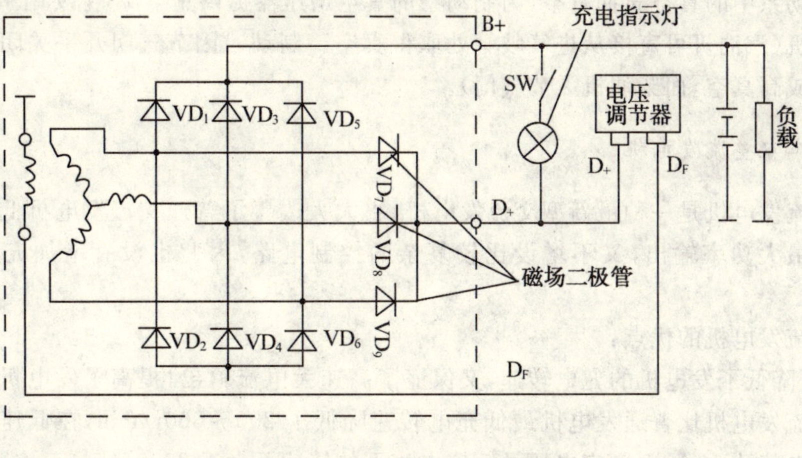

图 2-27　9 管交流发电机结构图

4.11 管交流发电机(例如桑塔纳车用发电机)

11 管交流发电机的整流器由 8 只大功率整流二极管(其中 2 只中性点二极管)和 3 只磁场二极管组成。其他结构和 6 管交流发电机相同。如图 2-28 所示。

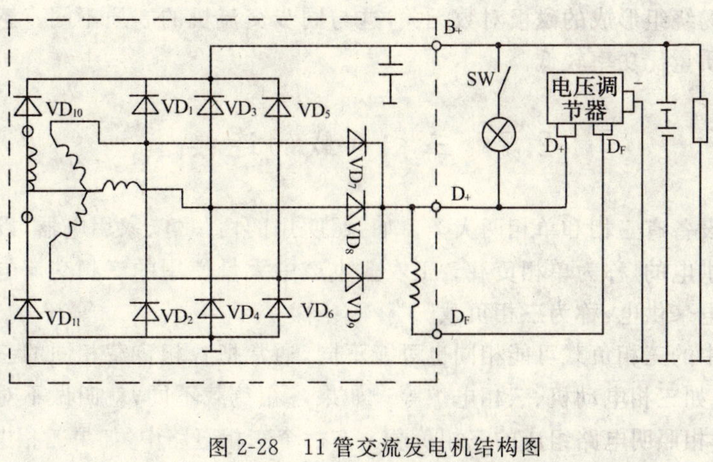

图 2-28　11 管交流发电机结构图

5.无刷交流发电机

由于没有电刷和集电环,所以不会因为电刷和集电环的磨损和接触不良造成激磁不稳定或发电机不发电等故障;同时工作时无火花,也减小了无线电干扰。无刷交流发电机分为爪极式、激磁机式和永磁式三种。

6.带泵交流发电机

带泵交流发电机的发电机与普通交流发电机完全一样,不同的是转子轴很长并伸出后端盖,利用外花键与真空泵的转于内花键相连接,驱动真空泵与发电机转子同步旋转,给汽车制动系中的真空筒抽真空,为制动系的真空增压器提供真空源,主要用于没有真空源的柴油机(汽油机可直接从进气歧管处取得真空。制动时因节气门几乎关闭而在进气歧管中形成高真空,而柴油机无节气门)。

7.汽车双整流发电机

双整流发电机是一种最新型交流发电机,它大大改善了普通交流发电机低速充电性能和高速最大功率输出,又不增设比较复杂的控制电路,因此也没有增加充电系的故障率。

双整流发电机的优点:

(1)既降低了发电机的充电转速,又保证了高速大电流输出,提高了发电机的有效功率。双整流发电机比普通发电机最低充电转速降低了200～300r/min,在低速下发电机即可输出电流达10A;而额定电压及额定电流下的转速不大于2500r/min。

(2)结构简单,工作可靠,只在定子槽中增加绕组匝数,增加一套三相桥式整流。

8.感应子式交流发电机

感应子式交流发电机也是一种无电刷交流发电机,由定子、转子、整流器和机壳组成。感应子式交流发电机中电枢绕组交流电动势的频率恒等于$Zn/60$(Z为转子齿数,n为转子转速),与磁场绕组形成的磁极对数无关,这与同步交流机的本质不同。感应子式无刷交流发电机机质量比功率较低。

2.7 三相负载的连接

交流用电设备有三相和单相两大类。如:照明用的白炽灯、家用电器,以及计算机设备等用单相电供电的,称为单相负载。工农业生产中大量使用的三相交流电动机等设备是用三相交流电来供电,称为三相负载。

三相电路中的三相负载可能相同也可能不同,通常把各相负载相同的三相负载叫做对称三相负载,如三相电动机、三相电炉等。如果各相负载不同,就叫做不对称的三相负载,如由三个单相照明电路组成的三相负载。在一个三相电路中,如果三相电源和三相负载都是对称的,则称为对称三相电路,反之称为不对称三相电路。由于一般情况下,三相电源都是对称的，因而通常把对称三相负载组成的电路称为三相对称电路，把由不对称三相负载组成的电路称为三相不对称电路（这里只研究对称电路）。三相负载的连接也有星形连接（Y）与三角形连接（△）两种。

2.7.1　三相负载的星形连接

将三相负载分别接在三相电源的相线和中线之间的接法称为三相负载的星形连接（Y），如图 2-29 所示。图中 Z_u、Z_v、Z_w 为各相负载的阻抗，N′为负载的中性点。

为分析方便，我们先做如下规定：

（1）每相负载两端的电压称为负载的相电压，流过每相负载的电流称为负载的相电流。

（2）流过相线的电流称为线电流，相线与相线之间的电压称为线电压。

（3）负载为星形连接时，负载相电压的参考方向规定为自相线指向负载中性点 N′，分别用 $\dot{U}_U$、$\dot{U}_N$、$\dot{U}_W$ 表示。相电流的参考方向与相电压的参考方向一致。线电流的参考方向为电源端指向负载端。中线电流的参考方向规定为由负载中点指向电源中点。由图 2-30 可知，如忽略输电线上的电压损失，负载端的相电压就等于电源的相电压；负载端的线电压就等于电源的线电压。

因此，三相负载星形连接时，得到如下结论：

$$U_{相}=U_{线},I_{Y线}=I_{Y相}$$

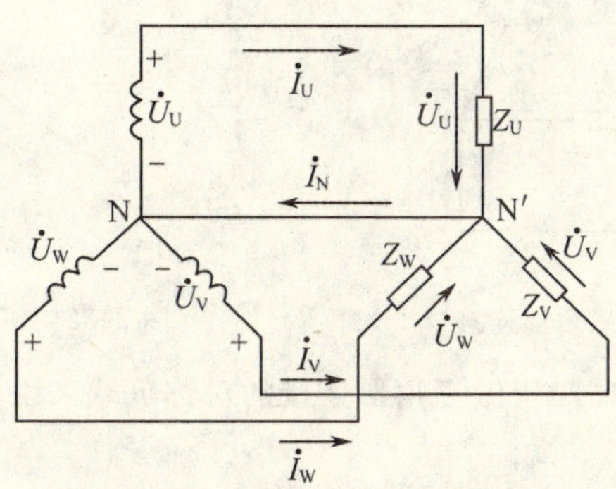

图 2-29　三相负载的星形连接

线电压的相位仍超前对应的相电压，相量图如图 2-30 所示相电流与线电流相等。

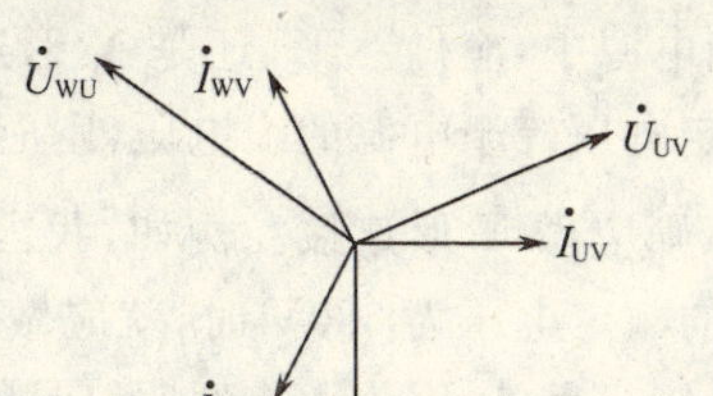

图 2-30　三相负载星形连接相量图

2.7.2 三相负载的三角形连接

把三相负载分别接在三相电源的每两根端线之间，就称为三相负载的三角形(△)连接。三角形连接时的电压、电流参考方向如图 2-31 所示。

在三角形连接中，由于各相负载是接在两根相线之间，因此，负载的相电压就是线电压，即：$U_{UW}=U_{WU}=U_{UV}=U_{相}=U_{线}$。线电流与相电流的关系可根据基尔霍夫定律和做相量图得出，具体做图步骤如下：

(1)先作三相相电流相量，三者相位互差 120°。

(2)根据基尔霍夫电流定律可知，线电流为：

$$
\begin{aligned}
\dot{I}_U &= \dot{I}_{UV}+(-\dot{I}_{WU}) \\
\dot{I}_V &= \dot{I}_{VW}+(-\dot{I}_{VU}) \\
\dot{I}_W &= \dot{I}_{UW}+(-\dot{I}_{VW})
\end{aligned} \tag{2-25}
$$

利用平行四边形法则，分别画出其相量图，如图 2-32 所示。

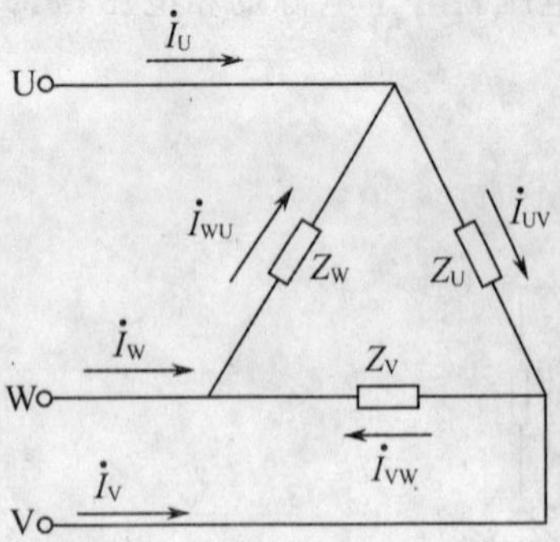

图 2-31 三相负载的三角形连接

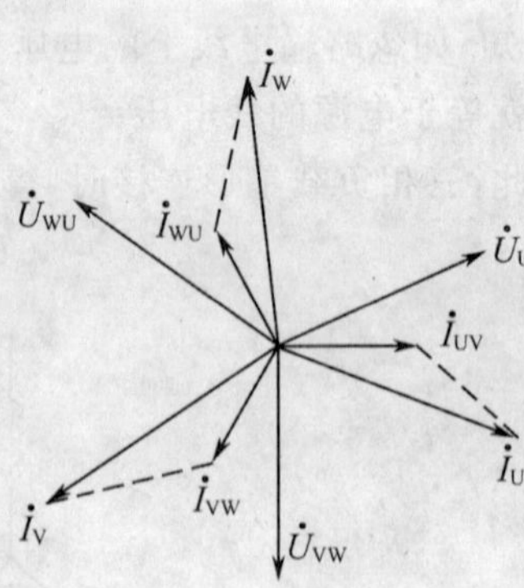

图 2-32 三相负载的电压电流矢量图

由相量图可明显看出：对于做三角形连接的对称负载来说，线电流与相电流的数量关系为：

(1)线电压和相电压一样也是对称的。

(2)线电压大小是相电压的$\sqrt{3}$倍；即 $U_{线}=\sqrt{3}U_{相}$。

(3)线电压超前对应的相电压。

因此，三相负载接到三相电源中，应做△形、还是 Y 形连接，应根据三相负载的额定电压而定。若各相负载的额定电压等于电源的线电压，则应做△形连接；若各相负载的额定电压是电源线电压的$\sqrt{3}$倍，则应做 Y 形连接。例如，我国低压供电的线电压为 380V，当三相感应电动机电磁绕组的额定电压为 380V 时，就应做△连接；当电磁绕组的额定电压为 220V 时，就应做 Y 形连接。另外，因为大多照明灯具额定电压都为 220V，故照明电路一般应接成 Y 形。

无论三相负载是星形连接，还是三角形连接，总的平均功率必等于各相平均功率之和。即 $P=P_U+P_V+P_W$。当负载对称时，每个相平均功率相等，因此，三相总的平均功率为：

$$P=3P_P=3U_PI_P\cos\varphi_P \tag{2-26}$$

星形连接

$$U_P=\frac{1}{\sqrt{3}}U_1,I_P=I_1$$

三角形连接

$$U_P=U_1,I_P=\frac{1}{\sqrt{3}}I_1$$

将上述关系代入式(2-26)中，并将相值用线值表示，于是，不论对负载是星形连接还是三角形连接，三相总的平均功率为

$$3U_PI_P\cos\varphi_P=\sqrt{3}U_1I_1\cos\varphi_P$$

用线值来代替相值，是因为在三相负载中线电压、线电流的测量比相电压、相电流来得方便。值得注意的是，上式中的 $\cos\varphi_P$ 仍为相电压与相电流之间的相位差。

$$P=3U_PI_P\sin\varphi_P=\sqrt{3}U_1I_1\cos\varphi_P$$

$$Q=3U_PI_P\sin\varphi_P=\sqrt{3}U_1I_1\cos\varphi_P$$

如果三相负载不对称，且各相负载性质不同，则三相总的平均功率 $P=P_U+P_V+P_W$；三相总的无功功率 $Q=Q_U+Q_V+Q_W$ 根据单相电路上的约定，感性负载的 Q 取正值，容性负载的 Q 取负值。于是三相总的视在功率为：

$$S=\sqrt{P^2+Q^2}$$

实训 2.1 照明电路安装及功率因数的提高

1. 实训目的

(1)熟悉日光灯照明电路的接线，了解日光灯电路的的工作原理。

(2)了解提高功率因数的意义和方法。

(3)学习用实验的方法求线圈的参数。

(4)学习使用功率表。

2. 实训仪器

日光灯(40W)照明电路接线板	1 块
MF—47 型万用表	1 只
交流毫安表 0～500mA	3 只
多量程功率表	1 只

3. 基本知识

日光灯电路的组成：日光灯电路由灯管、镇流器、启辉器三部分组成。图 2-33 为日光灯电路，图中 1 是灯管，2 是镇流器，3 是启辉器。

(1)启辉器

启辉器的内部结构如图 2-34 所示，其中 1 是圆柱形外壳；2 是辉光管；3 是辉光管内

部的倒 U 型双金属片;4 是固定触头,通常情况下双金属片和固定触头是分开的;5 是小容量的电容器;6 是插头。

(2)多量程功率表的使用

功率表的电压线圈、电流线圈标有"*"的一端是同极性端,连线时要连在电源的同一侧。读数方法:功率表上不注明瓦数,只标出分格数,每分格代表的功率值由电压、电流量限 U_N 和 I_N 确定,即分格常数 C:

$$C=\frac{U_N I_N}{\alpha_m}$$

功率表的指示值:

$$P=Ca\text{(a 为指针所指的格数)}$$

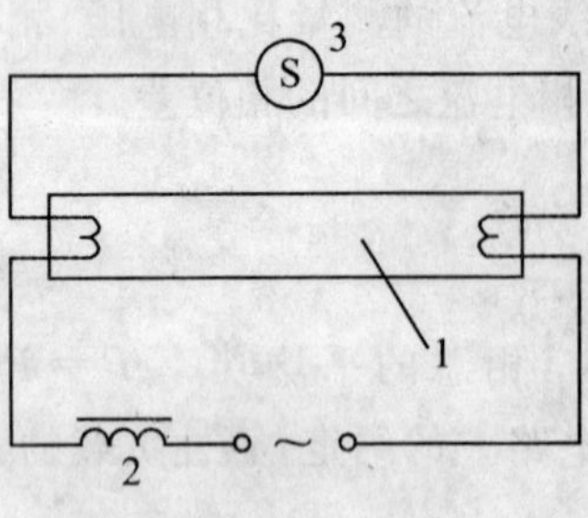

图 2-33　日光灯

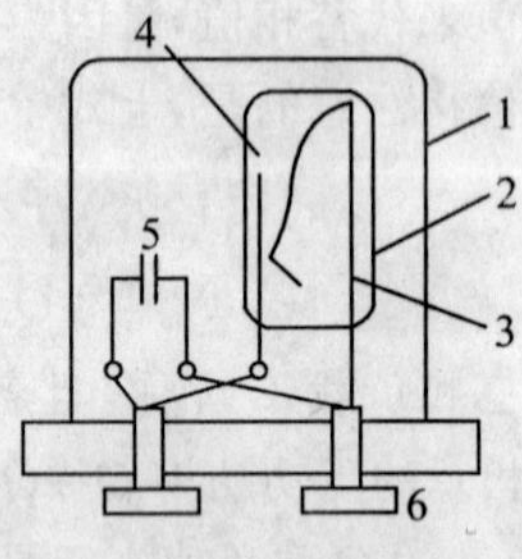

图 2-34　启辉器

4. 内容和步骤

(1)日光灯电路参数的测量

按电路图 2-35 连好线。断开电容支路的开关 S,点燃日光灯,测量电源电压 U,灯管

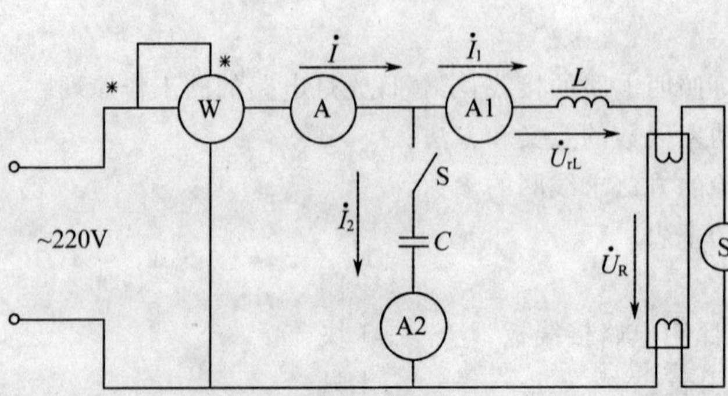

图 2-35　日光灯电路

两端的电压 U_R,镇流器两端的电压 U_{rL},及 I_1,功率表的指示值 P 等填入表 2-1。

表 2-1　　数据测量 1

项目	测量数据							
	U	U_{rl}	U_R	I	P	R	r	L
测量值								

(2)改善日光灯电路的功率因数

合上电容支路的开关 S,将电容从零开始增加,使电路从感性变成容性,每改变电容一次,测出日光灯支路的电流 I_1,电容支路的电流 I_2,总电流 I,电路的功率 P,将数据填入表 2-2。

表 2-2　　测量数据 2

项　目	给　定		测量数据			计算数据	
	U	I	I_1	I_4	P	$\cos\varphi$	Q
1	220V	1μF					
2	220V	2μF					
3	220V	3μF					
4	220V	4μF					
5	220V	5μF					

5. 实训总结与分析

(1)完成表格中的计算值。

(2)做出 $I=f(C)$曲线,功率因数曲线 $\cos\varphi=f(C)$。

(3)说明功率因数提高的原因和意义。

实训 2.2　三相负载的连接

1. 实训目的

(1)学习三相负载星形、三角形连接的正确连接方法。

(2)观察分析三相四线制中,当负载不对称时中线的作用。

2. 实训仪器

电流表、电压表、如图 2-36 所示的灯箱。

3. 实训内容及接线图

(1)灯箱内部的连线方式如图 2-36 所示,用三个灯箱作三相负载的星形连接如图 2-

37 所示。

①负载对称(各相开 4 盏灯)接通中线,合上电源观察各灯泡亮度。将测量电压、电流的数据,记入表 2-3 中。

②将中线拆去,重复(1)中的内容。

③负载不对称(各相开灯数分别为 2、4、6 盏),重复(1)、(2)两项测量,根据实验结果来分析中线的作用。

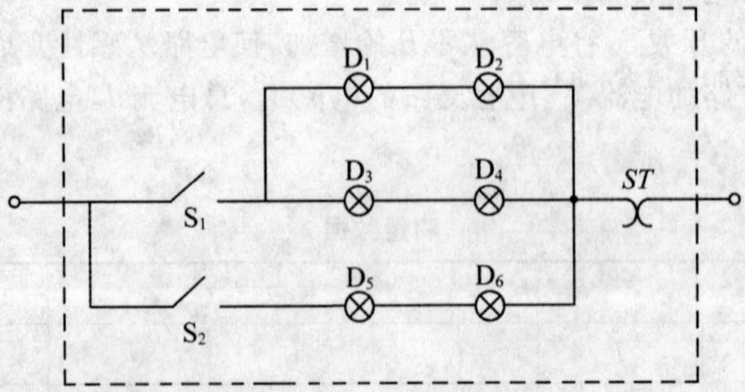

图 2-36　灯箱的结构示意图

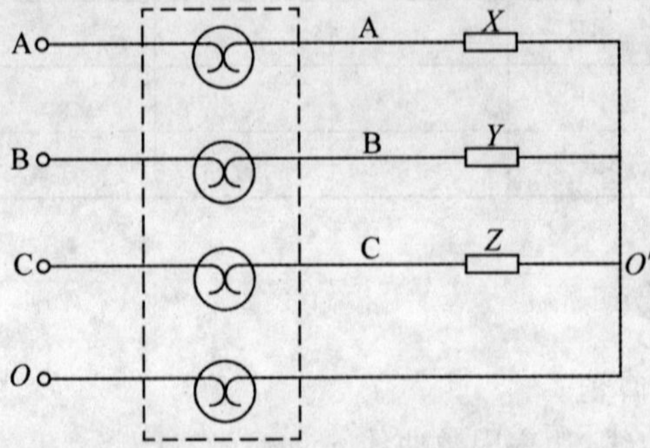

图 2-37　三相星形负载连接图

(2)三相负载的三角形连接,按图 2-38 接线,并接通电源。

①各相开 4 盏灯,分别测量线电压、线电流及相电流,并将数据记入表 2-4。

②A、B、C 三相分别开灯 2、4、6 盏,重复上述测量。

③将一相负载完全断开,观察其他两相负载工作情况。

④将电源的一线断开,观察负载的工作情况。

4. 实训总结

根据实验结果作出对称负载星形和三角形连接两种情况下电流电压的相量图。

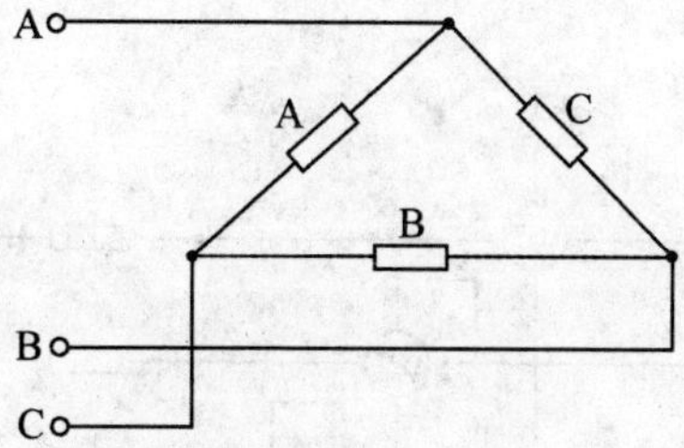

图 2-38 灯箱负载三角形连接

表 2-3 **测量数据 3**

中线连接	开灯盏数			U_{AB}/V	U_{BC}/V	U_{CA}/V	U_{AC}/V	U_{BC}/V	$U_{CO'}$/V	U_{A}/A	U_{B}/A	U_{C}/A	$U_{OO'}$/A	$U_{OO'}$/V
	A相	B相	C相											
有	4	4	4											
无	4	4	4											
有	2	4	6											
无	2	4	6											

表 2-4 **测量数据 4**

开灯盏数			线(相)电压/V			线电流/A			相电流/A		
A相	B相	C相	U_{AB}	U_{BC}	U_{CA}	I_{A}	I_{B}	I_{C}	I_{AB}	I_{BC}	I_{CA}
4	4	4									
2	4	6									

实训 2.3 三相电路功率的测量

1. 实训目的

(1)掌握用一瓦特表法、二瓦特表法测量三相电路有功功率与无功率的方法。

(2)进一步熟练掌握功率表的接线和使用方法。

2. 实训器材

功率表、灯箱。

3. 实训原理

(1)对于三相四线制供电的三相星形连接的负载(即 Y_0 接法),可用一只功率表测量各相的有功功率 P_A、P_B、P_C,则三相负载的总有功功率 $P=P_A+P_B+P_C$。这就是一瓦特表法，如图 2-39 所示。若三相负载是对称的，则只需测量一相的功率，再乘以 3 即得三相总的有功功率。

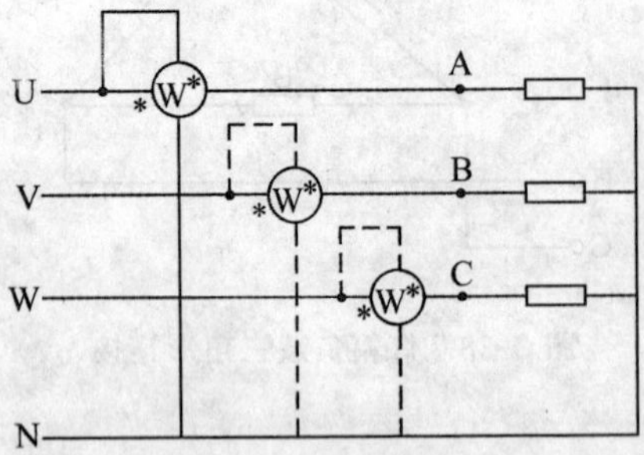

图 2-39　一表法测三相负载的单相功率图

(2)三相三线制供电系统中，不论三相负载是否对称，也不论负载是 Y 接法还是△接法，都可用二瓦特表法测量三相负载的总有功功率。测量线路如图 2-40 所示。若负载为感性或容性，且当存在相位差时，线路中的一只功率表指针将反偏(数字式功率表将出现负读数)，这时应将功率表电流线圈的两个端子调换(不能调换电压线圈端子)，其读数应记为负值。而三相总功率 $P=P_1+P_2$(P_1、P_2 本身不含任何意义)。

(3)对于三相三线制供电的三相对称负载，可用一瓦特表法测得三相负载的总无功功率 Q，测试原理线路如图 2-41 所示。图示功率表读数的三倍，即为对称三相电路总的无功功率。

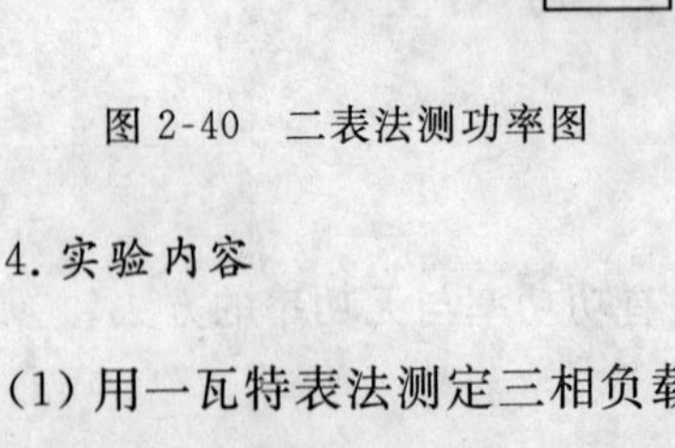

图 2-40　二表法测功率图

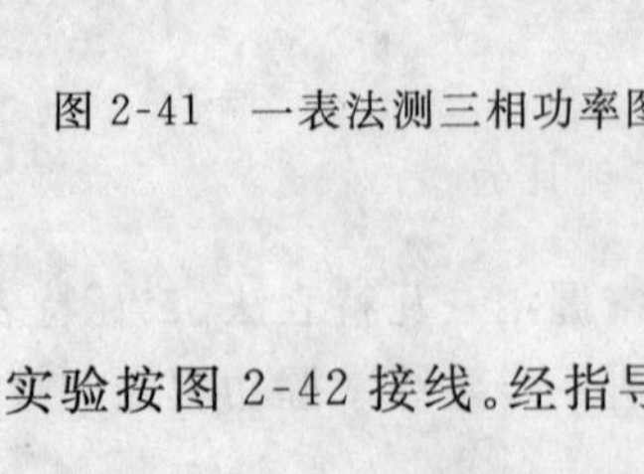

图 2-41　一表法测三相功率图

4. 实验内容

(1) 用一瓦特表法测定三相负载的总功率 $\sum P$。实验按图 2-42 接线。经指导教师检查后，接通三相电源。按表 2-5 测量及计算。

先将三只表按图 2-42 接入 A 相进行测量，然后分别将三只表换接到 B 相和 C 相，再进行测量。

(2)用二瓦特表法测定三相负载的总功率。按图 2-43 接线，将三相灯组负载接成 Y 形接法。

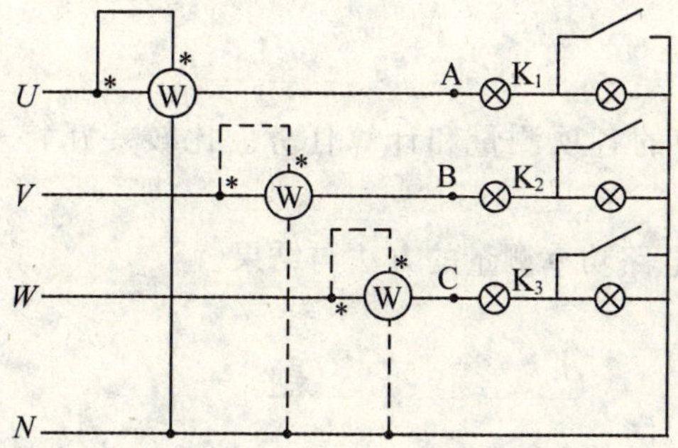

图 2-42　一表法测三相负载功率图

表 2-5　　测量数据 5

负载情况	开灯盏数			测量数据			计算值
	A 相	B 相	C 相	P_A/W	P_B/W	P_C/W	P/W
Y_0 接对称负载	2	2	2				
Y_0 接不对称负载	2	1	2				

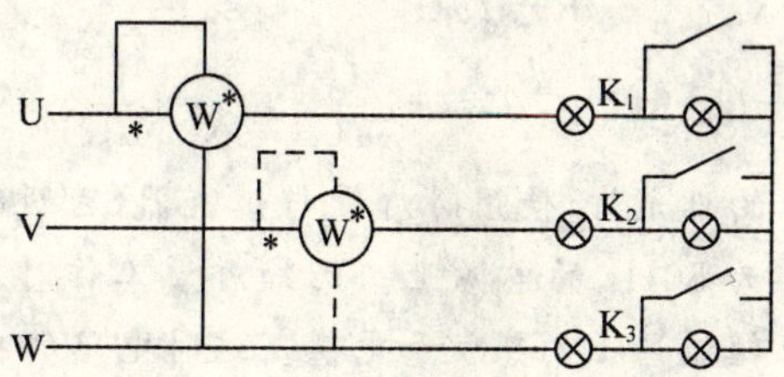

图 2-43　二表法测三相负载功率

经指导教师检查后，接通三相电源，按表 2-6 的内容进行测量。

表 2-6　　测量数据 6

开灯盏数			测量数据		计算值
A 相	B 相	C 相	P_1/W	P_2/W	P/W
2	2	2			
2	1	2			

将三相灯组负载改成△形接法，重复测量。

5. 实验注意事项

实验完毕，要断开三相电源。每次改变接线，均需断开三相电源，以确保人身安全。

6. 实训报告

(1)完成数据表格中的各项测量和计算任务。比较一瓦特表和二瓦特表法的测量结果。

(2)总结,分析三相电路功率测量的方法与结果。

习 题

2.1 什么是正弦量的三要素?如何根据正弦量的三要素写出正弦量的解析式?

2.2 已知正弦量 $u=220\sqrt{2}\sin(314t+260°)$V,求出正弦量的频率、周期、幅值、初相位,并画出矢量图。

2.3 把下列正弦量的时间函数用相量表示:

①$u=10\sqrt{2}\sin314t$V　　②$i=-5\sin(314t-60°)$A

2.4 已知工频正弦电压 u_{ab} 的最大值为 311V,初相位为 $-60°$,其有效值为多少?写出其瞬时值表达式;当 $t=0.0025$s 时,U_{ab} 的值为多少?

2.5 用下列各式表示 RC 串联电路中的电压、电流,哪些是对的,哪些是错的?

①$i=\dfrac{u}{|Z|}$;②$I=\dfrac{U}{R+X_C}$;③$\dot{I}=\dfrac{\dot{U}}{R-J\omega C}$;④$I=\dfrac{U}{|Z|}$;

⑤$U=U_R+U_C$;⑥$\dot{U}=\dot{U}_R+\dot{U}_C$;⑦$\dot{I}=-j\dfrac{\dot{U}}{\omega C}$;⑧$\dot{I}=j\dfrac{\dot{U}}{\omega C}$。

2.6 今有一个 40W 的日光灯,使用时灯管与镇流器(可近似把镇流器看作纯电感)串联在电压为 220V、频率为 50Hz 的电源上。已知灯管工作时属于纯电阻负载,灯管两端的电压等于 110V,试求镇流器上的感抗和电感。这时电路的功率因数等于多少?若将功率因数提高到 0.8,问应并联多大的电容?

2.7 一个负载的工频电压为 220V,功率为 10kW,功率因数为 0.6,欲将功率因数提高到 0.9,试求所需并联的电容。

2.8 在三相交流电路中,三相电源和三相负载各有几种连接方法?

2.9 对称纯电阻负载星形连结,其各相电阻为 $R_P=10\Omega$,接入线电压为 380V 的电源,求三相总功率。

2.10 在如图 2-44 所示的三相四线制电路中,三相负载连接成星形,已知电源线电压 380V,负载电阻 $R_a=11\Omega$,$R_b=R_c=22\Omega$,试求:

①负载的各相电压、相电流、线电流和三相总功率;

②中线断开,A 相又短路时的各相电流和线电流;

③中线断开,A 相断开时的各线电流和相电流。

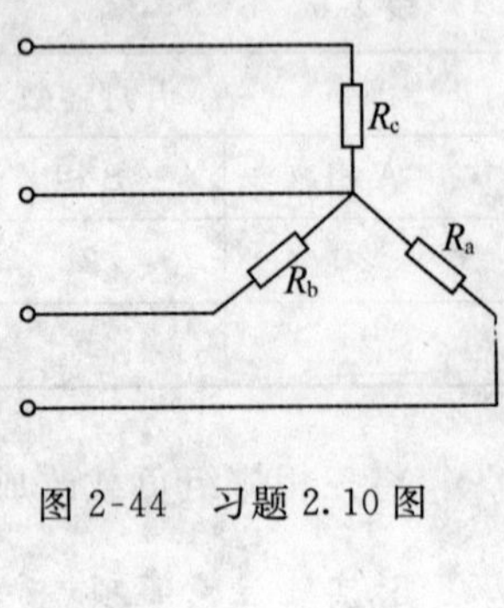

图 2-44　习题 2.10 图

第3章　磁路与变压器

学习目标

1. 了解磁场的形成及基本物理量。
2. 了解电磁原理。
3. 了解磁路基本概念，掌握铁芯线圈的基本性质。
4. 熟悉变压器的构造和原理，会对变压器进行电压、电流和阻抗变换的计算。
5. 了解汽车点火的基本原理、汽车点火系分类。
6. 了解汽车用交流发电机的原理和结构。

考核目标

知识要求：磁场的基本性质及磁路与磁路定律的内容，以及电磁感应原理相关知识。

技能要求：常用仪器仪表的使用和维护。

教学建议

建议：教师重点讲解磁路、铁芯线圈的概念；磁路与铁心线圈的关系；汽车点火系统和汽车用交流发电机建议安排在实训室进行。

在前面几章中已讨论过分析与计算各种电路的基本定律和基本方法。但是在很多电工设备(如电机、变压器、电磁铁、电工测量仪表以及其他各种铁磁元件)中，不仅有电路的问题，同时还有磁路的问题。只有同时掌握了电路和磁路的基本理论，才能对各种电工设备作全面的分析。

磁路问题是局限于一定路径内的磁场问题，因此磁场的各个基本物理量也适用于磁路。

磁路主要是由具有良好导磁能力的材料构成的，因此我们必须对这种材料的磁性能加以讨论。

磁路和电路往往是相关联的，因此我们也要研究磁路和电路的关系以及磁和电的关系。

3.1 磁场的基本物理量

磁场是由电流产生的，通常人们采用磁场线来形象地描绘磁场。磁场线是闭合的曲线。磁场线的方向与产生该磁场电流的方向可用右手螺旋定则来确定。磁场线上任意一点的切 线方向即为该点磁场方向，磁场线的疏密程度反映了该处磁场强弱。如果磁场线是一组间距相等的平行线时，这样的磁场则称为均匀磁场。磁场的特性可用下列几个基本物理量来表示。

1. 磁感应强度

磁感应强度是磁场的基本物理量，它是根据洛仑兹力来定义的，是一个矢量，用符号 B 来表示。其方向与磁场的方向一致，可以用能够自由转动的小磁针来测定。放在磁场中某处的小磁针 N 极所指的方向就是该点磁感应强度的方向；其大小是运动电荷在磁场中受到磁场力的作用，当运动电荷与磁场的方向垂直时，它所受到的磁力最大，记为$F_{\max}$。实验表明，磁场中任意给定点的 $F_{\max}$与运动电荷 q 所带的电量和运动速度 v 成正比，即

$$F_{\max} \propto qv$$

$F_{\max}$与 qv 的比值就是磁感应强度 B 的大小，为 $B=\dfrac{F_{\max}}{qv}$ (3-1)

它只与该点磁场的性质有关，是个定值。磁场中的不同点，B 值可以是不同的，磁场越强，B 值越大。

磁感应强度国际单位为特[斯拉](Tesla)，符号为 T。

通常用磁感应强度线来描绘磁场中各点的情况。其方向代表该点磁感应强度的方向，其大小用该点附近磁感应强度线的疏密程度来表示。

磁感应强度线是连续的闭合曲线，且任意两根磁感应强度线不可能相交。如果磁场是由电流产生的，电流也是闭合流动的，即磁感应强度线总是与电流线相互钩链的。

2. 磁通

磁感应强度矢量的通量称为磁通[量](magnetic flux)，是一个标量，用符号 Φ 来表示。磁场内各点的磁感应强度大小相等，方向相同，这样的磁场称为均匀磁场。若是均匀磁场，磁感应强度 B 与垂直于磁场方向的面积 S 的乘积就叫作通过这块面积的磁通。用数学式表示磁通的定义为

$$\Phi = BS \tag{3-2}$$

由(3-2)式可见，磁感应强度在数值上可以看成是与磁场方向相垂直的单位面积所通过的磁通，所以，磁感应强度也称为磁通密度。

如果磁场是不均匀的，则

$$\Phi = \int B\mathrm{d}S \tag{3-3}$$

磁通是磁感应强度的面积分。可以形象地用穿过某一面积磁感应强度线的根数来表示。

在国际单位制(SI)中，磁通的单位是韦[伯](Weber)，符号为 Wb。以前在工程上有时用电磁制单位麦克斯韦(MX)。两者的关系是

$$1\mathrm{Wb}=10^6\mathrm{MX} \tag{3-4}$$

在国际单位制中，磁感应强度的单位是 T，也就是 $\mathrm{Wb/m^2}$。以前也常用电磁制单位高斯(Gs)。两者的关系是

$$1\mathrm{T}=10^4\mathrm{Gs} \tag{3-5}$$

3. 磁导率

磁导率 μ 是表示物质导磁性能的物理量。它的单位是亨/米(H/m)。

实验证明，自然界中大多数物质，如各种气体、非金属材料、铜、铝、高镍不锈钢等金属对磁场的影响都很小，且与真空极为接近，这类物质统称为非磁性物质。由实验得真空的磁导率 $\mu_0=4\pi\times10^{-7}\mathrm{H/m}$。还有一类物质如：铁、钴、镍、钇、镝及其合金，它们的导磁性能远比真空好，通常这类物质统称为铁磁物质。非磁性物质也称非铁磁物质。

在说明物质的磁性能时，往往不直接用磁导率 μ，而用 μ 与真空磁导率 μ_0 的比值 μ_r 表示，μ_r 称为相对磁导率，即

$$\mu_r=\frac{\mu}{\mu_0} \text{或} \mu=\mu_r\mu_0 \tag{3-6}$$

非铁磁物质的 μ_r 近似为 1，铁磁物质的 μ_r 远大于 1，其值从几百到几万。铁的 μ_r 在 200 以上，硅钢片的 μ_r 可达 10000 以上。在制造电机、变压器等电气设备时，把线圈套在铁磁物质上，目的是用同样的电流，同样匝数的线圈，得到更大的磁感应强度。

应当指出，真空磁导率 μ_0 是一个常数，而铁磁物质的磁导率 μ 不是常数，当励磁电流改变时，μ 也改变，这一点我们将会在下面继续讨论。

4. 磁场强度 H

由于铁磁物质的磁导率不是常数，磁场的计算就比较复杂，为了简化计算，引入磁场强度这一辅助物理量。磁场强度只与产生磁场的电流以及这些电流的分布情况有关，而与磁介质的磁导率无关。磁场强度的单位是安/米(A/m)。

磁场强度 H 的大小与磁感应强度 B 的大小之间的关系是

$$H=\frac{B}{\mu} \text{或} B=\mu H \tag{3-7}$$

3.2 铁磁材料的磁性能

磁性材料的磁导率很高，远大于 1，可达数百、数千，乃至数万之值。这就使它们具有被强烈磁化(呈现磁性)的特性。

为什么磁性物质具有被磁化的特性呢？因为磁性物质不同于其他物质，有其内部的特殊性。我们知道电流产生磁场，在物质的分子中由于电子环绕原子核运动和本身自转运动而形成分子电流，分子电流也要产生磁场。同时，在磁性物质内部还分成许多小区

域;由于磁性物质的分子间有一种特殊的作用力而使某一区域显示磁性。这些小区域称为磁畴。在没有外磁场的作用时,各个磁畴排列混乱,磁场互相抵消,对外就显示不出磁性来。在外磁场作用下(例如在铁芯线圈中的励磁电流所产生的磁场的作用下),其中的磁畴顺外磁场方向转向,显示出磁性来。随着外磁场的增强(或励磁电流的增大),磁畴逐渐转到与外磁场相同的方向上。这样,便产生了一个很强的与外磁场同方向的磁化磁场,而使磁性物质内的磁感应强度大大增加。这就是说磁性物质被强烈地磁化了。

磁性物质的这一磁性能被广泛地应用于电工设备中,例如电机、变压器及各种铁磁元件的线圈中都放有铁芯。在这种具有铁芯的线圈中通入不大的励磁电流,便可产生足够大的磁通和磁感应强度。这就解决了既要磁通大,又要励磁电流小的矛盾。利用优质的磁性材料可使同一容量的电机的重量和体积大大减轻和减小。

3.2.1 磁化曲线与磁滞回线

铁磁物质的磁化性质一般由磁化曲线(magnetization curve)即 B-H 曲线表示。

1. 起始磁化曲线

磁性物质由于磁化所产生的磁化磁场不会随着外磁场的增强而无限地增强。当外磁场(或励磁电流)增大到一定值时,全部磁畴的磁场方向都转向与外磁场的方向一致。

起始磁化曲线如图 3-1 所示。铁磁物质从 $H=0$、$B=0$ 开始磁化,在磁场强度较小时,磁感应强度随它的增大而增大,但其增长率并不大,如 $0\sim H_1$,且特性是可逆的。

随着 H 的继续增大,磁感应强度急剧增大,即此时曲线斜率最大,如 $H_1\sim H_2$,且特性是不可逆的,即磁场强度减小不能恢复原状。若 H 继续增大,磁感应强度增长率反而减小,如 $H_2\sim H_3$。在 H_3 以后,B 值的增长率更慢,接近于真空中的情况,称为饱和段,对应曲线的点称为饱和点。

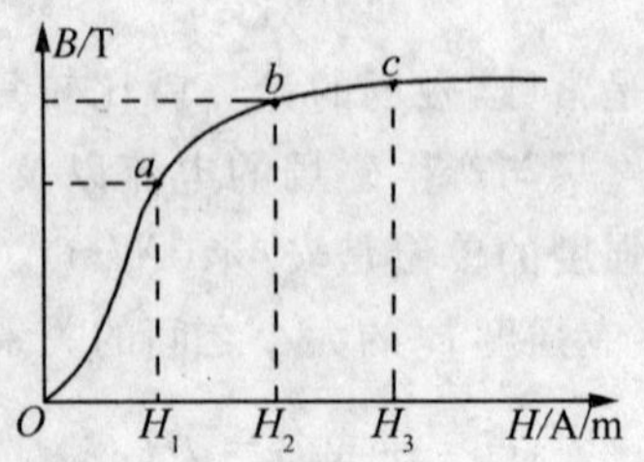

图 3-1　磁化曲线

就整个起始磁化曲线来看,铁磁物质的曲线是非线性的,表明铁磁物质的磁导率不是常数。通常要求铁磁物质工作在对应 H_2 的曲线上的点附近。

2. 磁滞回线

在交流电机或电器中的铁磁物质常受到交变磁化。反复磁化过程的 B-H 曲线称磁滞回线,而不是起始磁化曲线。

图 3-2 所示为磁滞回线。当磁场强度由零增加到 H_m,使铁磁物质达到磁饱和点,相

应的磁感应强度为 B_m。如果将磁场强度 H 减小，磁感应强度 B 也将随之减小，但不是按原来上升的曲线减小，而是沿比原来上升的曲线稍高一些的曲线减小。特别是 H 降为零而 B 却不为零，这种 B 的改变落后于 H 改变的现象称为磁滞现象，简称磁滞。铁磁物质在磁场强度减小到零时保留的磁感应强度（图中的 B_r）称为剩余磁感应强度，简称剩磁。但对剩磁也要一分为二，有时它也是有害的。例如，当工件在平面磨床上加工完毕后，由于电磁吸盘有剩磁，还将工件吸住。若要消去剩磁，需要将铁磁物质反向磁化。当 H 在相反方向达到图中的 H_c 值时，B 降为零。此磁场强度值称为矫顽磁场强度，又称矫顽力。

当磁场强度继续反方向增加时，铁磁物质开始反向磁化。所得近似原点对称的闭合曲线称为磁滞回线。铁磁物质在反复磁化过程中需要消耗能量并以热能的形式耗散，这种能量损耗称为磁滞损耗。

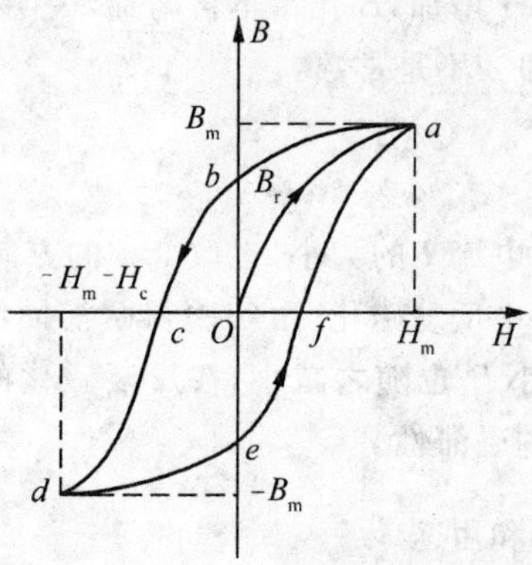

图 3-2　磁滞回线

3. 基本磁化曲线

用磁滞回线表征铁磁物质的磁特性是比较精确的，但利用此特性进行分析是十分困难的。在进行定量分析时，总希望做某些简化，以便在分析的复杂性和结果的准确性上达到折中。在一般的磁路计算中，常用所谓的基本磁化曲线来代替磁滞回线。在非饱和状态下，用不同幅度的周期变化的磁场对铁磁物质反复磁化，将得到一系列对称的局部磁滞回线。这些局部磁滞回线的顶点的连线就称为基本磁化曲线。

可以理解为是略去了铁磁物质的不可逆性，保留了其饱和非线性特性的曲线。又由于这样构成的曲线有某种平均的意义，故又称为平均磁化曲线，工程上简称磁化曲线。应该指出，基本磁化曲线和起始磁化曲线是很接近的。

3.2.2　铁磁材料的磁性能

1. 高导磁性

铁磁材料的磁导率很高，μ_r 可达 $10^2 \sim 10^4$，由铁磁材料组成的磁路磁阻很小，线圈中通入较小的电流 I，磁路即可获得较大的磁通 Φ。因而铁磁材料是制造电磁铁、变压器、电机等的主要材料。

2. 磁饱和性

铁磁的磁饱和性表现在磁感应强度 B 不会随磁场强度 H 的增强而无限增强，当磁场强度 H 增大到一定值时，磁感应强度不能继续增强，这就是铁磁材料的饱和性。

磁路确定以后，即匝数 N、磁路平均长度 l 确定以后，H 正比于 I。我们在环形铁芯上绕上 N 匝线圈并通入电流 I，增加线圈的电流 I，磁路中的 H 也成正比增加，而磁感应强度 B 与磁场强度 H 的关系即如图 3-2 的磁化曲线所示。

磁化曲线由原点开始，这时励磁电流 I 由 0 开始增大，即磁场强度 H 也由 0 开始增大，从 0 到 a 点这个区间 $\triangle H$ 不大但 $\triangle B$ 很大，说明磁导率高，在 a 点以后，H 增大，$\triangle B$ 很小，趋向饱和；在 b 点以后，H 增加，B 几乎不再增加，说明磁路也达到饱和。由此可见，B 和 H 的关系是非线性的，即 μ 不是常数。

3. 磁滞性

在图 3-1 中，若不但改变电流 I 的大小，也改变 I 的方向，即 H 的大小和方向都在改变，这时环形铁芯在交变磁场中反复磁化，由实验得磁滞回线如图 3-2 所示。由图可见，当 H 增加到饱和点后，H 减小 B 也随之减小，在反复磁化的过程中，B 的变化总是滞后于 H 的变化，称为铁磁材料的磁滞性。

3.2.3 铁磁材料的种类和用途

铁磁材料按磁滞回线的形状可分为软磁材料和硬磁材料。

1. 软磁材料

软磁材料的特点是磁导率高，磁滞特性不明显，矫顽力和剩磁都小，磁滞回线较窄，磁滞损耗小，其磁滞回线如图 3-3 所示。

软磁材料又分为低频和高频两种。低频软磁材料常用于工频交流电路中，有铸钢、硅钢片、合金等。硅钢片的厚度一般为 0.3mm～1.0mm。硅钢片有冷轧与热轧之分，冷轧性能较好，但价格也较贵，常用于变压器和大型电机的铁芯。高频软磁材料常用于电子电路，主要有软磁铁氧体，它是用几种氧化物的粉末烧结而成的，如锰锌铁氧体、镍锌氧体等。半导体收音机的磁棒、中周变压器的铁芯，都是用软磁铁氧体制成的。

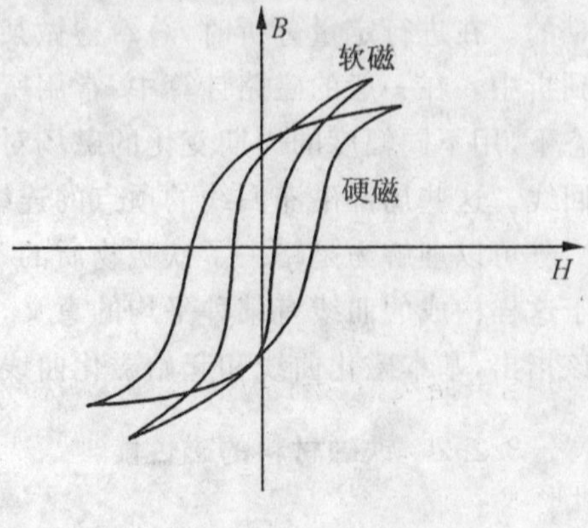

图 3-3 不同铁磁材料的磁滞回线

2. 硬磁材料

硬磁材料的特点是剩磁和矫顽力均较大，磁

滞性明显，磁滞回线较宽，如图 3-3 所示。由于这类材料磁化后有很强的剩磁，宜制作永久磁铁。硬磁材料广泛用于各种磁电系测量仪表、扬声器等。常用的有碳钢、钴钢等。新型的硬磁材料钕铁硼合金，有极高的磁感应强度，能使永久磁铁的体积大为减小。

3.3 磁路和磁路欧姆定律

3.3.1 磁路

在实际的电磁设备中，为了提高效率，减小设备体积和成本，一般都要求能以尽可能小的电流（激磁电流）产生尽可能大的磁通，这就要求把磁场集中在尽可能小的区域内。利用特殊的电流分布如密绕螺线管，和利用高磁导率的材料制成闭合的或近似闭合的路径，即所谓铁芯来达到目的。在这种情况下，磁场主要集中在这个路径中，这种结构的总体（有时还包括一段空气隙）称为磁路。

当把磁场集中在一个有限的区域以后，磁场问题就简化为磁路的问题。从简化分析的角度来看，磁路有如下特点：

在对磁路的初步计算时常将漏磁通略去不计，认为全部磁通都集中在磁路里，磁路通常由若干段组成，若每段由同一种材料组成且具有相同的截面积。磁路中任意截面上的磁通的分布认为是均匀的，同时认为各段中的磁场强度相同且与磁路路径一致。

3.3.2 磁通势

围绕磁路的某一线圈的电流 i 与其匝数 N 的乘积 N_i 称为该线圈电流产生的磁通势，简称磁势。用符号 F_m 表示，即 $F_m = N_i$。

磁通势的方向由产生它的线圈电流按右手法则确定。磁通势的单位为 A（安）或 AT（安匝）。每一段磁路中的磁场强度与磁路长度的乘积称为该磁路段的磁压降或磁位差（$U_m = Hl$）。

磁压降的方向与磁场强度 H 的方向一致。磁压降的单位为 A（安）或 AT（安匝）。

3.3.3 磁路欧姆定律

1. 磁路中的基尔霍夫定律

与电路类似，磁路中一条支路内的磁通处处相同。对于有分支磁路，在磁路分支点作闭合面。根据磁通连续性原理，可知穿过闭合面的磁通代数和为零。即对闭合面写成一般形式：

$$\sum \Phi = 0, \text{或} \sum \Phi_{\text{入}} = \sum \Phi_{\text{出}} \tag{3-8}$$

磁路中的任一闭合面，任一时刻穿过该闭合面的各分支磁通的代数和等于零。上述定律在形式上与电路中的基尔霍夫电流（第一）定律相似，故有时把此定律称为磁路的基尔霍夫第一定律。

2. 基尔霍夫第二定律

由于磁路的特点，各磁路段中的 H 与 dl 方向相同，故磁场中安培环路定律中的矢量点积简化成了标量的乘积。

即磁路中可以简化为如下形式：

$$\sum Hl = \sum Ni \tag{3-9}$$

或写成磁路中的形式

$$\int_{l} H \cdot \mathrm{d}l = \sum i = H_1 l_1 + H_2 l_2 + \cdots + H_k l_k + \cdots = \sum Ni \tag{3-10}$$

考虑到磁压降和磁通势的符号，磁路中的安培环路定律可写为

$$\sum U_m = \sum F_m \tag{3-11}$$

对于磁路中的任一闭合路径，任一时刻沿该闭合路径的各段的磁压降之和等于围绕此闭合路径的所有磁通势之和。

上述定律在形式上与电路中的基尔霍夫电压(第二)定律相似，故有时把此定律称为磁路的基尔霍夫第二定律。

3. 磁路中的欧姆定律

与电路的基尔霍夫定律类似，磁路的基尔霍夫定律同样只与磁路的结构有关，与组成磁路的各个磁路段的性质(如材料、尺寸等)无关。

与电阻类似：

γ 为电导率，电阻为：$R=\dfrac{1}{\gamma S}$

μ 为磁导率，磁阻为：$R_m=\dfrac{1}{\mu S}$

磁路的欧姆定律：$U_m=R_m\Phi$

4. 线性磁路的计算

电路和磁路中的两类约束方程具有相似性，线性磁路与线性电路的计算类似 。但应该指出，磁路和电路的相似仅仅是形式上的，其本质是有区别的：

电路中的电流是带电粒子的运动，它在导体中的运动是有能量损耗的，RI^2 表示电流流经电阻时产生的功率损耗的大小；而磁路中的磁通不代表粒子的运动，当然，相应的 $R_m \Phi^2$ 也不表示功率损耗。这是有本质区别的。

自然界里存在对电流绝缘良好的材料，但却尚未发现对磁通绝缘的材料。就目前所知，磁导率最小的铋的相对磁导率约为 0.999824，空气约为 1.000038，而导磁性能最好的铁磁材料的相对磁导率约为 10^6 的数量级。

而在电的绝缘材料中，橡胶的电导率约为铜的 10^{20} 分之一，也就是说，电的良导体的电导率可以是电的良好的绝缘体的电导率的 10^{20} 倍。这就导致磁路对于电路而言有两点不同：

(1)电路中存在开路现象,而磁路中没有开路(断路)现象,即不存在有磁势而无磁通的现象。即使在空气隙中磁通仍然存在,只是比无气隙时小,类似电路的计算方法只在定性分析中起作用而已。

(2)磁路中的漏磁现象比电路中的漏电现象严重得多。所以很多场合需要考虑磁路中漏磁通的存在。

此外,实际磁路中的铁磁材料的磁特性几乎都是非线性的,因此,分析磁路都是非线性问题。或者说,一般情况下不能应用磁路的欧姆定律来进行计算。类似电路面对的计算方法只在定性分析中起作用。

3.3.4　涡流

为什么电动机、变压器等的铁芯不是整块金属,而是用许多薄硅钢片叠合而成呢?原来,把块状金属放在变化的磁场中,或者让它在磁场中运动时,金属块内将产生感应电流,如图 3-4 所示。这种电流在金属块内自成闭合回路,很像水的旋涡,因此叫做涡电流,简称涡流。涡流的大小和磁通量变化率成正比,磁场变化的频率越高,导体里的涡流就越大。整块金属的电阻很小,所以涡流常常很强。

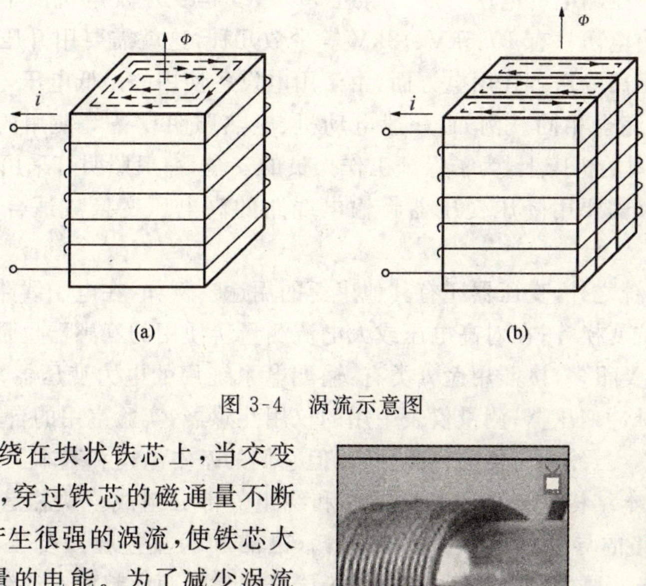

图 3-4　涡流示意图

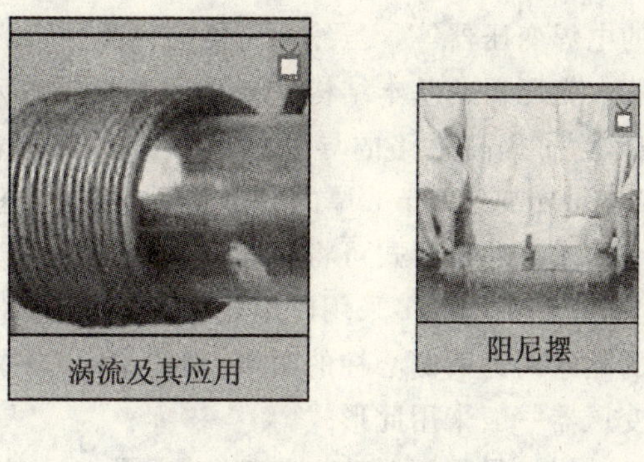

图 3-5　涡流的应用

把绝缘导线绕在块状铁芯上,当交变电流通过导线时,穿过铁芯的磁通量不断变化,铁芯中会产生很强的涡流,使铁芯大量发热,浪费大量的电能。为了减少涡流损失,电机和变压器通常用涂有绝缘漆的薄硅钢片叠压制成的铁芯,这样,涡流被限制在狭窄的薄片之内,回路的电阻很大,涡流大为减弱,涡流损失大大降低。铁芯采用硅钢片,是因为这种钢比普通钢的电阻率大,可以进一步减少涡流损失,硅钢的涡流损失只有普通钢的 1/5～1/4。

人们采用各种办法减弱有害的涡流,但也可以利用涡流,如图 3-5 所示。如利用高频感应炉冶炼金属，利用电磁灶加热，利用电磁阻尼减小线圈(或指针)的摆动。在磁电式测量仪表中，常把使指针偏转的线圈绕在闭合铝框上，当测量电流流过线圈时，铝框随线圈指针一起在磁场中转动，这时铝框内产生的涡流将受到磁场作用力，抑制指针的摆动，使指针较快稳定在指示位置上。

3.4 变压器

3.4.1 变压器的基本结构

变压器是一种静止的电工设备，可用来将某一数值的交流电压换成同频率另一数值的交流电压。

在电力系统中，发电厂发出的交流电能要输送到用电的地方，输电系统都采用高压输电。这是因为当输送的电功率和电路的功率因数一定的情况下，输出的电压越高，输电线路通过的电流就越小，从而减少了输电线路上的功率损耗。这样，在线路上的功率损耗相同的情况下，可减小输电导线的截面积，节省导电材料的用量。

目前，我国高压输电的电压有的已高达500kV。但交流发电机由于受到本身绝缘水平的限制，其输出电压只有10.5kV、18kV等少数几种，这就需要用升压变压器将电压升高，然后进行远距离输送。在用电方面，由于用电设备使用的是低电压，并且条件不同，所以用电电压也不完全相同。例如，一般电动机、电热照明设备等使用的电压为380V和220V；在工厂车间的机床上，为了保证工作人员的安全，一般照明灯采用的电压为28V或36V等。因此，又需要用降压变压器将输电线路的高电压变换成适合各种用电设备的电压。

除了电力系统之外，变压器还有其他广泛的用途。例如，在电子线路中变压器用来传递信号，实现阻抗变换等；在对高电压或大电流测量所使用的互感器也是变压器。

变压器的种类很多，按照用途分类有：输配电系统用的电力变压器；电子线路用的级间耦合变压器、脉冲变压器；测量仪表中用的仪用互感器；实验室用的自耦变压器；焊接用的电焊变压器等。虽然变压器的种类很多，但它们的基本结构和基本工作原理相同。

变压器的基本结构主要由闭合的铁芯和绕组等部分组成。铁芯是变压器的磁路部分，为了提高磁路的导磁能力和减少铁损耗(磁滞和涡流损耗)，变压器的铁芯都采用0.35mm或0.5mm厚的硅钢片叠成，并且每层硅钢片的两面都涂有绝缘漆。

按铁芯的形式可将变压器分为心式和壳式两种。心式变压器的绕组绕在两个心柱上，电力变压器多采用此形式；壳式变压器的绕组绕在中间的心柱上，由于中间心柱通过的磁通约为两侧心柱的两倍，因此中间心柱的截面积也约为两侧心柱的两倍，小容量单相变压器一般采用此形式。

绕组是变压器的电路部分，它是由具有圆形或矩形截面的绝缘导线绕制的一定形状的线圈。通常变压器具有两种绕组，电压高的绕组称为高压绕组，电压低的绕组称为低压绕组。中小型变压器多采用圆筒形绕组。圆筒形的低压绕组靠近铁芯，高压绕组则绕在低压绕组的外面，在高低压绕组之间，以及低压绕组与铁芯之间要相互绝缘。变压器在运行时，电流通过绕组。由于绕组存在一定内阻就要消耗电能，这部分损耗称为铜损耗。

由于有铁损耗和铜损耗存在，变压器运行时就会使铁芯和绕组发热，因此需要对变压器进行冷却散热。小容量变压器多采用自然冷却，即利用空气的流动进行冷却。容量较大的变压器多采用油冷式，即把整个铁芯和绕组起放在一个铁制的油箱内进行冷却。油箱内盛满变压器油，变压器油是一种从石油中提炼出来的绝缘油，它有两方面作用：一方面作为绝缘介质；另一方面作为散热媒介。在变压器运行时，铁芯和绕组将升温，其周围的冷却油也随之升温，从而形成油的自然对流，把热量传给油箱壁而散发到空气中。另外它还可以保护铁芯、绕组等不受外界潮湿空气的侵害。

3.4.2　变压器的工作原理

为了叙述方便，下面分两种情况分析变压器的运行状态。

1. 变压器的空载运行

变压器原线圈接上额定的交变电压，副线圈开路不接负载，称为空载运行，如图 3-6 所示。

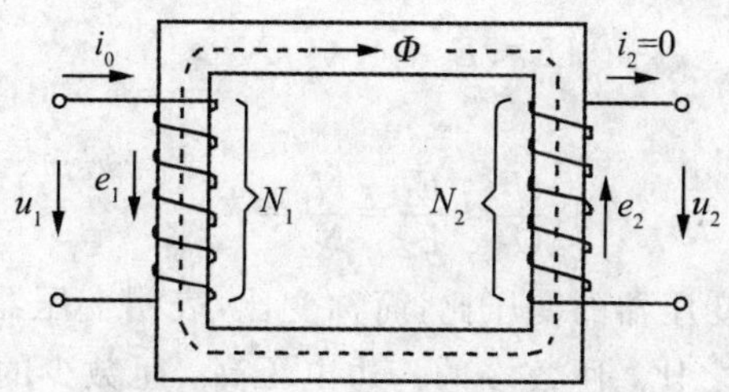

图 3-6　空载时的变压器

(1)空载电流 I_0

在外加正弦电压 u_1 的作用下，线圈内有交变电流 i_0 流过。这时原线圈内的电流，称作变压器的空载电流，又称激磁电流。它与原线圈匝数 N_1 的乘积 i_0N_1 称为激磁磁势。

由于铁芯的磁导率远大于空气的磁导率，所以激磁磁势产生的磁通绝大部分集中在铁芯里，沿铁芯而闭合，该磁通称作主磁通(或工作磁通)，用 Φ 表示。空载电流(激磁电流)的有效值 I_0 一般都很小，为额定电流的 3%～8% 。

(2)原、副绕组中的感应电动势

设主磁通按正弦规律变化，即

$$\Phi=\Phi_m \sin\omega t \tag{3-12}$$

则原线圈中的感应电动势为

$$e_1=-N_1\frac{\mathrm{d}\Phi}{\mathrm{d}t}=-N_1\omega\Phi_m\cos\omega t=N_1\omega\Phi_m\sin\left(\omega t-\frac{\pi}{2}\right) \tag{3-13}$$

式表明，e_1 按正弦规律变化，且在相位上滞后于主磁通 $\pi/2$。

感应电动势最大值

$$E_{1m}=N_1\omega\Phi_m=2\pi fN_1\Phi_m \tag{3-14}$$

感应电动势有效值

$$E_1=\frac{E_{1m}}{\sqrt{2}}\approx 4.44fN_1\Phi_m \tag{3-15}$$

同理，副线圈中感应电动势的有效值为 $E_2\approx 4.44fN_2\Phi_m$，式中 N_2 为副线圈匝数。可得

$$\frac{E_1}{E_2}=\frac{N_1}{N_2} \tag{3-16}$$

(3)电压平衡方程、电压比

空载时变压器的原绕组电路是一个含有铁芯线圈的交流电路，在工程计算中常忽略原绕组中的阻抗不计。所以原绕组一侧的电压平衡方程可简化为 $u_1\approx -e_1$。

这说明，在变压器原线圈中，自感电动势和电源电压几乎相等，但相位相反。由此可得 u_1 的有效值为 $U_1\approx E_1=4.44fN_1\Phi_m$。表明：当电源频率和原线圈匝数一定时，铁芯中主磁通的大小基本上由电源电压决定。当电源电压不变时，变压器铁芯中的主磁通基本上是个常数。由于空载时变压器副线圈是开路的，$i_2=0$，副线圈的端电压为 $u_2=e_2$，有效值为：

$$U_2\approx E_2=4.44fN_2\Phi_m \tag{3-17}$$

可以得到：

$$\frac{U_1}{U_2}\approx\frac{E_1}{E_2}=\frac{N_1}{N_2}=K_u \tag{3-18}$$

(3-18)式中 K_u 称为变压器的变压比，简称变比，表明变压器空载时，原、副端电压之比等于原、副线圈的匝数之比，匝数多的一边电压高，匝数少的一边电压低。$K_u>1$，是降压变压器；$K_u<1$，是升压变压器。

2. 变压器的负载运行

变压器副边接上负载阻抗 Z 后，副线圈中通过电流 i_2，如图 3-7 所示。

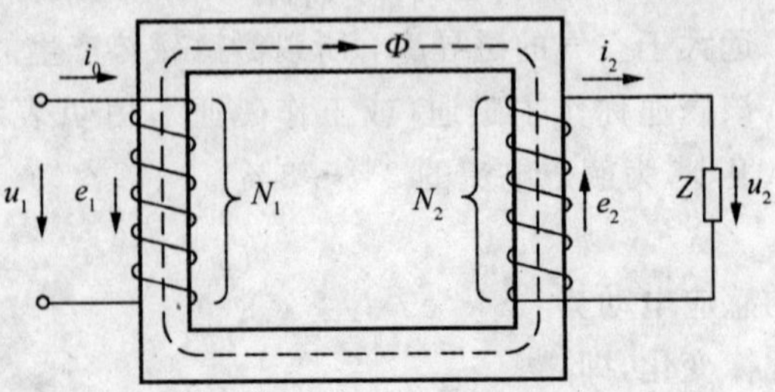

图 3-7 有负载时的变压器

当电源电压 U 不变时，铁芯中主磁通 Φ 也基本不变。因此，当变压器带上负载后，原边磁动势 i_1N_1 和副边磁动势 i_2N_2 共同产生的磁通，与变压器空载时的激磁磁势 i_0N_1 所产生的磁通也应基本相等。

用数学式表示为：

$$i_1 N_1 + i_2 N_2 = i_0 N_1 \tag{3-19}$$

矢量式为：

$$I_1 N_1 + I_2 N_2 = I_0 N_1 \tag{3-20}$$

(3-20)式称为变压器负载运行时的磁势平衡方程式。它说明，变压器有载时，原边与副边磁动势的矢量和，与空载时的磁动势相等。

因为 I_0 很小，当变压器在满载(额定负载)或接近于满载的情况下运行时，激磁磁势 I_0N_1 比原边磁势 I_1N_1 或副边磁势 I_2N_2 小得多，可以忽略不计。

故可简化为：

$$I_1 N_1 + I_2 N_2 \approx 0 \text{ 或者 } I_1 N_1 \approx -I_2 N_2 \tag{3-21}$$

(3-21)式中的负号表明，变压器负载运行时，副边磁势与原边磁势相位相反，副边磁势对原边磁势起去磁作用，原边电流和副边电流在相位上几乎相差180°。当副边电流 i_2 增大时，副边磁势 i_2N_2 也增大。这时，原边电流 i_1 和原边磁势 i_1N_1 也随之增大，以抵消 i_2N_2 的去磁作用，保证 i_0N_1 基本不变，即铁芯中的主磁通不变。这就表明，变压器带载后，原边电流是由副边电流决定的。若只考虑其量值，可得

$$I_1 N_1 \approx I_2 N_2 \tag{3-22}$$

$$\frac{I_1}{I_2} \approx \frac{N_2}{N_1} = \frac{1}{K_u} = K_i \tag{3-23}$$

K_i 称为变压器的变流比，表示原、副绕组内的电流大小与线圈匝数成反比。还可得出

$$U_1 U_2 \approx U_2 U_1 \text{ 或} \frac{U_1}{U_2} \approx \frac{I_2}{I_1} \tag{3-24}$$

(3-24)式表明，在不考虑变压器本身损耗的情况下(理想状态)，变压器原绕组输入的功率等于副绕组输出的功率。这也说明变压器是一种把电能转换为“高压小电流”或“低压大电流”的电器设备，起着传递能量的作用。

3. 变压器的阻抗变换作用

若在变压器副边接一电阻 R，如图3-8所示。那么从原边两端来看，等效电阻为：

因为 $R' = \dfrac{U_1}{I_1} = \dfrac{N_1 U_2 / N_2}{N_2 I_2 / N_1} = \left(\dfrac{N_1}{N_2}\right)^2 \dfrac{U_2}{I_2}$

因为 $\dfrac{U_2}{I_2} = R$，

所以 $R' = \left(\dfrac{N_1}{N_2}\right) R$

R'称为折算电阻。 (3-25)

(3-25)式表明折算电阻是原电阻 R 的2倍，说明变压器起到了阻抗变换作用。

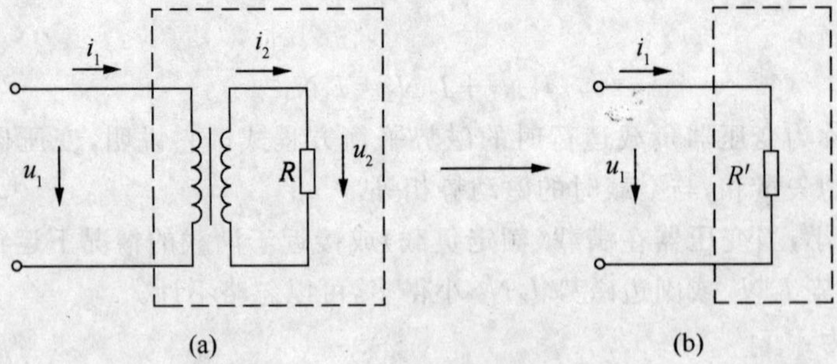

图 3-8　变压器的阻抗变换

【例 3-1】　有一变压比为 220V/110V 的降压变压器，如果次级接上 55Ω 的电阻，求变压器初级的输入阻抗。

解法 1：次级电流　$I_2=\frac{U_2}{|Z_2|}=\frac{110}{55}=2\text{A}$

$$K=\frac{N_1}{N_2}\approx\frac{U_1}{U_2}=\frac{220}{110}=2$$

初级电流　$I_1=\frac{I_2}{K}=\frac{2}{2}=1\text{A}$

输入阻抗　$|Z_1|=\frac{U_1}{I_1}=\frac{220}{1}=220\Omega$

解法 2：变压比　$K=\frac{N_1}{N_2}\approx\frac{U_1}{U_2}=\frac{220}{110}=2$

输入阻抗 $|Z_1|\approx\left(\frac{N_1}{N_2}\right)^2|Z_2|=K^2|Z_2|=4\times55=220\Omega$

3.4.3　变压器的额定值、功率、效率

1．变压器的额定值

使用任何电气设备或元器件时，其工作电压、电流、功率等都是有一定限度的。例如，流过变压器原、副绕组的电流不能无限增大，否则将造成绕组导线及其绝缘层的过热损坏；施加到原绕组的电压也不能无限升高，否则将产生原、副绕组之间或绕组与铁芯之间的绝缘击穿事故，造成变压器损坏，甚至危及人身安全。为确保电气产品安全、可靠、经济、合理运行，生产厂家为用户提供其在给定的工作条件下能正常运行而规定的容许工作数据，称额定值，它们通常标注在电气产品的铭牌和说明书上，并用下标“N”表示，如额定电压 U_N、额定电流 I_N、额定功率 P_N等。

变压器的额定值标注在铭牌上或书写在使用说明书中。主要有：

(1)额定电压。额定电压是根据变压器的绝缘强度和允许温升而规定的电压值，以 V 或以 kV 为单位。变压器的额定电压有原边额定电压 U_{1N}和副边额定电压 U_{2N}。U_{1N}指原边应加的电源电压，U_{2N}指原边加上 U_{1N}时副绕组的空载电压。应该注意，三相变压器原

边和副边的额定电压都是指其线电压。使用变压器时，不允许超过其额定电压。

(2)额定电流。额定电流是根据变压器允许温升而规定的电流值，以 A 或 kA 为单位。变压器的额定电流有原边额定电流 I_{1N} 和副边额定电流 I_{2N}。同样应注意，三相变压器原边和副边的额定电流都是指其线电流。使用变压器时，不要超过其额定电流值。变压器长期过负荷运行将缩短其使用寿命。

(3)额定容量。变压器容量是指其副边的额定视在功率 S_N，视在功率又称表现功率。安定义为 $S=UI$。单相电器设备在名牌上标示的容量是安的额定电压 U_N 和 I_N 的乘积。以 V・A 或 kV・A 为单位。额定容量反映了变压器传递电功率的能力。S_N 和 U_{2N}、I_{2N} 间的关系，对单相变压器为 $S_N=U_{2N}I_{2N}$。对于三相变压器为 $S_N=\sqrt{3}U_{2N}I_{2N}$。

(4)额定频率 f_N。我国规定标准工频频率为 50Hz，有些国家则规定为 60Hz，使用时应注意。改变使用频率会导致变压器某些电磁参数、损耗和效率发生变化，影响其正常工作。

(5)额定温升。变压器的额定温升是以环境温度为 +40℃ 作参考，规定在运行中允许变压器的温度超出参考环境温度的最大温升。

此外，变压器铭牌上还标明其他一些额定值，就不一一举例了。

2. 变压器的功率

变压器的功率消耗等于输入功率 $P_1=U_1I_1\cos\varphi_1$ 和输出功率 $P_2=U_2I_2\cos\varphi_2$ 之差，即

$$P_L=P_1-P_2 \tag{3-26}$$

变压器功率损耗包括铁损和铜损。

3. 变压器的效率

变压器的效率为变压器输出功率与输入功率的百分比，即

$$\eta=\frac{P_2}{P_1}\times 100\% \tag{3-27}$$

大容量变压器的效率可达 98%～99%，小型电源变压器效率为 70%～80%。

【例 3-2】 有一变压器初级电压为 2200V，次级电压为 220V，在接纯电阻性负载时，测得次级电流为 10A，变压器的效率为 95%。试求它的损耗功率，初级功率和初级电流。

解：次级负载功率

$$P_2=U_2I_2\cos\varphi_2=220\times 10=2200\text{W}$$

初级功率

$$P_1=\frac{P_2}{\eta}=\frac{2200}{0.95}\approx 2316\text{W}$$

损耗功率

$$P_L=P_1-P_2=2316-2200=116\text{W}$$

初级电流

$$I_1=\frac{P_1}{U_1}=\frac{2316}{2200}\approx 1.05\text{A}$$

【例 3-3】 某单相变压器额定容量 $S_N=5kVA$,原边额定电压 $U_{1N}=220V$,副边额定电压 $U_{2N}=36V$,求原、副边额定电流。

解:副边额定电流

$$I_{2N}=\frac{S_{2N}}{U_{2N}}=\frac{5\times10^3}{36}=138.9A$$

由于 $U_{2N}\approx U_{1N}/K$,$I_{2N}\approx KI_{2N}$,所以 $U_{2N}I_{2N}\approx U_{1N}I_{1N}$,变压器额定容量 S_N 也可以近似用 I_{1N} 和 U_{1N} 的乘积表示,即

$$S_N\approx U_{1N}\cdot I_{1N}$$

故原边额定电流

$$I_{1N}\approx\frac{S_N}{U_{1N}}=\frac{5\times10^3}{220}=22.7A$$

3.4.4 其他变压器

1. 自耦变压器

自耦变压器的原边电路与副边电路共用一部分线圈,如图 3-9 所示。原、副边之间除了有磁的联系外,还有直接的电的联系。这是自耦变压器区别于一般变压器的特点。

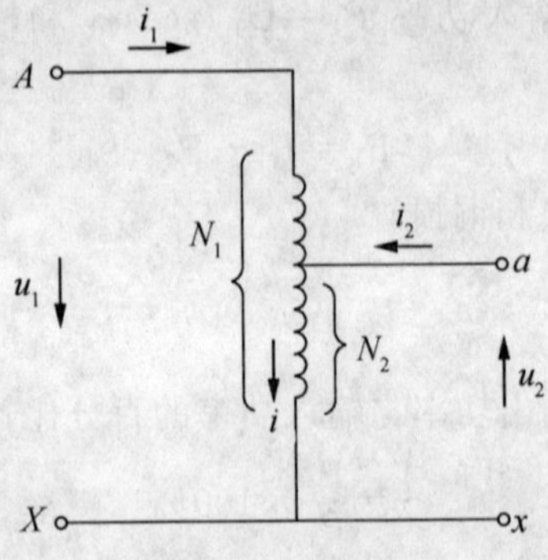

图 3-9 自耦变压器

从图 3-9 中看出,当原边加上额定电压后,若不考虑电阻的压降和由于漏磁产生的电压损耗,则

$$\frac{U_1}{U_2}\approx\frac{N_1}{N_2}=K$$

K 为自耦变压器的变压比。当自耦变压器接上负载,副边有电流 i_2 输出时,有

$$i_i\approx-\frac{N_2}{N_1}i_2=-\frac{1}{K}i_2$$

上式表明,自耦变压器中原、副边电流的大小与线圈匝数成反比,且在相位上相差 180°。因此,自耦变压器中,原、副边共同部分的电流为 $i=i_1+i_2$ 考虑到 i_1 与 i_2 相位相反,故 $I=I_2-I_1$。

当 K 接近 1 时,由于 i_1 与 i_2 数值相差不大,所以线圈公共部分电流 i 很小。因此,这

部分线圈可用截面较小的导线，以节省材料。

自耦变压器的优点是：结构简单，节省材料，效率高。但这些优点只有在变压器变压比不大的情况下才有意义。它的缺点是副线圈和原线圈有电的联系，不能用于变压比较大的场合（一般不大于 2）。这是因为当副线圈断开时，高电压就串入低压网络，容易发生事故。

2. 多绕组变压器

变压器的次级有两个以上的绕组或初、次级都有两个以上绕组的变压器叫多绕组变压器，如图 3-10 所示。

多绕组变压器原、副线圈的电压关系仍符合变压比的关系，

$$\frac{U_1}{U_2}\approx\frac{N_1}{N_2}$$

$$\frac{U_1}{U_3}\approx\frac{N_1}{N_3}$$

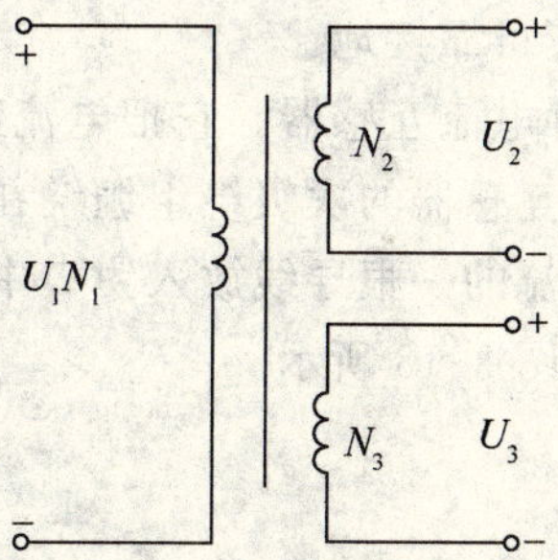

图 3-10　多绕组变压器

多绕组变压器多使用于电子设备中，输出多种电压。多绕组可串联或并联使用，串联时应将线圈的异名端相接，并联时应将线圈的同名端相接。只有匝数相同的线圈才能并联。

3. 互感器

互感器是一种专供测量仪表、控制设备和保护设备使用的变压器。可分为电压互感器和电流互感器两种。

(1)电压互感器

使用时，电压互感器的高压绕组跨接在需要测量的供电线路上，低压绕组则与电压表相连，如图 3-11 所示。

可见，高压线路的电压 U_1 等于所测量电压 U_2 和变压比 K 的乘积，即 $U_1=KU_2$。

使用时应注意：

①次级绕组不能短路，防止烧坏次级绕组。

②铁芯和次级绕组一端必须可靠接地，防止高压绕组绝缘被破坏时造成设备的破坏和人身伤亡。

(2)电流互感器

使用时,电流互感器的初级绕组与待测电流的负载相串连,次级绕组则与电流表串联成闭合回路,如图 3-12 所示。

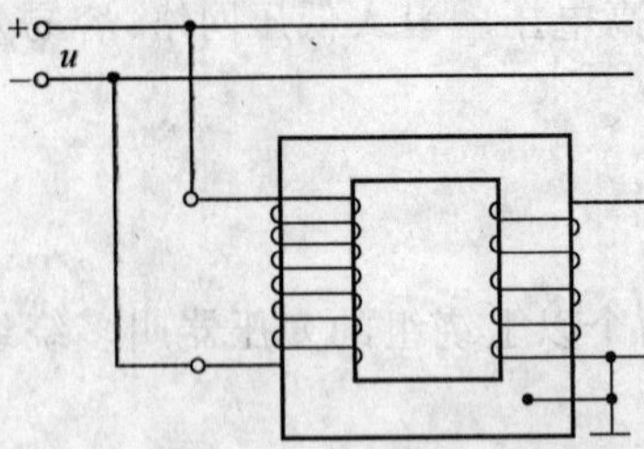

图 3-11　电压互感器

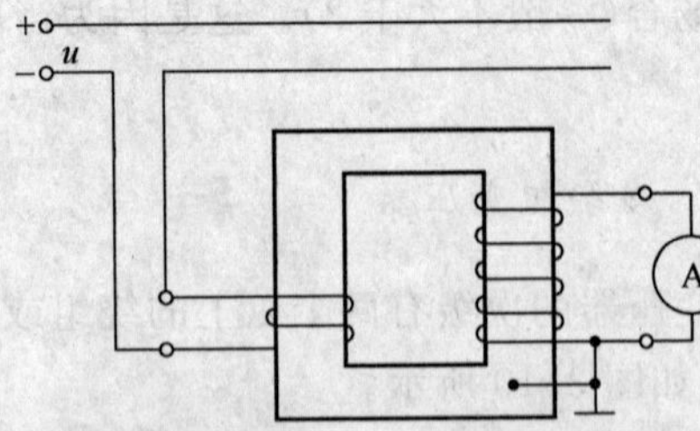

图 3-12　电流互感器

通过负载的电流就等于所测电流和变压比倒数的乘积。

使用时应注意:

①绝对不能让电流互感器的次级开路,否则易造成危险。

②铁芯和次级绕组一端均应可靠接地。

常用的钳形电流表也是一种电流互感器。它把电流互感器的次级绕组和电流表组成闭合电路,互感器的次级绕组缠绕在一个可开、合的铁芯上。测量时,把待测电流的一根导线放入钳口中,电流表上可直接读出被测电流的大小,如图 3-13 所示。

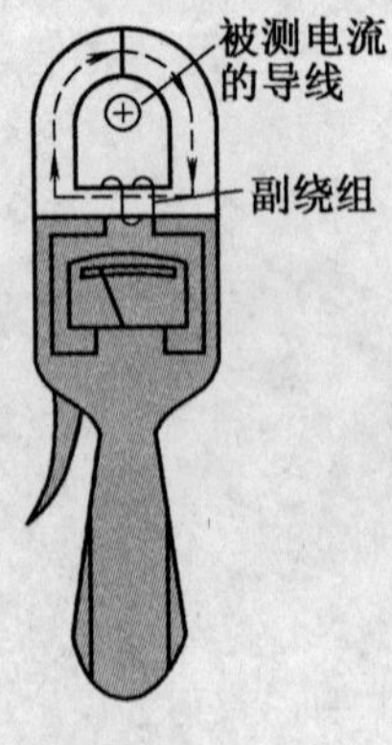

图 3-13　钳形电流表

4. 三相变压器

三相变压器就是三个相同的单相变压器的组合,如图 3-14 所示。三相变压器用于供电系统中。根据三相电源和负载的不同,三相变压器初级和次级线圈可接成星形或三角形。

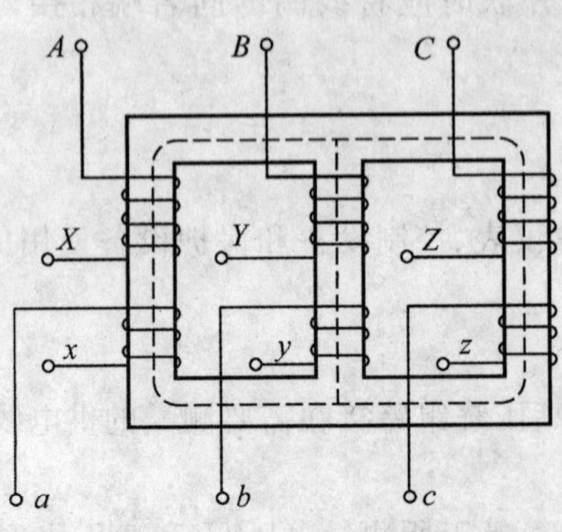

图 3-14　三相变压器

3.5 汽车点火系统简介

汽车发动机有汽油发动机和柴油发动机，它们的工作循环由吸气、压缩、做功、排气四个行程组成。柴油发动机用压缩空气产生的高温使柴油混合气燃烧，汽油发动机中的汽油混合气必须用明火才能点燃，明火由电火花产生。电火花的产生是将高压电施加在安装于气缸内的火花塞上，使火花塞的两个电极（两电极之间的间隙为 0.6～1.2mm）之间放电产生火花，点燃汽油混合气，使发动机启动。

3.5.1 汽车点火系统的功能

汽车点火系统是为了保障发动机的正常运行，必须具有以下功能。

(1)提供足够高的脉冲高压，使火花塞极间放电跳火

火花塞电极击穿而产生火花时所需要的电压称为击穿电压。点火系产生的次级电压必须高于击穿电压，才能使火花塞跳火。目前，汽车的点火系统能提供 20kV 以上的脉冲高压。

(2)火花应具有足够的能量

发动机正常工作时，由于混合气压缩终了的温度接近其自燃温度，仅需要 1～5mJ 的火花能量。但在混合气过浓或是过稀时，发动机启动、怠速或节气门急剧打开时，则需要较高的火花能量。并且随着现代发动机对经济性和排气净化要求的提高，都迫切需要提高火花能量。因此，为了保证可靠点火，高能电子点火系一般应具有 80～100mJ 的火花能量，启动时应产生高于 100mJ 的火花能量。

(3)点火时刻应适应发动机的工作情况

首先，点火系统应按发动机的工作顺序进行点火。其次，必须在最有利的时刻进行点火。

由于混合气在气缸内燃烧占用一定的时间，所以混合气不应在压缩行程上止点处点火，而应适当提前，使活塞达到上止点时，混合气已得到充分燃烧，从而使发动机获得较大功率。点火时刻一般用点火提前角来表示，即从发出电火花开始到活塞到达上止点为止的一段时间内曲轴转过的角度。

如果点火过迟，当活塞到达上止点时才点火，则混合气的燃烧主要在活塞下行过程中完成，即燃烧过程在容积增大的情况下进行，使炽热的气体与气缸壁接触的面积增大，因而转变为有效功的热量相对减少，气缸内最高燃烧压力降低，导致发动机过热，功率下降。

如果点火过早，由于混合气的燃烧完全在压缩过程进行，气缸内的燃烧压力急剧升高，当活塞到达上止点之前即达最大，使活塞受到反冲，发动机作负功，不仅使发动机的功率降低，并有可能引起爆燃和运转不平稳现象，加速运动部件和轴承的损坏。

3.5.2 汽车点火系统分类

按照点火系统的组成和产生高压的方式不同，发动机的点火系统分为：传统点火系统、半导体点火系统、微机控制点火系统以及磁电机点火系统。

1. 传统点火系统

传统点火系统以蓄电池和发电机为电源，也称为蓄电池点火系统。它靠点火线圈和配电器的作用，将电源提供的12V、24V或6V的低压直流电转变为高压电，并分配到各缸火花塞，使火花塞两电极之间产生电火花，点燃可燃混合气。传统点火系统由于产生的高压电比较低、高速时工作不可靠、需要经常检查和维护等许多缺点，目前正在被半导体点火系统和微机控制点火系统所代替。

2. 半导体点火系统

半导体点火系统也是以蓄电池和发电机为电源，分有触点和无触点二种。其中有触点点火系统由传感器或断电器的触点产生点火信号，经由半导体器件组成的点火控制和点火线圈，将电源的低压电转变为高压电；无触点点火系统利用晶闸管电路代替了有触点式点火系统，是目前国内外汽车上比较广泛应用的点火系统。

3. 微机控制点火系统

微机控制点火系统与上述两种点火系统相同，也以蓄电池和发电机为电源。它由微机控制装置即电脑，根据各种传感器提供的反映发动机工况的信号，确定点火时刻，并发出点火控制信号，通过点火线圈将电源的低压转变为高压，由配电器将高压电分配到各个缸火花塞，它还可以进一步取消配电器，由微机控制系统直接进行高压电的分配，是现代最新型的点火系统，已广泛应用在轿车上。

4. 磁电机点火系统

磁电机点火系统是由磁电机内的永久磁铁和电磁线圈的作用而产生高压电的，因此它不需要另设低压电源。与传统点火系统相比，磁电机点火系统在发动机中、高转速时，产生的电压比较高，发动机能可靠的工作。但在发动机低速时，产生的电压比较低，不利于发动机启动。因此，磁电机点火系统多用于在高速满负荷下工作的赛车发动机，以及某些不带蓄电池的摩托车发动机和大功率拖拉机的启动发动机上。

3.5.3 传统点火系统

1. 传统点火系统的组成

传统点火系统主要由电源、点火开关、点火线圈、配电器、火花塞等组成，如图3-15所示。

(1)电源

电源为蓄电池和发电机，供给点火系统所需电能，标称电压一般是12V。

(2)点火开关

点火开关的作用是接通或断开点火系统初级电路。

(3)点火线圈

点火线圈即变压器，其功用是将蓄电池 12V 的低压电变为 15～20kV 的高压电。

(4)配电器

配电器的功用是接通和切断低压电路，使点火线圈及时产生高压电，按发动机各气缸的点火顺序送至火花塞；同时可调整点火时间。

(5)电容器

减小断电器的火花，防止触点烧蚀，延长其使用寿命，同时加速点火线圈中磁通的变化速率，提高点火高电压。

(6)火花塞

其功用是将高压电引入燃烧室产生电火花，点燃混合气。

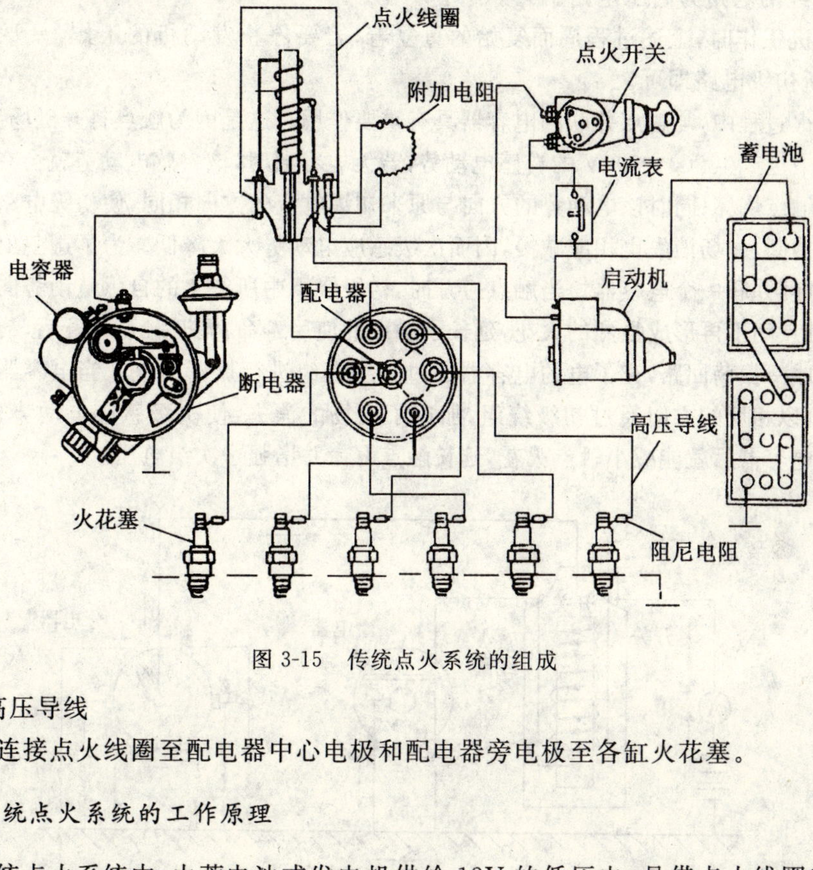

图 3-15　传统点火系统的组成

(7)高压导线

用以连接点火线圈至配电器中心电极和配电器旁电极至各缸火花塞。

2. 传统点火系统的工作原理

在传统点火系统中，由蓄电池或发电机供给 12V 的低压电，是借点火线圈和断电器将其转变为高电压，再通过配电器分配到各缸火花塞，使其电极之间产生电火花。其工作原理如图 3-16 所示。

发动机工作时，断电器凸轮在配气凸轮轴的驱动下也随之旋转。凸轮旋转时，交替地将触点闭合和打开。

在点火开关(SW)接通的情况下，当触点闭合时，初级绕组中有电流流过(初级电流 I_1 用实线表示)，电流从蓄电池正极→点火开关 SW→点火线圈“＋开关”接线柱→附加电阻→“开关”接线柱→点火线圈的初级绕组→“－”接线柱→断电器触点→搭铁→蓄电池负极。

初级电流在线圈的铁芯中形成磁场，经过一定时间后，当凸轮将触点打开时，初级电路被切断，初级电流消失，它所形成的磁场也随之迅速变化，在两个绕组中都感应出电动势。由于次级绕组的匝数多，因而在次级绕组内就感应出 15～20kV 的电动势，它足以击穿火花塞的电极间隙，产生火花点燃混合气。

高压电流(I_2用虚线箭头表示)的回路为：次级绕组→"开关"接线柱→附加电阻→"＋开关"接线柱→点火开关→电流表→蓄电池→搭铁→火花塞旁电极、中心电极→配电器(旁电极、分火头)→次级绕组。配电器轴每转一圈，各缸按点火顺序轮流点火一次。

由上述可知，在点火系统中有两个电路：初级电流 I_1流经的电流为低压电路，而高压电流 I_2流经的电路为高压电路。

发动机工作时，上述过程周而复始的重复着，若要停止发动机的工作，只要断开点火开关，切断初级电路即可。

在点火过程中，与触点并联的电容器具有重要作用。这是因为触点打开磁场消失时，在初级绕组中也产生 200～300V 的自感电动势，若无电容器时，该自感电动势就会在触点间形成火花使触点烧坏；同时该电动势的方向与原来初级电流的方向相同，使初级电路内的电流不能迅速中断，磁场消失也相应减慢，因而次级感应电动势大大降低。为了避免上述不良后果，在触点间并联一个电容器。当触点打开时，初级绕组中所产生的自感电动势向电容器迅速充电，触点间不再形成强烈的火花，延长了触点的使用寿命；同时触点打开后，初级绕组和电容器形成一振荡回路，充了电的电容器通过初级绕组进行振荡放电。当电容器第一次放电时，电流以相反的方向通过初级绕组，加速了磁场的消失，使次级感应电动势显著提高。可见有了电容器后就能减小触点火花，延长触点寿命并增强了次级电压。

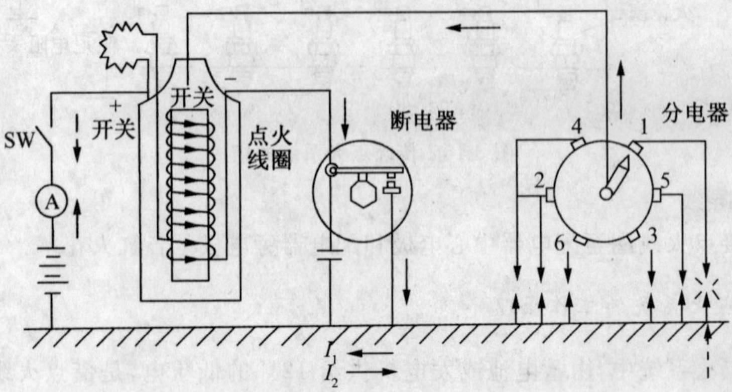

图 3-16　传统点火系统的工作示意图

图 3-17 所示为有电容器和无电容器两种情况下，初级电流 I_1增长和衰减的情况，比较两个曲线可知：有电容器时，初级电流很快衰减到零，并产生振荡。

综上所述可知蓄电池点火系统的工作过程可分为三个阶段：即触点闭合，初级电流增长；触点打开，次级绕组产生高压；火花塞电极间火花放电。

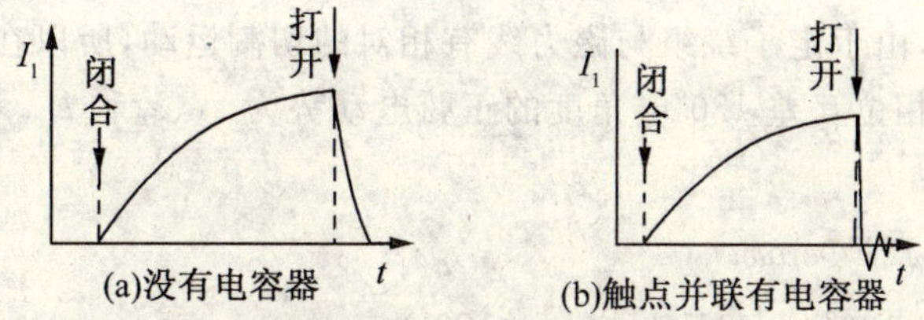

图 3-17　初级电流的变化

3.6　汽车用交流发电机

汽车使用的电源有蓄电池和发电机两种。现代汽车采用交流发电机作为主要电源，蓄电池作为辅助电源。在汽车行驶过程中，由发电机向用电设备提供电源，并向蓄电池充电。蓄电池在汽车启动时提供启动电流，当发电机发出电量不足时，可以协同发电机供电。

与直流发电机相比，具有如下几个特点：

(1)体积小，质量轻；

(2)在发动机低速运转时，仍能进行充电；

(3)故障少，使用寿命长，保修简便；

(4)调节器结构简单；

(5)很少产生干扰波。

3.6.1　交流发电机工作原理

1. 交流发电机发电原理

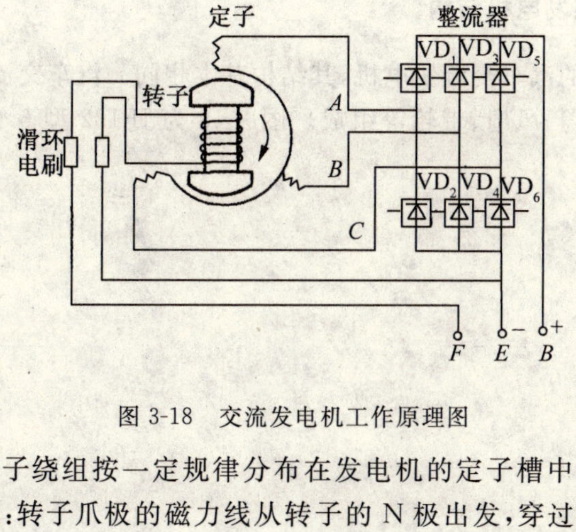

图 3-18　交流发电机工作原理图

发电机的三相定子绕组按一定规律分布在发电机的定子槽中，互相差 120°电角度。交流发电机的磁路是：转子爪极的磁力线从转子的 N 极出发，穿过转子与定子之间很小的气隙进入定子铁芯，最后又经过空气隙回到相邻的 S 极，并通过磁轭构成了磁回路。转子磁极呈鸟嘴形，可使定子绕组感应的交流电动势近似于正弦曲线的波形。

当转子旋转时，由于定子绕组与磁力线有相对的切割运动，所以在三相绕组中产生频率相同，幅值相等，相位互差 120°电角度的正弦电动势为 e_A、e_B 和 e_C。三相绕组中电动势的瞬时值方程式为：

$$e_A = E_m \sin\omega t = \sqrt{2}E\Phi\sin\omega t$$

$$e_B = E_m \sin(\omega t - 120°) = \sqrt{2}E\Phi\sin(\omega t - 120°)$$

$$e_C = E_m \sin(\omega t - 240°) = \sqrt{2}E\Phi\sin(\omega t - 240°)$$

式中，E_m 是每相电动势的最大值；$E\Phi$ 是每相电动势的有效值；ω 是电角速度（$\omega = 2\pi f$）

发电机每相绕组中所产生的电动势的有效值为

$$E\Phi = 4.44K_N f\Phi$$

式中，K 是绕组系数（交流发电机采用整距集中绕组 $K=1$）；N 是每相绕组的匝数；f 是感应电动势的频率（Hz）；Φ 是每极磁通（Wb）。

在交流发电机中，一般通过整流器将交流电整流为直流电，供给汽车电气系统使用。关于整流原理将在本书第 6 章中讲解，本课题不作介绍。

2. 交流发电机的励磁方式

交流发电机开始发电时，需由蓄电池供给励磁电流，此时为它励。当发电机达到蓄电池电压时，即由发电机自已供给励磁电流，也就是由它励转变为自励。

由于交流发电机转子的爪极剩磁较弱，所以发电机在低速运转时，加在硅二极管上的正向电压也很小。此时二极管上的正向电阻较大，较弱的剩磁产生的很小的电动势很难克服二极管的正向电阻，使发电机正向电压迅速建立起来。这样，发电机低速充电的要求就不能满足。因此，汽车上发电机必须与蓄电池并联，开始由蓄电池向励磁绕组供电，使发电机电压很快建立起来并转变为自励状态，蓄电池被充电的机会就多一些，有利于蓄电池的使用维护。

3.6.2 汽车交流发电机结构

目前国内为生产的汽车交流发电机，其结构基本相同。汽车交流发电机一般由转子、定子、整流器、前后端盖、风扇、带轮等组成。图 3-19 为 JF132 型 6 管普通交流发电机解体图。

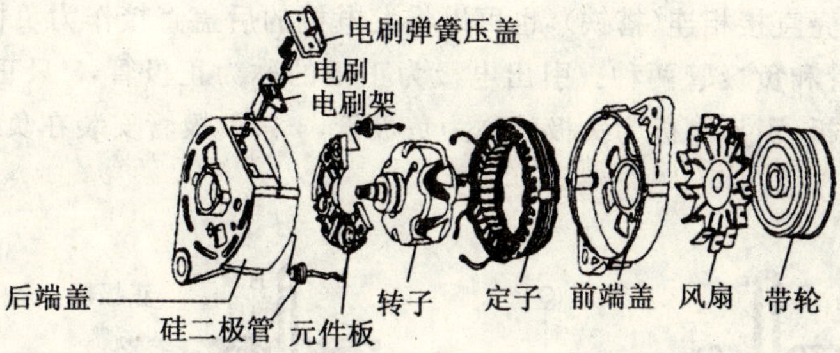

图 3-19　JF132 型交流发电机解体图

1. 转子

转子的功用是产生磁场。转子由爪极、磁轭、励磁绕组、滑环、转子轴等组成，如图 3-20 所示。

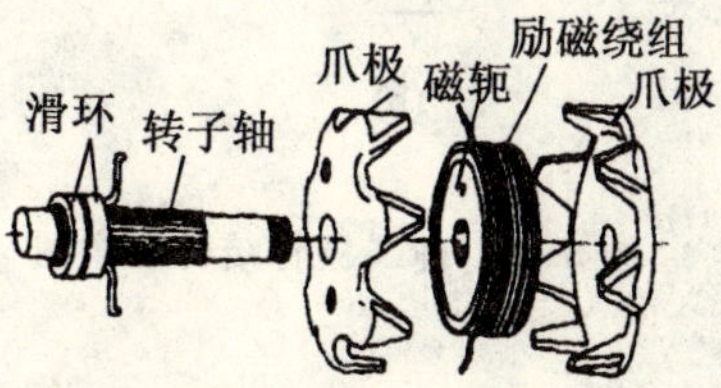

图 3-20　转子

转子轴上压装着两块爪极，爪极被加工成鸟嘴形状，爪极空腔内装有励磁绕组和磁轭。滑环由两个彼此绝缘的铜环组成，压装在转子轴上并与轴绝缘，两个滑环分别与励磁绕组的两端相连。当给两滑环通入直流电时，励磁绕组中就有电流通过，并产生轴向磁通，使爪极一块被磁化为 N 极，另一块被磁化为 S 极，从而形成六对（或八对）相互交错的磁极。当转子转动时，就形成了旋转的磁场。

2. 定子

定子的功用是产生交流电。

定子安装在转子的外面，和发电机的前后端盖固定在一起，当转子在其内部转动时，引起定子绕组中磁通的变化，定子绕组中就产生交变的感应电动势。定子由定子铁芯和定子绕组（线圈）组成。

定子铁芯由内圈带槽、互相绝缘的硅钢片叠成。定子绕组有三组线圈，对称的嵌放在定子铁芯的槽中。三相绕组的连接有星形接法和三角形接法两种，都能产生三相交流电。

3. 整流器

整流器的功用是将定子绕组的三相交流电变为直流电。整流器由整流板和整流二极管组成，6 管交流发电机的整流器是由 6 只硅整流二极管分别压装（或焊装）在相互绝缘的两块板上组成的，如图 3-21 所示，其中一块为正极板，(带有输出端螺栓)另一块为负极板，负极板和发电机外壳直接相连(搭铁)，也可以将发电机的后盖直接作为负极板。6 只整流二极管分为正极管和负极管两种。引出电极为正极的称为正极管，3 只正极管装在同一块板上，称为正极板；引出电极为负极的称为负极管，3 只负极管安装在负极板上，也可直接安装在后盖上。

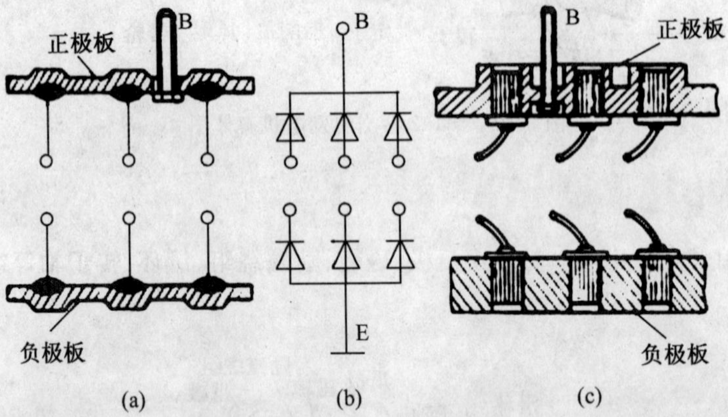

图 3-21　硅二极管结构示意图

4. 端盖及电刷组件

端盖一般分两部分(前端盖和后端盖)，起支撑转子、定子、整流器和电刷组件的作用。端盖一般用铝合金铸造，一是可有效地防止漏磁，二是铝合金散热性能好。后端盖上装有电刷组件。电刷组件由电刷、电刷架和电刷弹簧组成，如图 3-22 所示。电刷的作用是将电源通过滑环引入励磁绕组。两个电刷分别装在电刷架的孔内，借助弹簧压力与滑环保持接触。电刷和滑环的接触应良好，否则会因为磁场电流过小，导致发电机发电不足。

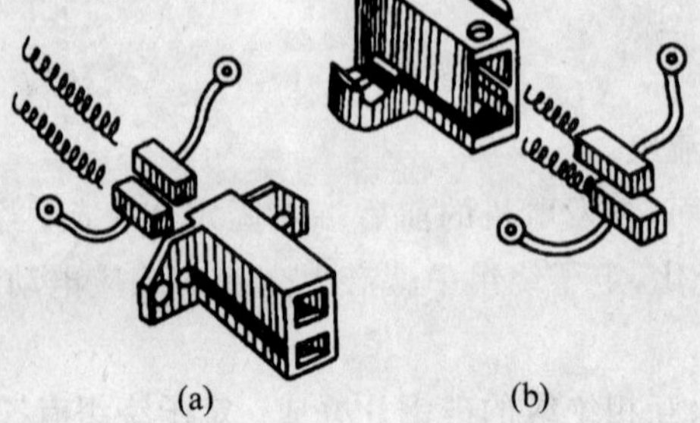

图 3-22　电刷和电刷架

5. 带轮及风扇

交流发电机的前端装有带轮和风扇，由发动机通过传动带驱动发电机的转子轴和风扇一起旋转。发电机工作时，定子绕组和励磁绕组中都会有热量产生，温度过高会烧坏导线的绝缘导致发电机不能正常工作，所以为发电机散热是必须的，为了提高散热能力，有的发电机装有两个风扇（前后各一个）。如丰田轿车的发电机。

实训 3　单相变压器特性检测

1. 实训目的

(1)学会判断绕组的同名端。

(2)学会测定变压器的铁损和铜损的方法。

(3)学会如何测定变压器外特性。

2. 实训仪器

调压器，交流电压表，交流电流表，单相变压器，低功率因数瓦特表，滑线变阻器

3. 实训原理与步骤

(1)同名端的判断。电路如图 3-23 所示。

按图连线后，若测得电压表的读数小于原来任一侧的数值，则说明 3 与 4 为非同名端。若测得电压表的读数大于原来任一侧的数值，则说明 3 与 4 为同名端。这种方法为交流判断法。

(2)变压器的空载实验，测铁损。电路原理如图 3-23。选好所用电表量程。接通单相交流电源。调节调压器旋钮，使变压器空载电压 $U_o=1.2U_N$，然后逐次降低电源电压，在 $1.2\sim0.2U_N$ 的范围内，测取变压器的 U_o、I_o、P_o。测取数据时，$U=U_N$ 点必须测，并在该点附近测的点较密，共测取数据 7～8 组。记录并计算该变压器的铁损。

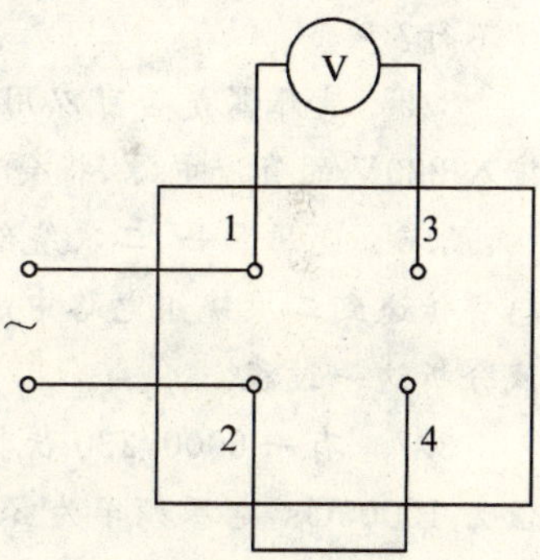

图 3-23　同名端的测量

(3)变压器的短路实验，测铜损。将图 3-23 所示电路的二次侧短接。选好所有电表量程，将交流调压器旋钮调到输出电压为零的位置。接通交流电源，逐次缓慢增加输入电压，直到短路电流等于 $1.1I_N$ 为止，在 $(0.2\sim1.1)I_N$ 范围内测取变压器的 U_K、I_K、P_K。测取数据时，IK＝IN 点必须测，共测取数据 6～7 组记录并计算该变压器的铁损。实验时记下周围环境温度(℃)和室温(℃)。

(4)变压器的负载实验，外特性。将图 3-6 所示电路的二次侧接一 200Ω 滑线变阻器。将调压器旋钮调到输出电压为零的位置，负载电阻值调到最大。接通交流电源，逐渐升高电源电压，使变压器输入电压 $U_1=U_N$。保持 $U_1=U_N$，逐渐增加负载电流，即减小负载电阻 RL 的值，从空载到额定负载的范围内，测取变压器的输出电压 U_2 和电流 I_2。测取数据时，$I_2=0$ 和 $I_2=I_{2N}=0.35$A 必测，共测取数据 6～7 组并填写入表 3-1 中。

表 3-1　变压器的负载实验数据

测量项目	1	2	3	4	5	6	7
电压/V							
电流/A							

4. 实训总结

(1)计算变化的效率。

(2)画出外特性曲线。

习　题

3.1　将一个空心线圈先后接到直流电源和交流电源上，然后在这个线圈中插入铁芯，如果交流电源电压的有效值和直流电源电压相等，试比较通过线圈的电流和功率的大小，并说明其理由。

3.2　有一线圈，其匝数 $N=1000$，绕在由铸钢制成的闭合铁芯上，铁芯的截面积 $Sfe=20\text{cm}^2$，铁芯的平均长度 $Lfe=50\text{cm}$。如要在铁芯中产生磁通 $\Phi=0.002\text{Wb}$，试问线圈中应通入多大直流电流？

3.3　什么是硬磁材料和软磁材料？各有何用处？

3.4　什么叫变压器？它有什么用途？变压器铁芯的作用是什么？变压器不用铁芯行不行？

3.5　变压器是否可以用来变换直流电压？一台 220V/36V 的变压器，其高压绕组若接入 220V 的直流电源，将会产生什么后果？

3.6　变压器一、二次绕组之间没有电的直接联系，那么一次绕组电路输入的电能是怎样传递到二次绕组电路中的？变压器负载减少时，一次绕组电路供给的电能随之减少，试分析这一过程。

3.7　有一 6000/230 伏特单相变压器。其铁芯截面积为 150cm^2，磁感应强度的最大值为 12000Gs，电源频率为 50Hz，求原、副绕组的匝数。

第4章　电动机

学习目标

1. 掌握三相异步电动机的基本结构和工作原理。
2. 熟悉三相异步电动机的机械特性以及启动、调速与制动。
3. 掌握三相异步电动机的基本控制电路。
4. 掌握单相异步电动机的工作原理及控制电路。
5. 掌握直流电动机的结构和工作原理。
6. 熟悉直流电动机的启动、调速与制动。
7. 掌握直流电动机在汽车上的应用。
8. 掌握步进电动机的结构及其在汽车上的应用。

考核标准

知识要求：

1. 合理选用工、量具和万用表等仪器，了解其使用、维护方法。
2. 掌握三相异步电动机、直流电动机的结构与原理，能识读和分析其控制电路。
3. 掌握直流电动机在汽车上的应用。
4. 汽车维修电工作业的安全操作规程及文明作业。

技能要求：

1. 三相异步电动机、直流电动机作业前的检查项目的技术要求。
2. 汽车万能试验台等专用检测仪器与设备的使用。
3. 汽车启动系统的组成及控制电路的检测。
4. 电动机维护、检测、修理等电工作业安全操作规程和环保知识。

教学建议

教具：数字万用表或汽车专用万用表、汽车万能试验台及拆装工具，三相异步电动机、汽车启动机、步进电机(怠速控制阀)、门窗电机等。

建议：三相异步电动机、直流电动机的基本结构以及启动、调速与制动内容建议安排在实验室进行；三相异步电动机、直流电动机的工作原理及其控制电路建议使用多媒体教学;直流电动机在汽车上的应用建议在汽车电器实训室进行理实一体教学。

电动机是一种把电能转换成为机械能的电工设备。电动机依据其功能、用途的不同分为两大类:动力用电动机和控制用电动机。动力用电动机的主要功能就是将电能转换成机械能,驱动生产机械运行。在汽车维修检测设备中,比如:汽车发动机油泵实验台、镗缸机、测功机等,多采用异步电动机为动力来源。控制用电动机主要用在自动控制系统中,完成对信号的转换、传递、检测与执行。比如:步进电动机式怠速控制阀,用来控制发动机怠速时的通气量。

教学参考

刘蕴陶. 电工电子技术. 高等教育出版社,2005

陈小虎. 电工电子技术(多学时 第2版). 高等教育出版社,2006

刘鸿健. 汽车电工电子技术. 化学工业出版社,2009

刘皓宇. 汽车电器与电路检修(国家级精品课程)承德石油高等专科学校,2009

4.1 三相异步电动机

4.1.1 三相异步电动机的基本结构

由于三相异步电动机具有构造简单、工作可靠、使用维护方便、价格便宜等优点而被广泛应用。据统计,在我国电动机总容量中大约有85%是三相异步电动机。

三相异步电动机的结构如图4-1所示,它由两个基本部分组成:定子和转子。为了使转子自由转动,二者之间必须留有一定的空气隙。

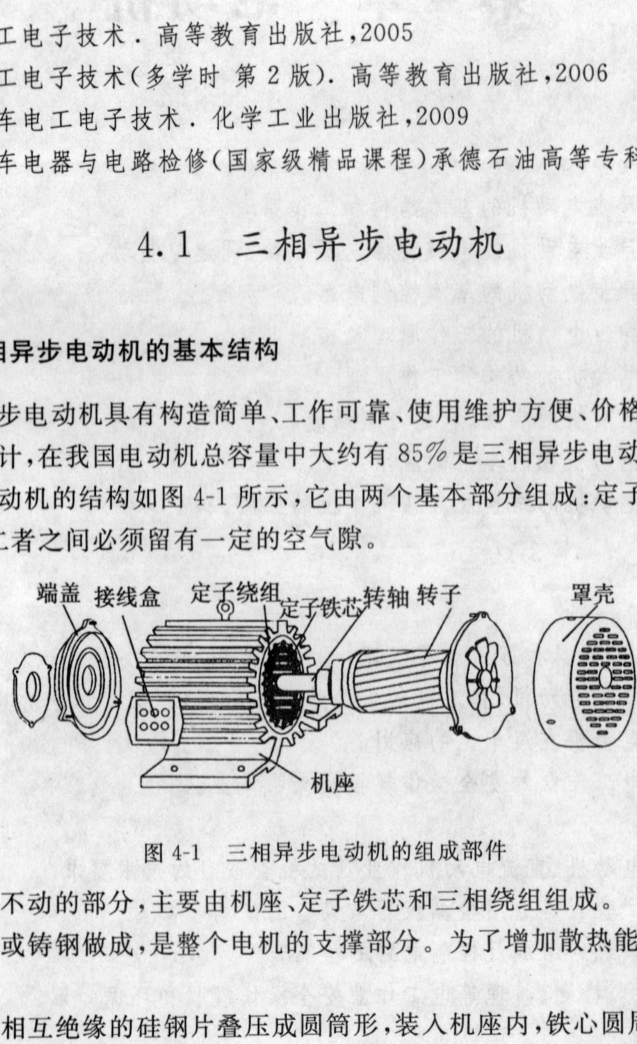

图4-1 三相异步电动机的组成部件

定子是静止不动的部分,主要由机座、定子铁芯和三相绕组组成。

机座用铸铁或铸钢做成,是整个电机的支撑部分。为了增加散热能力,它的外表面有散热筋。

定子铁芯用相互绝缘的硅钢片叠压成圆筒形,装入机座内,铁心圆周内表面有均匀分布的轴向直槽,用来嵌放三相绕组。

定子绕组是三个彼此独立的绕组,有星形(Y)和三角形(△)两种连接方式。它们按照一定的规律嵌放在定子铁心槽内,为方便定子绕组外接三相电源,电动机外壳上设有接线盒,盒内有六个接线端子,分别标注U1和U2、V1和V2、W1和W2,即三相绕组的首、末端。

转子是旋转的部分，由转子铁芯和转子绕组组成。

转子铁芯也用硅钢片叠压而成，呈圆柱状，固定在转轴上，可绕轴转动。转子铁芯的表面有槽，槽内放置转子绕组的导体。

转子绕组是自成闭路的线圈，有两种结构形式：笼型转子和绕线转子。在汽车维修检测设备及工农业生产中广泛使用笼形转子式电动机。为了简化制造工艺，中、小型笼形转子异步电动机都采用压力铸铝的方法将槽中的导体（铜条）、铜制短路环及端部的风扇铸造在一起，与转子铁芯形成一个整体，如图 4-2 所示。

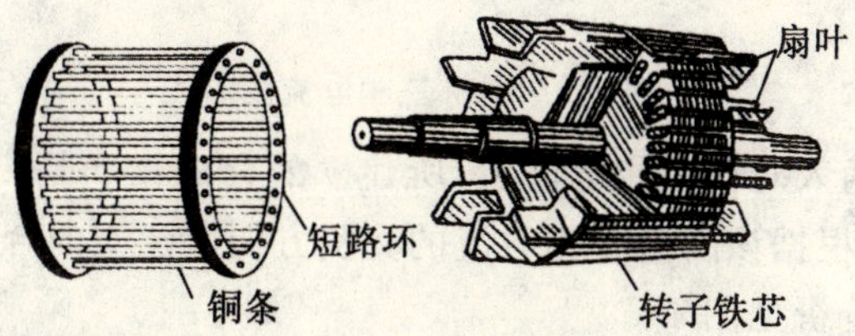

图 4-2 笼型转子

4.1.2 三相异步电动机的转动原理

三相异步电动机的定子绕组通入三相电流，便产生旋转磁场并切割转子导体，在转子电路中产生感应电流，载流转子在磁场中受力产生电磁转矩，从而使转子转动。所以，旋转磁场的产生是转子转动的先决条件。

1. 定子的旋转磁场

(1)旋转磁场的产生

为了方便说明问题，我们把定子铁芯的内圆周上对称排列的三相绕组用三个单匝线圈来代替，分别用 U_1、V_1、W_1 和 U_2、V_2、W_2 代表它们的始末端。如图 4-3 所示，把三个线圈接成星形，并接到三相电源上，于是三相线圈中便出现对称的三相电流（式 4-1），波形如图 4-4 所示。

$$
\begin{aligned}
i_U &= I_m \sin\omega t \\
i_V &= I_m \sin(\omega t - 120°) \\
i_W &= I_m \sin(\omega t + 120°)
\end{aligned} \tag{4-1}
$$

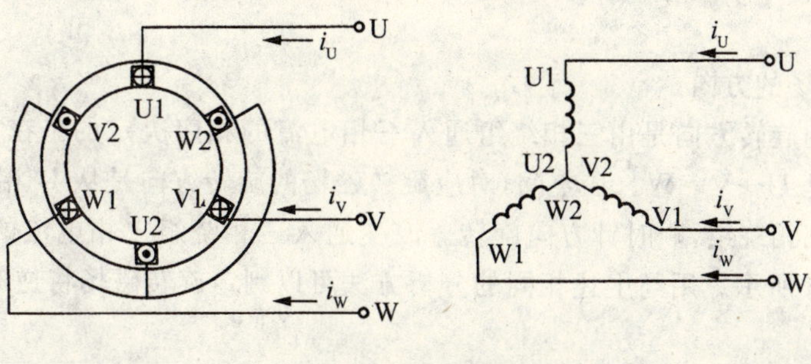

图 4-3 简化的三相绕组

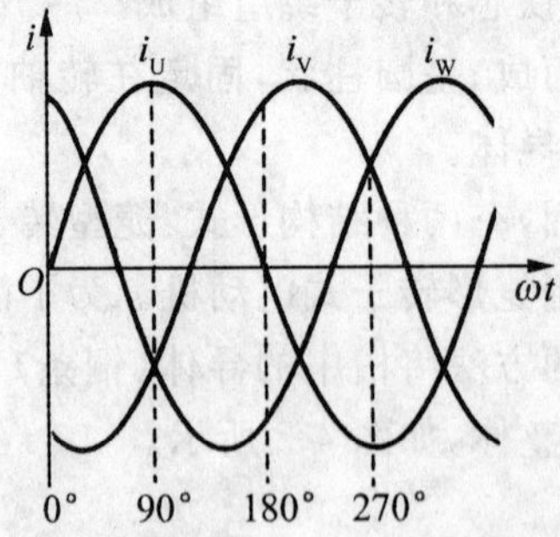

图 4-4　对称三相电流波形

对称三相绕组中通入对称三相电流后，所建立的合成磁场是一个旋转磁场。这可以通过任选的几个瞬时，根据该瞬时各相电流的真实方向所建立的合成磁场进行分析，即可得出上述结论。具体分析见图 4-5。

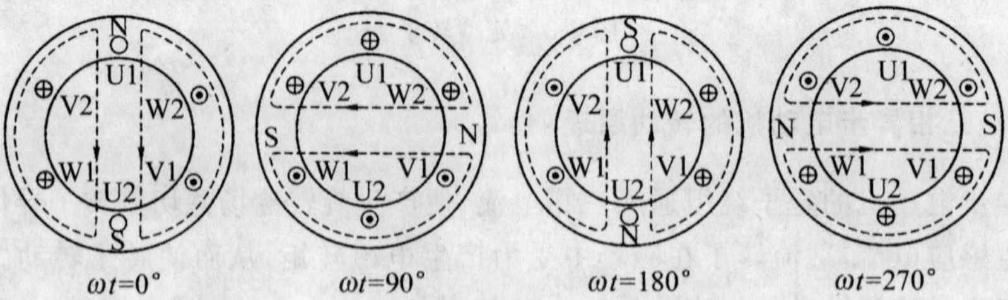

图 4-5　旋转磁场

首先分析 $\omega t=0°$瞬间合成磁场的分布情况。据图 4-4 可知，此时，$i_U=0$。V 相绕组电流 $i_V<0$，表明真实方向与规定参考方向相反，是从末端 V_2 流入，用⊕表示，从首端 V_1 流出，用⊙表示。W 相绕组电流 $i_W>0$，其真实方向与规定参考方向一致，W_1 端电流方向用⊕表示，W_2 端电流方向用⊙表示。根据以上三相绕组中电流的真实方向，用右手螺旋法则判定合成磁场的方向如图 4-5(a)中虚线所示。这是只有一对磁极的磁场——二极磁场，磁场线方向从铁芯圆周的上表面穿出、下表面而穿入，上部相当于 N 极，下部相当于 S 极。

同理分析 $\omega t=90°$、$\omega t=180°$和 $\omega t=270°$瞬间合成磁场的情况，可以得出以下结论：给对称三相绕组通入对称三相电流，所建立的合成磁场是随电流交变而在空间旋转的磁场，即为旋转磁场。

(2)旋转磁场的方向

旋转磁场的旋转方向是由三相绕组通入三相电流的相序决定的。在以上分析中，三相电流的相序是 U→V→W。在空间，对应旋转磁场的旋转方向是从 U 相绕组转向 V 相绕组、再转向 W 相绕组，顺时针方向旋转。改变通入三相绕组三相电流的相序——如 U→V→W，图 4-6 所示。用与上述相同的分析方法可以判定旋转磁场将逆时针方向旋转。

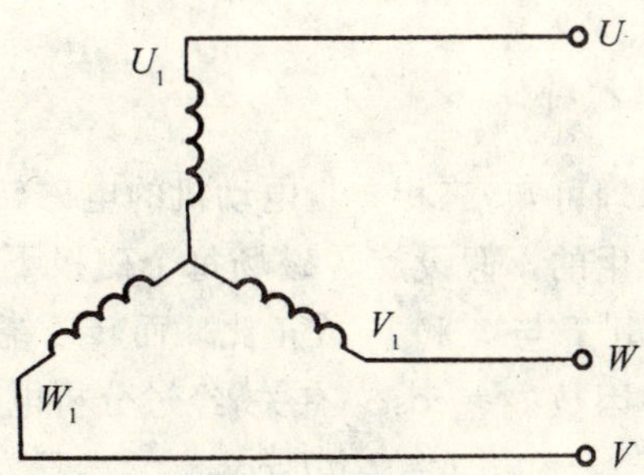

图 4-6　U→W→V 的相序

由此可得出，异步电动机的旋转方向与旋转磁场的旋转方向一致，改变旋转磁场的旋转方向即可改变异步电动机的旋转方向，故采用以上方法就能够实现对异步电动机的正、反转控制。

(3)旋转磁场的转速

旋转磁场的转速，即同步转速 n_1，用每分钟的转数表示(r/min)。

通过以上分析可知，交流电流变化一个周期，二极旋转磁场(磁极对数 $f_1=50\text{Hz}$)沿定子铁芯圆周内表面的空间旋转一周。我国工业用电标准频率 $f_1=50\text{Hz}$，故二极旋转磁场的转速是每一秒钟 50 转，同步转速 $n_1=3000\text{r/min}$。

如果每一相绕组都由两个完全相同的线圈串联组成，三相绕组仍在定子铁心圆周内表面对称放置。再给这样的三相绕组通入对称三相电流，就能够产生一个四极旋转磁场(磁极对数 $p=2$)。与二极旋转磁场比较，其转速降低为前者的二分之一。即

同步转速　$$n_1=\frac{60f_1}{2}=\frac{60\times50}{2}\text{r/min}=1500\text{r/min}$$

依此类推，可使三相绕组产生具有 p 对磁极的旋转磁场。则

同步转速

$$n_1=\frac{60f_1}{p} \tag{4-2}$$

(4)转速差

异步电动机的转动原理建立在旋转磁场与转子导体之间存在相对运动的基础上，因此，转子的转速必定低于旋转磁场的转速。正是由于两者的转速之间存在差异，这种类型的电动机才被称为异步电动机。显然，对异步电动机转子导体产生感应电动势、感应电流和电磁转矩起决定作用的因素之一就是这两者的转速之差。为此，引出了转差率的概念。

设旋转磁场相对于静止空间的转速是 n_1，称为同步转速。转子相对于静止空间的转速是 n，两者的相对转速是 $\Delta n=n_1-n$。这个转速差 Δn 与同步转速 n_1 的比值称为转差率，用 s 表示。即

$$s=\frac{n_1-n}{n_1} \tag{4-3}$$

转差率是表示和分析异步电动机性能的一个重要物理量。

据公式(4-3)可以得到转子(异步电动机)的转速公式为

$$n=(1-s)n_1 \tag{4-4}$$

2. 三相异步电动机的机械特性

由异步电动机的转动原理可知，三相异步电动机的电磁转矩 T 是旋转磁场与转子绕组中的感应电流相互作用产生的。假设旋转磁场每个磁极下的磁通量是 Φ，转子绕组电流的有效值是 I_2，则电磁转矩 T 与 Φ 和 I_2 成正比。而转子绕组是感性电路，电磁转矩 T 还应与转子绕组电路的功率因数 $\lambda_2=\cos\varphi_2$ 有关，经过分析电磁转矩为

$$T=C_T\Phi I_2\cos\varphi_2 \tag{4-5}$$

C_T 是由电动机自身结构决定的，称为电动机的转矩常数。

设电动机的电源电压 U_1 保持恒定，转子电路的参数 R_2、X_{20} 为定值条件下，定义转速 n 与电磁转矩 T 的关系 $n=f(T)$ 为三相异步电动机的机械特性，如图 4-7 所示。

机械特性的 ab 段是电动机的稳定运行区，即电动机在该段范围内运行时，具有自动适应机械负载变化的能力，维持稳定运行；bc 段是电动机的非稳定运行区，不具有这种能力。分析如下：

电动机运行在 ab 段，由于某种原因，负载转矩突然减小，由于机械惯性的存在，转速 n 来不及变化，电磁转矩 T 保持原值，则电磁转矩大于负载转矩，电动机的转速 n 开始上升。机械特性曲线显示，在此段随着转速 n 的上升，电磁转矩 T 自动减小，使得电磁转矩重新等于负载转矩，

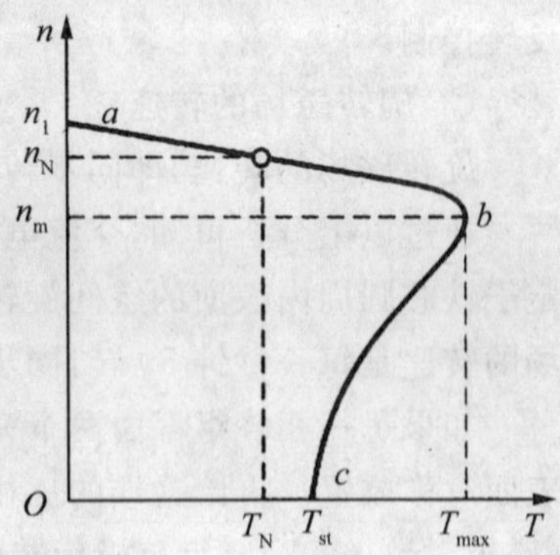

图 4-7 机械特性

那么电动机就再次实现了稳定运行。

电动机运行在 bc 段，若负载转矩突然减小，使电磁转矩大于负载转矩，电动机加速运行。机械特性曲线显示，在此段随着转速 n 的上升，电磁转矩 T 自动加大，从而使电动机继续加速，直至越过临界点 b 进入稳定运行区，在对应的转速下稳定运行。反之，若负载转矩突然增大，使电磁转矩小于负载转矩，电动机减速运行，电磁转矩 T 继续减小，最后导致电动机停转，无法重新实现稳定运行。

4.1.3 三相异步电动机的运行状态

了解三相异步电动机的运行状态，对正确使用电动机是非常重要的，电动机的运行状态因负载不同和供电等原因，有以下几种运行状态。

1. 空载运行

空载运行是三相异步电动机接到额定频率和额定电压的三相交流电源上，转子轴上不带任何机械负载而空转的运行。其特点如下。

①空载运行时的阻力转矩主要是转子转动时的轴承摩擦和风阻形成，一般很小。

②空载的转速高，转差率在 0.05%～0.5%。

③空载运行的电流称空载电流，由于定子与转子间存在空气间隙等原因，所以空载电

流较大。

2. 有载运行

有载运行是三相异步电动机接到额定频率和额定电压的三相交流电源上，转子轴上带着机械负载转动的运行。这里所指的有载负载等于或小于额定负载，其特点如下。

①电动机在小于额定负载或额定负载下可长期正常稳速运行。

②转子的稳定转速随负载阻力转矩增大有所下降，转差率在 1%～6%。

③有载运行的效率在小负载时很低，负载增大，效率随之增高。通常在负载为额定负载的 75%～80%时效率最高。

3. 过载运行

三相异步电动机转子轴上所带机械负载大于额定负载的运行称为过载运行。其特点如下。

①转子转速随过载阻力转矩增大而下降，直至停转。

②电动机的输入电流和功率都增大，电动机的温度升高，严重时可烧坏电动机。因此，不允许电动机过载运行。

4. 欠压运行

三相异步电动机的工作电压低于额定电压的运行称为欠压运行。转子的转动能量来源于定子的输入电能。理论和实验证明，三相异步电动机的电磁转矩 T 与电源电压 U_1 的平方成正比。所以电源电压的波动对电动机的电磁转矩及运行将产生很大影响。当带载启动时，可因电压过低而不能启动。当带载运行时，如果电压降低，将使电磁转矩大大下降，转子转速降低，旋转磁场对转子的切割速度增大，使转子和定子电流也随之增大，运行发热会增加，严重时会烧坏电动机。

5. 单相运行

三相异步电动机的三相电源线中只要有一相因某种原因发生断路（如一相熔丝烧断），电动机就只能由单相电源供电，形成单相运行。如果在启动时出现这种情况，电动机将不能启动，但发出“嗡嗡”声响。此时，转子电流和定子电流都很大，应立即断开电源，否则，电动机有可能被烧坏。如果电动机在运行中出现单相运行的情况，电动机还可能继续转动，但转速明显降低，电流加大，持续时间稍长，也可能烧坏电动机。如果负载转矩较大，则可能造成电动机停转，如未及时断开电源，将会烧坏电动机。所以，在使用时要注意观察，做到一旦发生故障，能够及时排除。

4.1.4　三相异步电动机的铭牌和选用

每一台电动机的机壳上都有一块铭牌，上面标示出电动机的型号、额定值及主要技术数据，是正确、合理地使用电动机的依据。

1. 三相异步电动机的铭牌

现将某一电动机的铭牌抄录如下，并对有关内容作必要说明。

三相异步电动机		
型号　Y160M－4	功率　11kW	频率　50Hz
电压　380V	电流　22.6A	接法　△
转速　1460r/min	绝缘等级　B	工作方式　S1
功率因数　0.84	防护等级　IP44	重量　××kg
××电机厂		生产日期　××××年×月

(1)型号

为了适应不同用途和工作环境需要，三相异步电动机制成不同系列和型号，使用或选购时应注意型号或根据需要查阅相应产品目录和技术手册。例如：Y160M－4，Y指异步电动机；160指机座中心高度(mm)；M指机座的类型(S－短机座、M－中机座、L－长机座)；4指磁极数。

(2)功率 P_N　电动机在额定状态下运行时，转子转轴上的输出功率。

(3)电压 U_{1N}　电动机在额定状态下运行时，定子绕组所应加的线电压。

(4)电流 I_{1N}　电动机在额定状态下运行时，流入定子绕组的线电流。

(5)频率 f_N　电动机所使用的交流电源的频率。我国统一使用50Hz。

(6)转速 n_N　电动机在额定状态下运行时，转子每分钟的转数。

(7)接法　电动机在额定状态下运行时，定子三相绕组的连接方法，有Y和△两种接法。

(8)绝缘等级　根据电动机内部所用绝缘材料及容许承受的不同温升而划分的等级，我国规定绝缘等级分为Y、A、E、B、F、H和C七级，其最高容许温度分别是90℃、105℃、120℃、130℃、155℃、180℃和大于180℃。

(9)工作方式　电动机按照铭牌规定的数据工作时，可以持续运行的时间和顺序。工作方式分为连续工作(S1)、短时工作(S2)和断续工作(S3)三种。

(10)功率因数　三相异步电动机是电感性负载，定子绕组相电流滞后于相电压 φ 角，$\cos\varphi$ 是电动机的功率因数。在额定工作状态下，功率因数在0.7～0.9之间。

(11)效率 η　电动机在额定工作状态下，输出机械功率 P_N 与输入功率 P_{1N} 之比。电动机的效率在接近额定状态下运行时最高。当负载较轻时，效率会大大降低。

2. 三相异步电动机的选用

电动机的选择主要内容有：电动机的功率、种类和转速。

(1)功率的选择

选择电动机时，功率的选择是最为重要的。所选电动机的功率要由所带机械的功率而定。功率选择过小，电动机易过载发热损坏；功率选择过大，不只是电动机未能被充分利用，而且长时间在轻载状态下运行（“大马拉小车”），使电动机的效率 η 降低，浪费了能源。除此之外，还应同时考虑电动机的工作方式。

因此，电动机功率的选择要根据负载大小、工作方式不同以及散热条件等因素综合考虑。

(2)种类的选择

种类的选择首先考虑电动机的性能应满足所带机械的要求，如启动、调速等指标。其次再优先选择结构简单、价格便宜、运行可靠和维修方便的电动机，这些方面笼型优于绕线式。

大部分生产机械如水泵、通风机、普通机床等，都没有特殊要求，可选用普通的笼型异步电动机。而频繁启动、制动且有调速要求的生产机械，如起重机、压缩机、轧钢机等，可选用绕线式异步电动机。

在一些特殊环境下，应注意合理选择电动机的结构形式。例如潮湿、有粉尘、有易燃易爆气体等环境下，需选用封闭式或防爆式的异步电动机。

(3)转速的选择

电动机的额定转速是根据生产机械要求而选定的，通常转速不低于 500r/min。但是对额定功率相同的电动机，转速越高，体积越小，造价越低，效率却较高，所以异步电动机多选用四极的，其同步转速 $n_1=1500$r/min，具有较高的性价比。

4.1.5　三相异步电动机的启动、调速与制动

1. 三相异步电动机的启动

定子绕组刚刚接通电源的瞬间，转子的转速 $n=0$，转差率 $s=1$。旋转磁场以同步转速切割转子导体，使转子绕组内的感应电动势和感应电流非常大，并导致定子绕组的电流 I_{st} 也非常大，可达到额定电流的几倍到十几倍。短时间内，电动机可以承受，若频繁启动，就会造成热量积累，温升过高以致烧毁电动机。同时还会造成电网电压的剧烈波动，影响同一电网中其他负载的正常运行。

尽管启动电流 I_{st} 很大，但此时转子电路的功率因数 $\cos\varphi_2$ 很小，根据式(4-5)可知，启动转矩 T_{st} 很小，一般仅为额定转矩的(1～2.2)倍。启动转矩小，将会导致启动时间长、增加能耗，甚至不能启动。因此，三相异步电动机的启动有直接启动和降压启动两种方法。

(1)直接启动

就是直接接入三相电源，使电动机在额定电压下启动，又称全压启动。

直接启动的优点是不需要任何专用的启动设备，操作简便。缺点是启动电流大。但是，只要电网的容量足够大，中、小型电动机的启动电流一般不会引起电网电压的明显降低，对于接在同一电网中其他负载的运行影响不大。对此，我国电力部门均有相关规定。一般情况下，功率在 7.5kW 以下的电动机都可以采用直接启动法。

(2)降压启动

对于功率大、不允许直接启动的笼型转子异步电动机就要采用降压启动法启动。

降压启动法就是在启动时降低加在定子绕组上的电压，待电动机启动后，转速逐渐上

升，到接近额定转速时，再将电源电压(额定电压)全部加到定子绕组上，使之正常运行。

下面介绍一种较常用的降压启动法：星形－三角形(Y－△)降压启动法。这种方法只适用于正常运行时，三相定子绕组按三角形联结的情况。当实际使用时，定子绕组应按三角形联结。但在启动时，先将定子绕组按星形联结，使每一相定子绕组所加的实际电压是额定电压的 $1/\sqrt{3}$，待电动机启动，转速接近额定转速时。再将定子绕组改接成三角形，电动机实现全压运行，启动完毕。

这种启动方法可以使用三刀双掷开关完成，原理电路如图 4-8 所示。操作方法是先闭合刀开关 QS2，接通电源。然后将三刀双掷开关 QS1 合向下方，使定子绕组接成星形，降压启动。在转子转动起来，转速升高，接近额定转速后，再把 QS2 合向上方，定子绕组就接成三角形了。

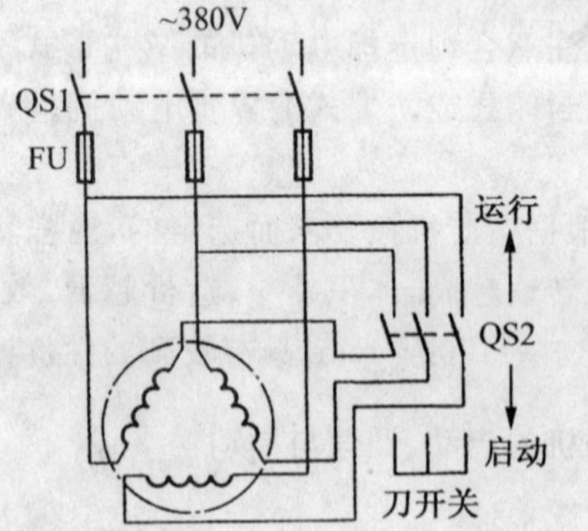

图 4-8　星形－三角形降压启动电路

除了星形－三角形降压启动法之外，还有自耦变压器降压启动等方法。

2. 三相异步电动机的调速

所谓调速，就是在机械负载不变的条件下，人为地改变电动机的运行条件，从而改变电动机的转速。

根据公式(4-2)和(4-4)可得三相异步电动机的转速公式为

$$n=(1-s)\cdot n_1=(1-s)\frac{60f_1}{p} \tag{4-6}$$

由上式可知，可以通过改变磁极对数 p、电源频率 f_1 或转差率 s 等三种方式调节电动机转速。

(1)改变磁极对数 p 调速

通过改变定子绕组的连接方式，改变旋转磁场的磁极对数 p，从而改变电动机转速 n。因为磁极对数 p 只能成倍地增减，电动机转速 n 也大体按照相同的倍数变化，不能实现平滑的无级调速。多适用于笼型转子三相异步电动机。

(2)变频调速

变频调速的原理可用公式(4-6)说明，在电动机的磁极对数 p 一定时，转速 n 与电源的频率 f_1 成正比。只要连续地改变电源的频率 f_1，就能够连续平滑地调节电动机的转速。这种调速方法所具有的良好性能是以上两种方法所不具有的，如调速范围宽、平滑性好、机械特性"硬"等，是一种较理想的调速方法。近年来，随着电力电子技术和微型电子计算机技术的发展，变频调速迅速得到了广泛推广及应用，已成为异步电动机最主要的调速方式。

变频调速就是改变异步电动机供电电源的频率，需要专用的变频电源设备，图 4-9 是一种常用的变频交流电源的组成方框图，它主要由整流器和逆变器两部分组成。整流器的作用是把输入的 50Hz 三相交流电变换为直流电(把交流电变换为直流电称为整流)，逆变器再把直流电变换为频率、电压可调的三相交流电(把直流电变换为交流电称为逆变)，提供给电动机，实现变频调速。

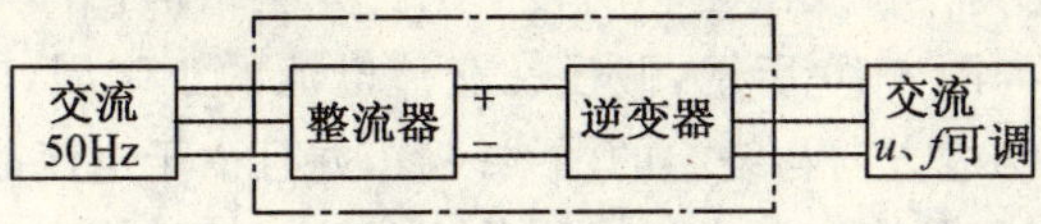

图 4-9　变频调速装置

变频频率发生改变的同时，电动机的定子感抗也会随之发生改变，励磁电流和磁通也会改变，因此，调频的同时需要调整输出电压，这就是电压－频率协调控制的变频方式。

(3)改变转差率 s 调速

这种调速方法只能用于绕线型转子三相异步电动机。此处不作赘述。

3. 三相异步电动机的制动

由于存在机械惯性，电动机从切断电源到完全停止转动需要经历一定的时间。有时为了提高生产效率和保证生产机械的工作精度，就必须在断开电源后对电动机采取制动措施，使它立即停转。常用的制动方法分为机械制动和电气制动两种。

机械制动就是采用电磁铁——机械抱闸的方法，使电动机制动、停转。

电气制动有反接制动、能耗制动、发电制动和电容制动等方法。

①反接制动

使用倒顺开关及继电器，改变电源相序，电动机发生反向的电磁转矩，产生制动作用。这种方式简单可行，但振动冲击力较大，用于小于 4kW 的电动机且启动不太频繁的场合。

②能耗制动

配备直流电源装置，在电动机电源断开后，立即将定子绕组接上直流电源，在定子绕组中产生磁场，转子 切割磁场，产生与原转向相反的转矩，产生制动作用。

③发电制动

转子转速大于异步电动机同步转速时，向电网反送电，产生反向的电磁转矩进行制动。这种方式必须使转子转速大于同步转速才能使用，比如起重机机械下降时的电动机。

④电容制动

使用三相电容电阻器组，电动机断电时，定子绕组接入电容电阻器组，电容器产生自激电流建立磁场，与转子感应电流作用，产生与旋转方向相反的制动力矩。这种方式增加设备费用，易受电压波动影响，一般用于 10kW 以下的小容量电动机。

4.2 单相异步电动机

单相异步电动机的主要特点是它只需要单相交流电源供电，可以在不具备三相电源的地方使用。单相异步电动机的功率都比较小，在几瓦至几百瓦之间，多用于电动工具、小型机床、仪器仪表和家用电器中。

4.2.1 单相异步电动机的转动原理

单相异步电动机的定子上只有一相绕组，分布在铁芯圆周内表面的槽内，为方便分析，我们将一相绕组简化为一个线圈。它的转子均为笼型结构，给单相异步电动机定子绕组通入单相交流电流。如图 4-10 所示，假设在交流电流的正半周，电流从右侧导体中流入、左侧导体中流出，磁场线方向与绕组的轴线一致，并且由于电流的方向不变，磁场线的方向也始终不变，只是磁场的强弱随电流大小的变化按正弦规律变化。反之，在交流电流的负半周，电流从左侧导体中流入、右侧导体中流出，磁场线的方向与正半周时相反，但磁场线方向与绕组的轴线仍然一致，磁场的强弱随电流按正弦规律变化。

综上所述，单相异步电动机定子绕组通入单相交流电流，会得到一个在空间静止不动的、磁场强弱随时间按正弦规律变化的磁场，称为脉动磁场。

脉动磁场可以分解为两个大小相等、转向相反、转速相同的旋转磁场，分别用 Φ_+ 和 Φ_- 表示。这样两个转向相反的旋转磁场分别对转子产生方向相反的电磁转矩 T_+ 和 T_-，如图 4-11 所示。转子静止时，$T_+=T_-$，两者相互抵消。所以，脉动磁场不能够对转子产生启动转矩。

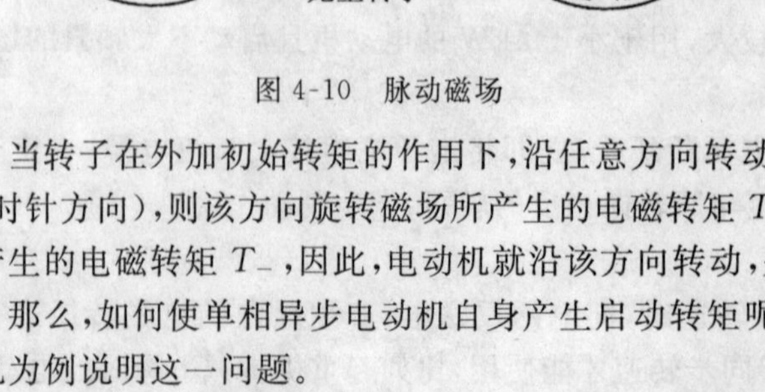

图 4-10　脉动磁场

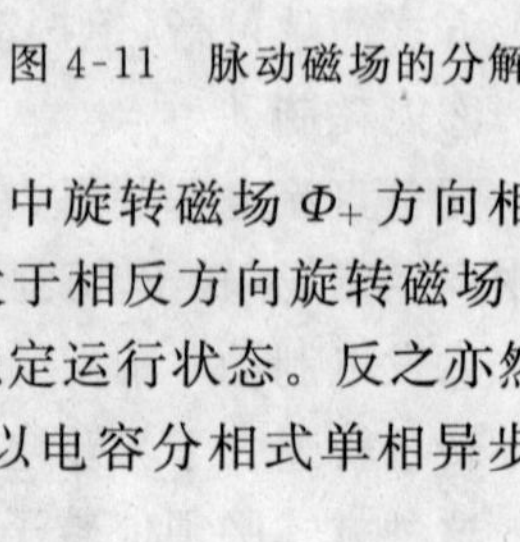

图 4-11　脉动磁场的分解

当转子在外加初始转矩的作用下，沿任意方向转动，如与图中旋转磁场 Φ_+ 方向相同（逆时针方向），则该方向旋转磁场所产生的电磁转矩 T_+ 将会大于相反方向旋转磁场 Φ_- 所产生的电磁转矩 T_-，因此，电动机就沿该方向转动，并达到稳定运行状态。反之亦然。

那么，如何使单相异步电动机自身产生启动转矩呢？下面以电容分相式单相异步电动机为例说明这一问题。

电容分相式单相异步电动机的定子铁心上，放置两个绕组，一个是用于产生脉动磁场的主绕组 A，另一个是用于产生启动转矩的启动绕组 B，两者的结构基本相同，但在空间的位置相隔 90°。启动绕组 B 中接入电容器 C 和离心开关 S，与主绕组 A 并接在同一个单相交流电源上，如图 4-12 所示。

主绕组 A 是电感性电路，电流 i_A 滞后于电压 u。由于启动绕组 B 中串联电容 C，使之成为电容性电路，电流 i_B 超前于电压 u。合理选择电容器的电容量，可使 i_B 超前于 i_A 的相位角约为 90°。这样两个在空间相隔 90°的绕组，其中通过的电流又有 90°相位差，也能产生在空间转动的旋转磁场。在这个旋转磁场所产生的启动转矩作用下，单相异步电动机即可自行启动。

由于在启动绕组中串联的离心开关 S，它装在转子的转轴上。当转子静止或转速不高时，离心开关受弹簧压力闭合。当转子的转速接近额定转速时，离心力便克服弹簧压力，使开关断开，电动机就只依靠主绕组的作用运行。当断开电源，电动机停转后，离心开关又在弹簧压力作用下自动闭合，等待下一次重新启动。这种电容分相式单相异步电动机具有较大的启动转矩，多用于小型空气压缩机、电冰箱、水泵等满载启动的机械设备中。

若在启动绕组中不串联离心开关 S，电动机完成启动后，启动绕组并不断开，继续参与运行，便称为电容运行单相异步电动机。它具有结构简单、运行特性较好、使用维护方便的优点，多用在空载或轻载启动的机械中，如电风扇、洗衣机、空调等家用电器和仪器、仪表中。

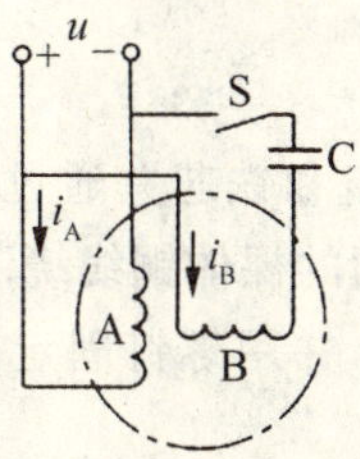

图 4-12　单相异步电动机

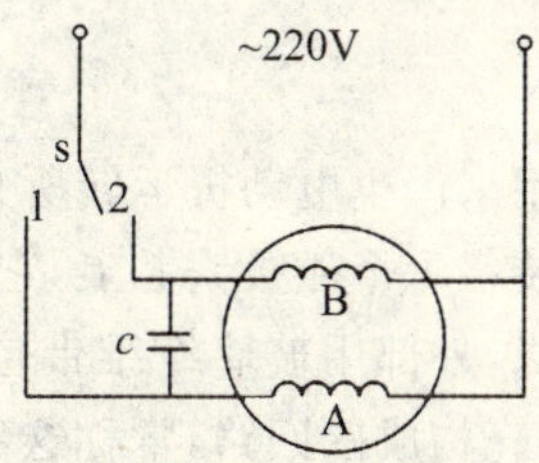

图 4-13　单相异步电动机的正反转

4.2.2　单相异步电动机的正反转控制与调速方法

电容式单相异步电动机旋转磁场的旋转方向与两个绕组中电流的相位有关，因此改变这种电动机的转向，可把两绕组中任一绕组的首、末端对调，或者调换电容器串联的绕组来实现。图 4-13 所示是调换电容器串联的绕组来实现的，当开关 S 接通 1 端时，两绕组的接线与图 4-12 相同，电容 C 与 B 绕组串联，该绕组电流超前，A 绕组电流相对滞后，产生旋转磁场，转子转动。如果将开关 S 扳向 2 端，电容 C 与 A 绕组串联，该绕组电流超前，B 绕组电流相对滞后，产生反向的旋转磁场，电动机反转。洗衣机中电动机的正、反转，就是利用自动转换开关来实现这种切换的。

单相异步电动机的调速常用串接电感分压或用双向晶闸管调压的方式来实现，电风扇的调速主要用这两种方式。对较大功率的单相异步电动机或吊扇群，也可以用自耦调压变压器调压控制转速。

4.3 直流电动机

4.3.1 直流电动机的结构

如果简要概括直流电机原理，则是“通电流的导体在磁场中要受到力的作用”。由此可以推断，直流电机的构造应包括：磁场（磁极）和通电导体（电枢），如图 4-14 所示。

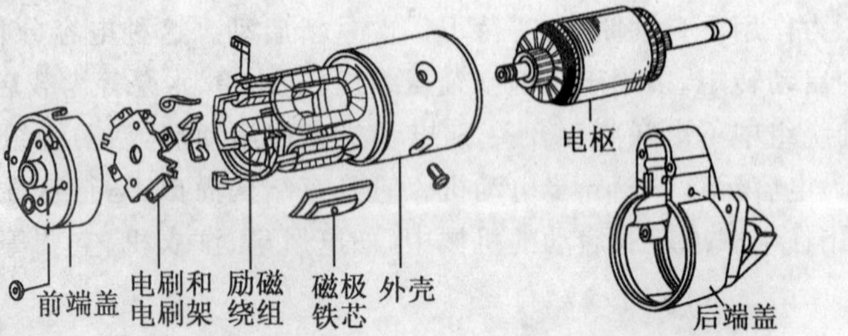

图 4-14　直流电动机的组成

磁极用来产生电动机运转所必需的磁场，它由励磁绕组和铁芯并通过外壳组成。励磁绕组套装在每个磁极铁芯上，它通常是用较粗的矩形截面的裸体铜线绕制，每匝之间用绝缘纸绝缘，外部用玻璃纤维带包扎。铁芯用低碳钢制成，并用螺钉固定在电动机外壳上，通过外壳构成磁回路，常称这部分为定子。

电枢是电机的转子部分，电枢铁芯呈圆柱状，用硅钢片叠成，表面冲有槽，槽中放电枢绕组，如图 4-15 所示，电枢绕组的作用是通入电流后产生力的作用，它与磁极上的励磁绕组不同，励磁绕组是产生磁场，二者不应混淆。

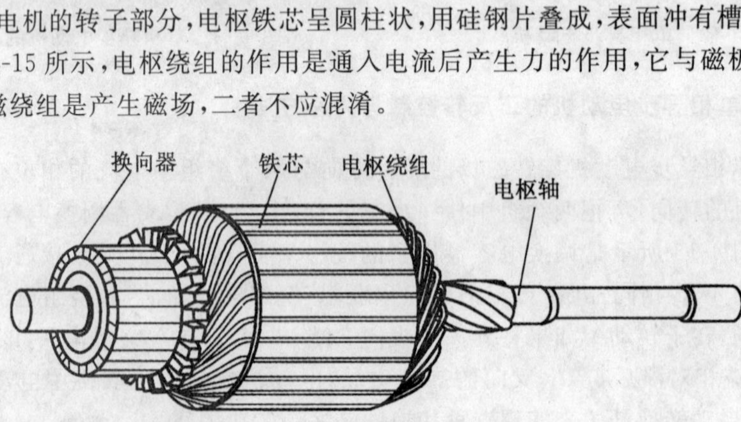

图 4-15　电枢结构

换向器是直流电机中的特殊装置，它是由楔形铜片组成的，每片之间用云母绝缘。换向铜片（即楔形铜片）放置在套筒上，用压圈固定。压圈本身用螺母固紧，换向器装在转轴上。电枢绕组的导线按一定规则与换向铜片相连接，换向器的凸出部分用来焊接电枢绕组。换向器的表面用弹簧压住固定电刷，使转动的电枢绕组与外电路连接起来。

4.3.2　直流电动机的转动原理

直流电机作电动机运行时，如图 4-16 所示，将直流电源接在两电刷之间，使电流通入电枢绕组。左图所示，电流从电刷 A、换向器进来，到 N 极下的 *ab* 有效边，然后到 S 极下的 *cd* 有效边，最后从换向器、电刷 B 到电源负极，此时两个通有电流的有效边处在磁场中，必然会受到力的作用，力的方向可用左手定则判断。在力的作用下电枢绕组逆时针转动，当转动到两个有效边位置交换时，右图所示，在换向器的作用下，绕组的电流方向发生了变化，电磁力的方向保持不变，电枢绕组继续沿逆时针方向转动。这就是电动机的转动原理。

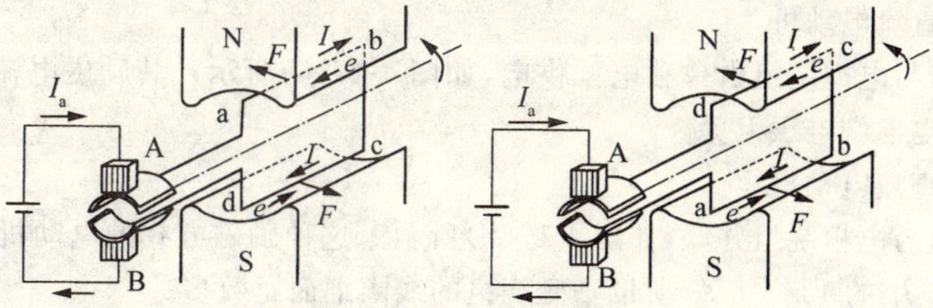

图 4-16　直流电动机的转动原理

当电枢绕组在磁场中转动起来，就满足了导体切割磁力线的条件，绕组中势必产生感应电动势。其方向可用右手定则判定，如图 4-17 中箭头所示，可见它的方向总是与外加电压的方向相反，所以称之为反电动势 E_a。反电动势的大小由下式表示：

$$E_a = K_E \Phi n \tag{4-7}$$

式中，K_E 是与电动机结构有关的常数；n 是电磁转矩（r/min）。

直流电动机电枢绕组中的电流（电枢电流 I_a）与磁通量 Φ 相互作用，产生电磁力和电磁转矩。电磁转矩的表达式为

$$T = K_T \Phi I_a \tag{4-8}$$

式中，K_T 是与电动机结构有关的常数；T 是电磁转矩（N·m）。

直流电动机的电磁转矩是驱动转矩，使电枢转动。因此，直流电动机的电磁转矩 T 必须与机械负载转矩 T_L 及空载损耗转矩 T_0 相平衡。当轴上的机械负载发生变化时，则直流电动机的转速、电动势、电流及电磁转矩将自动进行调整，以适应负载的变化，保持新的平衡，比如：负载↑→阻转矩↑→转速↓→反电动势↓→电枢电流↑→电磁转矩↑，电磁转矩与阻转矩重新达到平衡，转速不再下降，直流电动机以一稍低的转速稳定运行。

4.3.3　直流电动机的分类、特性和用途

1. 直流电动机的分类

直流电动机按照其定子磁场建立的方式，可分为励磁式和永磁式两种。励磁式直流电动机的磁场是由励磁绕组通入直流电后产生的，而永磁式直流电动机用的磁场是永久磁铁产生的。直流电动机按励磁方式可分为他励、并励、串励和复励 4 种，它们的接线图

如图 4-17 所示。

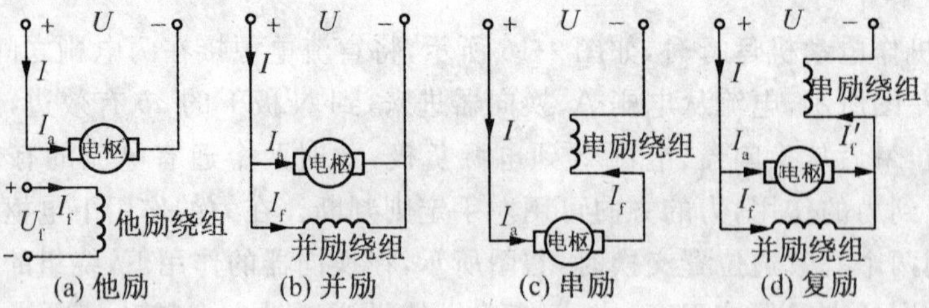

图 4-17　直流电动机接励磁方式分类的接线图

(1)他励直流电动机

励磁绕组与电枢绕组由单独电源供电，如图 4-17(a)所示。其励磁电流 I_f 仅取决于他励电源，与电枢端电压无关。

(2)并励直流电动机

励磁绕组与电枢绕组并联，如图 4-17(b)所示。这种励磁方式的电动机，其励磁电流 I_f 为电枢电流 I_a 的 1%～5%，所以励磁绕组的线圈细而匝数多。

(3)串励直流电动机

励磁绕组与电枢绕组串联，如图 4-17(c)所示。因励磁电流 I_f 等于电枢电流 I_s，所以励磁绕组线圈粗而匝数少。

(4)复励直流电动机

励磁绕组分为两部分：一部分与电枢绕组并联，另一部分与电枢绕组串联。当两部分励磁绕组产生的磁动势方向相同时，称为积复励，相反时称为差复励，通常采用积复励，如图 4-17(d)所示。

不同励磁方式的直流电动机，机械特性差别较大，适用于不同的场合，汽车用启动电动机，要求启动转矩大，因而采用串励式直流电动机。

2. 直流电动机的特性和用途

直流电动机因励磁方式不同，有不同的特性和用途。图 4-18 是不同励磁方式的直流电动机的机械特性曲线对比。所谓机械特性，是指电动机转速 n 随转矩 T 而变化的特性，即 $n=f(T)$。

并励式与他励式直流电动机的机械特性比较相近，它们的机械特性曲线是一条略向下倾斜的直线。多用于启动转矩稍大的恒速负载，如离心泵、风机、机床及纺织、造纸和印刷机等。

串励式直流电动机的机械特性曲线类似“双曲线”。它的优点是启动转矩很大，可达额定转矩的 5 倍。在重载时，过载能力高，易于启动大负荷，调速范围较宽。多用于启动转矩很大、转速变化较大的负载，如汽车启动机、电动车辆等。缺点是当轻载或空载时，转矩很小，转速极高，容易造成“飞车”事故，因此，不允许串励式直流电动机在轻载或空载下运行。

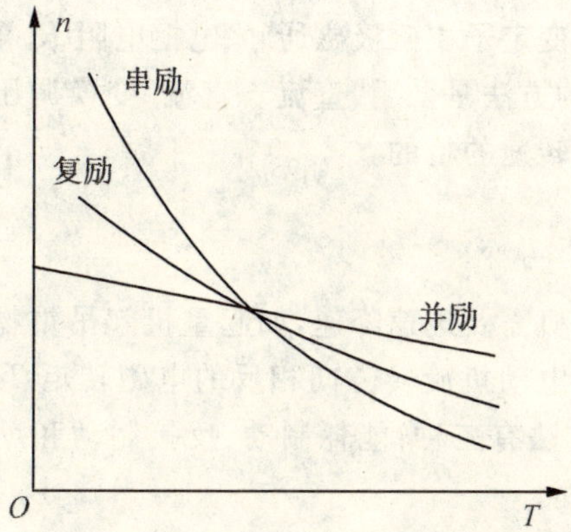

图 4-18 直流电动机的特性曲线对比

复励直流电动机的机械特性介于并励与串励直流电动机之间。

4.3.4 直流电动机的启动、调速与制动

1. 直流电动机的启动

直流电动机的启动方法有直接启动和降压启动两种。直接启动只适用小功率直流电动机。直流电动机刚接入电源启动时，因为电动机转速等于零，电枢上的反电动势 E_a 为零，此时电动机的电枢电流会很大，这样大的启动电流会使直流电动机的换向器形成火花而烧坏。因此，直接启动只适用小功率直流电动机。

对较大功率的直流电动机的启动，必须限制其启动电流，但又要考虑启动转矩不因启动电流减小太多而影响启动能力，一般限制启动电流为额定电流的 1.5～2.5 倍。而且要求启动设备尽可能简单，经济可靠。

降压启动有两种方法：一是在电枢回路串电阻；一是降低电枢端电压。较大功率的直流电动机宜采用降压启动。

由于电力电子技术中的直流调压电子技术快速发展，对于使用交流电网为电源的直流电动机，可用“交流直流”变换调压系统，实现降压启动和调速。对于使用蓄电池为电源的直流电动机，如电动自行车和电动汽车中的直流电动机，可用“直流直流”变换调压系统，实现降压启动和调速。

2. 直流电动机的调速

根据式(4-7)可得到直流电动机转速为

$$n=\frac{E_a}{K_E\Phi} \tag{4-9}$$

又 $U=E_a+I_aR_a$，可得

$$n=\frac{U-I_aR_a}{K\Phi} \tag{4-10}$$

式中，U 为电枢电压，R_a 为电枢电阻。

分析式(4-10)可知，改变定子主磁极磁通 Φ、电枢电阻 R_a 和电枢电压 U 即可调节直流电动机的转速。最常用的方法是采用“直流－直流”变换调压装置，调节向直流电动机输送的电压，从而达到调节转速的目的。

3. 直流电动机的制动

很多场合下，直流电动机需要迅速降速，如起重机起吊重物时的平稳放下，电车的紧急制动等，这就需要一个与电动机旋转方向相反的电磁转矩 T 起制动作用(又称制动转矩)。产生制动转矩 T 的方法有三种：能耗制动、反接制动和反馈制动，下面以并励直流电动机为例讨论其制动原理。

(1)能耗制动

当要求电动机制动时，利用双刀双掷开关切断电枢电源并立即接入电阻 R，如图 4-19 所示，切断电源后的电枢仍然在惯性作用下继续旋转，只要旋转就会产生反电动势 E_a，而 E_a 在闭合回路中产生的电流与原电流的方向相反，由此产生的电磁力矩也与原电磁力矩的方向相反，它对电枢起制动作用，使其很快停转。由于励磁回路仍然接在电源上，电动机此时已经变成了他励发电机，将电动机轴承上的旋转力变成了电能消耗于电阻 R 上，因此，称之为能耗制动。能耗制动具有简单准确，并且不从电源吸收能量的优点。

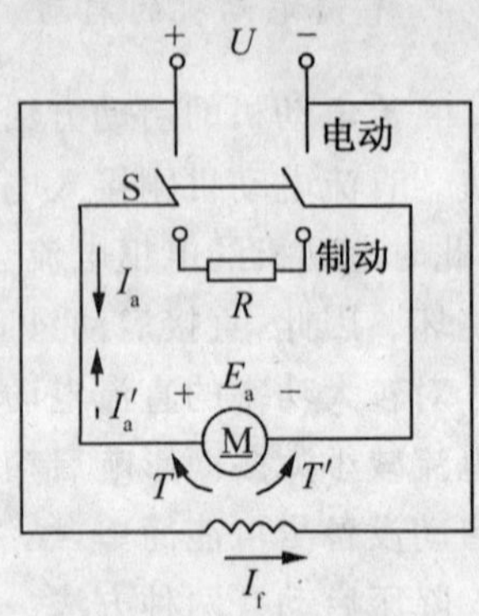

图 4-19　能耗制动原理

(2)反接制动

如果要求电动机立即停转，可用电枢两端反接的方法进行制动。即改变电枢两端外加电源的极性，从而在电枢中产生很大的反向电枢电流和反向电磁力矩，使电动机迅速降速，当电动机一停转，必须立即切断电源。否则，电动机将朝反方向旋转。

在反接制动状态下，由于电枢电阻很小，电枢电流会很大，可能造成危险，因此，必须在电枢电路中加入附加电阻以限制电流。反接制动简单方便，制动效果好；但是能量损耗大，制动准确度较差。

(3)反馈制动

当直流电动机拖动的机车下坡时，有可能使电动机的转速 n 高于理想的空载转速，此时电动机的反电动势 E_a 大于外加电源电压 U，那么，电枢电流 I_a 变为与反电动势 E_a 同方向，与电动机正常运行时的方向相反，由其产生的电磁转矩的方向与电枢的旋转方向也相反，对电动机起制动作用。实际上，这时电动机已变成了发电机，它把电能反馈给电网，所以称这种制动为反馈制动。

4.3.5　直流电动机在汽车上的应用

直流电动机除了转子、定子双线圈的结构外，还有用永磁铁制成定子的永磁直流电动机，简称为永磁电动机。永磁电动机在汽车上得到了广泛的应用，多用于电力启动和电动控制，在电动汽车中用于驱动。

现在轿车的车窗基本上都采用电动车窗。电动车窗升降系统的电动机，广泛采用的是永磁电动机。永磁电动机是通过改变电枢电流的方向来改变电动机的旋转方向使车窗玻璃上升或下降，电动机本身不搭铁，而是通过控制开关搭铁。图 4-20 所示为使用永磁式电动机的电动升降门窗电路。

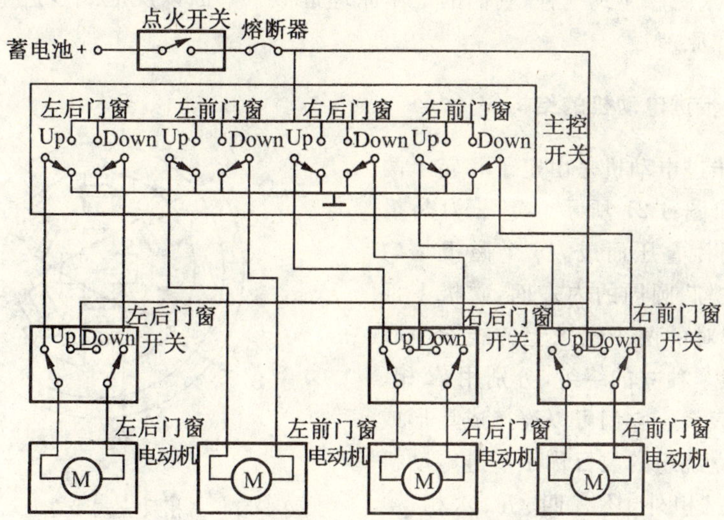

图 4-20 永磁式电动机的电动升降门窗电路

现以左后门窗为例说明其工作原理。

当主控开关中的左后门窗开关拨到 Up 时，电流方向为：蓄电池正极→点火开关→熔断器→主控开关中左后门窗 Up 触点→左后门窗分控开关 Up 触点→电动机→左后门窗分控开关 Down 触点→主控开关中左后门窗 Down 触点→搭铁。电动机旋转，带动左后门窗玻璃上升。

当主控开关中的左后门窗开关拨到 Down 时，电流方向为：蓄电池正极→点火开关→熔断器→主控开关中左后门窗 Down 触点→左后门窗分控开关 Down 触点→电动机→左后门窗分控开关 Up 触点→主控开关中左后门窗 Up 触点→搭铁。电动机旋转，带动左后门窗玻璃下降。

上述过程中，流过电动机电枢的电流方向相反，所以电动机旋转方向相反，带动玻璃上升或下降。

与此类似的双向永磁电动机也被利用到电动后视镜、电动座椅、电动天窗等系统的触动电路中，在开关控制下，带动部件实现两个方向的运动。

4.4 步进电动机

步进电动机也是一种常用的控制电机。它由专用的驱动电源供给电脉冲信号，每输入一个脉冲信号，转轴便转过一个确定的角度。由于转轴不是连续转动，而是一步一步间隔转动，故名步进电动机。由此可知，步进电动机的功能是将输入的电脉冲信号转换成转轴的角位移或角速度输出。

步进电动机的角速度与输入脉冲信号的频率成正比，转轴转过的总角位移与输入脉冲的个数成正比。

步进电动机的种类很多，可以按不同的方法分类。一般按转子的结构划分，有反应式、永磁式和永磁感应式三种，它们的工作原理近似。下面以反应式步进电动机为例，简要介绍其工作原理。

4.4.1 步进电动机的结构

反应式步进电动机是由定子和转子两部分组成，如图 4-21 所示。定子为凸极式，用薄硅钢片叠压而成。6 个磁极均匀分布在定子铁芯圆周的内表面，磁极上都装有线圈，相对的两个磁极上的线圈串联起来，形成三个独立的绕组，分别用 A 相、B 相和 C 相表示。它们可以连接成星形或三角形。独立绕组的数目称做步进电动机的相数。除三相外，还有四、五、六相等。转子也用薄硅钢片叠压而成，表面均匀分布 4 个齿，齿上没有绕组，本身也不具有磁性。

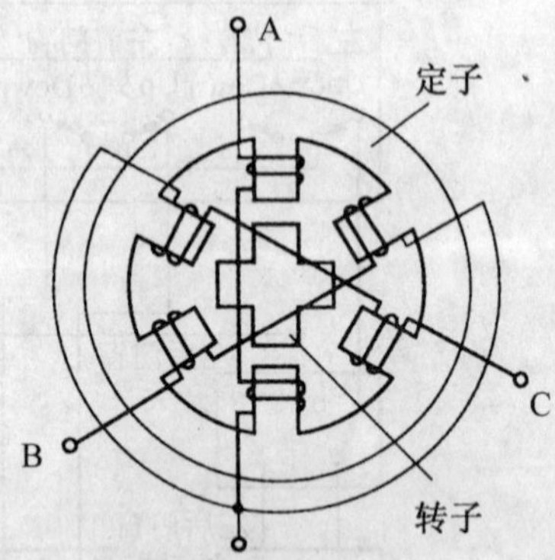

图 4-21　三相反应式步进电动机结构图

4.4.2 步进电动机的转动原理

反应式步进电动机在工作时，驱动电源将脉冲信号按照一定的轮换顺序输入到定子三相绕组。下面按照 A 相→B 相→C 相→A 相……的轮换顺序给定子绕组通电，来分析其工作过程。

首先给 A 相绕组通电，A 相定子磁极被磁化，在气隙中建立磁场，磁场轴线与 A 相绕组轴线 A－A′重合。由于磁场线具有力图从最短路径通过的性质，若此时相对应的转子齿 1、3 的轴线未能与 A－A′轴线重合，它将受到切线方向磁拉力的作用，并按顺时针方向旋转、前进一步，直至转子齿 1、3 的轴线与绕组轴线 A－A′重合，如图 4-22a 所示。这时转子不动，且能自锁。

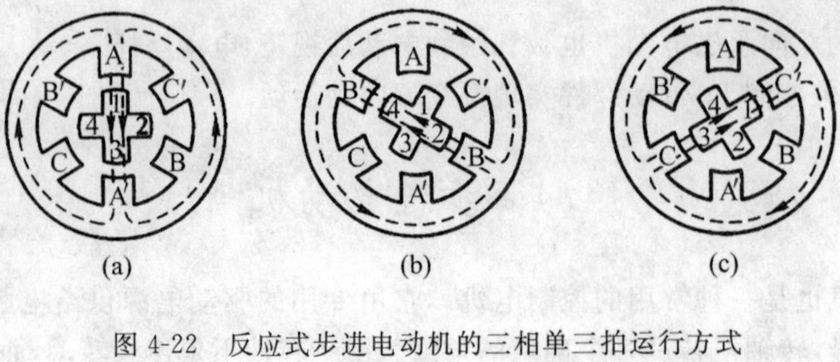

图 4-22　反应式步进电动机的三相单三拍运行方式

接着，将A相绕组断电，只给B相绕组通电，则将建立以B－B′为轴线的磁场。与上同理，转子将顺时针方向再旋转、前进一步，使靠近B相绕组的转子齿2、4的轴线与B相绕组轴线B－B′重合，如图4-22b所示。接着，将B相绕组断电，只给C相绕组通电，则将建立以C－C′为轴线的磁场。使靠近C相绕组的转子齿1、3的轴线与C相绕组的轴线C－C′重合，如图4-22c所示，转子又顺时针方向前进了一步。

综上所述，只要给定子绕组按照A相→B相→C相→A相……的顺序依次通电，电动机的转子将沿顺时针方向一步一步地转动。反之，如果按照A相→C相→B相→A相……的顺序依次通电，电动机则沿逆时针方向一步一步地转动。也就是说，改变定子绕组通电的顺序，就能够改变电动机的转向。

步进电动机按上述方式运行，称为三相单三拍运行方式。“三相”是指定子有三相绕组，“单”是指每次只给一相绕组单独通电，“拍”是指定子绕组每改变一次通电状态，“三拍”表示三个通电状态为一个工作循环。步进电动机每走一步所转过的角度称为步距角，用θ表示。图4-22所示反应式步进电动机采用三相单三拍运行方式，其步距角$\theta=30°$。

三相反应式步进电动机除三相单三拍运行方式外，还有三相双三拍与三相单双六拍运行方式。

当采用三相双三拍运行方式时，每次给两相绕组同时通电，其通电顺序为AB相→BC相→CA相→AB相……（或AC相→CB相→BA相→AC相……）。当AB两相绕组同时通电时，转子的齿既不与A－A′轴线对齐也不与B－B′轴线对齐，而是处于两者中间，其步距角与单三拍时相同，$\theta=30°$。

把上述两种运行方式结合起来，有A相→AB相→B相→BC相→C相→CA相→A相……（或A相→AC相→C相→CB相→B相→BA相→A相……），即一相与两相间隔地轮流通电，完成一个循环有六个通电状态，这种运行方式称为三相单双六拍运行方式，其步距角是单三拍运行方式的一半，即$\theta=15°$。

4.4.3 步进电动机在汽车发动机怠速控制中的应用

利用步进电动机进行控制的优点之一，就是不需要反馈装置，只需控制输入脉冲的个数或频率就能够提供准确的机械位移或速度，多用于电控系统中，例如：汽车发动机怠速控制系统中使用的步进电机式怠速控制阀。

图4-23 步进电机式怠速控制阀

步进电机式怠速控制阀由步进电动机、阀杆、控制阀和阀座组成，如图4-23所示。转子的正转或反转运动经阀杆转换成向前或向后的直线伸缩运动，阀杆每旋转1圈，伸缩1个螺距；控制阀与阀杆相连，为凸圆锥状；阀座为凹圆锥状。控制阀向阀座推进，通气横截面减小，反之，通气横截面增大，从而达到控制怠速通气量的目的。

目前应用怠速控制的步进电动机多为永磁式，由发动机电控单元控制。例如，某种怠速控制用步进电动机的步距角为15°，旋转1圈，需要24步；其阀杆的螺距为1.00 mm；控制直线行程为10.00mm，共需240步；每旋转1步，直线步进距离为0.0417mm，完全可以满足怠速转速的精确控制。

4.5 常用低压控制电器与控制电路

低压电器是指用于交、直流电压1000V及以下电路中起通断、控制、保护与调节等作用的电器设备。

常用低压电器按性能和用途分为保护电器和控制电器；按操作方式又分为手动电器和自动电器。手动电器是人工操纵的，如闸刀开关、组合开关、按钮等；自动电器是按某些信号（如电压、电流等）或物理量的变化而自动动作的，如各种接触器、继电器、行程开关等。

4.5.1 手动电器

1. 刀开关

刀开关是手动电器中最简单的一种，应用十分广泛。它主要作用是隔离电源，或用于不频繁接通和断开的电路，具有结构简单、操作方便的优点。刀开关的结构和图形符号如图4-24所示，主要由静插座、触刀、操作手柄、绝缘底板组成。静插座由导电材料和弹性材料制成，固定在绝缘材料制成的底板上，推动手柄带动触刀插入静插座中，电路便接通；否则电路便断开。

刀开关的种类很多。按刀的级数分为：单级、双级和三级。按灭弧装置分为：带灭弧装置和不带灭弧装置。按刀的转换方向分为：单掷和双掷。按接线方式分为：板前接线式和板后接线式。按操作方式分为：直接手柄操作和远距离联杆操作。按有无熔断器分为带熔断器式刀开关和不带熔断器式刀开关。

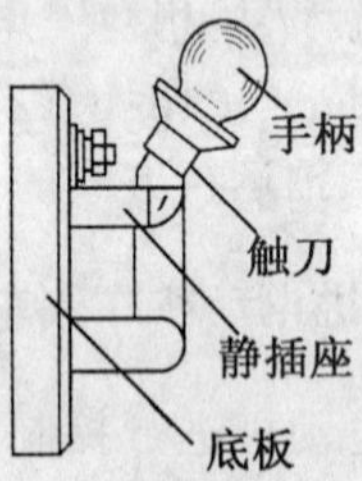

(a) 结构

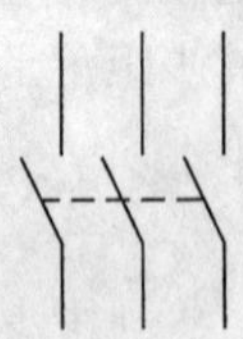
(b) 符号

图4-24 刀开关的结构和符号

2. 组合开关

组合开关又称转换开关，可以作为小功率负载的电源开关，也可用它来直接启动和停止小功率三相异步电动机或控制电动机的正反转，局部照明电路也常用它来控制。图4-25是一种组合开关结构示意图。它有三对静触片，每个触片的一端固定在绝缘垫板上，另一端伸出盒外，连在接线柱上。三个动触片套在装有手柄的绝缘转动轴上，转动转轴就可以将三个触点同时接通或断开。组合开关有单级、双级、三级和四级几种。

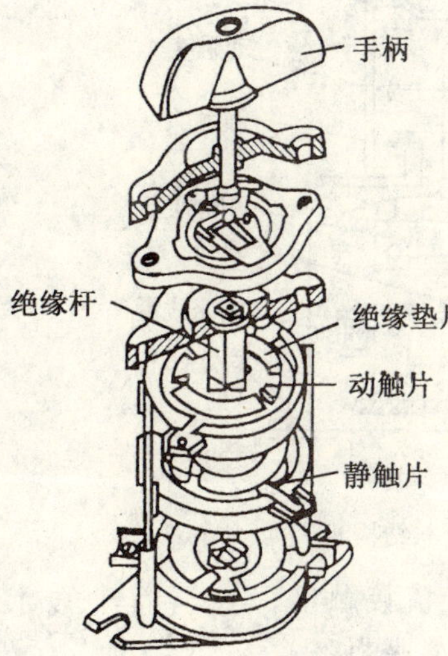

图 4-25　组合开关的结构示意图

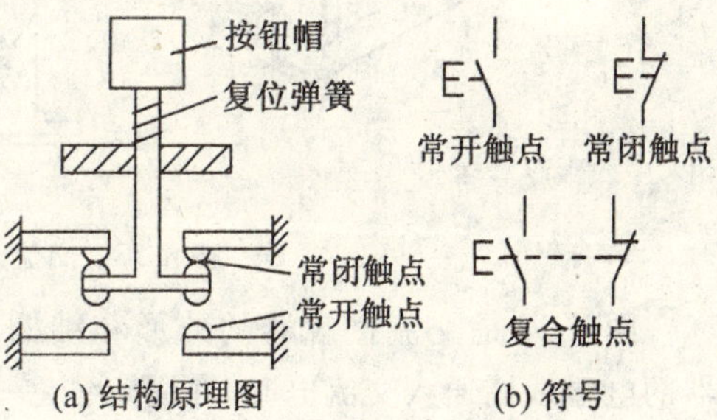

图 4-26　按钮的结构与符号

3. 按钮

按钮是一种简单主令电器，它的额定电压为 500V，额定电流一般为 5A。按钮不直接控制主电路，而是在控制电路发出手动控制信号。

按钮的结构原理如图 4-26 所示。由按钮帽、复位弹簧、桥式触头和外壳组成。动触头与上面的静触头组成常闭触头，与下面的静触头组成常开触头。按压按钮帽时，常闭触头分断，常开触头接通；放松按钮帽时，在弹簧作用下，动触头复位到常态。

按钮按照结构形式可分为开起式(K)、保护式(H)、防水式(S)、防腐式(F)、紧急式(J)、钥匙式(Y)、旋钮式(X)和带指示灯式(D)等。为了标明各个按钮的作用，常将按钮帽做成不同颜色，以示区别，有红、绿、黑、黄、蓝、白等几种。一般红色表示停止按钮，绿色表示启动按钮。常用 LA 系列按钮的电寿命为接通和分断至少 20 万次。

4.5.2　自动电器

1. 交流接触器

接触器是用来频繁接通和断开电路的自动切换电器，它具有手动切换电器所不能实现的遥控功能，同时还具有欠压、失压保护的功能，但却不具备短路保护和过载保护功能。接触器的主要控制对象是电动机。

接触器触头按通断能力可分为主触头和辅助触头。主触头主要用于通断较大电流的电路(此电路称主电路)，它的体积较大，一般由三对常开触头组成。辅助触头主要用于通断较小电流的电路(此电路称控制电路)，它的体积较小，有常开触头和常闭触头之分。接触器按通入电流类型的不同可分为交流接触器和直流接触器。

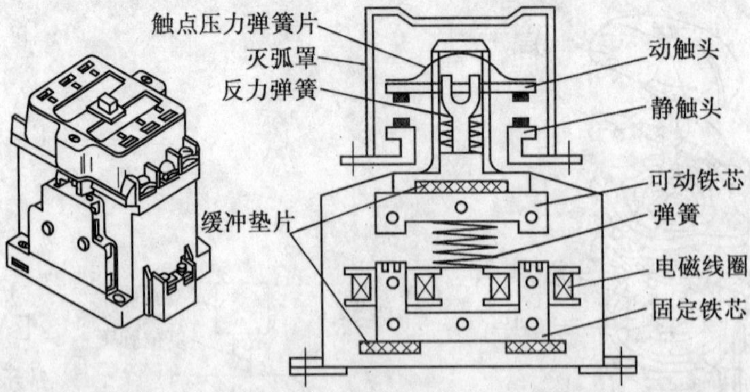

图 4-27　交流接触器的外形与结构

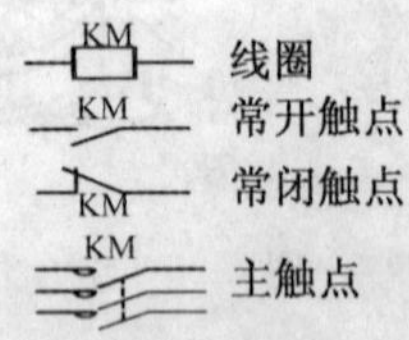

图 4-28　接触器的符号

图 4-27 是交流接触器的外形和结构图。当给交流接触器的电磁线圈通入交流电时，在固定铁芯上会产生电磁吸力，克服弹簧的反作用力，将可动铁芯吸合，可动铁芯的动作带动动触头的运动，使主令电器的分类静触头闭合。当电磁线圈断电后，固定铁芯上的电磁吸力消失，可动铁芯在弹簧的作用下回到原位，各触头也随之回到原始状态。接触器的符号如图 4-28 所示。

2. 熔断器

熔断器是一种最常用、简单有效的严重过载和短路保护电器。常用的几种熔断器入图 4-29 所示。使用时串联在被保护电路的首端，当电路发生短路故障时，便有较大的短路电流流过熔断器，使熔体（熔丝或熔片）发热后自动熔断，从而自动切断电路，起到保护电路及电气设备的目的。它具有结构简单，维护方便，价格便宜，体积小、质量轻的优点。

选择熔体要根据所带负载的电流确定，对照明负载可按电流总和考虑；对电动机要考虑启动电流、所带负载及启动频繁程度等因素。

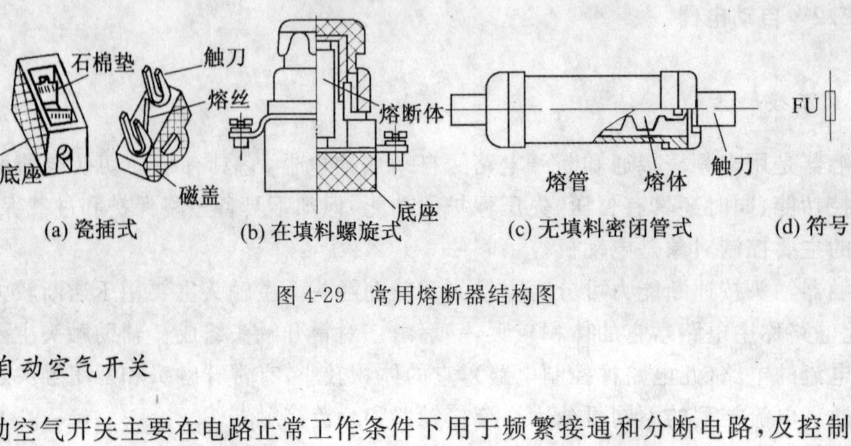

图 4-29　常用熔断器结构图

3. 自动空气开关

自动空气开关主要在电路正常工作条件下用于频繁接通和分断电路，及控制电动机的运行，并在电路发生过载、短路及失压时能自动分断电路。它具有操作安全，分断能力高，兼有多种保护功能，动作值可调整等优点，且一旦发生短路故障后，故障排除一般不需要更换部件，因此应用较为广泛。自动空气开关由触头系统、灭弧室、传动机构和脱扣机构几部分组成。图 4-30 所示 DZ 系列自动空气开关的结构和工作原理。

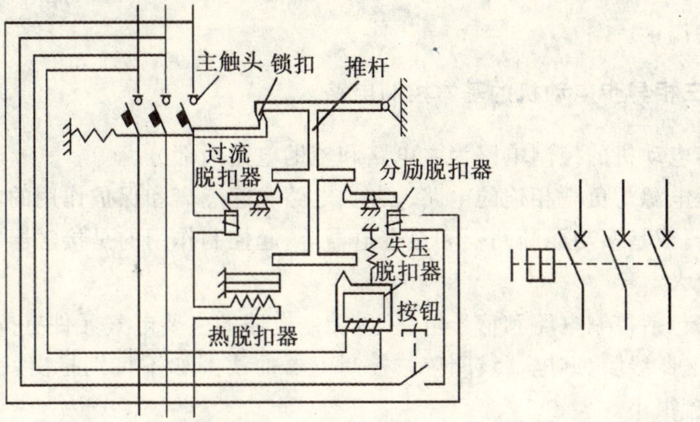

(a) 结构图　　(b) 符号

图 4-30　DZ 断路器结构和符号

(1)触头系统

由镶有银基合金的三对动、静触头串于主电路作为主触头，另有常开、常闭辅助触头各一对。触头采用直动式双断口桥式触头。

(2)灭弧结构

开关内装有灭弧罩，罩内有相互绝缘的镀铜钢片组成灭弧栅片，便于在切断短路电流时，加速灭弧和提高断流能力。

(3)传动机构

有合闸、维持和分闸三部分，在外壳上伸出分、合两个按钮，有手动和自动两种。

4. 脱扣机构

(1)过流脱扣器

过流脱扣器上的线圈串联于主电路内，线路正常工作通过正常电流时，产生的电磁吸力不足以使衔铁吸合，脱扣器的上下搭钩钩住，使三对主触头闭合。当线路发生短路或严重过载时，电磁脱扣器的电磁吸力增大，将衔铁吸合，向上撞击推杆，使上下搭钩脱离，弹簧力把三对主触头的动触头拉开，实现自动跳闸，达到切断电路的目的。

(2)失压脱扣器

当线路电压下降或失去时，失压脱扣器的线圈产生的电磁吸力减小或消失，衔铁被弹簧拉开，撞击推杆，搭钩脱离，断开主触头，实现自动跳闸。用于电动机的失压保护。

(3)热脱扣器

热脱扣器的热元件串联在主电路中，当线路过载时，过载电流流过发热元件，双金属片受热弯曲，撞击推杆，搭钩分离，主触头断开，起过载保护。跳闸后不能立即合闸，须等1～3分钟待双金属片冷却复位后才能再合闸。

(4)分励脱扣器

由分励电磁铁和一套机械机构组成，当需要断开电路时，按下跳闸按钮，分励电磁铁线圈通入电流，产生电磁吸力吸合衔铁，使开关跳闸。分励脱扣只用于远距离跳闸，对电路不起保护作用。

4.5.3 三相异步电动机的基本控制电路

三相异步电动机的控制电路为主电路和辅助电路两部分。

主电路是电源与负载相连的电路。在主电路中起隔离和保护作用的电器可以是闸刀开关和熔断器，或是多功能断路器和热继电器等；起控制作用的是接触器主触头等。主电路中的电流较大。

辅助电路包括控制电路和信号电路等，控制电路的主要电气元件有按钮、辅助触头和控制触头、接触器线圈、继电器线圈等。控制电器的线圈如不特别指出，一般是指电压吸合线圈，其电流很小。

1. 三相异步电动机的起停控制电路

(1)手动控制线路

图 4-31 所示是一种最简单的手动单向控制线路。其中图 4-31(a)为刀开关控制电路，Q 为闸刀开关，FU 为熔断器，M 为三相笼型异步电动机。图 4-31(b)为自动开关控制电路，QF 为自动开关。采用开关控制的电路仅适用于不频繁启动的小容量电动机，它不能实现远距离控制和自动控制。

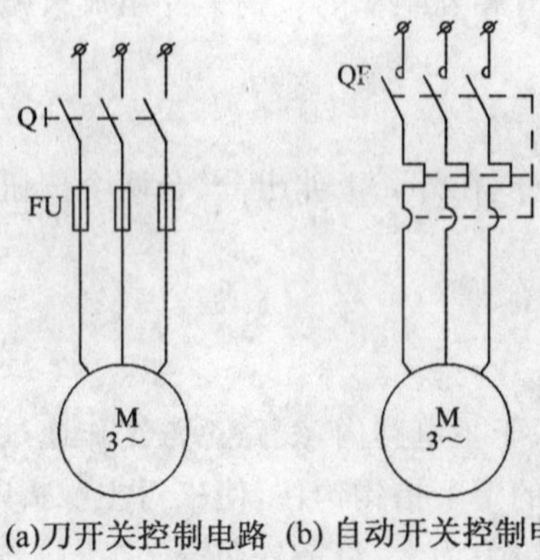

(a)刀开关控制电路 (b) 自动开关控制电路

图 4-31 电动机控制电路

(2)单向点动控制线路

点动控制线路是用按钮、接触器来控制电动机运转，是最简单的控制线路，如图 4-32 所示。按下按钮，电动机通电运转，松开按钮，电动机就断电停转。这种控制方法常用于电葫芦控制和车床拖板箱快速移动的电动机控制。图中 QS 为三相开关、FU1、FU2 为熔断器、KM 为接触器、SB 为启动按钮。

(3)接触器自锁单向控制线路

这种线路的主电路和点动控制线路的主电路相同,但在控制电路中又串接了一个停止按钮 SB2,在启动按钮 SB1 的两端并接了接触器 KM 的一对常开辅助触头。在要求电动机启动后能连续运行时,可采用图 4-33 所示的接触器自锁单向控制线路。

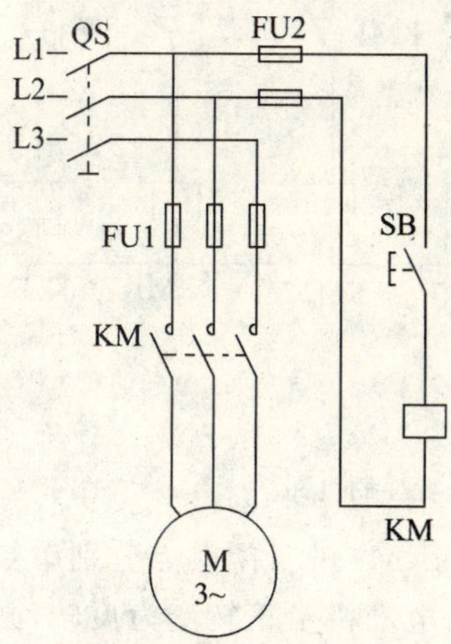

图 4-32　单向点动控制电路

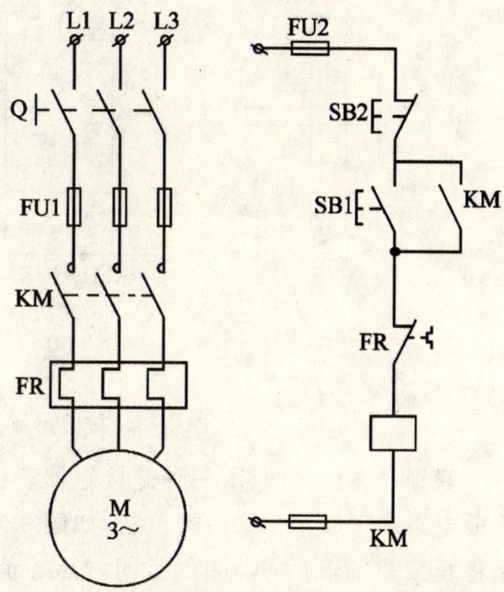

图 4-33　接触器自锁单向控制线路

2. 三相异步电动机的正反转控制电路

如果改变交流电动机三相电源的相序,就能改变电动机的旋转方向,实现正反两个方向的运动。下面介绍一种按钮控制的正反转控制电路。

图 4-34 为按钮控制的正反转控制电路,其中 KM1、KM2 分别控制电动机的正转与反转。图 4-34(a)最简单,按下正转启动按钮 SB1 或反转启动按钮 SB2,此时 KM1 或 KM2 得电吸合,主触头闭合并自锁,电动机正转或反转。按下停止按钮 SB3,电动机停止转动。该电路的缺点是:假设电动机正在正转,此时按下反转启动按钮 SB2,KM1 与 KM2 将同时得电使主触头闭合,会造成电源两相短路。为了避免这种现象的发生,可采用联锁的方法来解决。

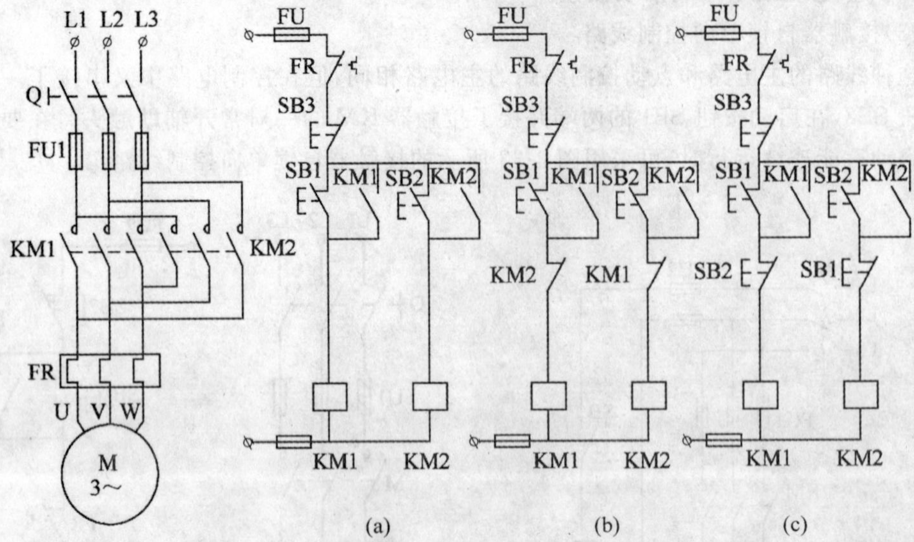

图 4-34　按钮控制的电动机正反转控制电路

联锁的方法有两种；一种是接触器联锁，将 KM1、KM2 的常闭触点分别串接在对方线圈电路中形成相互制约的控制，如图 4-34(b)所示，电动机由正转变为反转，必须先按下停止按钮 SB3 后，KM1 的常闭触点才能闭合，再按反转启动按钮 SB2，电动机才能反转。另一种是按钮联锁，采用复合按钮，将 SB1、SB2 的常闭触点分别串接在对方的线圈电路中形成相互制约的控制，如图 4-34(c)所示，当电动机从正转变为反转时，可直接按下反转启动按钮 SB2，不必先按停止按钮 SB3。

4.6　汽车电源、用电器及控制方式

汽车是由发动机、底盘、车身和电器四部分构成。汽车电器与电子设备性能的好坏直接影响汽车的动力性、经济性、安全性、可靠性、舒适性及排放性等方面。

现代汽车电器设备的种类繁多、功能各异，按其功能可分为电源、启动、点火、照明与信号、仪表与辅助电器设备和电控系统等。

4.6.1　汽车电源

汽车电源包括蓄电池和发电机。

蓄电池是将化学能转换为电能的一种低压直流电源。启动发动机时，此时发电机不工作，蓄电池给启动机供电；发动机运转时，若发电机输出电压低于蓄电池电压，由蓄电池给全车用电设备供电；若用电设备接入过多，由蓄电池和发电机共同向外供电。

汽车发电机是汽车运行中的主要电源。它由三相交流发电机、整流电路和电压调节器三部分构成。发动机运转带动发电机的转子转动产生三相交流电，经整流电路将交流电变为直流电向外输出。发电机输出电压高于蓄电池电压时，发电机给蓄电池充电，同时

向全车用电设备供电，为使各用电设备稳定工作，发电机还设置了电压调节器，以使电压维持在某一相对稳定的范围之内。

4.6.2　用电器

汽车电器设备的数量很多，比如：汽车启动系统由启动机、启动继电器、启动开关及启动装置组成，用来带动飞轮旋转使曲轴达到必要的启动转速。照明与信号系统由前照灯、雾灯、示廓灯、制动灯、倒车灯、电喇叭等以及其控制继电器和开关组成，其作用是确保车辆内外一定范围的照明；信号系统的作用是告示行人以及车辆引起注意，指示行驶趋向以及操纵状态。

为了满足人们对汽车性能要求的提高，电子控制技术近年来在汽车上得到广泛应用，主要由电控燃油喷射系统（EFI）、自动变速器（AT）、防抱死制动系统（ABS）、安全系统、通信系统和舒适系统等组成。

4.6.3　控制方式

手动控制：对简单控制要求的用电器，一般用机械开关直接手动控制。

继电控制：对较复杂控制要求的用电器，或较大电流的用电器，需要增加继电控制。

电子控制：对复杂控制要求的用电器，需要用电子电路控制才能达到控制要求。

微机控制：使用单片微型计算机控制，可以达到更好的控制目的。目前的电喷发动机均采用单片机控制。

网络控制：在高档轿车中需要控制的项目更多，控制的要求更高，将多个单片机组成车载网络系统，进行联网控制。

混合控制：在具体的车型中，因设计思想、制造技术、生产成本等因素制约，控制方式多为不同的混合方式。

实训 4　汽车启动机及控制电路分析

1. 实训内容

汽车启动机的拆装及其控制电路的分析

2. 实训目的

(1)掌握启动机的拆装顺序。

(2)了解启动机用直流电动机各零件的名称和作用。

(3)熟练分析汽车启动机控制电路的工作过程。

3. 实训器材

汽车用启动机、数字万用表等常用工具。

4. 操作步骤及过程

(1)启动机的拆解

1)拆下连接片与电磁开关,取下电磁铁芯。

2)拆下防尘箍,用钢丝钩子提起电刷弹簧取出电刷(共 4 只)。

3)拆下启动机贯穿螺栓,使后端盖、启动机外壳、电枢分离。

4)取下拨叉支撑销,取下驱动端盖、拨叉与转子总成。

5)用专用工具拆下止推座圈,取下驱动齿轮、单向离合器。

(2)启动机控制电路分析

汽车启动机采用串励式直流电动机,用来完成汽车发动机的启动。它将蓄电池的电能转化为机械能,驱动发动机的飞轮旋转来实现发动机的启动,由直流电动机、传动机构和启动电路组成,图 4-35 是汽车启动机的结构原理图。

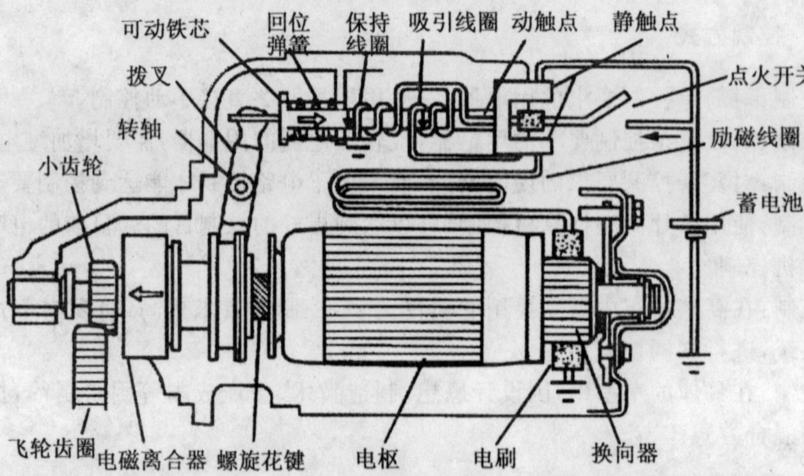

图 4-35 汽车启动机结构原理图

下面分析汽车启动机的工作过程。

闭合点火开关,电流分两路,第一路给电动机供电:蓄电池正极→点火开关→吸引线圈→励磁线圈→电刷(上)→换向器→电枢→电刷(下)→蓄电池负极。吸引线圈、励磁线圈与电枢串联,由于吸引线圈的电阻较大,励磁线圈、电枢的电阻很小,使得电路中的电流较小,直流电动机无法启动。

第二路给保持线圈通电:蓄电池正极→点火开关→保持线圈→蓄电池负极。吸引线圈和保持线圈共同产生较大的电磁力使电磁开关吸合。

一旦电磁开关的动触点与静触点闭合,吸引线圈就被短路。第一条电路变为:蓄电池正极→电磁开关→励磁线圈→电刷(上)→换向器→电枢→电刷(下)→蓄电池负极。由于吸引线圈被短路,电路中的电流增大,直流电动机启动。

电磁开关的铁芯在吸合时牵拉启动机的拨叉,使电枢轴上的小齿轮向前移动与发动机飞轮齿圈啮合,带动发动机启动。启动完成后,断开点火开关,电磁开关释放,启动机断电，在回位弹簧的作用下，小齿轮向后退回，与发动机飞轮齿圈分离。

习　题

4.1　选择题

1. 在单相异步电动机定子绕组中形成的磁场为(　　)。

A. 旋转磁场　　B. 恒定磁场　　C. 脉动磁场　　D. 合成磁场为零

2. 在三相异步电动机定子绕组中形成的磁场为(　　)。

A. 旋转磁场　　B. 恒定磁场　　C. 脉动磁场　　D. 合成磁场为零

4.2　问答题

1. 简述三相异步电动机的组成、各部分作用和转动原理。

2. 电动机的转速为什么会低于同步转速？

3. 三相异步电动机转子的转向是由什么决定的？怎样改变三相异步电动机转子的转向？

4. 什么叫转差率？电源频率 f=50Hz，磁极对数 p=3，三相异步电动机的同步转速Y－△等于多少？

5. 某台三相异步电动机的额定电压为 Y－380V/△－220V。试问：当电源的线电压为 380V 时，电动机能否用 Y－△启动？为什么？

6. 简述单相异步电动机的转动原理。

7. 一台三相异步电动机，额定转速 n_N=735r/min，额定频率 f=50Hz，试求出磁极对数 p 和额定转差率 s_N。

8. 三相异步电动机的启动方式有哪几种？

9. 简述直流电动机的组成及各部分作用。

10. 简述直流电动机的转动原理。

11. 画图说明直流电动机的励磁方式有哪几种？

12. 简述直流电动机的制动方式有哪几种？各有何特点？

13. 简述三相反应式步进电动机的工作原理。

14. 简述自动空气开关的工作原理。

15. 简述交流接触器的作用是什么？为什么具有欠压保护作用？

16. 有一台简易升降机，试设计其三相异步电动机的控制电路。

第5章　安全用电常识

学习目标

1. 了解几种触电形式。
2. 掌握安全用电的常识。
3. 学习如何节约用电。

考核标准

知识要求：触电的几种形式及分析方法，安全用电的几种措施，节约用电方式。

技能要求：学会安全用电的常识，并且在实际中注意节约用电的方式。

建议：触电及安全用电内容建议用多媒体讲解，同时举实例的时候结合实验室的实际应用电路展开讲解。

5.1　触　电

人体触及带电体或高压电场承受过高的电压而导致死亡或局部受伤的现象称为触电。人体触电分为两种情况。一是雷击或高压触电，较大安培数量级的电流通过人体所产生的热效应、化学效应和机械效应，将使人的肌体遭受严重的电灼伤、组织碳化坏死以及其他难以恢复的永久性伤害。由于高压触电多发生在人体尚未接触到带电体时，在肢体受到电灼伤的同时，强烈的电刺激将使肢体痉挛收缩而脱离电源，所以高压触电以电伤者居多。在特殊场合，由于不能自主脱离电源，将导致迅速死亡的严重后果。另一种是低压触电，在数十到数百毫安电流的作用下，使人体产生病理生理性反应，轻者有针刺的感觉，或出现肌肉痉挛，产生麻电感觉，重者会造成呼吸困难，心脏麻痹，甚至导致死亡。

人体触电伤害程度主要取决于流过人体电流的大小和电击时间长短等因素。我们把人体触电后最大的摆脱电流，称为安全电流。我国规定安全电流为30mA，即通过人体的最大允许电流为30mA。人体触电时，如果接触电压在36V以下，通过人体的电流就不致超过30mA，故安全电压通常规定为36V，但在潮湿地面和能导电的厂房，安全电压则规定为24V或12V。

下面介绍常见的几种触电情况。

1. 单相触电

在人体与大地之间互不绝缘情况下，人体的某一部位触及到三相电源线中的任意一根导线，电流从带电导线经过人体流入大地而造成的触电伤害。单相触电又可分为中性点接地和中性点不接地两种情况。

(1)中性点接地电网的单相触电

在中性点接地的电网中，发生单相触电的情形如图5-1(a)所示。这时，人体所触及的电压是相电压，在低压动力和照明线路中为220V。电流经相线、人体、大地和中性点接地装置而形成通路，触电的后果往往很严重。

(2)中性点不接地电网的单相触电

在中性点不接地的电网中，发生单相触电的情形如图5-1(b)所示。当站立在地面的人手触及某相导线时，由于相线与大地间存在分布电容，另外两相的对地电容、人体和接触的相线构成回路，造成触电。一般说来，导线越长，电流越大，其危险性越大。

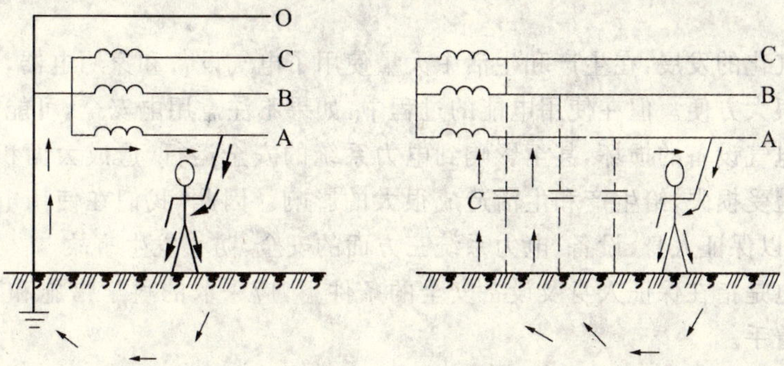

(a)中性点接地系统的单相触电　　(b)中性点不接地系统的单相触电

图5-1 单相接地触电示意图

2. 两相触电

两相触电，也叫相间触电，这是指在人体与大地绝缘的情况下，同时接触到两根不同的相线，或者人体同时触及到电气设备的两个不同相的带电部位时，电流由一根相线经过人体到另一根相线，形成闭合回路。两相触电比单相触电更危险，因为此时加在人体上的是线电压。

3. 跨步电压触电

当电气设备的绝缘损坏或线路的一相断线落地时，落地点的电位就是导线的电位，电流就会从落地点(或绝缘损坏处)流入地中。离落地点越远，电位越低。根据实际测量，在离导线落地点20m以外的地方，由于入地电流非常小，地面的电位近似等于零。如果有人走近导线落地点附近，由于人的两脚电位不同，在两脚之间会出现电位差，这个电位差叫作跨步电压。离电流入地点越近，跨步电压越大；离电流入地点越远，跨步电压越小，在20m以外，跨步电压很小，可以看作为零。当发现跨步电压威胁时，应赶快把双脚并在一起，或赶快用一条腿跳着离开危险区。否则，触电时间长，也会导致触电死亡。

4. 接触电压触电

导线接地后，不但会产生跨步电压触电，还会产生另一种形式的触电，即接触电压触电。由于接地装置布置不合理，接地设备发生碰壳时造成电位分布不均匀而形成一个电位分布区域。在此区域内，人体与带电设备外壳相接触时，便会发生接触电压触电。接触电压等于相电压减去人体站立点的电压。人体站立点离接地点越近，则接触电压越小，反之就越大。当站立点距离接地点 20m 以外时，地面电压趋近于零，接触电压为最大，约为电气设备的对地电压，即 220V。

触电事故总是突然发生的，但触电者一般不会立即死亡，往往是“假死”，现场人员应该当机立断，迅速使触电者脱离电源，运用正确的救护方法加以抢救。

5.2 安全用电

随着电气化的发展，在生产和生活中大量使用了电气设备和家用电器，给人们的生产和生活带来很大方便。但在使用电能的过程中，如果不注意用电安全，可能造成人身触电伤亡事故或电气设备的损坏，甚至影响到电力系统的安全运行，造成大面积的停电事故，使国家财产遭受损失，给生产和生活造成很大的影响。因此，我们在使用电能时，必须注意安全用电，以保证人身、设备、电力系统三方面的安全，防止发生事故。

安全用电是指在保证人身及设备安全的条件下，应采取的科学措施和手段。通常从以下几方面着手。

1. 建立健全各种操作规程和安全管理制度

(1)安全用电，节约用电，自觉遵守供电部门制定的有关安全用电规定，做到安全、经济、不出事故。加强电气安全教育，人人树立“安全第一”的观点。

(2)禁止私拉电线，装拆电线应请电工，以免发生短路和触电事故。

(3)屋内配线，禁止使用裸导线或绝缘破损、老化的导线，对绝缘破损部分，要及时用绝缘胶布缠好。发生电气故障和漏电起火事故时，要立即拉断电源开关。在未切断电源以前，不要用水或酸、碱泡沫灭火器灭火。

(4)电线断线落地时，不要靠近，对于落地的高压线，应离开落地点 10m 以上。更不能用手去捡电线，应派人看守，并赶快找电工停电修理。

(5)电气设备的金属外壳要接地；在未判明电气设备是否有电之前，应视为有电，移动和抢修电气设备时，均应停电进行；灯头、插座或其他家用电器破损后，应及时找电工更换，不能“带病”运行。

(6)用电要申请，安装、修理找电工。停电要有可靠联系方法和警告标志。

(7)电气工作人员必须具备相应的技能，并能够通过考核。

2. 使用技术防护措施

为了防止人身触电事故，通常采用的技术防护措施有电气设备的接地和接零、安装低压触电保护器两种方式。

电气设备在使用中，若设备绝缘损坏或击穿而造成外壳带电，人体触及外壳时有触电的可能。为此，电气设备的外壳必须与大地进行可靠的电气连接，即接地保护，使人体免受触电的危害。

(1)保护接地的概念及原理

①保护接地的概念

按功能分，接地可分为工作接地和保护接地。工作接地是为保证电力系统和电气设备达到正常工作要求而进行的接地，比如电源中性点的接地，防雷装置的接地等。各种工作接地有各自的功能。保护接地是指为保证人身安全，防止间接触电而将设备外露可导电部分接地。在中性点不接地系统中，设备外露部分(金属外壳或金属构架)，必须与大地进行可靠电气连接，即保护接地。

接地装置由接地体和接地线组成，埋入地下直接与大地接触的金属导体，称为接地体，连接接地体和电气设备接地螺栓的金属导体称为接地线。接地体的对地电阻和接地线电阻的总和，称为接地装置的接地电阻。

②保护接地的原理

在中性点不接地系统中，如果设备外壳不接地且意外带电，外壳与大地间存在电压，人体触及外壳，将有电流流过人体，如图 5-2(a)所示。人体将遭受触电危害。如果将外壳接地，人体与接地体相当于电阻并联，流过每一通路的电流值将与其电阻的大小成反比。人体电阻比接地体电阻大得多，人体电阻的下限一般取 1700Ω，接地电阻通常小于 4Ω，流过人体的电流很小，这样就完全能保证人体的安全，如图 5-2(b)所示。

保护接地适用于中性点不接地的低压电网。在中性点不接地电网中，由于单相对地电流较小，利用保护接地可使人体避免发生触电事故。但在中性点接地电网中，由于单相对地电流较大，保护接地就不能完全避免人体触电的危险，因而要采用保护接零。

(2)保护接零的概念及原理

①保护接零的概念。在电源中性点接地系统中，将设备需要接地的外露可导电部分与电源中性线直接连接，相当于设备外露部分与大地进行了电气连接，我国习惯上称为保护接零。

②保护接零的工作原理。当设备发生单相碰壳时，外露可导电部分的电位与大地相同，人体触及外壳相当于触及零线，无危险。采用保护接零时，应注意不宜将保护接地和保护接零混用，而且中性点工作接地必须可靠，不能断线。

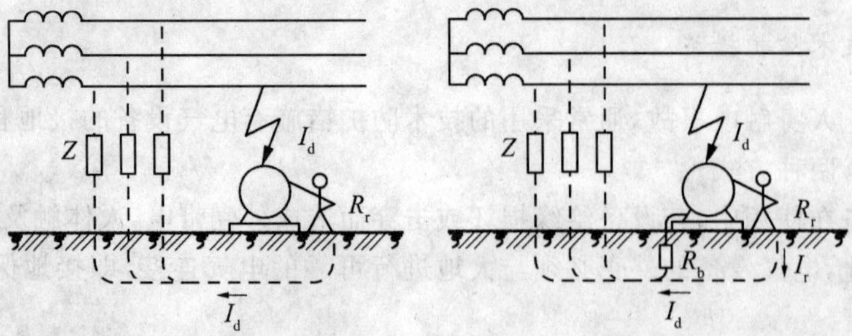

图 5-2 保护接地原理

③重复接地。在电源中性线直接接地的系统中，为确保保护接零的可靠，还需在下列地点将中性线或接地线重复接地：架空线路终端及沿线每隔 1km 处；电缆和架空线引入车间和其他建筑物处。因为在该系统中，一旦中性线断线，设备外露部分带电，人体触及同样会有触电的可能。而在重复接地的系统中，即使出现中性线断线，但外露部分因重复接地而使其对地电压大大下降，对人体的危害也大大下降。不过应尽量避免中性线或接地线出现断线的现象。

保护接零适用于电压为 220V/380V、中性点直接接地的三相四线制系统。在这种系统中，凡是由于绝缘破坏或其他原因可能出现危险电压的金属部分，均应采取接零保护(有另行规定者除外)。

3. 使用漏电保护

漏电保护为近年来推广采用的一种新的防止触电的保护装置。在电气设备中发生漏电或接地故障而人体尚末触及时，漏电保护装置已切断电源；或者在人体已触及带电体时，漏电保护器能在非常短的时间内切断电源，减轻对人体的危害。

5.3 节约用电

能源是发展国民经济的重要物质基础，也是制约国民经济发展的一个重要因素。电能是一种很重要的二次能源。从我国电能消耗的情况来看，70%以上消耗在工业部门，所以工厂的电能节约需要特别重视。节约用电就是要采取技术可行、经济上合理及对环境保护无妨碍的各种措施，科学地、合理地使用电能，减少电能的直接和间接损耗，提高电能的有效利用率。节约用电对经济的可持续发展，对造福子孙万代有很重要的意义。

5.3.1 加强工厂供用电系统的科学管理

1. 加强能源管理，建立和健全管理机构和制度

对于工厂的各种能源包括电能，要进行统一管理。工厂不仅要建立一个精干的能源管理机构，形成一个完整的管理体系，而且要建立一套科学的能源管理制度。能源管理的

基础是能耗定额管理。不少工厂的实践说明,实行能耗的定额管理和相应的奖惩制度,对开展工厂节电节能工作有巨大的推动作用。

2.实行计划供用电,提高能源利用率

电能是一种特殊商品。由于电能对国民经济影响极大,所以国家必须实行宏观调控。计划用电就是宏观调控的一种手段。工厂用电应按其与地方供电部门达成的供用电合同实行计划用电。对工厂内部供电系统来说,各车间用电也要按工厂下达的指标实行计划用电。为了加强用电管理,各车间、工段的供电线路上应装设电表,以便考核。对工厂的各种生活用电和职工家庭用电,也应装表计量。

3.实行负荷调整,"削峰填谷",提高供电能力

负荷调整(简称调荷),就是根据供电系统的电能供应情况及各类用户的不同用电规律,合理地安排和组织各类用户的用电时间,以降低负荷高峰、填补负荷低谷(即所谓"削峰填谷"),充分发挥变配电设备的能力,提高电力系统的供电能力。现在已在部分电网部分地区实行,并将在全国推行的峰谷分时电价和丰枯季节电价政策,就是运用电价这一经济杠杆对用户用电进行调控的一项有效措施。由于工业用电在整个电力系统中占的比重最大,所以电力系统调荷的主要对象是工业用户。工厂的调荷主要有下列一些措施:错开各车间的上下班时间、进餐时间等,使各车间的高峰负荷时间错开,从而降低工厂总的负荷高峰;调整厂内大容量设备的用电时间,使之避开高峰负荷时间用电;调整各车间的生产班次和工作时间,实行高峰让电,等等。由于实行负荷调整,"削峰填谷",从而可提高变压器的负荷率和功率因数,既提高了供电能力,又节约了电能。

4.实行经济运行方式,全面降低系统能耗

所谓经济运行方式,就是能使整个电力系统的电能损耗减少、经济效益提高的一种运行方式。例如对于负荷率长期偏低的电力变压器,可以考虑换用较小容量的电力变压器。如果运行条件许可,两台并列运行的电力变压器,可以考虑在低负荷时切除一台。

5.加强运行维护,提高设备的检修质量

节电工作与供电系统的运行维护和检修质量有着密切的关系。例如电力变压器通过检修,消除了铁芯过热的故障,就能显著降低铁损,节约电能。又如电动机通过检修,使转子与定子间的气隙均匀或减小,或者减小转轴的转动摩擦,也都能降低电能损耗。要切实做好工厂的节电节能工作,单靠少数节能管理人员或电工技术人员是不行的。一定要动员全体职工都树立节电节能的意识。只有人人重视节能,时时注意节能,处处做到节能,才会形成节电节能的风尚,才能真正开创工厂节电节能的新局面。

5.3.2 搞好工厂供用电系统的技术改造

1.逐步更新、淘汰现有低效高耗能的供用电设备

以高效节能的电气设备来取代低效高能耗的用电设备，是节电节能的一项基本措施，其经济效益十分明显。以电力变压器为例，采用冷轧硅钢片的新型低损耗变压器，其空载损耗比采用热轧硅钢片的老型号变压器要低50%。同是10kV级1000kV·A的配电变压器，如果以S9替换SJL型，则仅在变压器的铁损（空载损耗）方面一年就要节电19272kW·h，相当可观。此外，在供用电系统中采用电子技术、计算机技术及远红外微波加热技术等，也可大量节约电能。

2.改造现有不合理的供配电系统，降低线路损耗

对现有不合理的供配电系统进行技术改造，能有效地降低线路损耗，节约电能。例如将迂回配电的线路，改为直配线路；将截面积偏小的导线更换为截面积稍大的导线，或将架空线改为电缆；将绝缘破损、漏电较大的绝缘导线予以换新；等等。这些都能有效地降低线损，收到节电的效果。

3.选用高效节能产品

选用高效节能产品，合理选择供用电设备的容量，或进行技术改造，提高设备的负荷率，这也是节电的一项基本措施。例如选用节能型电力变压器，并合理确定其容量，使之接近于经济运行状态，这是比较理想的。如果变压器的负荷率长期偏低，则应按经济运行条件进行考核，适当更换较小容量的变压器。

4.改革落后工艺，改进操作方法

生产工艺不仅影响到产品的质量和产量，而且影响到产品的耗电量。例如在机械加工中，有的零件加工工艺以铣代刨，就可使耗电量减少30%～40%；在铸造中，有的用精密铸造工艺以减小金属切削余量，可使耗电量减少50%左右。改进操作方法也是节电的一条有效途径。例如在电加热处理中，电炉的连续作业就比间歇作业消耗的电能少。

5.采用无功补偿设备，人工提高功率因数

当采取上述各种技术措施提高设备的自然功率因数后仍达不到规定的功率因数时（一般规定功率因数不得低于0.9），应考虑采用无功补偿设备，提高功率因数。无功补偿设备主要有同步补偿机和并联电力电容器。GB50052—1995《供配电系统设计规范》也明确规定："当采用提高自然功率因数措施后，仍达不到电网合理运行要求时，应采用并联电力电容器作为无功补偿装置。只有在经过技术经济比较，确认采用同步电动机作为无功补偿装置合理时，才可采用同步电动机。"

实训 5　三相交流电相序的判别

1. 实训目的

(1)掌握两种判别三相电相序的方法。

(2)加深对交流电相位的理解。

2. 实训设备、器件与实训电路

(1)实训设备与器件:白炽灯泡两个、耐压 500V 的 8μF 交流电容一支、100W 控制变压器一个、数字万用表 1 块、三极刀开关一个、导线若干。

(2)实训电路与说明:实训电路如图 5-3 所示。其中图 5-3(a)为电容法判别相序的电路。图 5-3(b)为电感法判别电路。电感可以用 100W 控制变压器的一次线圈代替,或者选择稍大功率的电感。

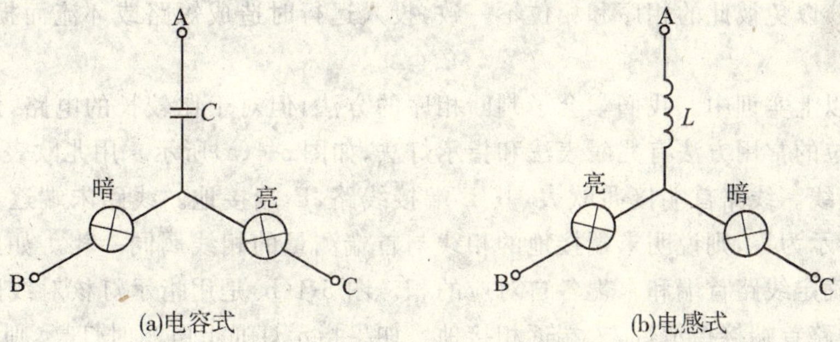

图 5-3　指示灯相序表的接线原理

3. 实训步骤与要求

(1)电路连接

按图 5-4 连接电路。如果条件允许可以使用三相自耦变压器先降低电源电压,给下面的电路通电。

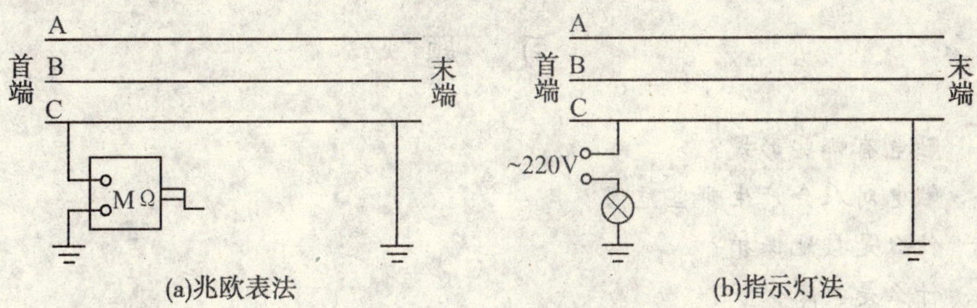

图 5-4　用指示灯核对三相线路两端相位的方法

(2)通电前准备

仔细检查电路,确保接线正确,所选电容的耐压必须达到500V以上。使用万用表检查电源电压是否正常。

(3)观察实验现象

如果电路接成电容式的电路,通过计算使电容的容抗(或电感的感抗)与灯泡的电阻大致相当,我们假定接电容的一相为A相,那么灯泡亮的那一相是B相,暗的一相为C相。

如果电路接成图5-4(b)的形式,那么灯泡暗的一相是B相。

(4)容抗和感抗的估算

容抗计算公式是:$Z_C=1/\omega C=1/2\pi fC$;电感的感抗计算公式是:$Z_L=\omega L=2\pi fL$,为了保证实验的安全,可以在电容电路或电感电路中串联适当小电阻,大约300Ω即可。

4.实训总结与分析

(1)工厂新安装或改造后的三相线路在投入运行前及双回路并行前,均要经过定相,即判断相序,以免彼此的相序和相位不一致,投入运行时造成短路或环流而损坏设备、造成事故。

(2)在以上实训中。我们学会了判断相序的方法,但对于比较长的电路,还要核对相位,核对相位的常用方法有兆殴表法和指示灯法,如图5-4(a)所示。用兆欧表核对线路两端相位的接线。线路首端接兆欧表,其L端接线路,E端接地。线路末端逐相接地。如果兆欧表指示为零,则说明末端接地的相线与首端测量的相线属同一相。如此三相轮流测量,即可确定线路首端和末端各自对应的相。图5-4(b)是用指示灯核对线路两端相位的接线。线路首端接指示灯,末端逐相接地。如果指示灯通上电源时灯亮,则说明末端接地的相线与首端接指示灯的相线属同一相。如此三相轮流测量,亦可确定线路首端和末端各自对应的相。

5.思考与讨论

(1)如果实验中选用电解电容会出现什么现象?(不可尝试,以免危险)

(2)怎样用兆殴表测量导线的绝缘电阻?

习　题

5.1　触电有哪些形式?

5.2　触电对人会产生哪些危害?

5.3　什么是接地保护?

5.4　什么是接零保护?

5.5　我国规定的安全电流和安全电压各为多少?

5.6　节约用电对国民经济建设有何重大意义?

第 6 章　半导体器件及应用

学习目标

1. 分析二极管的工作原理及实际应用电路。

2. 理解三极管的工作原理和实际应用电路。

考核标准

知识要求：二极管构成的整流电路；三极管构成的共射极放大电路。

技能要求：二极管阴极和阳极的判别方法；三极管的管型和三个极的判别；二极管和三极管好坏的判别方法。

教学建议：

教具：万用表、二极管、三极管、直流电源

建议：二极管、三极管的工作原理及其应用建议使用多媒体讲解，电路分析起来更加直观；二极管、三极管的相关实验在实训室进行；总体内容可以参考相关国家精品课程。

6.1　半导体二极管及其应用

6.1.1　PN 结的形成及特性

1. 半导体

自然界的物质，按其导电性能的不同，大体可分成导体、半导体和绝缘体三类。半导体是指导电能力介于导体和绝缘体之间的物质，如硅、锗、砷化镓以及金属氧化物和硫化物等。半导体具有一些重要的特性。例如，当半导体受到外界光和热作用时，其导电能力会显著变化。在纯净的半导体中掺入某些微量的其他元素时，它的导电性会明显增强。非常纯净的且原子排列整齐的半导体，称为本征半导体。在硅（或锗）本征半导体中掺入微量的五价元素，如磷（或锑）等，就会形成 N 型半导体。在硅（或锗）本征半导体中掺入微量的三价元素，如硼（或铟）等，就会形成 P 型半导体。

2. PN 结

通过一定的生产工艺把一块 P 型半导体和一块 N 型半导体结合在一起，则在它们的交界处会形成一个特殊导电薄层，称为 PN 结，这是构成各种半导体器件的基础。给 PN 结加上正向电压，即外电源正极接 P 区，负极接 N 区，称 PN 结加正向偏置，简称正偏，此时 PN 结呈低阻导通状态，处于正向导通状态。如果给 PN 结外加一个反向电压，即外电源正极接 N 区，负极接 P 区，称 PN 结加反向偏置，简称反偏，PN 结呈高阻状态，处于反向截止状态。

由上面分析可知，PN 结正偏时呈导通状态，正向电阻很小，正向电流很大；PN 结反偏时呈截止状态，反向电阻很大，反向电流很小；这就是 PN 结的单向导电性。

6.1.2 二极管的结构及分类

1. 二极管的结构

在 PN 结的 P 区引出一个电极称为正极，也叫阳极。在 PN 结的 N 区引出一个电极称为负极，也叫阴极。再将这个 PN 结封装起来就形成了半导体二极管，也称晶体管二极管，简称二极管。符号表示如图 6-1 所示，箭头方向表示二极管正向导通时电流的方向。二极管的外形如图 6-2 所示。

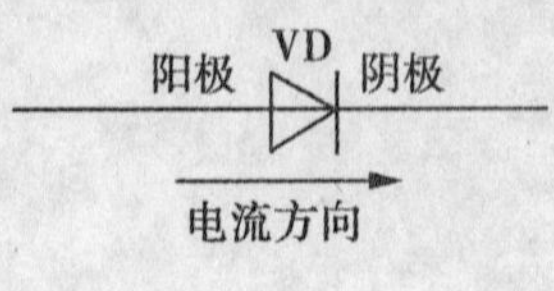

图 6-1 二极管的图形符号

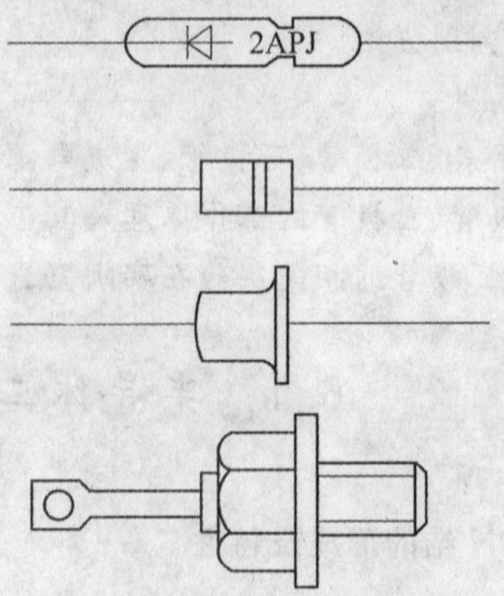

图 6-2 二极管的外形举例

二极管的分类方法很多，一般有以下几种。按半导体材料分，有硅二极管、锗二极管、砷化镓二极管等。按 PN 结的结构分，有点接触型二极管、面接触型二极管、平面型二极管等，如图 6-3 所示。点接触型二极管的 PN 结结面积小，结电容小，可工作在高频或超高频范围，但它允许通过的正向电流也小；面接触型二极管的 PN 结结面积大，结电容大，只能工作在低频范围，但它允许通过的正向电流也大，可用于大功率整流电路；平面型二极管常在数字电路中作开关用。按用途，二极管可分为普通二极管、整流二极管、检波二极管、开关二极管、稳压二极管、变容二极管、发光二极管等。

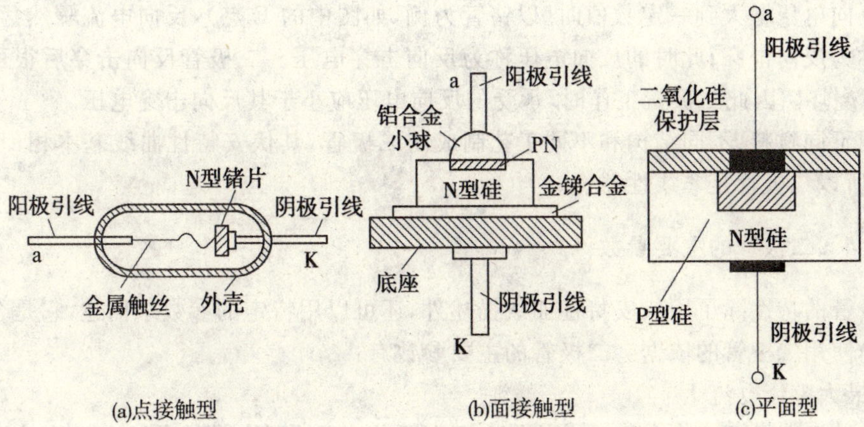

图 6-3　二极管的结构示意图

6.1.3　二极管的伏安特性

1. 二极管的伏安特性曲线

二极管的管芯就是一个 PN 结，因此它具有单向导电的特性。它的伏安特性曲线如图 6-4 所示。由图看出，外加正向电压很小时，因外电场还不足以克服内电场对多数载流子扩散运动的阻挡作用，故正向电流很小，这时二极管呈现较大的电阻，这一段称为死区。硅管的死区电压为 0～0.5 V(图中的 *OB* 段)；锗管在 0～0.2 V 之间(图中的 *OA* 段)。外加正向电压超过死区电压以后，内电场被大大削弱，二极管的电阻变得很小，正向电流随电压的上升而迅速增大，很快就达到其最大允许值。二极管正向导通时的正向压降很小。硅管一般为 0.6V～0.7V，锗管一般为 0.2V～0.3V。

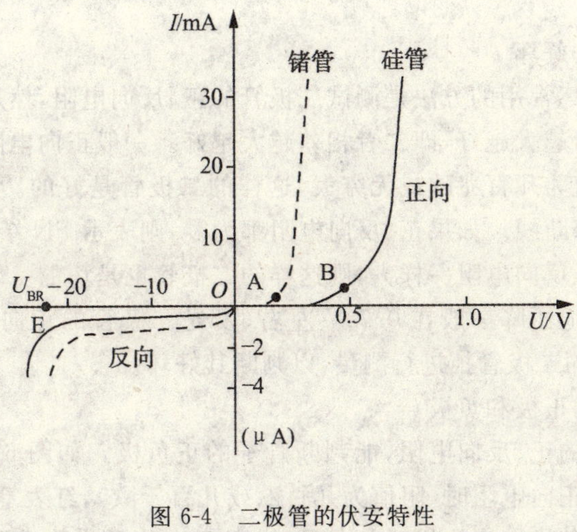

图 6-4　二极管的伏安特性

二极管加反向电压时，反向电流很小，在使用过程中，我们希望反向电流越小越好。在一定范围内增加反向电压，不能再使反向电流增加，所以反向电流又常称为反向饱和电流。当反向电压增大到一定数值时(以锗管为例,如图中的E点),反向电流骤然猛增,这种现象称为反向击穿;此时的反向电压称为反向击穿电压。二极管反向击穿后很可能导致PN结烧坏。因此二极管工作时,承受的反向电压应小于其反向击穿电压。

采用不同材料、不同结构和不同工艺制成的二极管,其伏安特性曲线基本相似,是非线性的,所以二极管是非线性器件。

6.1.4 二极管的主要参数

二极管的特性除了用伏安特性曲线描述外,还可以用特定的参数来描述,它是合理选用和正确使用二极管的依据。二极管的主要参数有:

(1)最大整流电流 I_{FM}

它是二极管长期工作允许通过的最大正向平均电流值,使用时通过二极管的平均电流要小于这个电流,否则,电流过大,将因PN结过热而烧坏二极管。

(2)最大反向工作电压 U_{RM}

它是指允许加在二极管两端反向电压的最大值(峰值)。为安全起见,最高反向工作电压一般为击穿电压的一半或三分之一。

(3)反向电流 I_R

它是在室温下,二极管两端加最高反向电压时的反向电流,其值越小,二极管的单向导电性能越好。它随温度升高而增加,在高温工作环境下要特别注意。

(4)最高工作频率 f_M

二极管工作在高频时,由于结电容的存在,其单向导电性能变差,甚至可能失去单向导电性,为此规定一个最高工作频率。它主要决定于PN结结电容的大小,结电容越大,则 f_M 愈低。

6.1.5 二极管的测试

(1)判断二极管的好坏

判断二极管的好坏常用的方法是测试二极管的正、反向电阻,然后加以判断。正向电阻越小越好,反向电阻越大越好,即二者相差越大越好。一般正向电阻阻值为几百欧或几百千欧,反向电阻阻值为几百兆欧或无穷大,这样的二极管是好的。如果正、反向电阻都为无穷大,则表示内部断线。如果正、反向电阻都为零,则表示PN结击穿或短路,说明二极管是坏的。如果正、反向电阻一样大,则这样的二极管也是坏的。

二极管的正向导通压降一般在0.7 V左右(发光二极管的正向压降为1.5 V~2.3 V),可用数字万用表测二极管挡进行测量,以判断其好坏。

(2)判断二极管的正极和负极

通过测量二极管的正、反向电阻,能判断管子的正负极。如图6-5所示测试电路,当使用数字万用表测得正向电阻时(阻值为几百欧或几百千欧),红表笔接的是管子的正极,黑表笔接的是管子的负极。当测得反向电阻时(阻值为几百兆欧或无穷大),黑表笔接的是正极,红表笔接的是负极。

由于二极管是非线性元件,当用不同倍率的欧姆挡或不同灵敏度的万用表进行测试时，所得的数据是不同的，但是正反向电阻相差几百倍这一原则是不变的。如图 6-5 用数字万用表进行二极管正、反向电阻的测量。

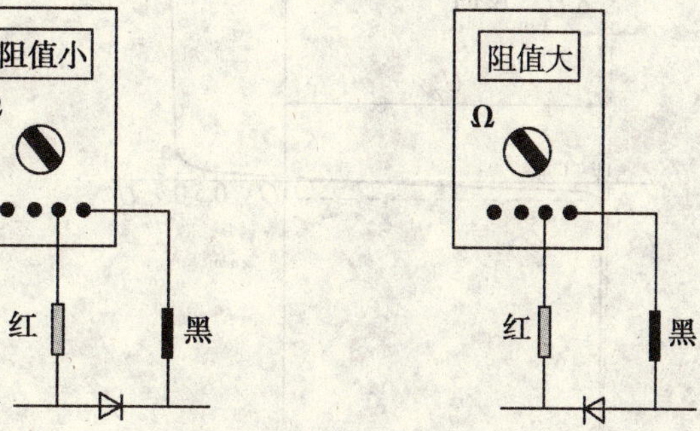

图 6-5　测电阻大小判断二极管极性

6.1.6　特殊二极管

1. 硅稳压二极管

硅稳压二极管是一种特殊的面接触型二极管，在反向击穿工作状态，其反向电流在较大的范围内变化时，反向击穿电压值几乎不变，是一个稳定值。由于它在电路中能起稳定电压的作用，故称为稳压二极管，简称稳压管。硅稳压二极管的符号、伏安特性如图 6-6 所示。

(1)硅稳压二极管伏安特性

稳压管的正向伏安特性与普通二极管基本相同，如图 6-6(b)所示曲线中的 *Oab* 段。

稳压管所加的反向电压小于 $U_{(BR)}$ 时，反向电流很小，即图 6-6(b)所示曲线中的 *Oa* 段。当反向电压达到 $U_{(BR)}$ 时，稳压管击穿，反向电流剧增，由几毫安(I_{Zmin})增大到几十毫安(I_{Zmax})，反向电压几乎不变，即图 6-6(b)所示曲线 AB 段。这就是稳压管的正常工作区。当稳压管的反向电流小于 I_{Zmin} 时，稳压管未被击穿而不稳压，当反向电流大于 I_{Zmax} 时，其反向电压随之增大，它也不稳压，即图 6-6(b)所示曲线 BC 段，而且因其功耗过大，使稳压二极管的温度升高过大而烧毁。

稳压管与一般二极管比较有两个特别的地方：一是稳压管工作的反向击穿电压一般比较低，它的反向击穿电压就是稳压值，而且它的反向特性曲线比较陡。二是稳压管的反向击穿是可逆的。当外加电压去掉后，稳压管又恢复常态，故它可长期工作在反向击穿区而不至损坏。

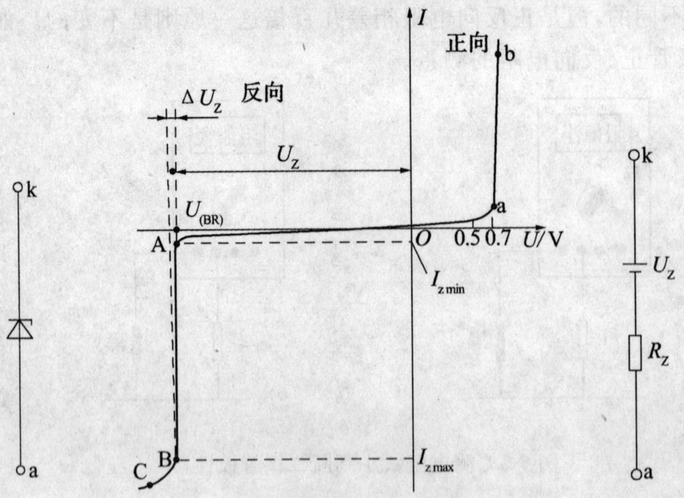

(a)符号　　(b)伏安特性　　(c)稳定管的等效电路

图 6-6　硅稳压二极管

(2)稳压二极管的主要参数

① 稳定电压 U_Z

U_Z是稳压管的反向击穿电压，这个数值随工作电流和环境温度的不同而略有改变。由于稳压管参数的离散性，同一型号的稳压管，U_Z值的差别比较大。在手册中只能给出某一型号稳压管的稳压范围，例如：稳压管 2CW19，其稳定电压 U_Z 为 11.5～12.5V。但是，对于一只稳压管，U_Z是确定的值。

② 稳压电流 I_Z

I_Z是指稳压管工作在稳压状态时流过的电流。手册中给出最小稳定电流 I_{Zmin} 和最大稳定电流 I_{Zmax}。只有在这个范围内，才能起稳压作用。稳压管工作在稳压状态时，稳定电流通常取 5～10mA，或$\frac{1}{2}(I_{Zmax}+I_{Zmin})$。

(3)稳压管的选择与使用

选择时要根据稳定电压要求选择稳压管的稳压值，且事先要进行测量。使用时要注意极性，多个稳压管连接时，只可串联，不可并联，焊接时间不宜过长。

2.发光二极管

发光二极管(LED)的基本结构是一个 PN 结，它的特性曲线与普通二极管类似，但正向导通电压一般为 1V～2V，它除了具有普通二极管的正反向特性外，还具有普通二极管没有的发光能力。LED 是一种将电能转换成光能的特殊二极管(发光器件)，它的外形和电路符号如图 6-7 所示。由图可见，在 LED 的管头上一般加装透镜，这是由其功能所决定的。

图 6-7　LED 的外形和符号

LED 通常采用砷化镓、磷化镓等化合物半导体制成，它的发光颜色主要取决于所用的半导体材料，可以发出红、黄和绿色等可见光，也可以发出红外光。

LED 具有体积小、工作电压低(1.5V～3V)、工作电流小(10mA～30mA)、发光均匀稳定且亮度比较高、响应速度快以及寿命长等优点，LED 主要用于显示器件。除单个使用外，还可用多个 PN 结按分段式制成数码管或做成矩阵式显示器，如数字电路中用来显示 0～9 数字的七段数码管；LED 的另一个重要用途是将电信号转变为光信号，通过光缆传输，然后用光电二极管接收，再现电信号，应用于光纤通讯和自动控制系统中；此外，LED 还可与光电管一起构成光电耦合器件(无触点开关)，用途十分广泛。

目前，国内外还生产了一种闪烁发光二极管，闪烁频率低，只有几赫兹，很容易引起人们的警觉，可广泛用于光报警电路。

在使用 LED 时，注意必须正向偏置。由于 LED 的允许工作电流小，使用时应串接限流电阻。

国外已开发出(国内已投产)一种高亮度发光二极管，用于照明，发光效率大于普通白炽灯 10 倍以上，是照明领域的一场革命。

3. 光电二极管

光电二极管的结构和电路符号如图 6-8 所示。与普通二极管一样，其基本构成也是一个 PN 结。它的管壳上开有一个嵌着玻璃的窗口，以便于光线射入。为增加受光面积，PN 结的面积做得比较大。

光电二极管工作在反向偏置下。在无光照时，与普通二极管一样，反向电流很小(一般小于 0.1μA)，该电流称为暗电流，此时光电二极管的反向电阻高达几十兆欧。当有光照时，产生电子-空穴对，统称为光生载流子。在反向电压作用下，光生载流子参与导电，形成比无光照时大得多的反向电流，该反向电流称为光电流，此时光电管的反向电阻下降至几千欧～几十千欧，光电流与光照强度成正比。如果外电路接上负载，便可获得随光照强弱而变化的电信号。

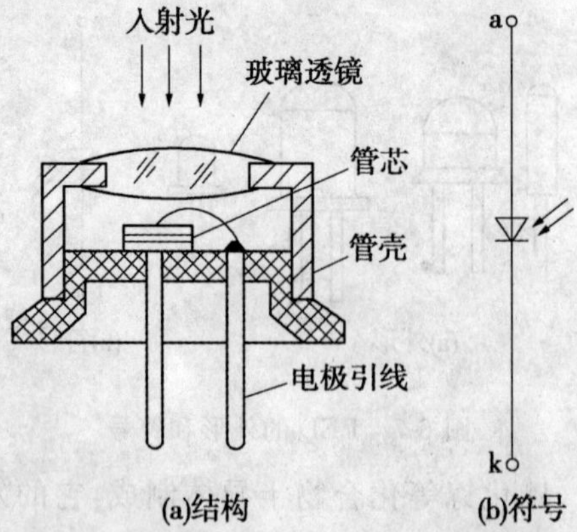

图 6-8　光电二极管

光电二极管一般作为光电检测器件，将光信号转变成电信号，这类器件应用非常广泛。例如，应用于光的测量、光电自动控制、光纤通信的光接收机中等。大面积的光电二极管可制成光电池。

6.1.7　二极管的型号

国产二极管的型号通常由五部分组成，具体如表 6-1 所示。

表 6-1　　二极管型号组成、符号及意义

<table>
<tr><th colspan="2">第一部分</th><th colspan="2">第二部分</th><th colspan="2">第三部分</th><th>第四部分</th><th>第五部分</th></tr>
<tr><th colspan="2">用数字表示电极数</th><th colspan="2">用字母表示材料</th><th colspan="2">用字母表示类型</th><th rowspan="2">序号</th><th rowspan="2">规格号</th></tr>
<tr><th>符号</th><th>意义</th><th>符号</th><th>意义</th><th>符号</th><th>意义</th></tr>
<tr><td rowspan="12">2</td><td rowspan="12">二极管</td><td rowspan="2">A</td><td rowspan="2">Ge(N)</td><td>P</td><td>普通管</td><td rowspan="12">用数字表示序号，反映电流参数</td><td rowspan="12">用字母表示规格号，反映耐压参数</td></tr>
<tr><td>Z</td><td>整流管</td></tr>
<tr><td rowspan="2">B</td><td rowspan="2">Ge(P)</td><td>W</td><td>稳压管</td></tr>
<tr><td>K</td><td>开关管</td></tr>
<tr><td rowspan="2">B</td><td rowspan="2">Ge(P)</td><td>W</td><td>稳压管</td></tr>
<tr><td>K</td><td>开关管</td></tr>
<tr><td rowspan="2">C</td><td rowspan="2">Si(N)</td><td>L</td><td>整流堆</td></tr>
<tr><td>U</td><td>光电器件</td></tr>
<tr><td rowspan="2">D</td><td rowspan="2">Si(P)</td><td>B或C</td><td>变容管</td></tr>
<tr><td>JD</td><td>激光管</td></tr>
<tr><td rowspan="2">E</td><td rowspan="2">化合物</td><td>EF</td><td>发光二极管</td></tr>
<tr><td>N</td><td>阻尼管</td></tr>
</table>

例如，某二极管的型号为 2CZ50A，它表示 N 型硅材料的整流管，序号是 50 最高反向工作电压 25V，有关参数可由电工手册查出。

6.1.8　二极管的选用及注意事项

(1)二极管的选择

选择二极管时，首先要根据其用途来选择类型，然后再根据电路需要，确定其参数值，从而查表选择二极管型号。

选择二极管的基本原则：①要求导通电压低时选锗管；要求反向电流小时选硅管。②要求导通电流大时选面结合型；要求工作频率高时选点接触型。③要求反向击穿电压高时选硅管。④要求耐高温时选硅管。

(2)二极管的使用注意事项

①接线时应注意极性，正负极不能接错；②使用时，电路的电流、电压应和二极管的参数一致；③可采用多个二极管串联的方法来解决电路电压过高的问题；④焊接时应注意不能虚焊，应防止温度过高将二极管损坏；⑤大功率二极管应装散热器。

6.1.9　二极管构成的整流电路

二极管实际上就是由一个 P-N 结所构成，它具有单向导电性，能使交流电变为直流电，这种作用称为整流。电力网供给用户的是交流电，而各种无线电装置需要用直流电，利用具有单向导电特性的器件，可以把方向和大小交变的电流变换为直流电。除整流电路外，交流电变换成直流电时，还要经过其他一些电路，一般过程如图 6-9 所示，其中整流电路是最重要的一部分。常见的整流电路有单相半波、全波、桥式和倍压等四种，其中单相桥式整流电路用得最为普遍。

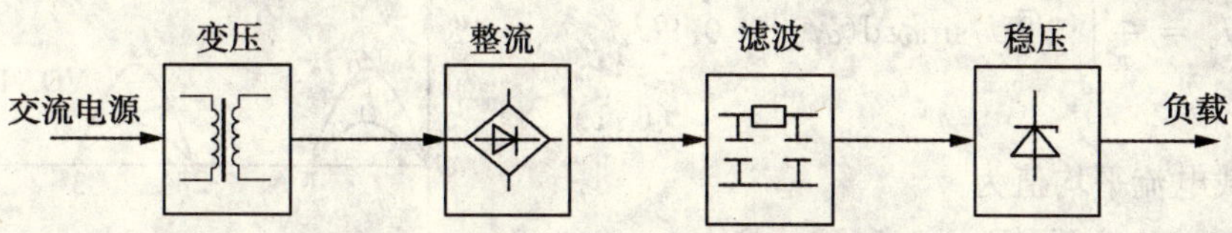

图 6-9　交流电变换成直流电过程

为了分析方便，把二极管视为理想模型，即当二极管承受到正向电压时，将其视为短路处理；当受到反向电压时，将其视为开路处理。

1. 单相桥式整流电路

图 6-10(a)是最常用的单相桥式整流电路，图中有电源变压器，它将电网电压变换成所需的整流电压 u_2；四个二极管作为整流元件，接成电桥形式，将交流电压变换为单方向的脉动电压；R_L 是负载电阻，其两端的电压为 u_o。单相桥式整流电路的简化电路如图 6-10(b)所示。

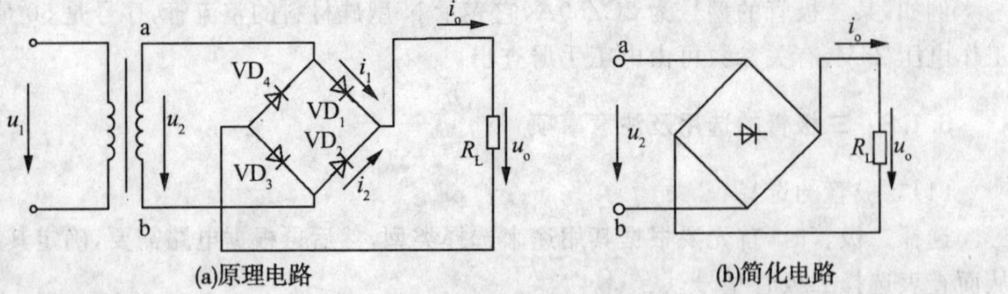

图 6-10　单相桥式整流电路

设电源变压器副边电压为 $u_2=U_{2m}\sin\omega t$。其波形如图 6-11(a)所示，在 u_2 正半周时，变压器副边绕组 a 端电位高于 b 端电位，二极管 VD_1、VD_3 受正向电压而导通，VD_2、VD_4 受反向电压而截止。此时电流由 a 端流出，经 VD_1、R_L、VD_3 回到 b 端，负载上得到上正下负的半波电压，且 $u_o=u_2$；流过电阻上的电流 $i_o=i_1$，其电压、电流波形如图 6-11(b)所示。

在 u_2 负半周时，变压器副边绕组 b 端电位高于 a 端电位，二极管 VD_2、VD_4 受正向电压而导通，VD_1、VD_3 受反向电压而截止。此时电流由 b 端流出，经 VD_2、R_L、VD_4 回到 a 端，负载上仍得到上正下负的半波电压，且 $u_o=-u_2$；流过电阻上的电流 $i_o=i_2$，其电压、电流波形如图 6-11(c)所示。

变压器副边交流电压的极性虽在不停地变化，但负载上的电压总是上正下负，R_L 上得到一个全波电压，如图 6-11(d)所示。

已知 $u_2=\sqrt{2}U_2\sin\omega t$，负载上一个周期内的平均值(负载上的直流电压)为

$$U_0=\frac{1}{\pi}\int_0^{\pi}\sqrt{2}U_2\sin\omega t\,\mathrm{d}(\omega t)=0.9U_2 \tag{6-1}$$

负载电流平均值为

$$I_o=U_o/R_L=0.9(U_2/R_L) \tag{6-2}$$

在桥式整流电路中，每个二极管只有半周导通。因此，流过每只整流二极管的平均电流 I_D 是负载平均电流的 1/2，即

$$I_D=I_o/2=0.45U_2/R_L \tag{6-3}$$

每个二极管截止时所承受的最高反向电压就是电源电压的最大值，即

$$U_{DRM}=\sqrt{2}U_2 \tag{6-4}$$

平均电流(I_D)与反向峰值电压(U_{DRM})是选择整流二极管的主要依据。(选择时应取二极管的额定电流≥$2I_D$；二极管的最高反向电压≥$2U_{DRM}$)。

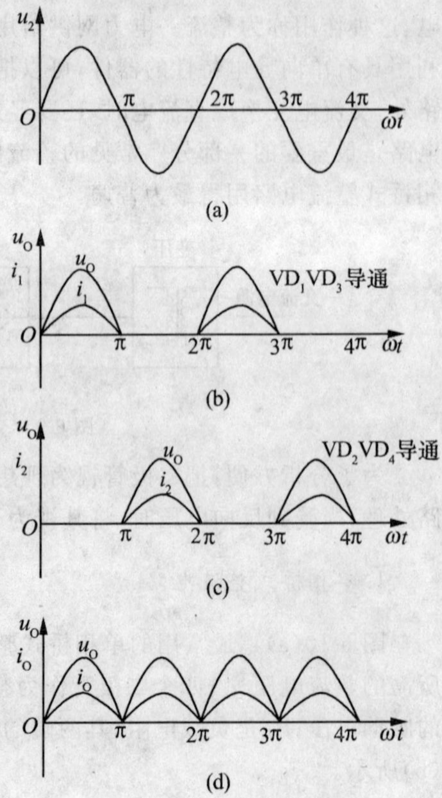

图 6-11　单相桥式整流电路波形图

2. 三相桥式整流电路

三相桥式整流电路如图 6-12 所示，由六个二极管组成，主要作用是把变压器副边的三相交流电源变成直流电源供给负载，使用时应该注意管子的连接方法。

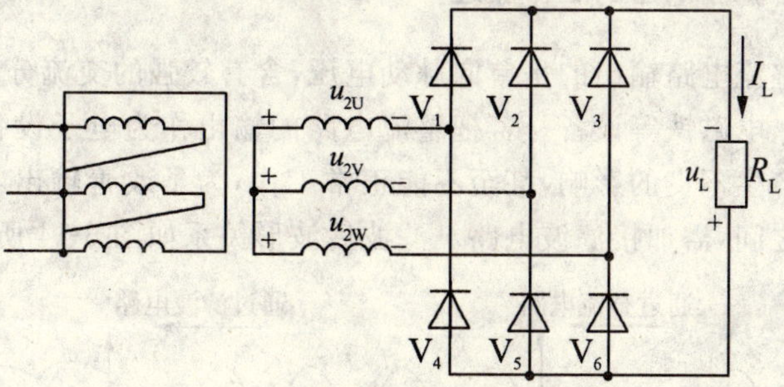

图 6-12　三相桥式整流电路

通过示波器可以得到负载上的电压波形，如图 6-13 所示，u_{2U}、u_{2V}、u_{2W} 分别表示变压器副边的电压，它们最大值、角频率相同，只是初相位不同，u_L 为负载上的波形。

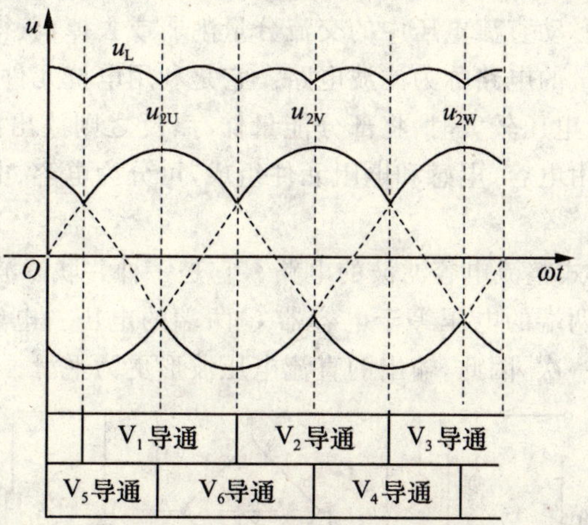

图 6-13　三相桥式整流电路波形图

通过推导，可以得到负载、二极管上的电压和电流。

负载上电压平均值为

$$U=2.34U_2 \tag{6-5}$$

负载上电流平均值为

$$I_L=U_L/R_L=2.34U_2/R_L \tag{6-6}$$

二极管上电流平均值为

$$I_V=1/3I_L \tag{6-7}$$

二极管两端所承受的最大反向电压值 $U_{VRM}=6U_2$ (6-8)

三相桥式整流电路的优点是输出直流电压高,电流脉动小;缺点是管子上承受的反向电压增大。此电路适用于大功率场合。

6.1.10 电容滤波电路的工作原理

前面讨论的整流电路输出的是单向脉动电压,含有较强的交流分量,这种脉动电压常用于蓄电池、电镀、电磁铁等设备。若把整流电路的输出作为电子设备的电源,接在电路中的电子设备会产生不良的影响,甚至不能正常工作,为了改善输出电压的脉动程度,在整流电路和负载之间,需加接滤波电路。滤波后波形关系如图 6-14 所示。

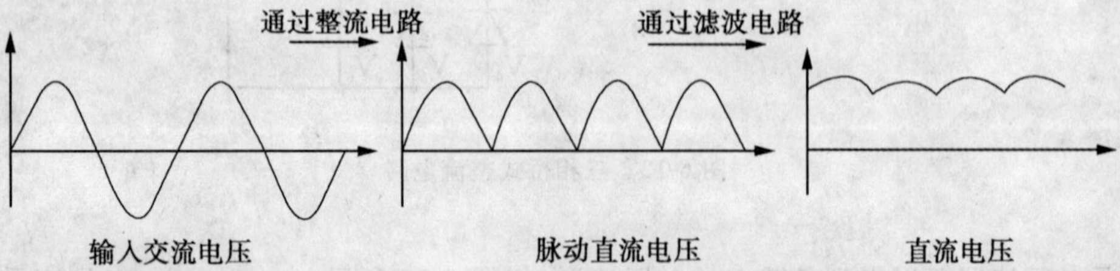

图 6-14 波形关系图

所谓滤波是指把脉动直流电压中的交流分量削弱或去掉,获得比较平滑的直流电压。能削弱或去掉交流分量的电路称为滤波电路。它是利用电抗元件 L、C 的储能作用,当整流后的单向脉动电流、电压较大时,将部分能量储存,反之则放出能量,使输出电流、电压平滑。一般滤波电路由电容、电感和电阻元件组成,可分为电容、电感和复式滤波,下面介绍电容滤波电路。

图 6-15 所示为桥式整流电容滤波的电路。它是一种并联滤波,滤波电容与负载电阻直接并联,因此,负载两端的电压等于电容器 C 两端的电压。电容的充放电过程为电源电压的半个周期重复一次,因此,输出的直流电压波形更为平滑。

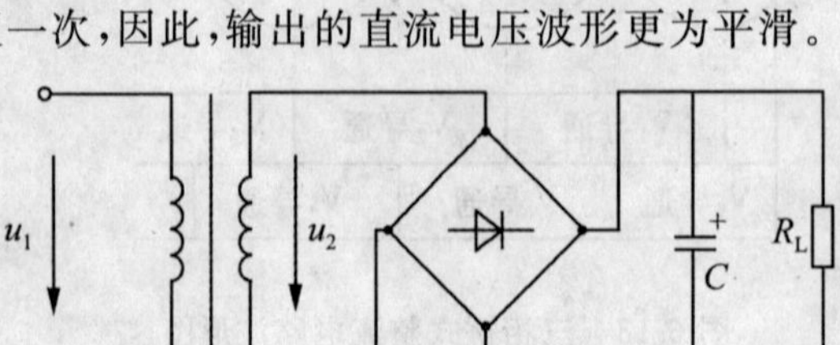

图 6-15 桥式整流电容滤波电路

电容滤波电路输出电压波形如图 6-16 所示,设 $t=0$ 时,$u_C=0$V,当 u_2 由零进入正半周时,此时整流电路导通,电容 C 被充电,电容两端电压 u_C 随着 u_2 的上升而逐渐增大,直至 u_2 达到峰值。由于电容充电电路的二极管正向导通电阻很小,所以电容充电回路时间常数小,u_C 紧随 u_2 升高。此后,u_2 过了峰值开始下降,由于 u_2 在最大值附近的下降速度很慢,而电容电压开始下降较快,以后越来越慢,$t=t_2$ 时,出现 $u_C>u_2$ 的现象,整流电路截止,电容 C 对负载电阻 R_L 放电,放电回路由 C 和 R_L 串联而成,在 R_L 和 C 足够大的情况下，电容放电回路时间常数大，放电持续到下一个正半周 $t=t_3$ 时刻，u_2 上升且大于 u_C，于是整流电路又重新导通，电容又被重新充电，这样不断地重复，因而负载两端电压 u_2 的变化规律如图 6-16 的粗实线所示。

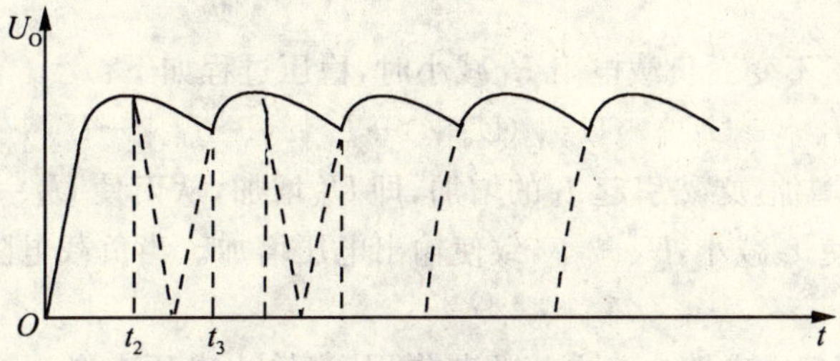

图 6-16　电容滤波电路输出电压波形图

为了获得较好的滤波效果，滤波电容器的电容要选得较大，通常按照滤波电路的放电时间常数 R_LC，大于交流周期 T 的 3～5 倍来选择滤波电容。

$$\tau=R_LC\geqslant(3\sim5)T \tag{6-9}$$

对于全波或桥式整流电路而言，若电源频率为 50Hz，则输出电压周期 T＝0.01s，于是

$$R_LC\geqslant(0.03\sim0.05)\text{s} \tag{6-10}$$

在满足式(6.9)条件下，电容器两端，也就是负载上的直流电压 $U_L=1.2U_o$。

滤波电容一般采用电解电容或油浸纸质电容器。使用电解电容时，应注意其极性不能接反，否则，电容器会被击穿。整流电路使用电容滤波的优点是轻载时的脉动较小而电压较高，其缺点是负载变化时，对输出电压影响较大，负载电流大时脉动较大，二极管必须有通过峰值电流的能力。

6.1.11　稳压管稳压电路

为了消除由于电网电压的波动及负载的变化所引起的输出直流电压的不稳定，必须在整流滤波后接稳压电路。图 6-17 是利用硅稳压管 VD_Z 和“限流电阻”R 组成的简单并联型稳压电路。在电路中稳压管一定要处于反向工作状态，否则就会因稳压管正向导通而造成短路，输出电压 U_o 将趋于零。

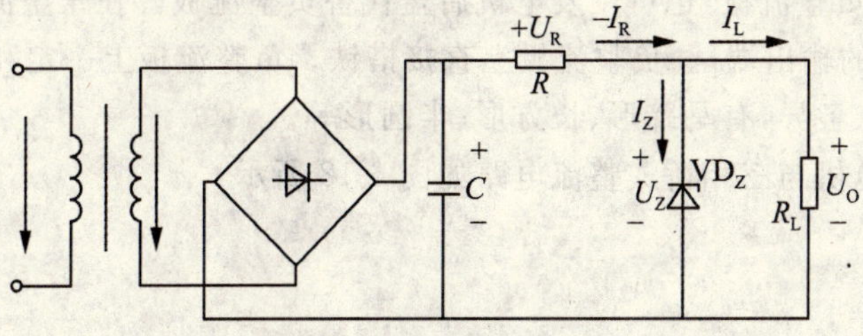

图 6-17　硅稳压管稳压电路

稳压原理是：

(1) 当负载电阻不变而交流电网电压增加时，稳压过程如下：

$$U\uparrow \rightarrow U_o\uparrow \rightarrow U_Z\uparrow \rightarrow I_Z\uparrow\uparrow \rightarrow I_R\uparrow \rightarrow U_R=RI_R\uparrow \rightarrow U_o\downarrow$$

输入电压U的增加,必然引起输出电压U_o的增加,即稳压管两端的电压U_Z增加,从而使I_Z增加很大,I_R增加,U_R增加,致使输出电压U_o减小。电网电压减小时,稳压调节过程相反。

(2) 当电网电压不变而负载电阻R_L减小时,稳压过程如下:

$$R_L\downarrow \rightarrow I_L\uparrow \rightarrow I_R\uparrow \rightarrow U_R\uparrow \rightarrow U_Z\downarrow(U_o\downarrow) \rightarrow I_Z\downarrow\downarrow \rightarrow I_R\downarrow \rightarrow U_R\downarrow \rightarrow U_o\uparrow$$

负载电流I_L的增加,必然引起I_R的增加,即U_R增加,从而使$U_Z=U_o$减小,I_Z减小很多。I_Z的减小必然使I_R减小,U_R减小,致使输出电压增加。当负载电阻增加时,稳压调节过程相反。

由此可见,稳压管在电路中起电流调节作用,当输出电压有微小变化时,利用与负载并联的硅稳压管中电流的自动变化这一调整作用和限流电阻R上的电压降的补偿作用,来保持输出电压的稳定。

6.1.12 二极管在汽车中的实际应用

1. 整流二极管

交流发电机整流器的作用是将定子绕组的三相交流电变为直流电。6管交流发电机的整流器是由6只硅整流二极管组成三相全波桥式整流电路,6只硅整流二极管分别压装(或焊装)在相互绝缘的两块板上,其中一块为正极板(带有输出端螺栓),另一块为负极板,负极板和发电机外壳直接相连(搭铁),也可以将发电机的后盖直接作为负极板。

汽车用硅整流二极管是专用的,有如下特点:

(1)允许的工作电流大,如ZQ50型二极管的正向平均电流为50A,浪涌电流为600A。

(2)承受反向电压的能力高,可承受的反向重复峰值电压在270V左右,反向不重复峰值电压在300V左右。

(3)只有一根引线(引出电极)

(4)根据引出电极的不同分为正二极管和负二极管。即:整流二极管有正二极管和负二极管之分。将正极管安装在一块铝制散热板上,称为正整流板;将负极管安装另一块铝制散热板上,称为负整流板,也可用发电机后盖代替负整流板。在正整流板上有一个输出接线柱B(发电机的输出端)。负整流板上直接搭铁。负整流板上一定和壳体相联接。

整流板的形状各异,有马蹄形、长方形、半圆形等。

三相交流发电机与三相桥式整流电路如图6-18所示:

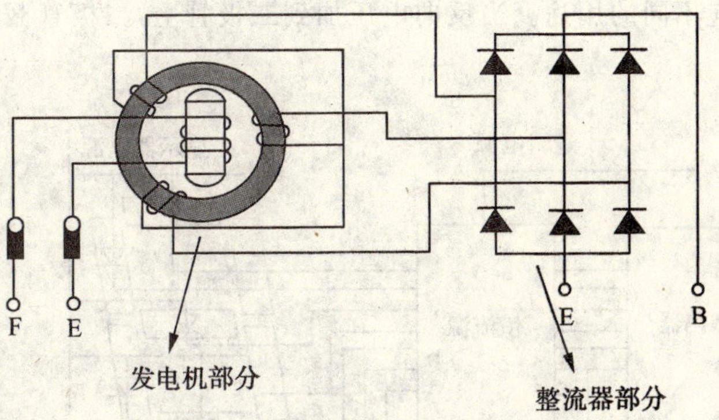

图 6-18　交流发电机组成示意图

整流原理如下：

交流发电机定子的三相绕组中，感应产生的是大小相等、相位互差 120°的对称三相交流电。三相对称交流电是靠六只二极管组成的三相桥式整流电路变为直流电的。

二极管具有单向导电性，当给二极管加上正向电压时，二极管导通，当给二极管加上反向电压时，二极管截止，二极管的导通原则如下：

整流过程：

当三只二极管负极端相连时，正极端电位最高者导通；

当三只二极管正极端相连时，负极端电位最低者导通。

对于三个正极管子(D1、D3、D5 正极和定子绕组始端相联)，在某瞬时，电压最高一相的正极管导通。对于三个负极管子(D2、D4、D6 负极和定子绕组始端相联)，在某瞬时，电压最低一相的负极管导通。但同时导通的管子总是两个，正、负管子各一个(见图 6-19)。

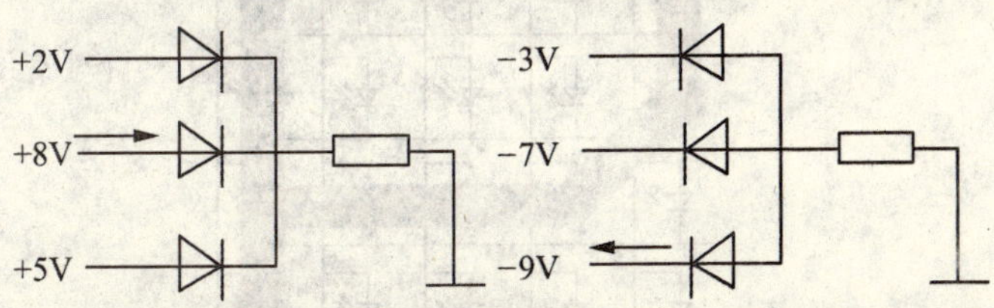

图 6-19　二极管整流过程电路

三相桥式整流电路中二极管的依次循环导通，使得负载 RL 两端得到一个比较平稳的脉动直流电压。三相桥式整流电路中二极管的依次循环导通，使得负载 RL 两端得到一个比较平稳的脉动直流电压。

2. 发光二极管(LED)

发光二极管是一种把电能转换成光能的固态发光器件，实际上也是一种晶体管，它是应用最广泛的低压显示器件。其结构如图 6-20 所示。

发光二极管一般都是用半导体材料，当在正、负极引线间加上适当正向电压后，二极管导通，半导体晶片便发光，通过透明或半透明的塑料外壳显示出来。

发光的强度与通过管芯的电流成正比。外壳起透镜作用，可利用它来改变发光型式和发光颜色以适应不同的用途。当反向电压加到二极管上,二极管截止,管芯无电流通过,不再发光。

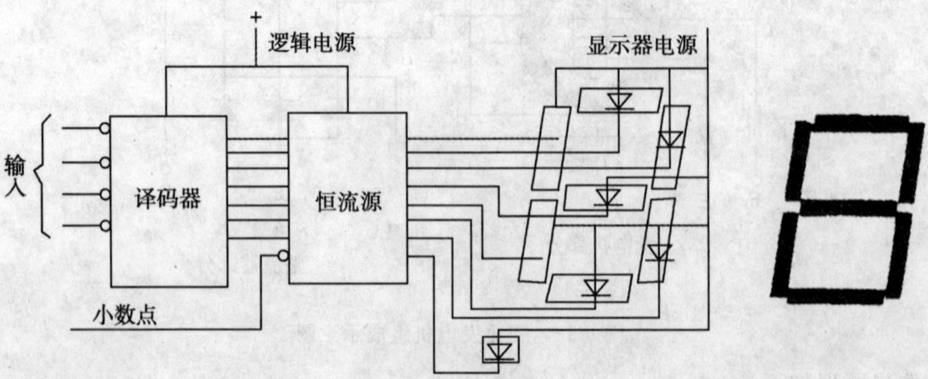

图 6-20　发光二极管组成的数码显示板

发光二极管可通过透明的塑料壳发出红、绿、黄、橙等不同颜色的光,以便需要时使用。汽车电子仪表中常用发光二极管作为汽车仪表板上的指示灯,数字符号段或不太复杂的图符显示。图 6-21 为由发光二极管构成的点阵显示板。

发光二极管的优点主要表现在:发光二极管响应速度较快、工作稳定、可靠性高、体积小、重量轻、耐振动、寿命长。

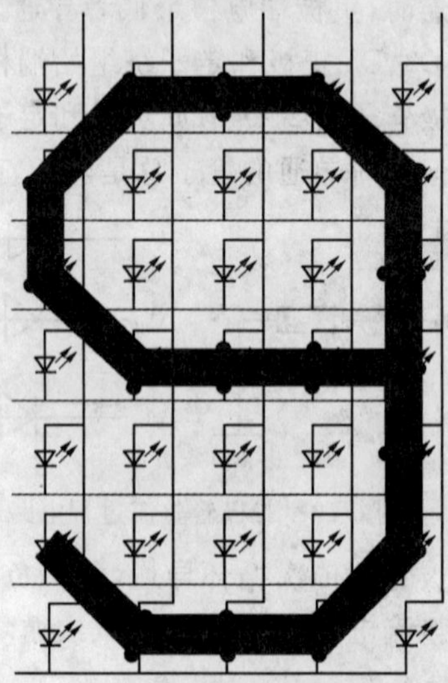

图 6-21　发光二极管组成的点阵显示板

3. 光电二极管

光电二极管相当于一个开关,一般用在自动感应式前大灯上,但精度控制差点,虽然这个装置高档车才有,但你看大街上只要阴天或下午天色稍暗大灯就亮的,都是由于安装光电二极管的原因。

6.2　半导体三极管

半导体三极管也称晶体管，简称三极管，它由两个背靠背的 PN 结构成。由于两个 PN 结之间的互相影响，使半导体三极管表现出不同于单个 PN 结的特性而具有电流放大功能。它的主体是 PN 结，这是三极管与二极管的共同特点。三极管具有放大作用，是放大电路的核心器件。

6.2.1　三极管的结构及电流放大作用

1. 基本结构

半导体三极管种类很多，按半导体材料分，有硅管和锗管；按频率分，有高频管和低频管；按功率大小分，有大、中、小功率管；按内部结构分，有 PNP 型管和 NPN 型管；按工艺分，有合金管和平面管。我国目前生产的晶体管硅基片多制成 NPN 型，锗基片多制成 PNP 型。图 6-22 所示是几种三极管的外形。晶体管的内部结构为两个 PN 结，分别叫发射结和集电结；这两个 PN 结是由三层半导体形成的，分别叫发射区、基区、集电区，各区引出的电极依次为发射极（Emitter）、基极（Base）和集电极（Collector），分别用字母 E、B 和 C 表示。对大功率管来说，其外壳兼作集电极用，高频管和开关管还有一个与金属外壳相连的电极，起屏蔽作用。

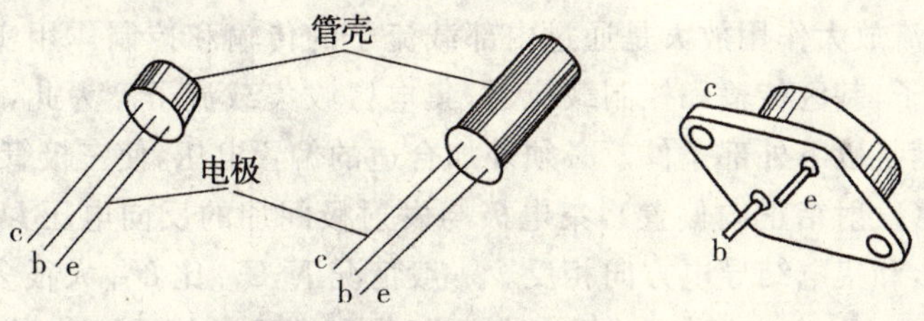

图 6-22　几种三极管的外形

在电路中，晶体管所用符号如图 6-23 所示，画有箭头的是发射极，箭头的方向表示发射结加正向电压时，流过发射极电流的方向。在 NPN 型管中，箭头向外，因为发射区是 N 型半导体，它“发射”出电子注入基极，所以电流是从基极流向发射极（电流方向与电子运动方向相反）。在 PNP 型管中，箭头向内，因为发射区是 P 型半导体，它“发射”出空穴注入基极，所以电流是从发射极流向基极。

为了使晶体管具有放大作用，在制造时应具有以下结构特点：

(1) 集电区面积比发射区面积大，掺杂浓度比发射区小，专门用于收集载流子。

(2) 发射区掺杂浓度远大于基区的杂质浓度，以便于有足够的载流子供“发射”。

(3) 基区很薄，杂质浓度很低，以减小载流子在基区的复合机会。

由于上述结构的不对称性，虽然发射区和集电区同是 P 型区或者同是 N 型区，但在放大电路中发射极和集电极不能对调使用。基区薄，掺杂少正是晶体管具有放大作用的关键所在。

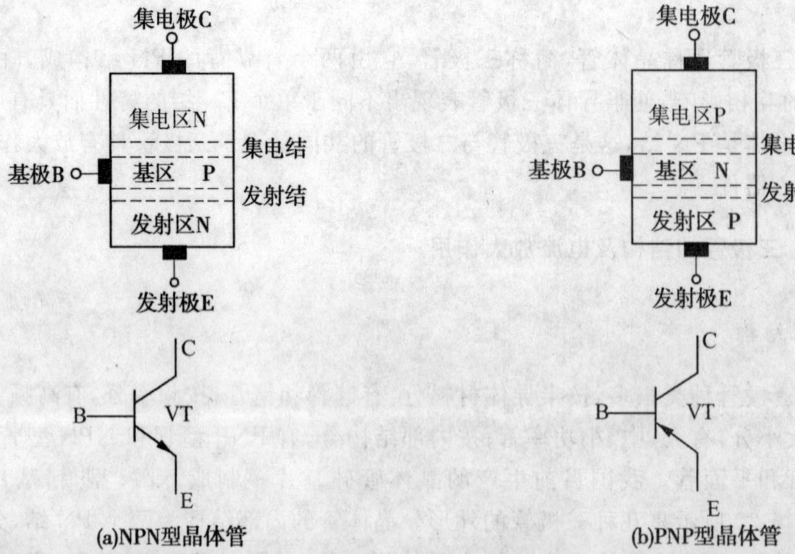

图 6-23　晶体管的结构示意图和图形符号

2. 三极管电流放大作用

晶体管的电流放大作用放大是通过内部载流子的传输和控制作用实现的，即发射区向基区注入载流子，基区传输和控制载流子，集电区收集载流子。为此，除了必须满足内部条件外，还应满足以下外部条件。必须外加合适的偏置电压，使三极管的基极与发射极处于加正向电压(发射结正向偏置)，集电极与发射极间加的反向电压 U_{CE} 的方向和发射结导电方向一致，和集电结导电方向相反。一般情况下，U_{CE} 比 U_{BE} 大很多，因此集电结所加电压 $U_{BC}=U_{BE}-U_{CE}<0$，即加以“反向电压”(集电结反向偏置)，这样晶体管才能起到放大作用。为此，NPN 型管三个电极的电位高低必须满足 $V_E<V_B<V_C$ 的关系。PNP 管三个电极的电位高低必须满足 $V_C<V_B<V_E$ 的关系。

为了了解晶体管各极电流的分配和电流放大作用，我们把晶体管接成如图 6-24 所示电路。改变可变电阻 R_B，则基极电流 I_B、集电极电流 I_C 和发射极电流 I_E 都发生变化。电流方向如图 6-24 所示，测量结果列于表 6-2 中。

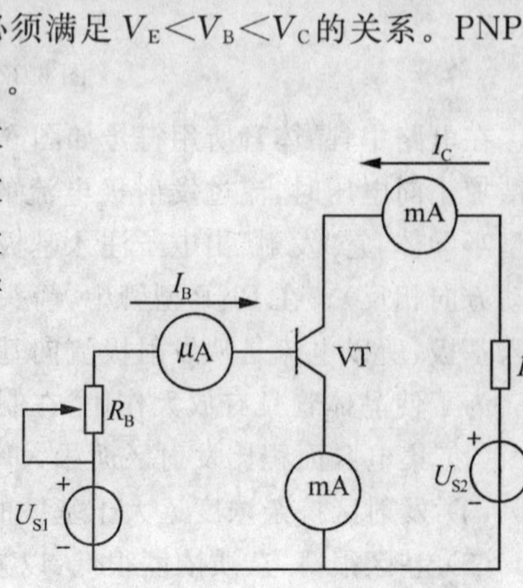

图 6-24　晶体管特性测试电路

表 6-2　　晶体管电流测量数据

电流＼次数	1	2	3	4	5	6
I_B/mA	0	0.02	0.04	0.06	0.08	0.10
I_C/mA	0	0.70	1.40	2.10	2.80	3.50
I_E/mA	0	0.72	1.44	2.16	2.88	3.60

由此实验测量的数据可得出以下结论：

(1)三极管三极电流之间的关系

表 6.2 中每组 I_B、I_C、I_E数据都符合以下关系：

$$I_E=I_B+I_C,且\ I_C \gg I_B。\tag{6-11}$$

(2)三极管的电流放大作用

表中 $I_C \approx I_E$，I_B比 I_C、I_E小的多。当 I_B有微小变化时，I_C有较大的变化。这种用基极电流的微小变化来使集电极电流作较大变化的控制作用就叫做晶体管的电流放大作用。I_C与 I_B的比值用$\bar{\beta}$表示，称为三极管的静态电流放大系数。

$$\bar{\beta}=\frac{I_C}{I_B}\tag{6-12}$$

表 6.2 中 I_B有微小变化时，I_C即有较大的变化。这种通过基极电流的微小变化来获得集电极电流较大变化的控制作用，叫做三极管动态电流放大作用。I_C的变化量 ΔI_C比 I_B的变化量 ΔI_B大，其比值用 β 表示，称为晶体管的动态电流放大系数。

$$\beta=\frac{\Delta I_C}{\Delta I_B}\tag{6-13}$$

在上述电路中当 I_B从 0.04mA 变到 0.06mA 时，I_C从 1.40mA 变到 2.10mA，则该管的放大系数

$$\bar{\beta}=\frac{I_C}{I_B}=\frac{2.10}{0.06}=35$$

$$\beta=\frac{\Delta I_C}{\Delta I_B}=\frac{2.10-1.40}{0.06-0.04}=35$$

可看出，$\bar{\beta}=\beta$，因此工程计算中不作严格区分，把它们统称为电流放大系数。

6.2.2　三极管的特性曲线

晶体管的伏安特性曲线全面地反映了各电极电流与电压之间的关系，是管内载流子运动的外部表现。从使用角度看，弄清特性曲线比弄清载流子的运动规律更为重要，一方面可以用它判断管子质量的好坏，另一方面它是放大电路图解分析的基础。晶体管常用的伏安特性曲线包括输入和输出特性曲线。

三极管的伏安特性曲线有两种，即输入特性曲线与输出特性曲线。下面以三极管发射极作公共端的电路(共发射极电路)为例，讨论 NPN 管的特性曲线，其测试电路如图 6-25 所示。

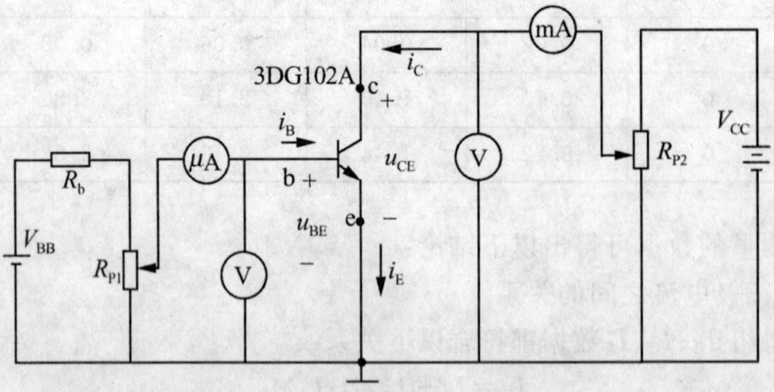

图 6-25　NPN 三极管共发射极接法特性曲线测试电路

1. 输入特性

三极管输入特性是指集电极和发射极之间电压 u_{CE} 为某一个常数时，输入回路的基极与发射极之间的电压 u_{BE} 与基极电流 i_B 的关系。其函数式为

$$i_B = f(u_{BE})\Big|_{u_{CE}=\text{常数}}$$

图 6-26 是三极管的输入特性曲线。

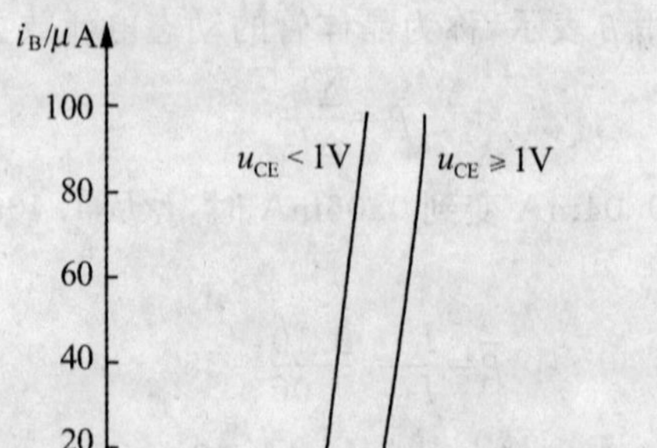

图 6-26　晶体管的输入特性曲线

从输入特性曲线可以看出晶体管的输入特性曲线是非线性的。显然，这一曲线与二极管的正向特性曲线相似。

2. 输出特性

三极管的共发射极输出特性曲线是指 i_B 一定时，输出电流 i_C 和输出电压 u_{CE} 的关系曲线，其函数表示式为

$$i_C = f(u_{CE})\Big|_{i_B=\text{常数}}$$

图 6-27 是硅 NPN 管的输出特性曲线。

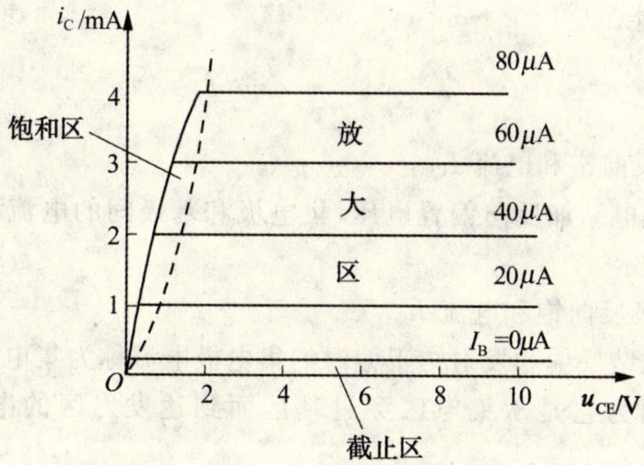

图 6-27　晶体管输出特性曲线

通常输出特性曲线分为放大区、饱和区和截止区。

(1) 放大区

发射结正偏，集电结反偏时，对应的是曲线中平坦部分组成的区域即放大区，此时 i_C 与 u_{CE} 基本无关，仅受 i_B 控制，即 $i_C=\beta i_B$。i_B 微量的变化会引起 i_C 较大的变化。i_B 不变时 i_C 几乎不变，晶体管具有恒流特性。由于 i_C 与 i_B 成正比关系，所以该区称“线性区”。晶体管只有工作在这个区域中才具有电流放大作用，故把这个区叫“放大区”。

(2) 饱和区

当 $u_{CE}<u_{BE}$ 时，发射结、集电结均正偏，因 u_{CE} 较低，限制了集电区收集电子的能力。此时 i_C 不受 i_B 控制，晶体管失去电流放大作用，处于饱和状态。饱和时 C、E 极之间的电压接近于零，而 i_C 较大，C、E 极之间电阻低，相当于短路，如同一个闭合的开关。

(3)截止区

当发射结的电压低于“死区电区”，发射区基本上没有电子注入到基区，这时 $i_B=0$，集电极电流 $i_C\approx 0$（仅有很小的穿透电流 I_{CEO}）。从特性曲线上看，$i_B=0$ 的那条曲线以下的区域即为截止区。截止时 C、E 极之间的电压最大，而 $i_C\approx 0$，晶体管呈现高电阻，此时，C、E 之间相当于断路，如同一个断开的开关。

晶体管工作在放大区具有放大作用，在模拟电子电路中得到广泛应用；工作在饱和区和截止区时具有开关作用，主要用在脉冲数字电路中。

6.2.3　三极管的主要参数

三极管的参数是用来表征其性能和适用范围的数据，是选择和使用三极管的依据。三极管的参数很多，下面介绍一些主要参数。

1. 电流放大系数 β

电流放大系数是用来表征三极管的电流放大能力。由于制造工艺的离散性，即使同一型号的三极管，其 β 值也不完全相同。常用小功率晶体管的 β 值在 20～150 之间，通常以 100 左右为宜。β 值太小，电流放大作用差；β 值太大，温度对它的稳定性影响又太大，会影响放大电路的性能。

2. 极间反向饱和电流

(1)集电极-基极反向饱和电流 I_{CBO}

当发射极开路，集电结加反向偏置电压，集电极和基极间的电流称为集电极-基极反向饱和电流，用 I_{CBO} 表示。

(2)集电极-发射极反向饱和电流 I_{CEO}

当基极开路，集电结反偏和发射结正偏时的集电极电流称为集电极-发射极反向饱和电流，用 I_{CEO} 表示。因为它是从集电区穿过基区而到达发射区的电流，所以又叫穿透电流。

3. 极限参数

三极管的极限参数是指三极管在工作时不允许超过的极限数值。若超过这个数值，三极管就可能发生永久性损坏。

(1)集电极最大允许电流 I_{CM}

它是指三极管的参数变化不超过允许值时集电极电流的最大允许值。如果集电极电流超过 I_{CM}，管子的性能将明显下降，甚至会烧毁。

(2)集电极最大允许功率损耗 P_{CM}

它表示集电结上允许损耗功率的最大值。超过此值，管子的性能会下降或烧毁。使用时应保证 $U_{CE}I_C < P_{CM}$，否则管子将过热，严重时会烧坏管子。

集电结最大允许功率损耗 P_{CM} 的大小与环境温度有密切关系。温度越高，则 P_{CM} 值越小。对于大功率管，为提高 P_{CM} 值，常在管子上加散热器或散热片。

4. 三极管的反向击穿电压

(1)$U_{(BR)CBO}$

它是指发射极开路时集电极与基极间的反向击穿电压，也就是集电结的反向击穿电压。

(2)$U_{(BR)CEO}$

它是指基极开路时，集电极与发射极之间的反向击穿电压。

(3)$U_{(BR)EBO}$

它是指集电极开路时，发射极与基极之间的反向击穿电压，也就是发射结的反向击穿电压。三极管工作在放大状态时，其发射结是正偏的，然而在某些场合，例如工作在大信号输入状态或工作在开关状态，发射结就可能承受较大的反向电压，所以也要考虑 $U_{(BR)EBO}$ 的大小。

6.2.4 基本共射放大电路的组成及各部分的作用

共发射极连接的单管交流放大电路是三极管放大电路的基本形式。图 6-28 是一个基本共射放大电路(图中为习惯画法),它由直流电源、三极管、电阻、电容等元件组成。信号源电压 u_i 从 AA′端输入,放大后的信号电压 u_o 从 BB′端输出。电路中各部分的作用分别如下:

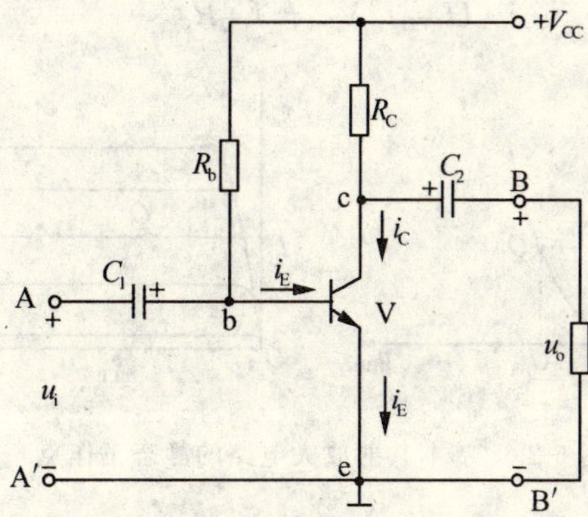

图 6-28　基本共射放大电路

三极管 V:三极管是放大电路的核心,起放大作用。

直流电源 V_{CC}:它是信号放大的能源,并保证发射结处于正向偏置,集电结处于反向偏置,使三极管 V 起到放大作用。一般为几伏到几十伏。

集电极负载电阻 R_c:简称集电极电阻,它的作用是将集电极电流的变化转化为输出电压的变化,使放大电路实现电压放大。其阻值一般为几千欧到几十千欧。

基极偏置电阻 R_b:简称基极电阻,它和电源 V_{CC} 一起为基极提供大小适当的基极电流 I_B,使放大电路能够不失真地放大。其阻值一般为几十千欧到几百千欧。

耦合电容 C_1 和 C_2:它们一方面起隔直作用,C_1 用来隔断放大电路与信号源之间的直流通路,而 C_2 则用来隔断放大电路与负载之间的直流通路,使三者之间无直流联系,互不影响;另一方面又起到交流耦合作用,保证输入、输出信号顺畅地传输。其容量较大,一般是几微法到几十微法的电解电容,联接时一定要注意其极性。

在放大电路中,通常把公共端接"地",设其电位为零,作为电路其他各点电位的参考点。图中符号"⊥"表示接"地"。

6.2.5　基本共射放大电路静态工作点的设置

1. 静态工作点

在放大电路中,当输入信号为零($u_i=0$)时,放大电路只有直流电源作用,各处的电压和电流都是直流量,称为直流工作状态或静止状态,简称静态。此时三极管的基极电流 I_B 和 b－e 间电压 U_{BE},集电极电流 I_C 和管压降 U_{CE} 代表着输入、输出特性曲线上的一个点 Q(如图 6-29 所示),称为放大电路的静态工作点,简称 Q 点,故常将上述四个物理量记作 I_{BQ}、U_{BEQ}、I_{CQ}、U_{CEQ}。在图 6-30 所示电路中,令 $u_i=0$,根据回路方程,便可得到静态工作点的表达式

$$I_{BQ}=\frac{V_{CC}-U_{BEQ}}{R_b} \tag{6-14}$$

$$I_{CQ}=\bar{\beta}I_{BQ} \tag{6-15}$$

$$U_{CEQ}=V_{CC}-I_{CQ}R_C \tag{6-16}$$

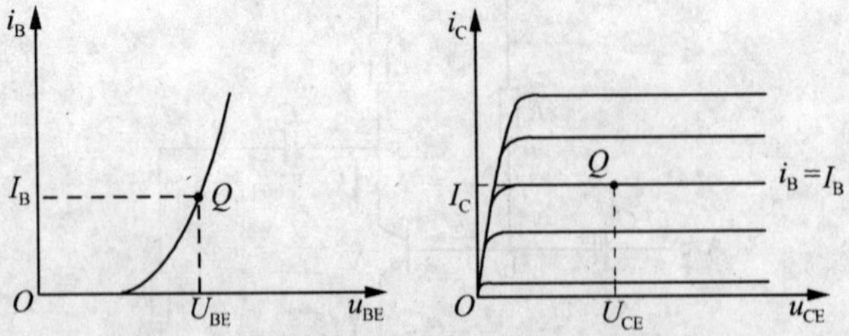

图 6-29　基本共射放大电路的静态工作点

2. 为什么要设置静态工作点

既然放大电路要对信号源提供的输入信号进行放大，那么为什么要设置静态工作点呢？为了说明这一问题，不妨将基极电源去掉，如图 6-30 所示。

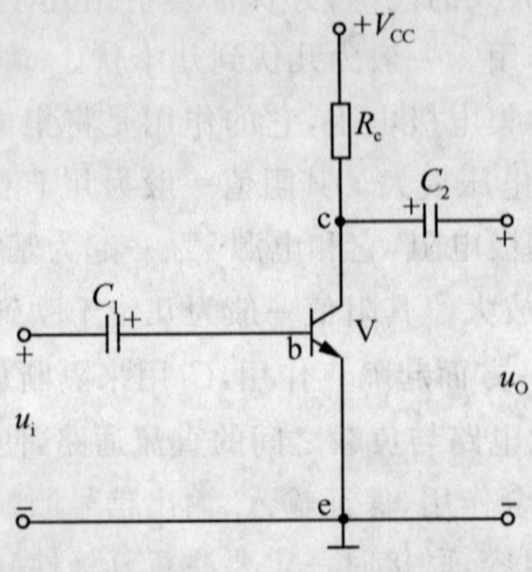

图 6-30　未设置合适的静态工作点

在静态时，$I_{BQ}=0$，$I_{CQ}=0$，$U_{CEQ}=V_{CC}$，因而三极管处于截止状态。当加入输入信号 u_i 时，发射结电压 $U_{BE}=u_i$，若其峰值小于晶体管的死区电压 U_{th}，则在信号的整个周期内三极管始终处于截止状态，因此输出电压毫无变化；只有当输入信号足够大时，三极管才能在信号正半周大于 U_{th} 的时间段内导通，因此输出电压必然产生失真。所谓失真，是指输出信号的波形与输入信号的波形不再相似，这是放大电路应该尽量避免的。

对于放大电路的最基本要求：一是不失真，二是能够放大。如果输出波形产生失真，放大就毫无意义了。只有在输入信号的整个周期内三极管始终工作在放大状态，输出信号才不会产生失真。因此设置合适的静态工作点，以保证放大电路不产生失真是必不可少的。

6.2.6 放大电路的组成原则

通过对基本共射放大电路的简单分析可以总结出，在组成放大电路时必须遵循以下几个原则。

必须有直流电源，而且电源的设置应使三极管的发射结正向偏置、集电结反向偏置，保证三极管工作在放大状态。

输入信号必须有效地作用于放大管的输入回路，经过放大后能从输出端输出，即要具备正常的信号输入回路和输出回路。

元件参数的选择要合适，保证当负载接入时，使负载获得比输入信号大得多的信号电压或信号电流。

6.2.7 放大电路的分析方法

1. 直流通路

静态工作点可根据放大电路的直流通路进行分析确定。直流通路是在直流电源作用下直流电流流经的通路，也就是静态电流流经的通路。由放大电路确定直流通路，关键是处理好信号源和电容、电感等电抗元件，应遵循如下原则：

(1)电容视为开路(即忽略漏电流)；

(2)电感线圈视为短路(即忽略线圈电阻)；

(3)信号源视为短路，但应保留其内阻。

根据上述原则，图 6-28 所示基本共射放大电路的直流通路可画成如图 6-31 所示的电路。

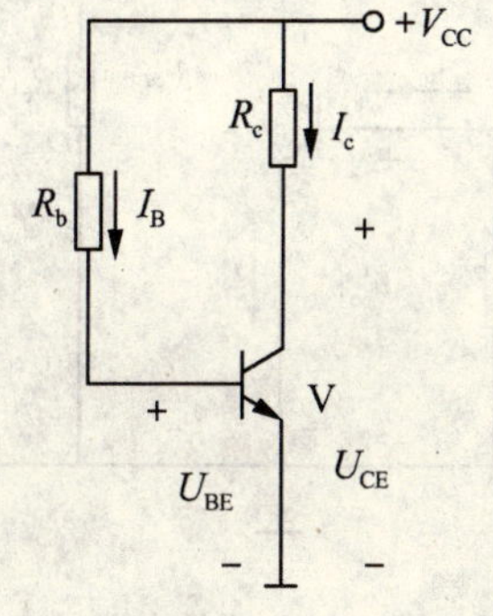

图 6-31 图 6-28 的直流通路

2. 用估算法确定静态工作点

U_{BEQ}，对于硅管约为 0.7V，锗管约为 0.2V(绝对值)。当 $V_{CC}>>U_{BEQ}$时，式(6-14)可近似为

$$I_{BQ}\approx\frac{V_{CC}}{Rb} \tag{6-15}$$

在忽略 I_{CEO} 的情况下，根据三极管的电流分配关系可得

$$I_{CQ} \approx \beta I_{BQ} \tag{6-16}$$

$$U_{CEQ} = V_{CC} - I_{CQ} R_C \tag{6-17}$$

至此，根据式(6-15)，(6-16)，(6-17)就可以估算出放大电路的静态工作点。

6.2.8 放大电路的动态分析方法

1. 交流通路

放大电路的输入端接入输入信号 u_i 后的工作状态，称为动态。此时，放大电路在输入信号 u_i 和直流电源 V_{CC} 共同作用下工作，电路中既有直流分量，又有交流分量，流过各极的电流和各极间的电压都是在直流分量的基础上叠加了一个随输入信号 u_i 作相应变化的交流分量，形成了直流分量和交流分量共存的情况。

放大电路中各个交流量的变化规律及动态性能一般用放大电路的交流通路来分析。交流通路是指交流信号所流经的通路，也就是动态信号所流经的通路。由放大电路确定其交流通路应遵循如下原则：内阻很小的直流电源，视为短路；容量很大的电容(如耦合电容)视为短路。

根据上述原则，图 6-28 所示基本共射放大电路的交流通路画成如图 6-32 所示的电路。

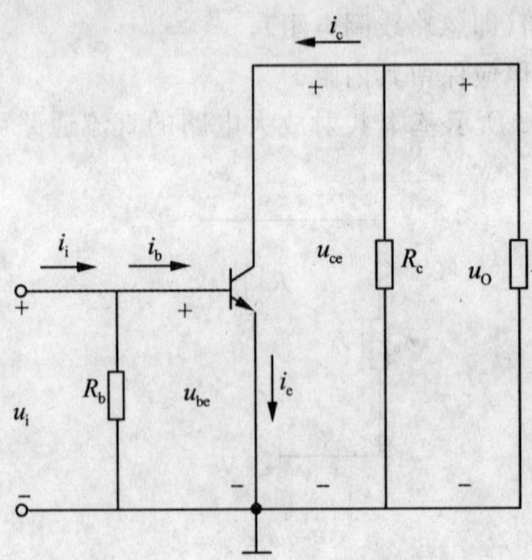

图 6-32 图 6-28 所示电路的交流通路

2. 基本放大电路的微变等效电路

由晶体管的微变等效电路和放大电路可得出放大电路的微变等效电路，如图 6-33 所示。其基本步骤是：

(1)画出放大电路的交流通路，如图 6-33 所示。

(2)把交流通路中的晶体管用它的微变等效电路来代替。

(3)电路中的电流和电压均为交流分量。

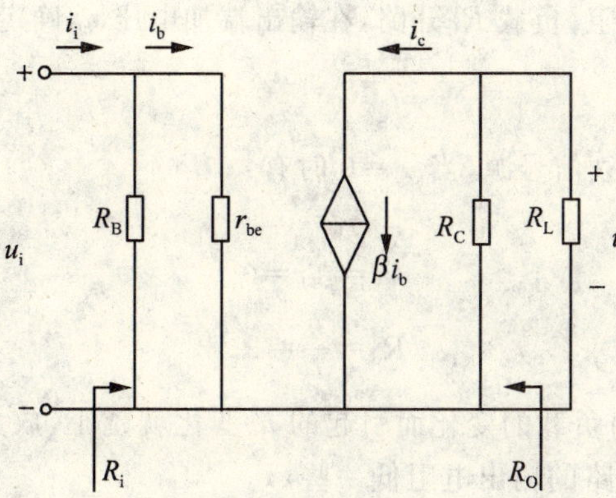

图 6-33　基本放大电路的微变等效电路

3. 放大电路的主要性能指标

(1)电压放大倍数 A_u

电压放倍数是衡量放大电路放大输入信号能力的基本性能指标，定义为输出电压与输入电压之比。即：$A_u=\frac{u_o}{u_i}$

根据等效电路有：$u_i=i_b r_{be}$

$$u_o=-i_c R'_L=-\beta i_b R'_L$$

式中 $R'_L=\frac{R_C R_L}{R_C+R_L}$

所以 $$A_u=\frac{u_o}{u_i}=\frac{-\beta i_b R'_L}{i_b r_{be}}=\frac{-\beta R'_L}{r_{be}} P_{o(max)}=\frac{1V_{CC}}{2R_L}=\frac{1}{2}\frac{20^2}{8}=25W \tag{6-18}$$

式中负号表示输出电压与输入电压反相。

当 $R_L=\infty$时(R_L未接)：

$$A_u=-\beta\frac{R_C}{r_{be}} \tag{6-19}$$

(2)输入电阻 R_i

根据定义有：$R_i=\frac{u_i}{i_i}=\frac{R_B r_{be}}{R_B+r_{be}}$

R_i是交流动态电阻，是对交流信号而言的。

在实际电路中，输入电阻与信号源内阻 R_S是串联关系，由于：

$$u_1=\frac{R_1}{R_1+R_S}u_S \tag{6-20}$$

$$A_{uS}=\frac{u_o}{u_s}=\frac{u_s}{u_s}\cdot\frac{u_o}{u_1}=\frac{R_1}{R_1+R_S}A_u \tag{6-21}$$

A_{uS}称为源电压放大倍数，通常希望 R_i能大一些。R_i越大，输入电压 u_i就越接近 u_S。由图 6-32 可得等效电阻为 $R_i=R_b /\!/ r_{be}\approx r_{be}$。(3)输出电阻 R_o

输出电阻对负载 R_L来说，可看成是一个等效信号源的内阻。它的计算方法是：令独

立信号源为零，保留其内阻，负载 R_L 开路，在输出端加电压 u，确定其电流 i。即

$$R_o = \frac{u}{i}$$

在图 6-32 中 u_i 为独立信号源，当 $u_i=0$ 时有：

$$i_b = 0$$

$$i_c = \beta i_b = 0$$

$$R_o = \frac{u}{i} = \mathrm{R_c}$$

输出电阻 R_o 越小，由负载的变化而引起的 u_o 变化就越小，放大电路带负载的能力越强，因此通常希望放大电路的输出电阻低一些。

应当指出，虽然利用微变等效电路分析的是动态参数，但是由于 r_{be} 与 Q 点紧密相关，而且只有在 Q 点合适时动态分析才有意义，所以对放大电路进行分析时，总是遵循“先静态，后动态”的原则。

6.2.9 稳定静态工作点的放大电路的分析

工作点不稳定的原因虽然很多，但主要是由于晶体的参数随温度变化从而使静态工作点 Q 偏离原来设定的值。温度变化对放大电路静态工作点的影响一般都是通过 I_C 的增大来实现的，如果能保证 I_C 不受温度影响，静态工作点就可以稳定。下面将具体分析分压式偏置电路组成和工作原理

图 6-34 是一个具有稳定静态工作点的分压式偏置电路。选取适当的 R_{B1} 和 R_{B2}，保证 I_1 □ I_{BQ}，可近似认为 $I_1 \approx I_2$，这时基极电位基本不变，即

$$V_B = \frac{R_{B_2}}{R_{B1}+R_{B2}} V_{CC}$$

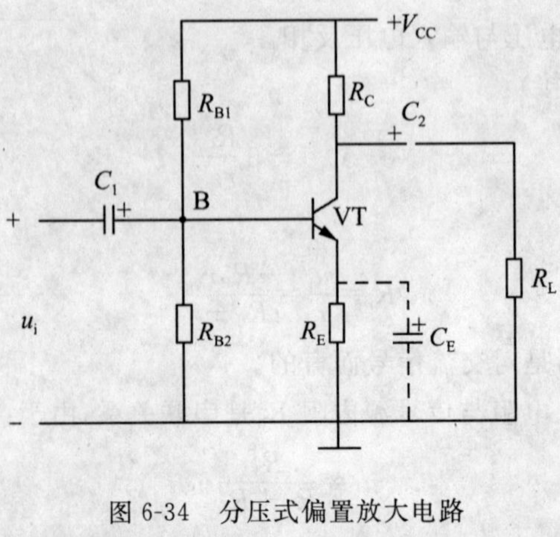

图 6-34　分压式偏置放大电路

由上式可见 V_B 与晶体管的参数无关，不受温度影响，而由 R_{B1} 和 R_{B2} 的分压电路所定。由于 $V_B >> U_{BE}$，这时发射极电流基本不变，即

$$I_E = \frac{V_B - U_{BE}}{R_E} \approx \frac{V_B}{R_E}$$

因为 $I_C \approx I_E$，从而保证了静态工作点不受温度影响，达到稳定静态工作点的目的。静态工作点的稳定是由 V_B 和 R_E 共同作用实现的，其稳定静态工作点的过程如下：

$$T\uparrow \rightarrow I_{CQ}\uparrow \rightarrow I_{EQ}\uparrow \rightarrow U_{BEQ}\downarrow \rightarrow I_{BQ}\downarrow \rightarrow I_{CQ}\downarrow$$

当温度上升时，由于 $I_{CQ}(I_{EQ})$ 增加，在电阻 R_E 上产生的电压降 $I_{EQ}R_E$ 也增加，$I_{EQ}R_E$ 的增加部分回送到基极和发射极组成的回路，因 $U_{BEQ}=V_B-I_{EQ}R_E$，由于 V_B 是固定值，U_{BEQ} 随着 $I_{EQ}R_E$ 的增加而减小，迫使 I_{BQ} 减小，从而牵制了 $I_{CQ}(I_{EQ})$ 的增加，使 $I_{CQ}(I_{EQ})$ 基本维持不变。此电路的工作点可以通过 R_E 来调整，因此又叫射极偏置电路。发射极电阻 R_E 越大，上述电路的稳定性越好，但 R_E 上的交流压降也会使 u_{be} 减小，降低了放大电路的电压放大倍数。所以通常在 R_E 的两端并联一个大电容 C_E，只要 C_E 足够大，使 C_E 对交流信号可视为短路，从而保证电路的电压放大倍数不受 R_E 的影响，C_E 称为发射极旁路电容，其电容值一般为几十微法到几百微法。

6.2.10　多级放大电路

在工程实际中，对放大电路的性能往往有多方面的要求。例如，对于电压放大电路，应有足够大的输入电阻，以减小从信号源索取的电流；应有足够小的输出电阻，以增强带负载的能力，当然还应有足够大的电压放大倍数。因此仅靠单管放大电路是不可能实现的，一般应采用多级放大电路。多级放大电路是由若干个基本放大电路连接而成的，一个基本放大电路称为一级，级与级之间的连接称为级间耦合。在多级放大电路中，常见的耦合方式有四种，即：直接四耦合、阻容耦合、变压器耦合和光电耦合。

(1)直接耦合

将前一级的输出端直接(或通过电阻)接到后一级的输入端，称为直接耦合，如图 6-35 所示。

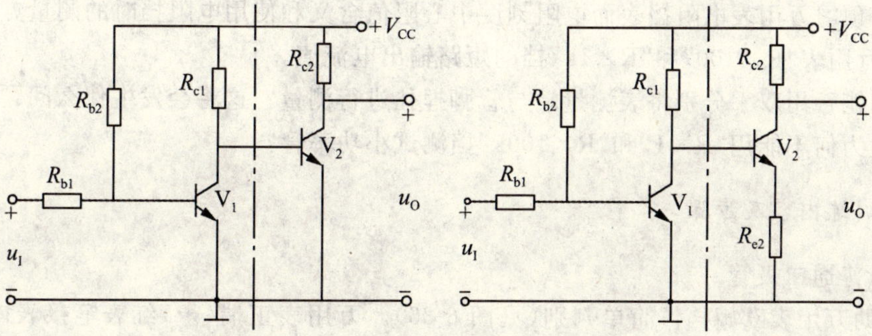

图 6-35　直接耦合两级放大电路

直接耦合放大电路的突出优点是具有良好的低频特性，可以放大变化缓慢的信号；并且由于电路中没有大容量电容，所以易于将全部电路集成在一片硅片上，构成集成放大电路。由于电子工业的飞速发展，使集成放大电路的性能越来越好，种类越来越多，价格也越来越便宜，所以直接耦合放大电路的应用越来越广泛。

(2)阻容耦合

将放大电路的前级输出端通过电容接到后级输入端，称为阻容耦合方式，由于电容对直流量的电抗为无穷大，所以阻容耦合放大电路各级之间的直流通路互不相通，各级的静态工作点相互独立，交流信号逐次放大。但是阻容耦合放大电路的低频特性差，不能放大变化缓慢的信号。这是因为电容对这类信号呈现出很大的容抗，信号的一部分甚至全部都衰减在耦合电容上，而根本不能放大。此外，在集成电路中制造大容量电容很困难，甚至是不可能的，所以这种耦合方式不便于集成。

(3)变压器耦合

将放大电路前级的输出端通过变压器接到后级的输入端或负载电阻上，称为变压器耦合。实际中使用较少。

实训6　晶体管的检测与判别

1. 训练目的

(1)学会用万用表判别二极管极性和晶体管的管脚；

(2)熟悉用万用表判别二极管和晶体管质量。

2. 仪器与材料

万用表1只；二极管2AP型、2CP型各一只；发光二极管2只；晶体管3AX31、3DG6各1只；100kΩ电阻1只；质差和废次的各类二极管、晶体管若干只。

3. 预习要求

(1)预习PN结外加正、反向电压时的工作原理和晶体管电流放大原理。

(2)预习万用表电阻挡表面电阻刻度中心阻值含义和使用电阻挡时的测量方法，并估算所用万用表“R×100”和“R×1k”挡的短路输出电流值。

(3)能否用双手分别将表测量端与管脚捏住进行测量？这将会发生什么问题？

(4)为何不能用“R×1”和“R×100k”挡测试小功率管？

4.训练内容及步骤

(1)普通二极管

借助万用表欧姆挡作简单判别(见图6-36)。万用表正端(+)红表笔接表内电池的负极，而负端(－)黑笔接表内电池的正极。根据PN结正向导通电阻值小、反向截止电阻值大的原理来简单确定二极管好坏和极性。具体做法是：万用表欧姆挡置“R×100”或“R×1k”处，将红、黑两表笔接触二极管两端，表头有一指示；将红、黑两表笔反过来再次接触二极管两端，表头又将有一指示。若两次指示的阻值一次很大(二极管反偏)，另一次很小(二极管正偏)，说明二极管完好，且阻值小的一次，黑表笔接触的一端为二极管的正极。若两次测试的电阻值均很大或者均很小，说明二极管已损坏。

注意：测试时选用“R×1k”比较合适。不宜选用“R×100k”挡，因该挡的电源电压较高，容易损坏管子。

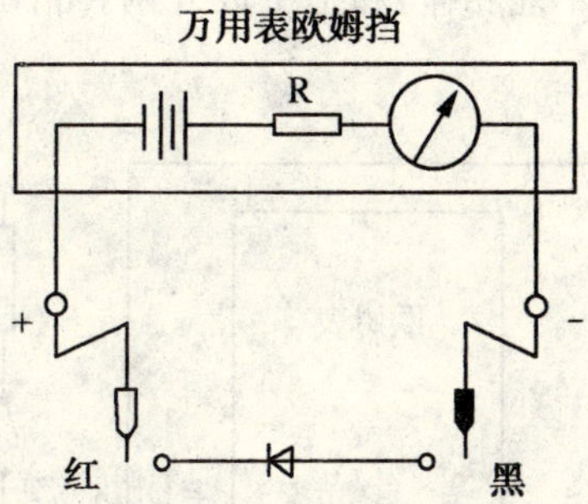

图 6-36　用万用表测试二极管

(2)发光二极管(LED)

发光二极管通常是用砷化镓、磷化镓等制成的一种新型器件。它具有工作电压低、耗电少、响应速度快、抗冲击、耐振动、性能好以及轻而小的特点。

发光二极管和普通二极管一样具有单向导电性,正向导通时才能发光。发光二极管发光颜色有多种,例如红、黄、绿等,形状有圆形和长方形等。发光二极管在出厂时,一根引线做得比另一根引线常,通常,较长引线表示阳极(+),另一根为阴极(-)。发光二极管正向工作电压范围一般为 1.5～3V,允许通过的电流范围为 2～20mA。电流的大小决定发光的速度。电压、电流的大小依器件型号不同而稍有差异。若与 TTL 组件相连接使用时,一般需串接一个 470Ω 的降压电阻,以防止器件的损坏。

(3)晶体管

①先判断基极和晶体管的类型

将万用表欧姆挡置“R×100”或“R×1k”处,先假设晶体管某极为基极,并将黑表笔接在假设的基极上,再将红表笔先后接到其余两个电极上,如果两次测得的电阻值都很大(或者都很小),为几千欧至几十千欧(或为几百欧至几千欧),而对换表笔后测得的两个电阻值都很小(或很大),则可确定假设基极是正确的。如果两次测得的电阻值是一大一小,则可肯定原假设的基极是错误的,这时就必须重新假设另一电极为基极,再重复上述的测试。最多重复两次就可找到真正的基极。

当基极确定以后,将黑表笔接基极,红表笔分别接其他两极。此时,若测得的电阻值都很小,则该晶体管为 NPN 型晶体管,反之,则为 PNP 型晶体管。

②再判断集电极和发射极

以 NPN 型管为例。把黑表笔接到假设的集电极上,红表笔接到假设发射极上,并且用手捏住基极和集电极(不能使基极和集电极直接接触),通过人体,相当于在基极和集电极之间接入偏置电阻。读出表头所示集电极、发射极间的电阻值,然后将红、黑两表笔反接重测。若第一次电阻值比第二次小,说明原假设成立。黑表笔所接为晶体管集电极,红表笔所接为晶体管发射极,因为集电极、发射极间的电阻值小正说明通过万用表的电流大,偏置正常。

③电流放大系数 β 的估算

用欧姆挡的 R×100(或 R×1k)挡,对 NPN 型管可按图 6-37 接线,测量时只需比较用手捏住基极和集电极(两极不能相碰)和把手放开两种情况下表针摆动的大小,摆动越大,β值越高。

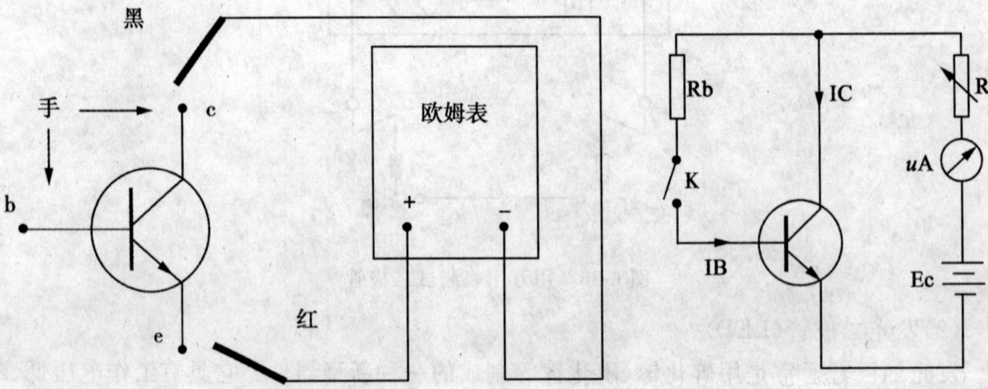

图 6-37 β测量示意图

这样做的原理是:当手不捏 b,c 时,相当于开关打开,通过微安表的电流为 Iceo;当手捏住 b,c 时,相当于开关闭合,b,c 间接入一个电阻 Rb,基极注入一定电流 Ib,对应地有较大的 Ic 通过微安表,Ic 越大,说明管子的β值越大。

5. 训练报告要求

能够完整地写出实验测试所用到的仪器,实验的整个过程以及实验的原理和方法,最终能够得出正确的结果。

习题

6.1 什么是PN结的偏置?PN结正向偏置与反向偏置时各有什么特点?

6.2 半导体二极管和稳压管有何异同?普通二极管能稳压吗?

6.3 在图 6-38 所示的电路中,已知输入信号为 $u_i = 6\sin\omega t$V,试画出输出电压 u_o 的波形。

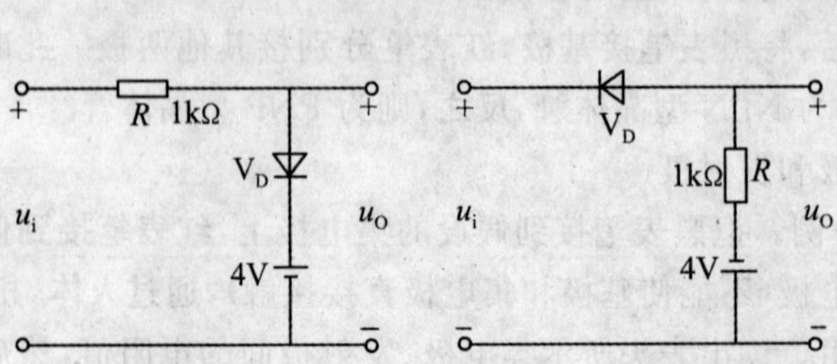

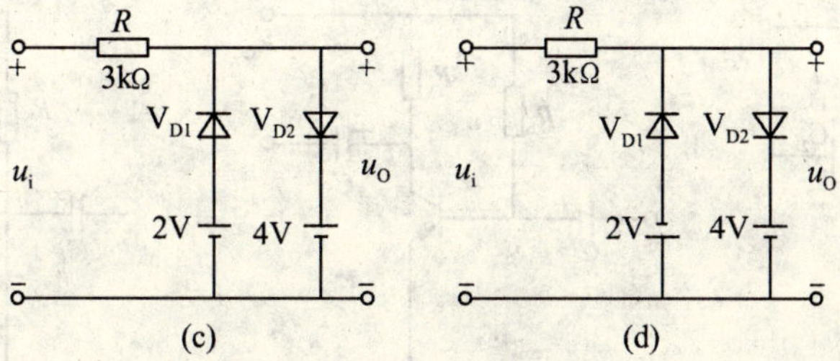

图 6-38

6.4　已知两只硅稳压管的稳定电压值分别为 8V 和 6.5V，若将它们串联使用，问能获得几组不同的电压值？

6.5　测得放大电路中两个三极管的两个电极的电流，如图 6-39 所示。

①求另一电极电流的大小，并标出实际方向；

②判断它们是 NPN 型还是 PNP 型；

③标出 e、b、c 极；

④估算$\bar{\beta}$值。

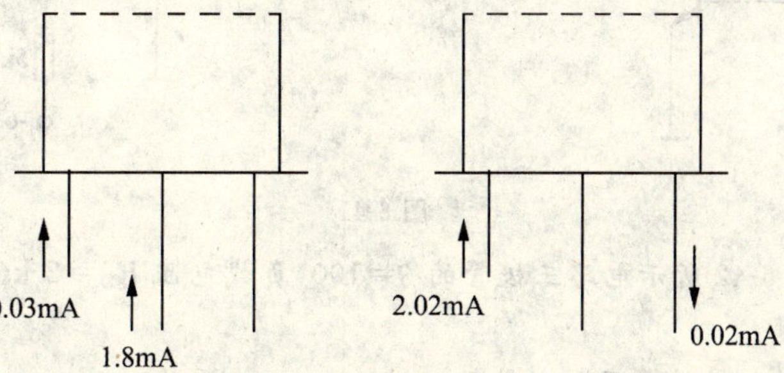

图 6-39

6.6　用直流电压表测得放大电路中的几个三极管的三个电极电位如表 6-3 所示，试判断它们是 NPN 型还是 PNP 型，是硅管还是锗管，并确定每个管子的 e、b、c 极。

表 6-3

	管 1	管 2	管 3	管 4
U_1/V	2.8	2.9	5	8
U_2/V	2.1	2.6	8	5.5
U_3/V	7	6.5	8.7	8.3

6.7　试判断图 6-40 所示电路是否有放大作用，为什么？若没有，应如何纠正？

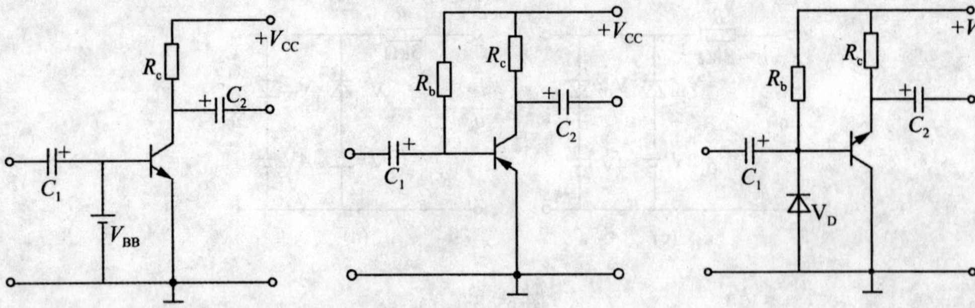

图 6-40

6.8　已知图 6-41 所示电路中的三极管均为硅管，且 $\beta=50$，试计算静态值 I_{BQ}、I_{CQ} 和 U_{CEQ} 值。

图 6-41

6.9　已知图 6-42 所示电路三极管的 $\beta=100$，负载电阻 $R_L=2\ k\Omega$，试用微变等效电路法求解下列问题：

①不接负载电阻时的电压放大倍数；

②接负载电阻 $R_L=2k\Omega$ 时的电压放大倍数；

③电路的输入电阻和输出电阻；

④信号源内阻 $R_S=500k\Omega$ 时的源电压放大倍数。

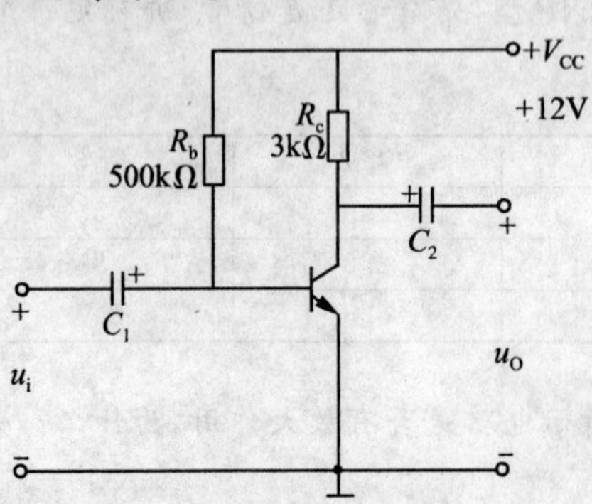

图 6-42

6.10　已知图 6-43 所示电路中的三极管 $\beta=50$，试求：

①静态工作点；

②电压放大倍数、输入电阻和输出电阻；

③电容 C_e 开路时电压放大倍数、输入电阻和输出电阻。

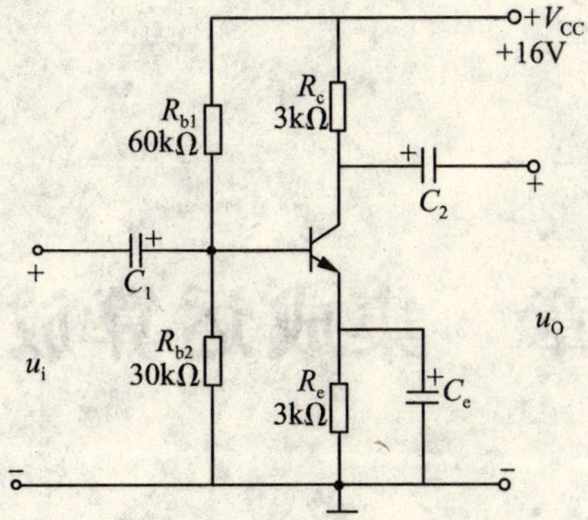

图 6-43

第7章　集成运算放大器

学习目标

1. 能熟练掌握集成运算放大器电路特性及其线性应用。
2. 能独立搭建运放电路并加以验证。
3. 能独立完成简单运放电路设计并应用到实际电路中。

考核标准

知识要求：

1. 差动放大电路的分析。
2. 集成运算放大器电路的特点。
3. 正确理解“虚短”和“虚断”。
4. 三端集成稳压器的工作原理及应用。

技能要求

1. 能应用差动放大电路解决实际问题。
2. 能独立搭建运放电路并加以验证。
3. 能独立完成简单运放电路设计并应用到实际电路中。

教学建议

教具：万用表、示波器、信号源、运算放大器 LM358、LM324N、uA741、OP07、LM324 等芯片、面包板、导线若干。

建议：实践课程内容建议安排在实验室进行。理论课时建议使用板书与多媒体结合教学。实验安排建议使用面包板自己搭建电路创造性实现功能，避免单纯采用试验箱验证性试验。

7.1 集成电路基本知识

在半导体制造工艺的基础上，把整个电路中的元器件制作在一块硅基片上，构成特定功能的电子电路，称为集成电路。它的体积小，而性能却很好。集成电路按其功能来分，有数字集成电路和模拟集成电路。模拟集成电路种类繁多，有运算放大器、宽频带放大器、功率放大器、模拟乘法器、模数和数模转换器、稳压电源和音像设备中常用的其他模拟集成电路等。

模拟集成电路一般是由一块厚0.2mm～0.25mm的P型硅片制成，这种硅片是集成电路的基片。基片上可以做出包含有数十个或更多的BJT或FET、电阻和连接导线的电路。外型一般用金属圆壳或双列直插式结构，与分立元件电路相比，模拟集成电路有以下几方面的特点：

(1)电路结构与元件参数具有对称性

电路中各元件是在同一硅片上，又是通过相同的工艺过程制造出来的，同一片内的元件参数绝对值有同向的偏差，温度均一性好，容易制成两个特性相同的管子或两个阻值相等的电阻。

(2)用有源器件代替无源器件

电路中的电阻元件是由硅半导体的体电阻构成，电阻值的范围一般为几十欧到20千欧，阻值范围不大。此外，电阻值的精度不易控制，误差可达10%～20%，所以在集成电路中，高阻值的电阻多用BJT或FET等有源器件组成的恒流源电路来代替。

(3)采用复合结构的电路

由于复合结构电路的性能较佳，而制作又不增加多少困难，因而在集成电路中多采用复合管、共射—共基、共集—共基等组合电路。

(4)级间采用直接耦合方式

电路中的电容量不大，约在几十皮法以下，常用PN结结电容构成，误差也较大；至于电感的制造就更困难了，所以在集成电路中，级间都采用直接耦合方式。

(5)电路中使用的二极管，多用作温度补偿元件或电位移动电路，大都采用BJT的发射结构成。

7.2 集成运放的应用基础

7.2.1 集成运放的理想化条件

1.集成运算放大器的基本组成

集成运算放大器(简称集成运放)是模拟电子电路中最重要的器件之一，它本质上是一个高电压增益、高输入电阻和低输出电阻的直接耦合多级放大电路，因最初它主要用于模拟量的数学运算而得此名。近几年来，集成运放得到迅速发展，有不同类型、不同结构的，但基本结构具有共同之处。集成运放内部电路由输入级、中间电压放大级、输出级和偏置电路四部分组成，如图 7-1 所示。

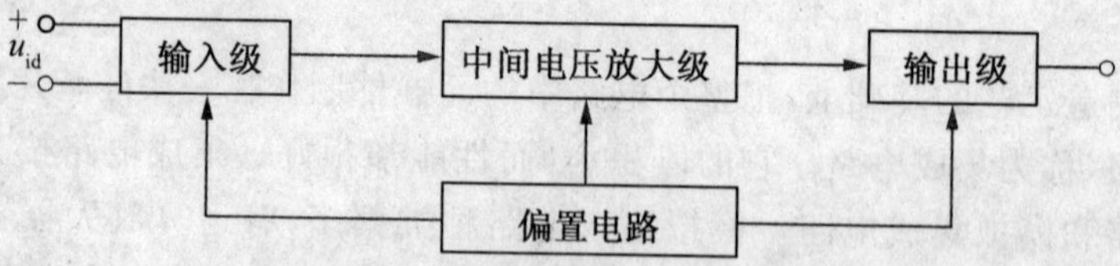

图 7-1　集成运算放大器的内部组成电路框图

(1)输入级

对于高增益的直接耦合放大电路，减小零点漂移的关键在第一级，所以要求输入级温漂小、共模抑制比高，因此，集成运放的输入级都是由具有恒流源的差动放大电路组成，并且通常工作在低电流状态，以获得较高的输入阻抗。

(2)中间电压放大级

集成运放的总增益主要是由中间级提供的，因此，要求中间级有较高的电压放大倍数。中间级一般采用带有恒流源负载的共射放大电路，其放大倍数可达几千倍以上。

(3)输出级

输出级应具有较大的电压输出幅度、较高的输出功率与较低的输出电阻，并有过载保护。输出级一般采用甲乙类互补对称功率放大电路，主要用于提高集成运算放大器的负载能力，减小大信号作用下的非线性失真。

(4)偏置电路

偏置电路为各级电路提供合适的静态工作电流，由各种电流源电路组成。此外，集成运算放大器还有一些辅助电路，如过流保护电路等。

2. 集成运放的封装符号与引脚功能

目前，集成运放常见的两种封装方式是金属封装和双列直插式塑料封装，其外型如图 7-2(a)、(b)所示。金属壳封装有 8、10、12 管脚等种类，双列直插式有 8、10、12、14、16 管脚等种类。

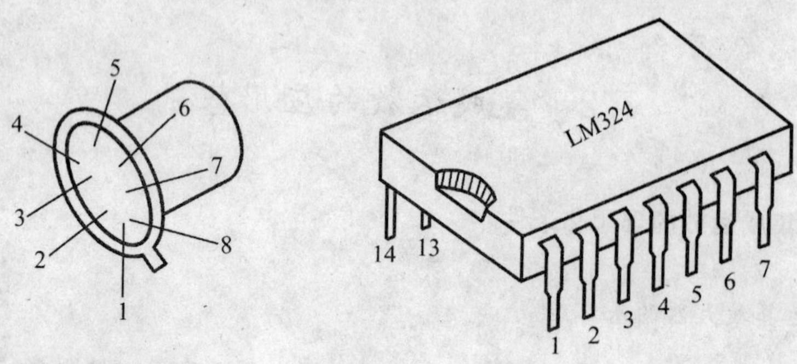

(a)金属壳封装　　(b)双列直插式塑料封装

图 7-2　集成运放的两种封装

金属壳封装器件是以管键为辨认标志，由顶向下看，管键朝向自己。管键右方第一根引线为引脚 1，然后逆时针围绕器件，其余各引脚依次排列。双列直插式器件，是以缺口作为辨认标志(也有的产品以商标方向来标记)。由器件顶向下看，辨认标志朝向自己，标记右方第一根引线为引脚 1，然后逆时针围绕器件，可依次数出其余各引脚。

集成运放的符号如图 7-3(a)、(b)所示。它的外引线排列，各制造厂家有自己的规范，如图 7-3(c)所示的 F007 的主要引脚有：

引脚 4、7 分别接电源 $-V_{EE}$ 和 $+V_{CC}$。

引脚 1、5 外接调零电位器，其滑点与电源 $-V_{EE}$ 相连。如果输入为零，输出不为零，调节调零电位器使输出为零。

引脚 6 为输出端。

引脚 2 为反相输入端。即当同相输入端接地时，信号加到反相输入端，输出端得到的信号与输入信号极性相反。

引脚 3 为同相输入端。即当反相输入端接地时，信号加到同相输入端，则得到的输出信号与输入信号极性相同。

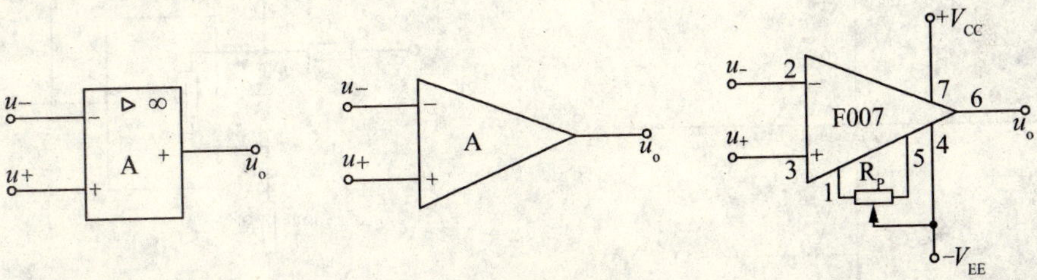

(a)国际标准符号图　(b)习惯通用画法符号　(c)F007运放主要引脚

图 7-3　集成运放的符号

7.2.2　集成运放的电压传输特性

1. 理想集成运放

具有理想参数的集成运算放大器叫做理想集成运放。它的主要特点有：

(1)开环差模电压放大倍数 $A_{uo}\to\infty$。

(2)输入阻抗 $R_{id}\to\infty$。

(3)输出阻抗 $R_o\to0$。

(4)带宽 $BW\to\infty$，转换速率 $S_R\to\infty$。

(5)共模抑制比 $K_{CMR}\to\infty$。

2. 集成运放的传输特性

(1)传输特性

集成运放是一个直接耦合的多级放大器，它的传输特性如图 7-4 所示曲线①。图中 BC 段为集成运放工作的线性区，AB 段和 CD 段为集成运放工作的非线性区(即饱和区)。

由于集成运放的电压放大倍数极高，BC 段十分接近纵轴。在理想情况下，认为 BC 段与纵轴重合，所以它的理想传输特性可以由曲线②表示。段表示集成运放工作在线性区，和段表示运放工作在非线性区。

(2)工作在线性区的集成运放

当集成运放电路的反相输入端和输出端有通路时(称为负反馈)，如图 7-5 所示，一般情况下，可以认为集成运放工作在线性区。由图 7-4 曲线②可知，这种情况下，理想集成运放具有两个重要特点：

①由于理想集成运放的 $A_{uo}\rightarrow\infty$，故可以认为它的两个输入端之间的差模电压近似为零，即 $u_-=u_+$，而 u_o 具有一定值。由于两个输入端之间的电压近似为零，故称为“虚短”。

②由于理想集成运放的输入电阻 $R_{id}\rightarrow\infty$，故可以认为两个输入端电流近似为零，即 $i_-=i+0$，这样，输入端相当于断路，而又不是断路，称为“虚断”。

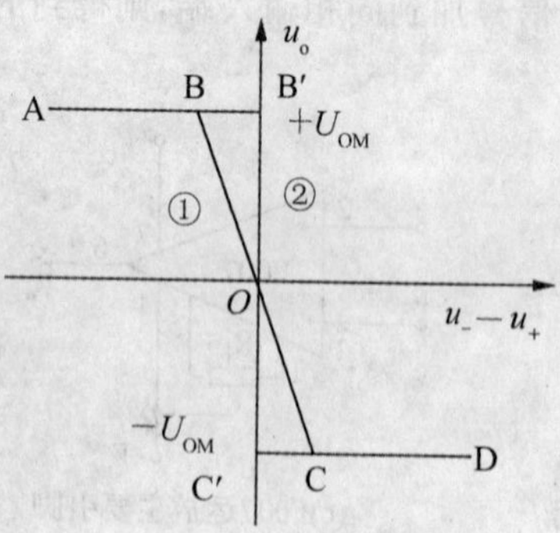

图 7-4 运放传输特性曲线

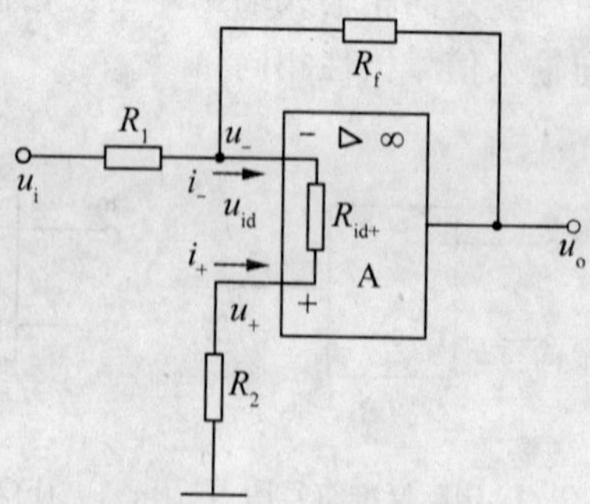

图 7-5 带有负反馈的运放电路

利用集成运放工作在线性区时的两个特点，分析各种运算与处理电路的线性工作情况将十分简便。

另外由于理想集成运放的输出阻抗 $R_o\rightarrow 0$，一般可以不考虑负载或后级运放的输入电阻对输出电压 u_o 的影响，但受运放输出电流限制，负载电阻不能太小。

(3)工作在非线性区的集成运放

当集成运算放大器处于开环状态或集成运放的同相输入端和输出端有通路时(称为正反馈)，如图 7-6 和图 7-7 所示，这时集成运放工作在非线性区。它具有如下特点：

对于理想集成运放而言，当反相输入端 u_- 与同相输入端 u_+ 不等时，输出电压是一个恒定的值，极性可正可负，当

$$u_- > u_+ \text{时}\ u_o=-U_{OM}$$

$$u_- < u_+ \text{时}\ u_o=+U_{OM}$$

其中 U_{oM} 是集成运算放大器输出电压最大值。其工作特性如图 7-4 中 AB′和 C′D 段所示。

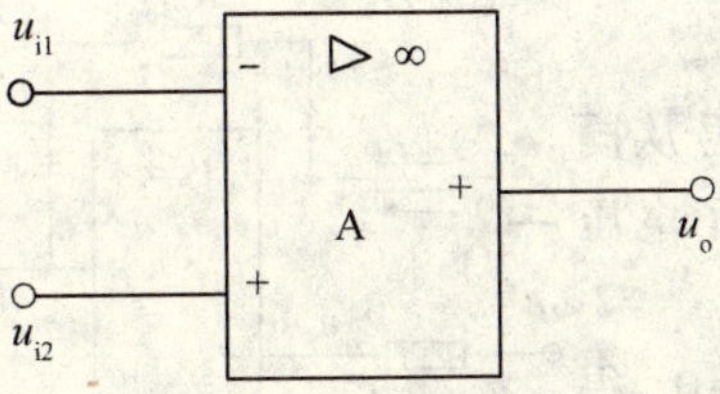

图 7-6　运放开环状态

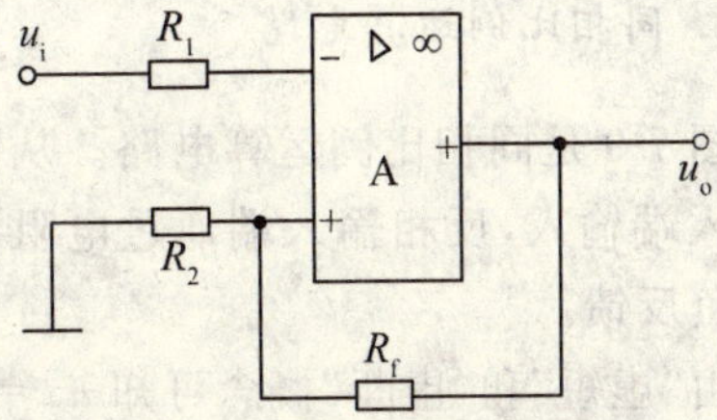

图 7-7　带有正反馈的运放电路图

7.3　集成运算放大器的应用

7.3.1　比例运算电路

集成运放的最初用途就是数学运算，利用集成电路和其他外围元件，可以实现比例、求和、积分、微分、指数等运算功能。此时要求运放工作在线性区，因此电路中都存在深度负反馈。在分析这些电路时，都是将集成运放看成是理想运放。

1. 反相比例运算电路

图 7-8　为反相比例运算电路。电路实际上是一个电压并联负反馈电路，信号从反相输入端输入，同相输入端通过电阻 R_2 接地，R_f 为反馈电阻。由“虚断”的概念可知 $i_+ = i_- = 0$，可得 $u_+ = 0$；由“虚短”的概念，可知 $u_+ = u_- = 0$。反相输入端与同相输入端的电位均为零，与地电位相同，但又不是真正接地，故称为“虚地”。由电路分析可知，$i_i = i_F$，即

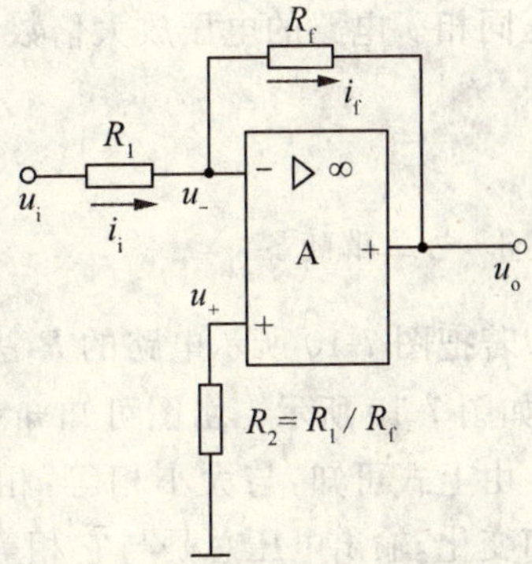

图 7-8　为反相比例运算电路

$$\frac{u_i - u_-}{R_1} = \frac{u_- - u_o}{R_f}$$

将 $u_- = 0$ 代入可得

$$u_o = -\frac{R_f}{R_1}u_I \tag{7.1}$$

由此可见，u_o 与 u_i 的比例关系是 $-\frac{R_f}{R_1}$，式中的负号说明输入信号与输出信号的相位相反，该电路的放大倍数为

$$A_{uf} = \frac{u_o}{u_i} = -\frac{R_f}{R_1}$$

图中的 R_2 为平衡电阻，也叫补偿电阻，为保证集成运放输入级差动放大电路的对称性，它的阻值应等于反相输入端各支路电阻并联的等效值，使用中应使 $R_2 = R_1 // R_f$。

2. 同相比例运算电路

图 7-9 是同相比例运算电路。从图中可知，信号从同相输入端输入，反相输入端通过电阻接地，并引入了电压串联负反馈。

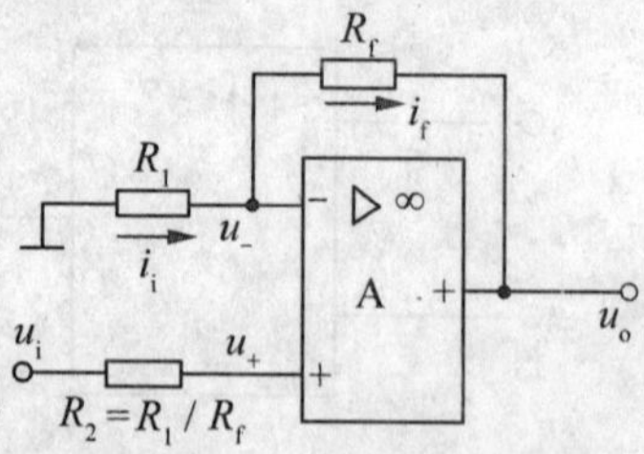

图 7-9　同相比例运算电路

由“虚短”和“虚断”概念可知 $u_+=u_-$，$i_+=i_-=0$，得

$$u_+=u_-=u_i, i_i=i_F$$

分析电路可得

$$\frac{0-u_-}{R_1}=\frac{u_--u_o}{R_f}$$

因 $u_+=u_-$，整理得

$$u_o=\left(1+\frac{R_f}{R_1}\right)u_-=\left(1+\frac{R_f}{R_1}\right)u_+ \tag{7.2}$$

$$u_o=\left(1+\frac{R_f}{R_1}\right)u_i \tag{7.3}$$

式 7.3 说明，在同相比例运算电路中，u_o与 u_i的比例关系是 $1+\frac{R_f}{R_1}$，输出电压与输入电压同相。电路的电压放大倍数为

$$A_{uf}=\frac{u_o}{u_i}=1+\frac{R_f}{R_1}$$

3. 电压跟随器

若把图 7-10 所示电路的 R_1去掉，就变成了电压跟随器，如图 7-10 所示。由图可知 $u_i=u_+=u_-=u_o$，

由上式可知，与大小相等，相位相同，不论输入电压如何变化，输出电压总是与它相等，故称电压跟随器。它的电压放大倍数为 1。

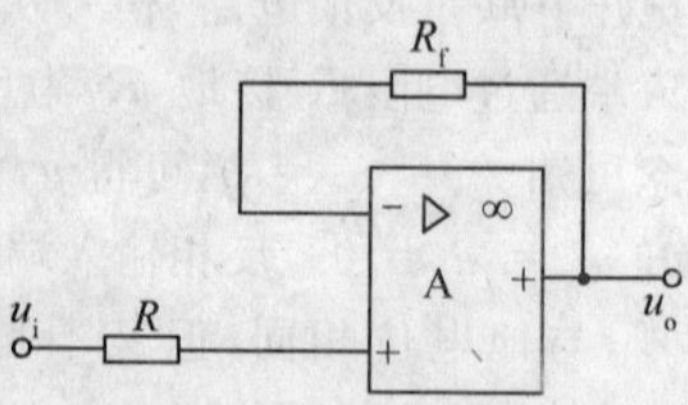

图 7-10　电压跟随器

7.3.2　加法运算电路

电路如图 7-11 所示，电路所完成的功能是对多个输入信号求和。该电路的反相输入端有多个输入信号，同相输入端通过电阻接地，电路形式与反相比例运算放大器相似。

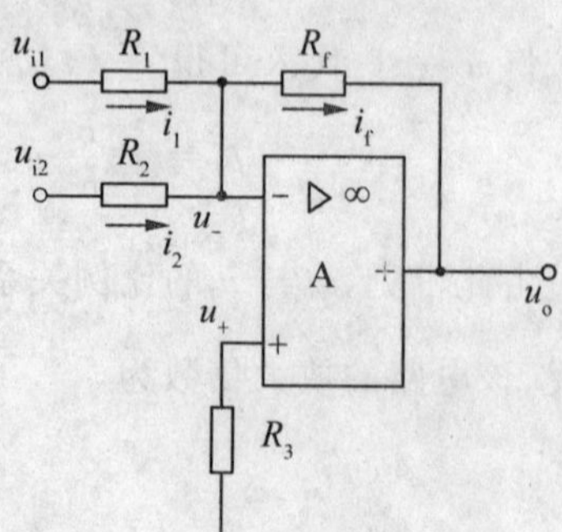

图 7-11　加法运算电路

图中 $R_3=R_1//R_2//R_f$。由“虚短”和“虚断”的概念，分析电路可知

$$i_1+i_2=i_f$$

即

$$\frac{u_{i1}-u_-}{R_1}+\frac{u_{i2}-u_-}{R_2}=\frac{-u_--u_o}{R_f}$$ 因 $u_+=u_-=0$,得

$$\frac{u_{i1-}}{R_1}+\frac{u_{i2-}}{R_2}=\frac{-u_0}{R_f}$$

整理上式有

$$u_o=-R_f\left(\frac{u_{i1}}{R_1}+\frac{u_{i2}}{R_2}\right) \tag{7.4}$$

式中,当 $R_1=R_2=\mathrm{R}$ 时,有

$$u_o=-\frac{R_f}{R}(u_{i1}+u_{i2}) \tag{7.5}$$

上述电路是用反相比例运算放大器构成的求和电路,除此之外,用同相比例运算电路也可构成求和电路,电路形式如图 7-12 所示。

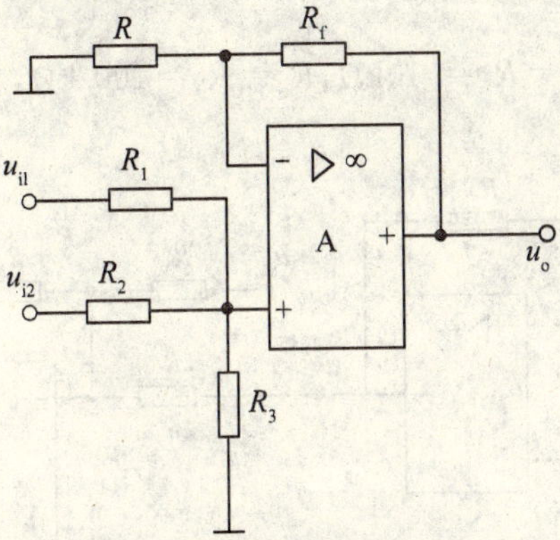

图 7-12　同相比例加法电路

该电路的输入与输出关系式是

$$u_o=\frac{R_f}{R_1}u_{i1}+\frac{R_f}{R_2}u_{i2}$$

电路中:$R//R_f=R_1//R_2//R_3$。具体的计算过程读者可以自行分析。

7.3.3　减法运算电路

图 7-13 为双端输入的减法运算电路。它的特点是信号分别从反相输入端和同相输入端输入。

当输入信号 u_{i1} 为零时,电路相当于同相比例运算放大器,输出信号为

$$u_o=\left(1+\frac{R_f}{R_1}\right)u_+$$

当输入信号 u_{i2} 为零时,电路相当于反相比例运算放大器,输出信号为

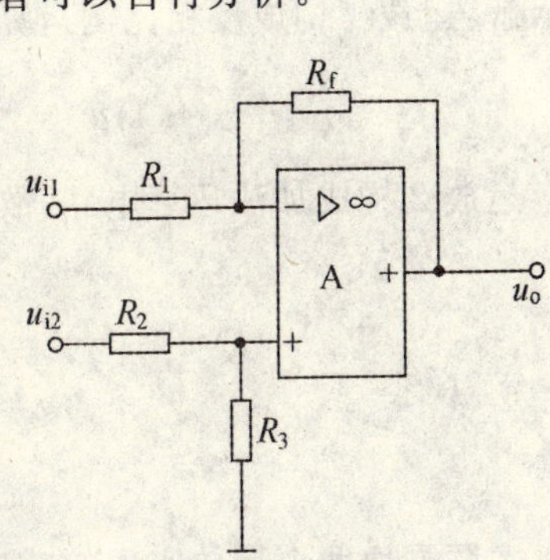

图 7-13　双端输入的减法运算电路

$$u_o=\frac{R_f}{R_1}-u_{i1}$$

当同相输入端和反相输入端均有信号输入时，由叠加原理可得

$$u_o\left(1+\frac{R_f}{R_1}\right)u_+ - \frac{R_f}{R_1}u_{i1}$$

式中，$u_+=\frac{R_3}{R_2+R_3}u_{i2}$，则上式变为

$$u_o=\left(1+\frac{R_f}{R_1}\right)\frac{R_3}{R_2+R_3}u_{i2}-\frac{R_f}{R_1}u_{i1}$$

若 $R_1=R_2$，$R_3=R_f$，则输出电压为

$$u_o=\frac{R_f}{R_1}(u_{i1}-u_{i2}) \qquad (7.6)$$

由此可见，只要适当选择电路中的电阻，就可使输出电压与两输入电压的差值成比例。

【例 7-1】已知 $R_1=R_3=R_4=10\text{k}\Omega$，$R_2=R_5=100\ \text{k}\Omega$，求解图 7-14 所示电路 u_o 与 u_{i1}、u_{i2} 的关系式。

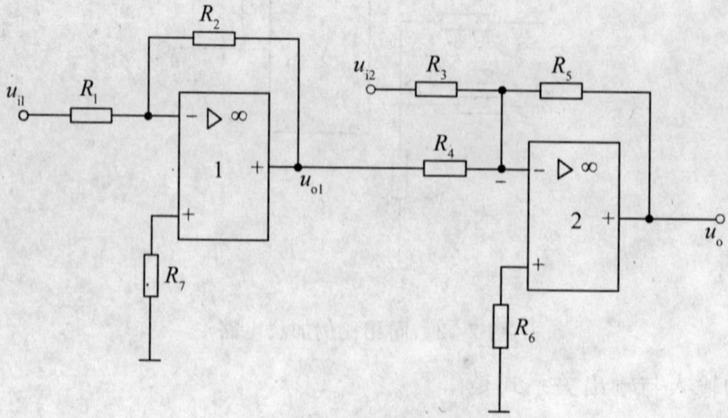

图 7-14 【例 7-1】电路图

解：运放 1 构成反相比例运算放大器，由公式(7.1)可知

$$u_{o1}=-\frac{R_2}{R_1}u_{i1}=-\frac{100}{10}u_{i1}=-10u_{i1}$$

运放 2 构成加法运算电路，故有

$$\begin{aligned}u_o&=-\left(\frac{R_5}{R_3}u_{i2}+\frac{R_5}{R_4}u_{o1}\right)\\&=-\left(\frac{100}{10}u_{i2}+\frac{100}{10}u_{o1}\right)\\&=100u_{i1}-10u_{i2}\end{aligned}$$

本题是由两个运放实现的减法运算电路。

7.3.4　积分电路

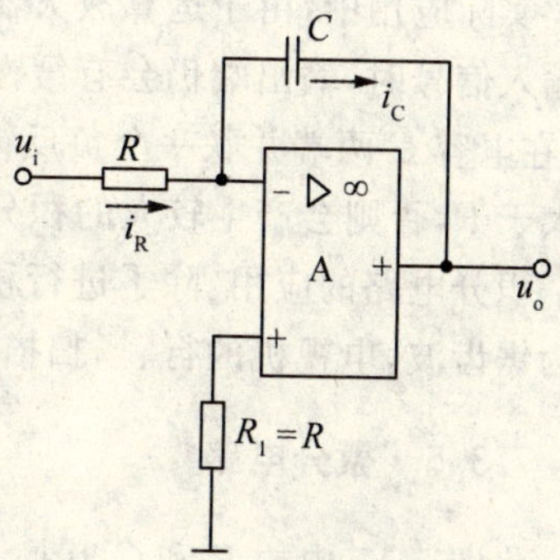

图 7-15　为积分运算电路

图 7-15 为积分运算电路。由“虚短”和“虚断”的概念可知，$u_+ = u_- = 0$，电阻 R 上流过的电流与电容 C 上流过的电流相等，即

$$i_C = i_R = \frac{u_i}{R}$$

电路的输出电压等于电容器两端的电压，即

$$u_o = -u_C$$

u_C 等于 i_C 在时间 t 上的积分，则输出电压为

$$u_o = -u_C = -\frac{1}{C}\int_{t_0}^{t} i_c \mathrm{d}t + u_c \big|_{t_0}$$

又 $i_C = i_R = \dfrac{u_i}{R}$，得

$$u_o = -\frac{1}{RC}\int_{0}^{x} u_i \mathrm{d}t + u_c \big|_{t_0} \tag{7.7}$$

其中 $u_c|t_0$ 是 t_0 时刻电容两端的初始电压。

当输入电压 u_i 如图 7-16 所示时，有

$$u_o = -\frac{u_i}{RC}t + u_c|t_0 \tag{7.8}$$

当 t_0 时刻 $u_c = 0$ 时，输出电压

$$u_o = -\frac{u_i}{RC}t = -\frac{u_i}{\tau}t\tau \tag{7.9(a)}$$

其中 $\tau = RC$ 为积分时间常数。当 $t = \tau$ 时，$u_o = -u_i$，当 $t > \tau$ 时，u_o 继续增大，直到运放达到饱和，此时 $u_o = -U_{OM}$，输出电压将不再变化，如果此时去掉输入信号 u_i，但由于电容器无放电回路，输出电压将维持 $-U_{OM}$ 不变，如图 7-16 所示。

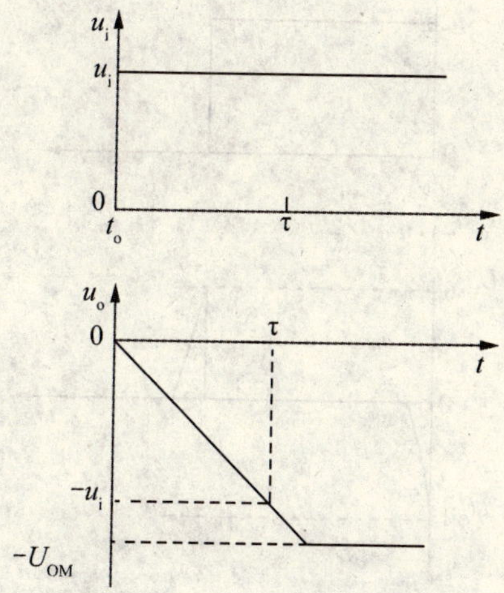

图 7-16　积分电路的输入、输出波形

实际应用中，由于运算放大器的放大倍数、输入输出电阻、电容器的漏电阻等影响，当无输入信号时，输出端仍会有缓慢变化的电压，这种现象称为积分漂移。为了克服这种现象，在电容 C 两端并联一个负反馈电阻 R_f，就可有效抑制积分漂移。不过 R_f 的阻值要远远大于 R，否则会产生较大的积分误差。

积分电路的应用：除了进行积分运算外，还常用于波形转换，它可以方便地将方波转换为锯齿波，电视机的行、场扫描电路都是利用积分电路来产生锯齿波的。

7.3.5 微分电路

将图 7-15 中的 R 和 C 互换，就可构成微分电路，如图 7-17 所示。

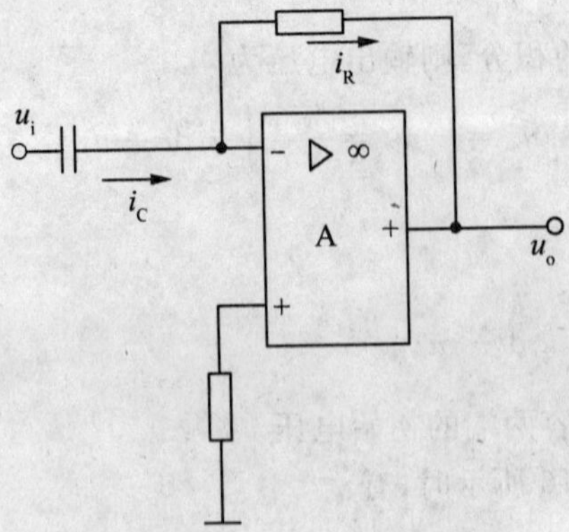

图 7-17　微分运算电路

分析如下：因 $i_C = i_R$，故 $u_o = -i_C R$，又因 $i_C = C\dfrac{du_i}{dt}$，故

$$u_o = -i_C R = -RC\frac{du_i}{dt} \tag{7.9(b)}$$

微分电路的输入、输出波形如图 7-18 所示。

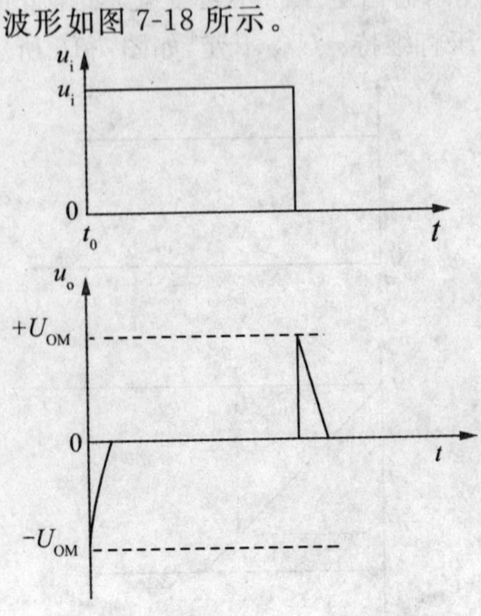

图 7-18　微分电路的输入、输出波形

从图中可以看出，当输入信号发生突变时，输出端将会出现尖脉冲电压，脉冲幅度的最大值可达到 $\pm U_{OM}$。当输入电压不变时，输出电压为零。

微分电路对输入信号的变化十分敏感，因此易受外界信号的干扰，尤其是高频信号，电路的抗干扰能力差。为改善电路性能，一般在电阻 R 上并联一个容量很小的电容器，使高频信号的放大倍数下降，从而抑制高频干扰。

【例 7-2】如图 7-19 所示电路，

(1)试写出输入输出关系式

(2)若 $ui = 1V$，电容器的初始电压为零，求输出电压何时达到 0V。

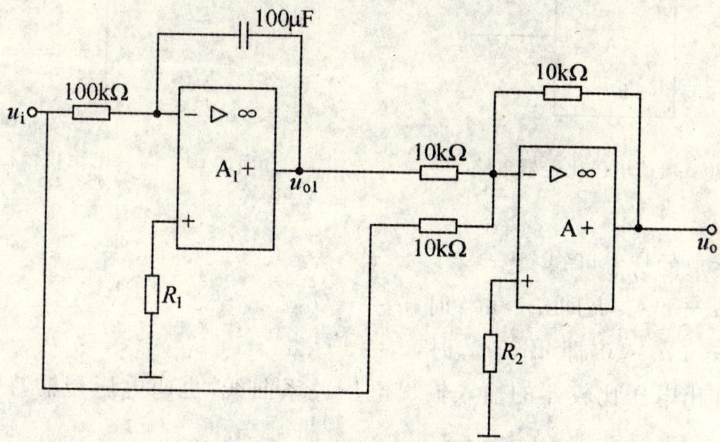

图 7-19　【例 7-2】电路

解：(1)经分析可知，A_1 为积分电路，A 为反相加法器，u_i 经积分后再与 u_i 进行反相求和运算。由此得

$$u_{o1} = -\frac{1}{RC}\int_{t0}^{x} u_i \mathrm{d}t + u_c \mid_{t0}$$

$$u_o = -u_{o1} - u_i$$

(2)设 t_1 时刻 u_o 达到 0V，因 $u_c \mid_{t0} = 0V$，$u_i = 1V$ 为恒定值，故有

$$u_o = \frac{u_i}{RC} t_1 - u_i = 0$$

将图中参数代入，得

$$t_1 = RC = (1 \times 10^5 \times 1 \times 10^{-4}) S = 10(s)$$

7.3.6　电压比较器

电压比较器是将输入信号与基准信号进行比较，输出比较信号去实现相关控制的电路单元。常用的有单值比较器和滞回比较器。

在比较器中，我们把比较器的输出电压 u_o 从一个电平跳变到另一个电平时刻所对应的输入电压值称为转折电压，也叫阈值电压或门槛电压，用 UT 表示。

(1)单值电压比较器电路结构和工作原理

图 7-20 为单值电压比较器电路，其中运放工作在开环状态，基准信号加在同相输入

端，比较信号从反相输入端输入。

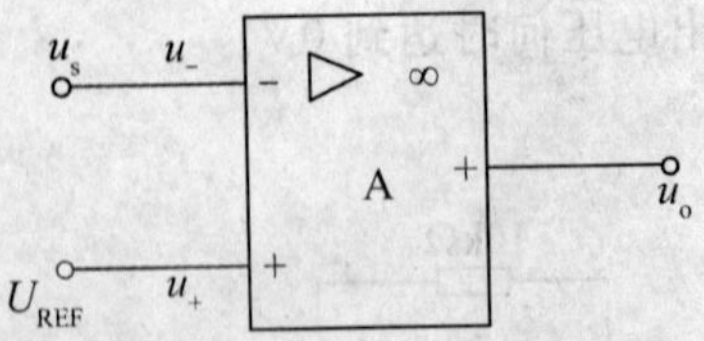

图 7-20 单值电压比较器电路

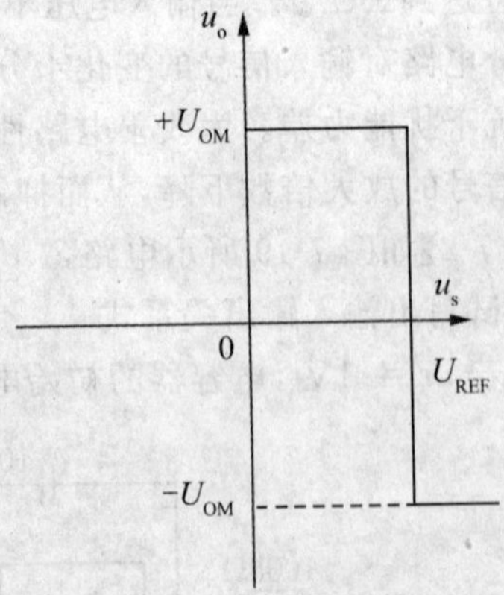

图 7-21 电压传输特性

由理想运放的特点可知

当 $u_{id}=u_{-}-u_{+}>0$，即 $u_s>u_{REF}$ 时，$u_o=-U_{OM}$

当 $u_{id}=u_{-}-u_{+}<0$，即 $u_s<u_{REF}$ 时，$u_0=+U_{OM}$

由此可作出电压比较器的输入输出电压关系曲线，也叫电压传输特性曲线。如图 7-21所示。

$-U_{OM}$ 由图可见，若输入信号 $u_s<u_{REF}$，输出为 $+U_{OM}$，只要输入信号 $U_s>u_{REF}$，输出就跳变为 。

若输入信号加在同相输入端，基准信号加在反相输入端，则电压传输特性刚好与图 7-21 相反。

(2)过零比较器

如果图 7-20 中的同相输入端接地，则电路成为过零比较器，它也是一种单值比较器，能将输入的正弦波转换为矩形波。它的电压传输特性如图 7－22 所示。

在上述电路中，阈值电压只有一个，因此电路又叫单值电压比较器。

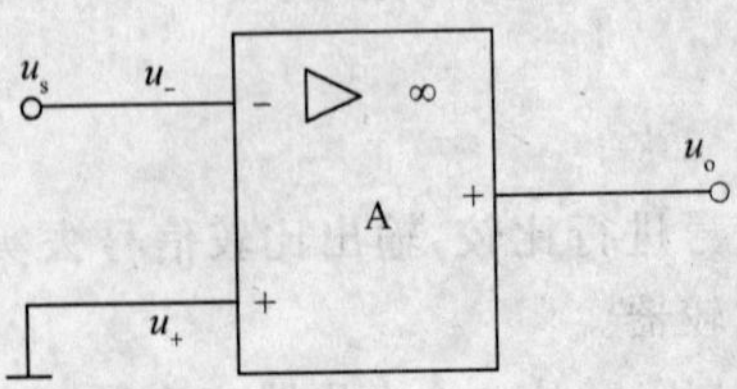

(a)过零比较器

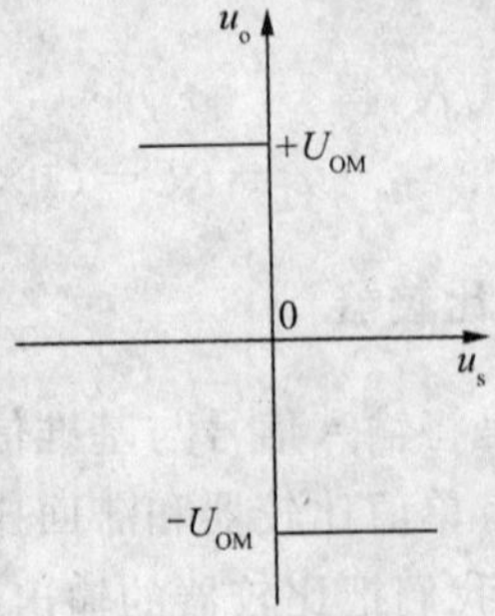

(b)电压传输特性

图 7-22 过零比较器

7.3.7 集成运放在汽车中的使用

(1)压阻式进气压力测量电路汽车电喷发动机中,用来测量进气量的进气压力测量电路由压阻式固态压力传感器和集成运放制成。这种测量装置被美国通用汽车公司、日本丰田汽车公司等汽车公司广泛采用,国产桑塔纳 2000GIi 型轿车也采用了该传感器。图 7—23 所示为压敏电阻式进气压力传感器的安装结构和电路示意图。

压阻式固态压力传感器是在硅膜片上利用集成电路工艺制作了四个阻值相等的电阻,膜片底部被加工成中间薄周边厚的杯形,称为硅杯,如图 7-23 中的(a)所示。当硅杯两侧存在压力差时,硅膜片产生变形,四个应变电阻阻值发生变化,电桥失去平衡,输出与膜片两侧压差成正比的电压。由于电桥输出电压一般很小,因此需要经过放大电路进行放大,如图 7-23 中的(b)所示。

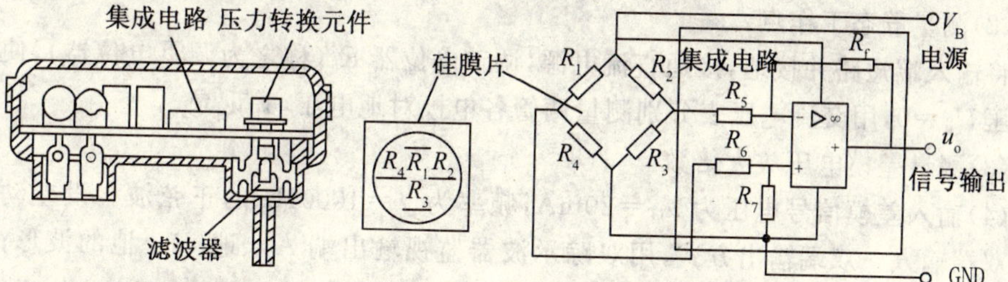

(a) 安装示意图　　(b) 电路图

图 7-23　压敏电阻式进气压力测量

(2)蓄电池电压过低报警电路如图 7-24 所示,蓄电池电压过低报警电路由集成运放 LM741、稳压管、发光二极管及一些电阻组成。电路中,电阻 R_2 与稳压管 V_Z 组成电压基准电路,向比较器提供 5V 的基准电压。电阻 R_1、R_3 组成分压电路,中间点作为电压检测点。当蓄电池电压高于 10 V 时,比较器输出电压为 12V,发光二极管不发光,指示电压正常;当蓄电池电压低子 10V 时,比较器输出电压为零,发光二极管发光,指示电压过低。

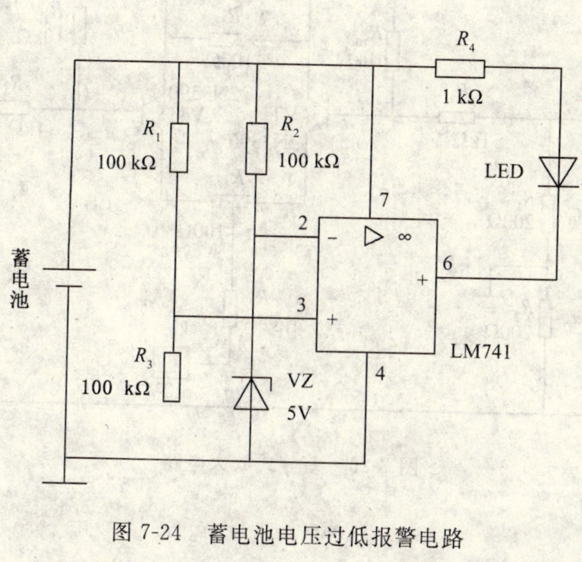

图 7-24　蓄电池电压过低报警电路

实训 7 应用 Multisim 进行计算机仿真分析

1. 应用 Multisim 对差分式放大电路进行仿真分析

差动放大器实验电路如图 7-25 所示。它是一种特殊的直接耦合放大电路，要求电路两边的元器件完全对称，即两管型号相同、特性相同、各对应电阻相等。为了改善差动放大电路的零点漂移，利用负反馈能稳定工作点的原理，在两管公共发射极回路接入稳流电阻 R_5 和负电源 V_{CC1}，R_5 越大，稳定性越好。用 Multisim 进行计算机仿真，能做到电路完全对称。实验内容是：

(1)对照图 7-25 搭接电路；用函数信号发生器提供输入信号。

(2)测量静态工作点。

将输入端短路并接地，接通直流电源，调节电位器 R_6(称之为调零电位器)，使双端输出电压 $U_o=0$，用交流电压表分别测量两管各电极对地电压，并记录。

(3)测量差模电压放大倍数。

(4)输入差模信号电压为 $u_{id}=20\text{mA}$，频率为 $f=1000\text{Hz}$ 的正弦波。设差动放大电路为双端输入－双端输出方式，用双踪示波器监视输出端 A－地、B－地的波形；用交流电压表分别测量 u_{od1}、u_{od2} 及 u_{od} 的值。

(5)根据上述测量数据，计算出共模抑制比

$$K_{CMR}=\left|\frac{A_{ud}}{A_{uc}}\right| \text{ 或 } K_{CMR}=20\lg\left|\frac{A_{ud}}{A_{uc}}\right|\text{dB}$$

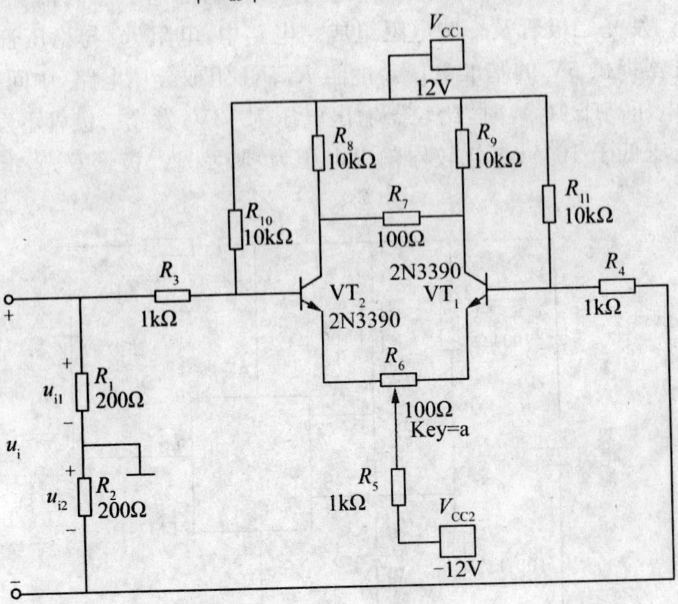

图 7-25 差分式放大电路

2. 应用 Multisim 对比例运算电路进行仿真分析

图 7-26 为反相比例运算放大电路，实验内容是：

(1)根据图 7-26 搭接电路图。

(2)$R_2=R_1//R_P$，$u_o=-R_P\ u_i/R_1$，通过改变 V_1 或 R_P 得到不同输出电压，验证公式。

(3)同相比例运算放大电路，读者可以自己将上图加以改动便可得到，并研究结论。

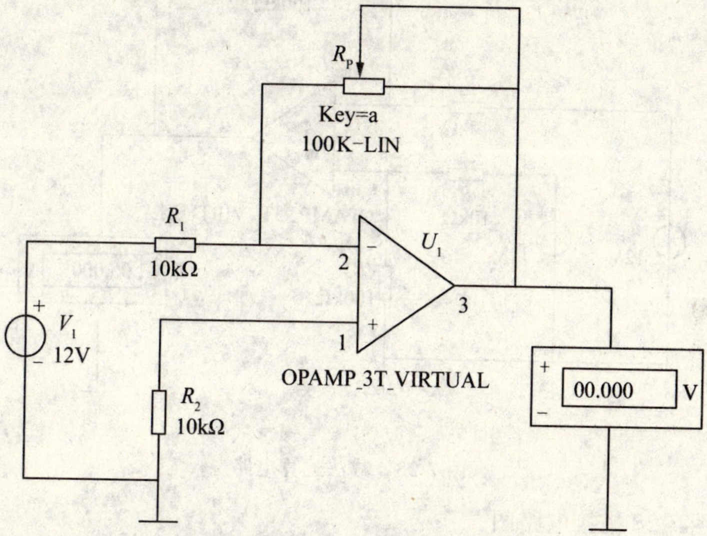

图 7-26　反相比例运算放大电路

3. 应用 Multisim 对加减法运算电路进行仿真分析

图 7-27 为反向加法运算电路，实验内容是：

(1)根据图 7-27 搭接电路图。

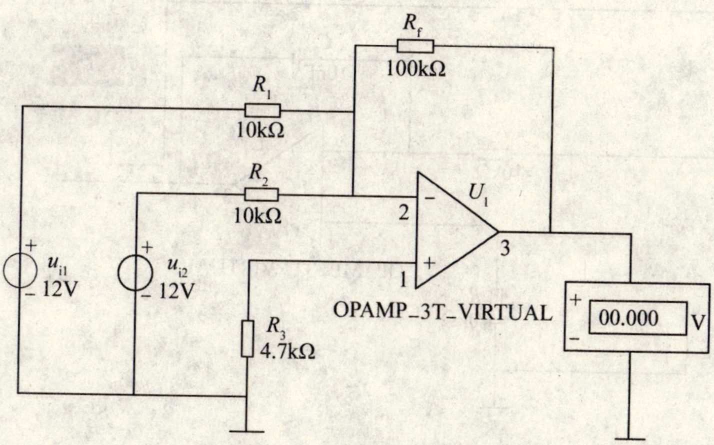

图 7-27　反向加法运算电路

(2)通过仿真实验来验证公式 $u_o=-R_f(u_{i1}/R_1+u_{i2}/R_2)$，可以改变输入电压参数，也可以改变输入电压的极性。

(3)当 $R_f=R_1=R_2$，则 $u_o=-(u_{i1}+u_{i2})$，读者可以进行仿真实验验证。

(4)读者可以自己设计同相加法运算电路，用仿真实验验证它。

图 7-28 为减法运算电路，实验内容是：

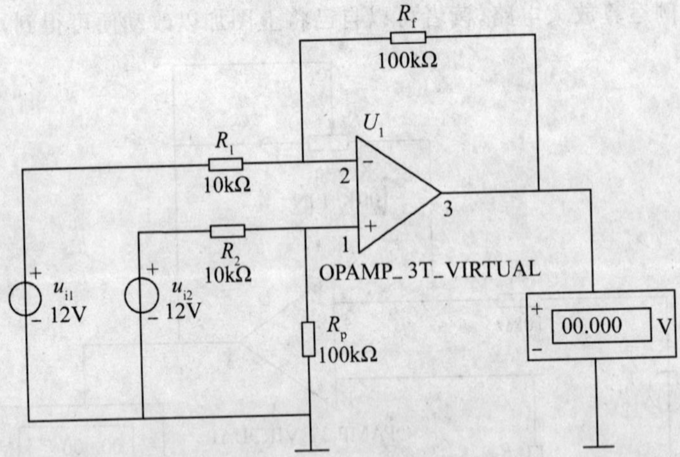

图 7-28　减法运算电路

(1)根据图 7-28 搭接电路图。

(2)通过仿真实验来验证，当 $R_1=R_2=R$，$R_f=R_P$ 时，$u_o=R_f(u_{i2}-u_{i1})/R$；当 $R_1=R_2=R_f=R_p=R$，则 $u_o=u_{i2}-u_{i1}$。可以改变输入电压参数，也可以改变输入电压的极性。

4. 应用 Multisim 对积分运算电路仿真分析

图 7-29 为积分运算电路，实验内容是：

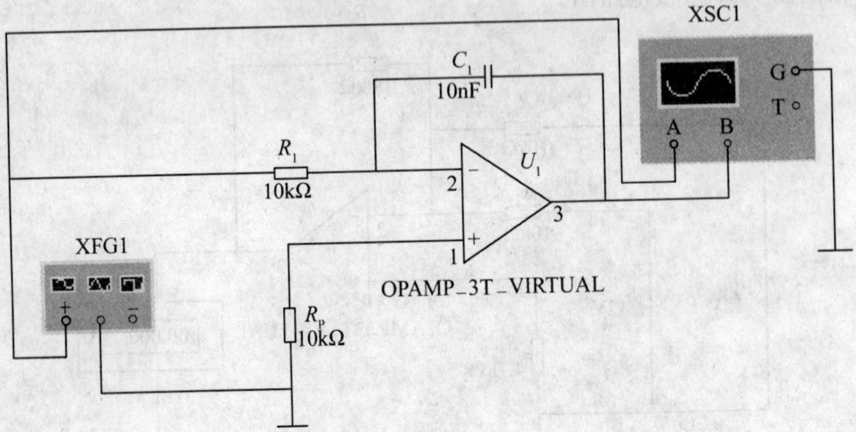

图 7-29　积分运算电路

(1)根据图 7-29 搭接电路图。

(2)用示波器给输入端加幅值为 5V,周期为 0.4ms 的方波信号。

(3)通过双踪示波器观察输入和输出端波形,比较波形,进一步掌握双踪示波器的使用方法。

习　题

7.1　集成运放内部电路由几部分组成?叙述各部分电路的作用并画出内部电路方框图。

7.2　电路如图 7-30 所示,集成运放的最大输出电压 $U_{OM}=\pm 14V$,试计算:

①u_o与 u_i的运算关系。

②电路的输入电阻;

③当 u_i分别为 10mV、1V、2V 时的输出电压值。

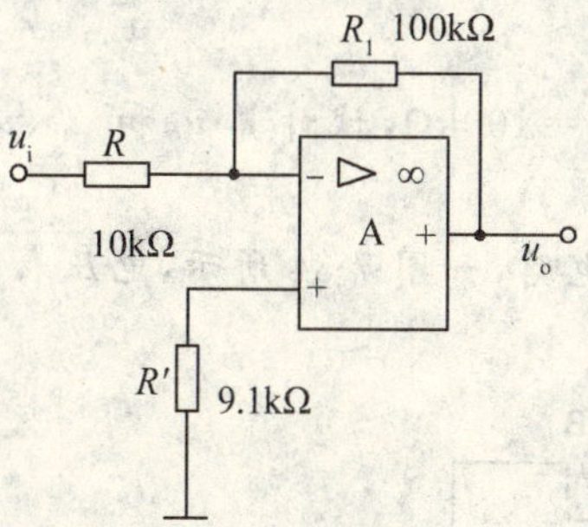

图 7-30

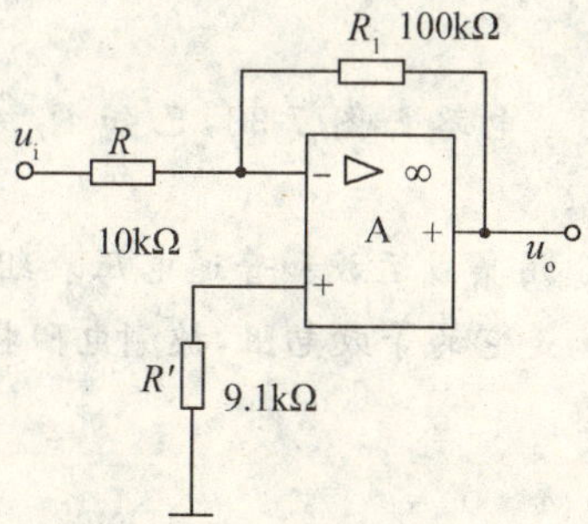

图 7-31

7.3　图 7-31 所示电路中,若 $R=10k\Omega$,$R_f=100k\Omega$,则 $u_o=$?,若 $R_f=100k\Omega$,要使 $u_o=21u_i$,则 R 等于多少?

7.4　图 7-32 所示电路中,求下列电路中,u_o和 u_i的关系式。

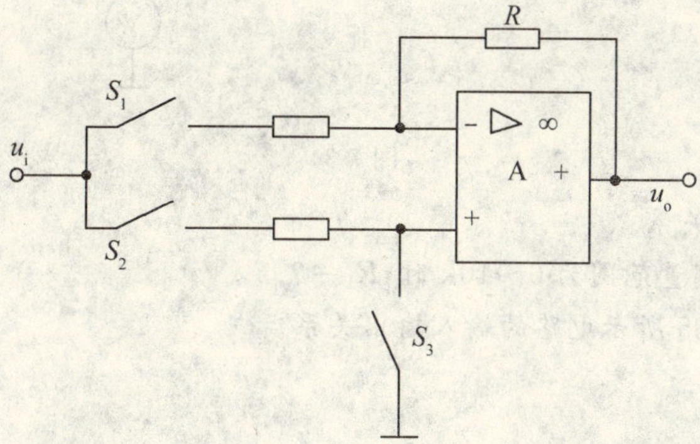

图 7-32

①S_1 和 S_3 闭合,S_2 断开时,u_o和 u_i的关系式?

②S_1 和 S_2 闭合，S_3 断开时，u_o和 u_i的关系式？

③S_2 闭合，S_1 和 S_3 断开时，u_o和 u_i的关系式？

④若 S_1、S_2、S_3 都闭合时，u_o和 u_i的关系式？

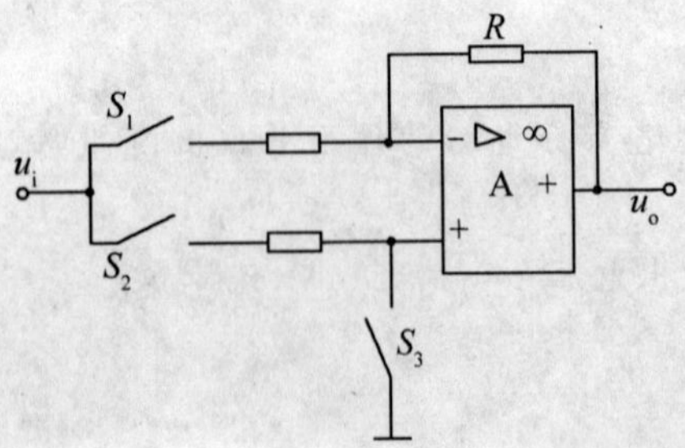

图 7-32

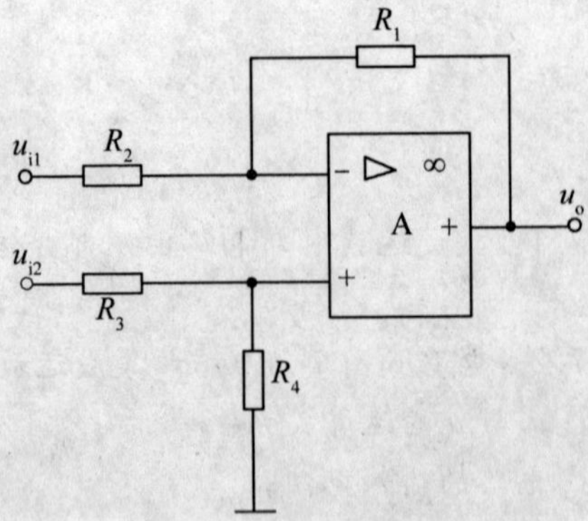

图 7-33

7.5 电路如图 7-33，已知 $R_2 = R_3 = 20\text{k}\Omega$，$R_1 = 100\text{k}\Omega$，试计算 u_o和 u_{i1}、u_{i2} 的关系式。

7.6 用集成运放和普通电压表组成的电阻测量电路，如图 7-34 所示，电压表满量程为 2V，r 是它的等效电阻，被测电阻接在 A、B 两端。

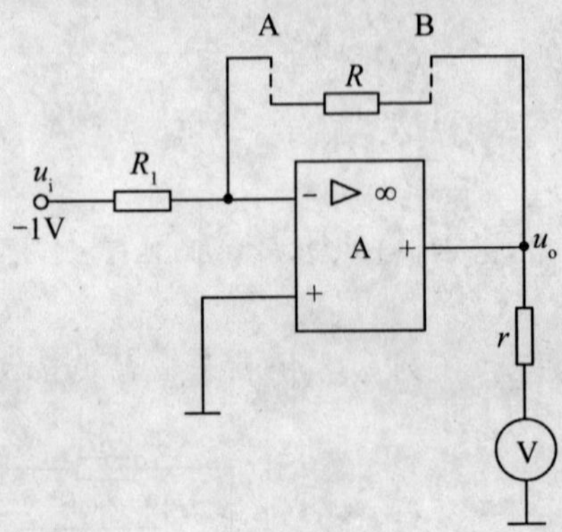

图 7-34

①计算 R 和 U_o关系。

②计算当 R 的测量范围为 0～10k 时，R_1＝？

7.7 写出图 7-35 所示电路的输入输出关系。

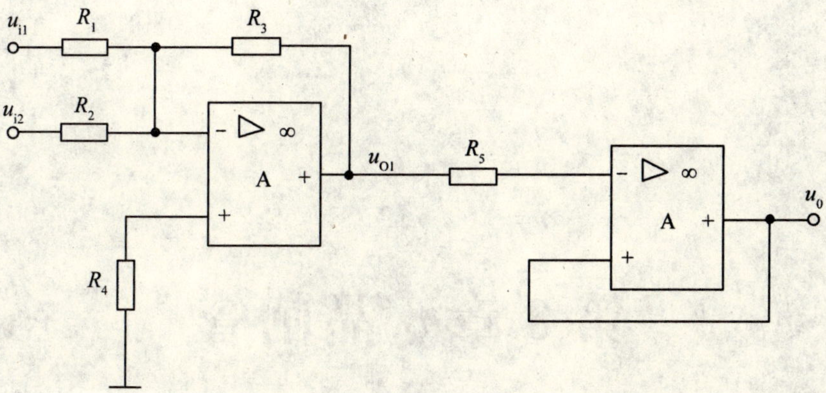

图 7-35

7.8　在图 7-36 所示电路中，$R_1=R_4=R$，$R_2=2R$，$R_3=5R$。

①写出 u_i的关系式。

②若 u_i的波形如图所示，试画出输出电压 u_o的波形。

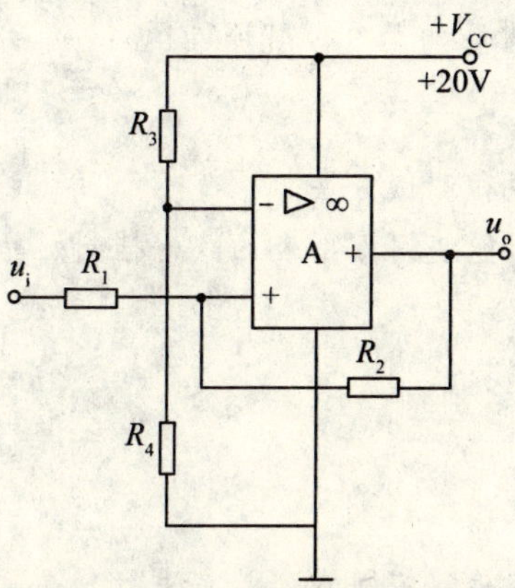

(a)电路图

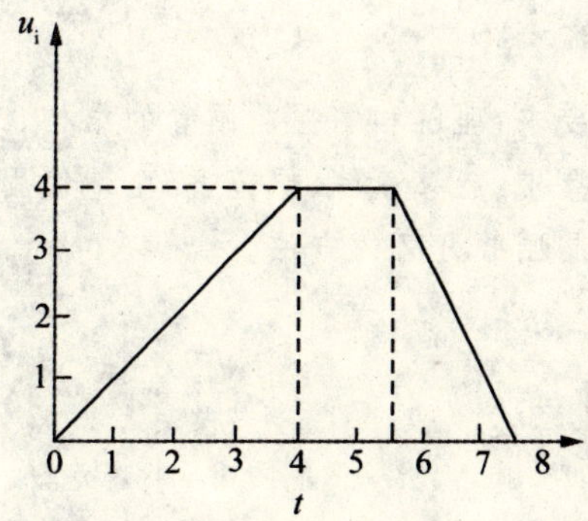

(b)输入电压波形

图 7-36

第 8 章　晶闸管

学习目标

1. 会连接晶闸管单向可控电路。
2. 分析晶闸管的结构及工作原理。
3. 能使用万用表的欧姆挡判别晶闸管的各管脚和晶闸管好坏的方法。

考核标准

知识要求：理解和掌握晶闸管的结构、工作原理和测试方法。

技能要求：能够熟练、规范、安全地使用万用表，能使用万用表的欧姆挡判别晶闸管的各管脚和晶闸管好坏的方法。

教学建议

教具：万用表、开关、晶闸管，小灯泡。

建议：晶闸管的导电性，晶闸管好坏的判别内容建议安排在实验室进行。晶闸管的结构、工作原理以及整流电路建议使用多媒体教学。

8.1　晶闸管

8.1.1　晶闸管的种类

晶闸管(Thyristor)是晶体闸流管的简称，又可称做可控硅整流器，以前被简称为可控硅；1957 年美国通用电器公司开发出世界上第一款晶闸管产品，并于 1958 年将其商业化；晶闸管是 PNPN 四层半导体结构，它有三个极：阳极，阴极和门极；晶闸管具有硅整流器件的特性，能在高电压、大电流条件下工作，且其工作过程可以控制、被广泛应用于可控整流、交流调压、无触点电子开关、逆变及变频等电子电路中。

晶闸管工作条件为:加正向电压且门极有触发电流;其派生器件有:快速晶闸管,双向晶闸管,逆导晶闸管,光控晶闸管等,快速晶闸管的外形如图 8-1 所示。晶闸管是一种大功率开关型半导体器件,在电路中用文字符号为"V"、"VT"表示(旧标准中用字母"SCR"表示)。

图 8-1　快速晶闸管

晶闸管有多种分类方法。

(1)按关断、导通及控制方式分类

晶闸管按其关断、导通及控制方式可分为普通晶闸管、双向晶闸管、逆导晶闸管、门极关断晶闸管(GTO)、BTG 晶闸管、温控晶闸管和光控晶闸管等多种。

(2)按引脚和极性分类

晶闸管按其引脚和极性可分为二极晶闸管、三极晶闸管和四极晶闸管。

(3)按封装形式分类

晶闸管按其封装形式可分为金属封装晶闸管、塑封晶闸管和陶瓷封装晶闸管三种类型。其中,金属封装晶闸管又分为螺栓形、平板形、圆壳形等多种;塑封晶闸管又分为带散热片型和不带散热片型两种。

(4)按电流容量分类

晶闸管按电流容量可分为大功率晶闸管、中功率晶闸管和小功率晶闸管三种。通常,大功率晶闸管多采用金属壳封装,而中、小功率晶闸管则多采用塑封或陶瓷封装。

(5)按关断速度分类

晶闸管按其关断速度可分为普通晶闸管和高频(快速)晶闸管。

8.1.2　晶闸管的结构

晶闸管是在半导体二极管、三极管之后出现的一种新型的大功率半导体器件,它是一种可控制的硅整流元件,亦称可控硅。它有三个电极,即阳极 A,阴极 K,控制极(又称门极)G。根据功率的大小,具有 TO92、TO220、螺栓形和平板形等多种封装形式,如图 8-2 所示。螺栓形带有螺栓的那一端是阳极 A,它可与散热器固定,另一端的粗引线是阴极 K,细线是控制极 G ,这种结构更换方便,用于 100A 以下元件。平板形中间的金属环是控制极 G ,离控制极远的一面是阳极 A,近的一面是阴极 K,这种结构散热效果比较好,用于 200A 以上的元件。

晶闸管是由四层半导体构成的,如图 8-3(a)所示;它由单晶硅薄片 P1、N1、P2、N2 四层半导体材料叠成,形成三个 PN 结,如图 8-3(b)所示;用晶体管的符号表示等效电路,如图 8-3(c)所示。

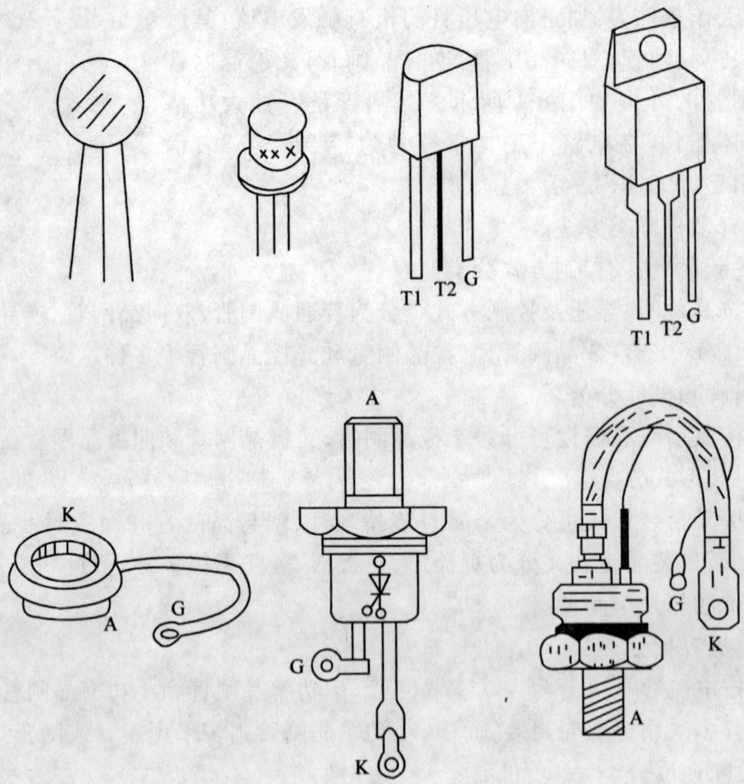

图 8-2　几种晶闸的外形

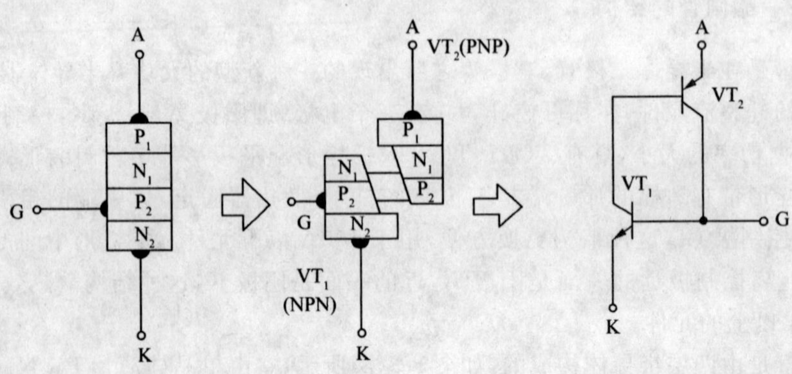

图 8-3　晶闸管的内部结构、等效电路

以下是几种晶闸管的电路图形符号：

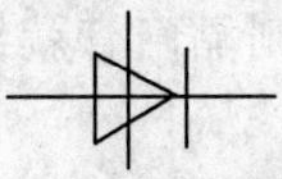	反向阻断二极晶闸管
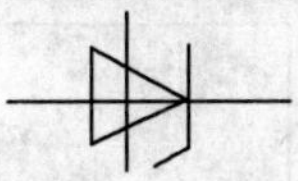	反向导通二极晶闸管
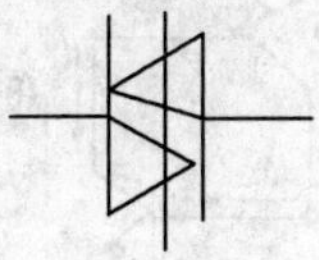	双向二极晶闸管
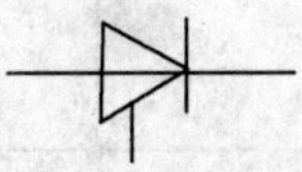	三极晶闸管
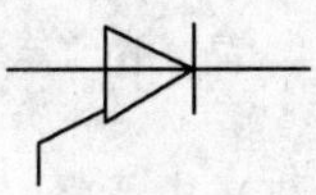	反向阻断三极晶闸管， N型门极（阳极受控）
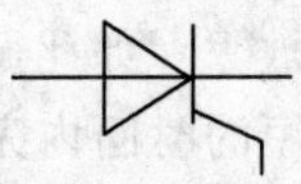	反向阻断三极晶闸管 P型门极（阳极受控）
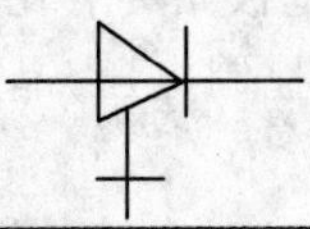	门极关断三极晶闸管（未指定门极）
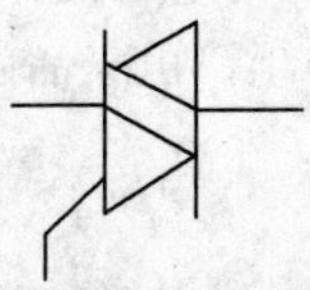	双向三极晶闸管
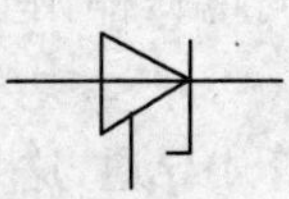	逆导三极晶闸管（未指定门极）
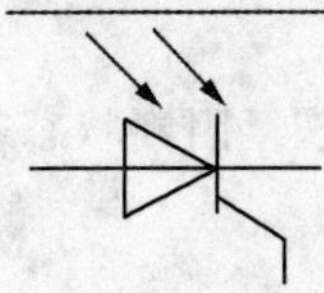	光控晶闸管

8.1.3　晶闸管的工作原理

实验证明，当在晶闸管的阳极与阴极之间加反向电压时，这时不管控制极的信号情况如何，晶闸管都不会导通。当在晶闸管的阳极与阴极之间加正向电压时，若在控制极与阴极之间没有电压或加反向电压，晶闸管还是不会导通。只有当在晶闸管的阳极与阴极之间加正向电压时，在控制极与阴极之间加正向电压，晶闸管才会导通。但晶闸管一旦导通，不管控制极有没有电压，只要阳极与阴极之间维持正向电压，则晶闸管就维持导通。下面来分析晶闸管的工作机理。

根据晶闸管的内部结构，可以把它等效地看成是两只晶体管的组合，其中，一只为 PNP 型晶体管 T_1，另一只为 NPN 型晶体管 T_2，中间的 PN 结为两管共用，如图 8-4 所示。

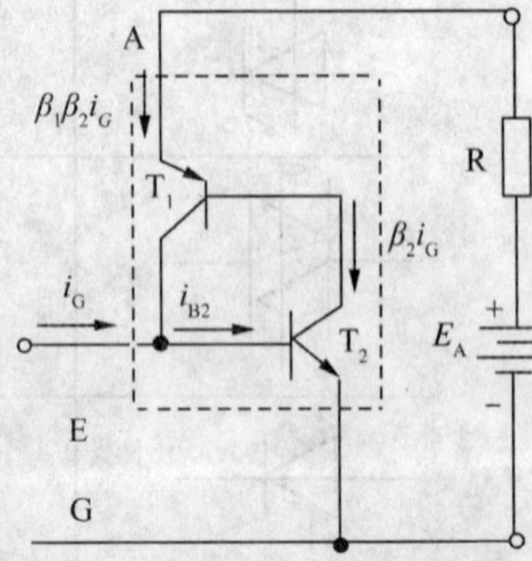

图 8-4　晶闸管的等效电路

当晶闸管的阳极与阴极之间加上正向电压时，这时 T_1 和 T_2 都承受正向电压，如果在控制极上加上一个对阴极为正的电压，就有控制电流 I_G 流过，它就是 T_2 的基极电流 I_{B2}，经过 T_2 的放大，在 T_2 的集电极就产生电流 $I_{C2}=\beta_2 I_{B2}=\beta_2 I_G$（$\beta_2$ 为 VT_2 的电流放大系数），而这个 I_{C2} 又恰恰是 T_1 的基极电流 I_{B1}，这个电流再经过 T_1 的放大作用，便得到 T_1 的集电极电流 $I_{C1}=\beta_1 I_{B1}=\beta_1\beta_2 I_G$（$\beta_1$ 为 T_1 的电流放大系数），由于 T_1 的集电极和 T_2 的基极是接在一起的，所以这个电流又流入 T_2 的基极，再次放大。如此循环下去，形成强烈的正反馈，直至元件全部导通为止，这个导通过程是在极短的时间内完成的，一般不超过几微秒，称为“触发导通过程”。在晶闸管导通后，T_2 的基极始终有比控制电流 I_G 大得多的电流流过，因此，当晶闸管一经导通，控制极即使去掉控制电压，晶闸管仍然可保持导通。

当在晶闸管阳极与阴极间加反向电压时，T_1 和 T_2 便都处于反向电压的作用下，它们都没有放大作用，这时即使加入控制电压，导通过程也不可能产生。由于晶闸管导通时，相当于两只三极管饱和导通，因此，阳极与阴极间的管压降为 1V 左右。

综上所述，可以得到下述结论：

(1)起始时若控制极不加电压，则不论阳极加正向电压还是反向电压晶闸管都不导通，这说明晶闸管具有正、反向阻断的能力。

(2)晶闸管的阳极和控制极相对于阴极同时加正向电压时晶闸管才导通，这是晶闸管导通必须同时具备的两个条件。

(3)在晶闸管导通之后，其控制极就失去控制作用，欲使晶闸管恢复阻断状态，必须把阳极正向电压降低到一定的数值以下。

8.1.4　晶闸管的伏安特性

晶闸管阳极对阴极的电压和流过晶闸管的电流之间的关系称为晶闸管的伏安特性，如图 8-5 所示。

1. 正向特性

正向阻断状态：当 $I_G=0$，晶闸管两端施加正向电压，只有很小的正向漏电流，处于截止状态(称为正向阻断状态)。

正向导通状态：正向电压 U 增大，超过正向转折电压 U_{BO}，则漏电流急剧增大，晶闸管导通，此时晶闸管可通过较大电流，而管压降很小，这种导通方法极易造成晶闸管击穿而损坏，应尽量避免。若在控制极与阴极间加上触发电压，则会降低转折电压。控制极 I_G 越大，转折电压就越低。导通后，若电流降低到小于维持电流 I_H 时，晶闸管将由导通变为关断。

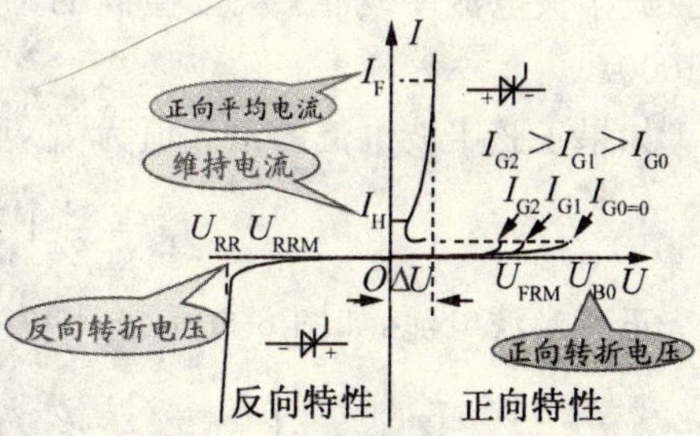

图 8-5 晶闸管的伏特性曲线

2. 反向特性

反向截止状态：当反向电压 U 很小时，元件中有很小的反向电流(反向漏电流)流过，处于截止状态。

反向击穿：当反向电压增加到一定数值后 ，反向电流急剧增加，使晶闸管方向击穿，这一电压值称为反向转折电压 U_{BR}。晶闸管的反向特性与二极管相似，此时，晶闸管状态与控制极上是否加触发电压无关。

8.1.5 晶闸管的主要参数

晶闸管的主要参数如下：

1. 正向重复峰值电压(晶闸管耐压值) U_{FRM}

晶闸管控制极开路且正向阻断情况下，允许重复加在晶闸管两端的正向峰值电压，称为正向重复峰值电压 U_{FRM}。一般取 $U_{FRM}=80\%U_{BO}$，普通晶闸管 U_{FRM} 为 100～3000V

2. 正向转折电压 U_{BO}

在额定结温和控制极开路条件下，晶闸管从关断转为导通的正弦波半波正向电压峰值。

3. 反向重复峰值电压 U_{RRM}

控制极开路时，允许重复作用在晶闸管元件上的反向峰值电压，称为反向重复峰值电压 U_{RRM}，一般取 $U_{RRM}=80\%U_{BR}$。

一般地，U_{RRM} 和 U_{RRM} 在数值上比较接近，统称为晶闸管的重复峰值电压。通常把其中最小的那个数值作为该型号器件的额定电压，用 UN 表示。普通晶闸管 U_{RRM} 为 100V～3000V。

4. 额定正向平均电流 I_F

在环境温度小于40℃和标准散热条件下，允许连续通过晶闸管阳极的工频(50Hz)正弦波半波电流平均值，从可控硅的型号命名中可以直接读出。普通晶闸管 I_F 为1A～1000A。

如果正弦半波电流的最大值为 I_m，则

$$I_F = \frac{1}{2\pi}\int_0^{\pi} I_m \sin\omega t \, d(\omega t) = \frac{I_m}{\pi}$$

正弦半波电流，如图8-6所示。

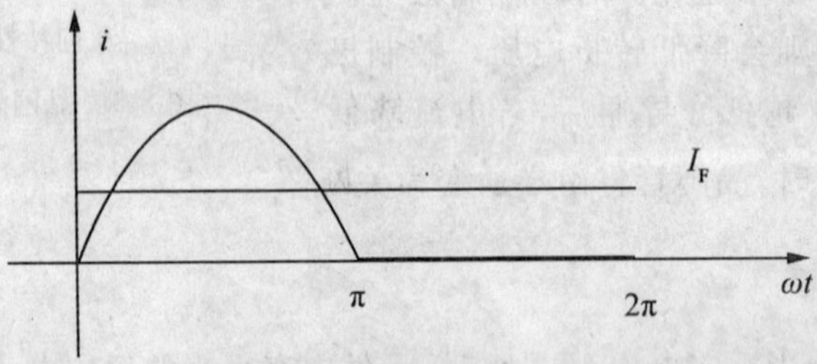

图 8-6　正弦半波电流

5. 维持电流 I_H

在控制极开路且规定的环境温度下，晶闸管维持导通的最小阳极电流。阳极电流 $I_A < I_H$ 时，管子自动阻断。

6. 控制极触发电压 U_G 和电流 I_G

在规定的环境温度及一定的正向电压($u=6V$)条件下，晶闸管从关断到完全导通所需的最小控制极直流电压和电流。$U_G=1\sim5V$，I_G 为几十到几百毫安。

8.2　晶闸管的应用

利用晶闸管作整流元件的整流电路，其输出直流电压的大小是可以调节的，称为可控整流电路。晶闸管整流电路包括可控整流的主回路和触发电路两部分，本节只介绍主回路。可控整流电路有单向半波、单相桥式和多相的可控整流电路，在此仅介绍单向可控整流电路。

8.2.1　单相半波可控整流电路

把不可控的单相半波整流电路中的二极管用晶闸管代替，就成为单相半波可控整流电路。下面是可控整流电路在接电阻性负载和电感性负载时的工作情况。

1. 电阻性负载

在实际生活中，有些负载基本上是属于电阻性的，如电炉、电解、电镀、电焊及白炽灯等。电阻性负载的特点是：负载两端的电压和流过负载的电流成一定的比例关系，且两者的波形；负载电压和电流均允许突变。

图 8-7 是接电阻性负载的单相半波可控整流电路，负载电阻为 R_L。从图可见，在输入交流电压 u 的正半周时，晶闸管 T 承受正向电压而处于正向阻断状态，如图 8-8(a)。假如在 t_1 时刻给控制极加上触发脉冲如图 8-8(b)，晶闸管导通，负载上得到电压。当交流电压 u 下降到接近于零值时，晶闸管正向电流小于维持电流而关断。在电压 u 原负半周时，晶闸管承受反向电压，不可能导通，负载电压和电流均为零。在第二个正半周内，再在相应的 t_2 时刻加入触发脉冲，晶闸管再行导通。这样，在负载 R_L 上就可以得到如图 8-8(c)所示的电压波形。图 8-8(d)所示的波形为晶闸管所承受的正向和反向电压，其最高正向和反向电压均为输入交流电压的幅值 $\sqrt{2}U$。

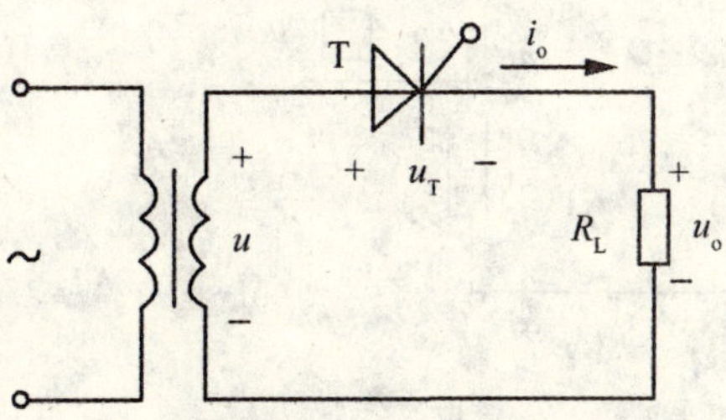

图 8-7　接电阻性负载的单相半波可控整流电路

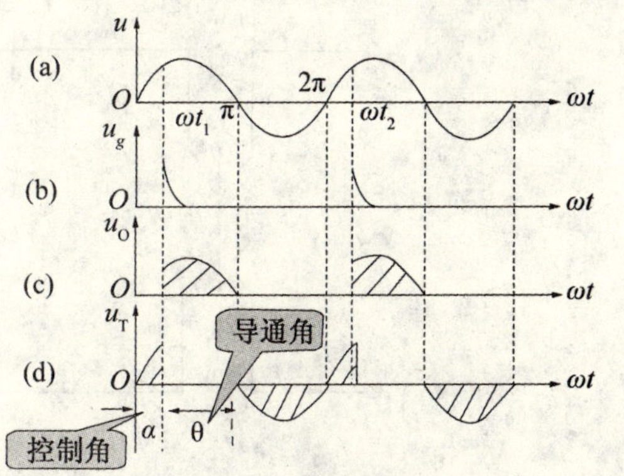

图 8-8　接电阻性负载时单相半波可控整流电路电压波形图

显然，在晶闸管承受正向电压的时间内，改变控制极触发脉冲的输入时刻(移相)，负载上得到的电压波形就随着改变，这样就控制了负载上输出电压的大小。图 8-8 是接电阻性负载时单相半波可控整流电路的电压与电流的波形。

晶闸管在正向电压下不导通的电角度为控制角(又称移相角)，用 α 表示，而导通的电角度则称为导通角，用 θ 表示如图图 8-8(d)。很显然，导通角 θ 愈大，输出电压愈高。整流输出电压的平均值可以用控制角表示，即

$$
\begin{aligned}
U_0 &= \frac{1}{2\pi}\int_0^{\pi} \sqrt{2}U\sin\omega t\,\mathrm{d}(\omega t) \\
&= \frac{\sqrt{2}}{2\pi}U(1+\cos\alpha) \\
&= 0.45U \cdot \frac{1+\cos\alpha}{2} \qquad (8.1)
\end{aligned}
$$

从式(8.1)看出，当 $\alpha=0$ 时($\theta=180^\circ$)晶闸管在正半周全导通，$U_O=0.45U$，输出电压

最高，相当于不可控二极管单相半波整流电压。若 $\alpha=180^\circ$，$U_0=0$，这时 $\theta=0$，晶闸管全关断。

根据欧姆定律，电阻负载中整流电流的平均值为

$$I_0=\frac{U_0}{R_L}=0.45\frac{U}{R_L}\cdot\frac{1+\cos\alpha}{2} \tag{8.2}$$

此电流即为通过晶闸管的平均电流。

2. 感性电阻

实际上遇到较多的是电感性负载，像各种电机的励磁绕组、各种电感线圈等，它们既含有电感，又含有电阻。有时负载虽然是纯电阻的，但串了电感线圈等，它们既含有电感，又含有电阻。有时负载虽然是纯电阻的，但串了电感滤波器后，也变为电感性的了。整流电路接电感性负载和接电阻性负载的情况大不相同。电感性负载可用串联的电感元件 L 和电阻元件 R 表示(图 8-9)。

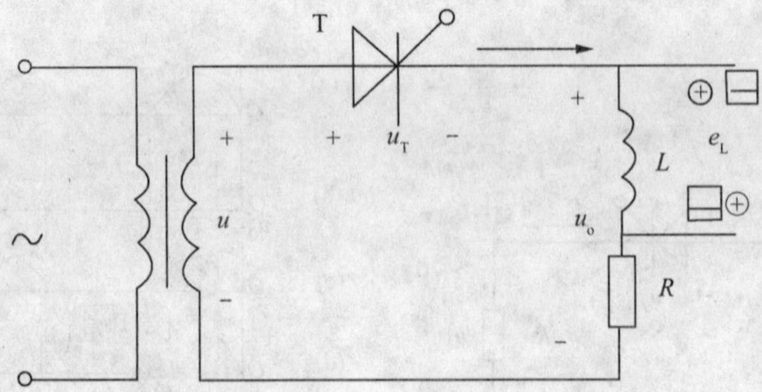

图 8-9　接电感性负载的单相半波可控整流电路

当晶闸管刚触发导通时，电感元件中产生阻碍电流变化的感应电动势(其极性在图图 8-9 中为上正下负)，电路中电流不能跃变，将由零逐渐上升如图图 8-10 (c)，当电流到达最大值时，感应电动势为零，而后电流减小，电动势 e_L 也就改变极性，在图 8-9 中为下正上负。此后，在交流电压 u 到达零值之前，e_L 和 u 极性相同，晶闸管当然导通。即使电压 u 经过零值变负之后，只要 e_L 大于 u，晶闸管继续承受正向电压，电流仍将继续流通，如图 8-10 (c)。只要电流大于维持电流时，晶闸管不能关断，负载上出现了负电压。当电流下降到维持电流以下时，晶闸管才能关断，并且立即承受反向电压，如图 8-10 (d)所示。

综上可见，在单相半波可控整流电路接电感性负载时，晶闸管导通角 θ 将大于$(180^\circ-\alpha)$。负载电感愈大，导通角 θ 愈大，在一个周期中负载上负电压所占的比重就愈大，整流输出电压和电流的平均值就愈小。为了使晶闸管在电源电压 u 降到零值时能及时关断，使负载上不出现负电压，必须采取相应措施。

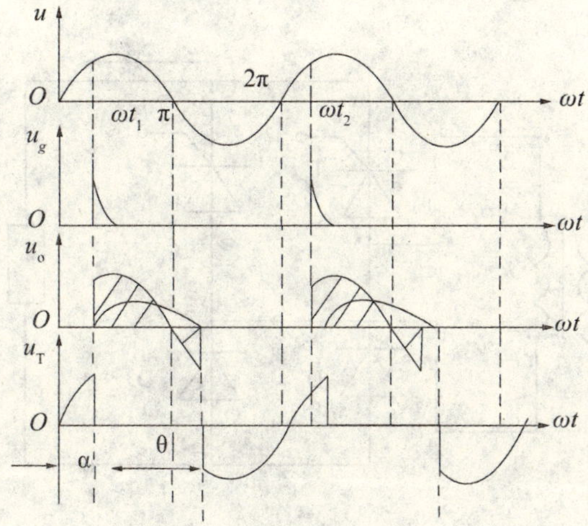

图 8-10　接电感性负载时单相半波可控整流电路的电压与电流波形

我们可以在电感性负载两端并联一个二极管 D 来解决上述出现的问题，如图 8-11。当交流电压 u 过零值变负后，二极管因承受正向电压而导通，于是负载上由感应电动势 e_L 产生的电流经过这个二极管形成回路。因此这个二极管称为续流二极管。

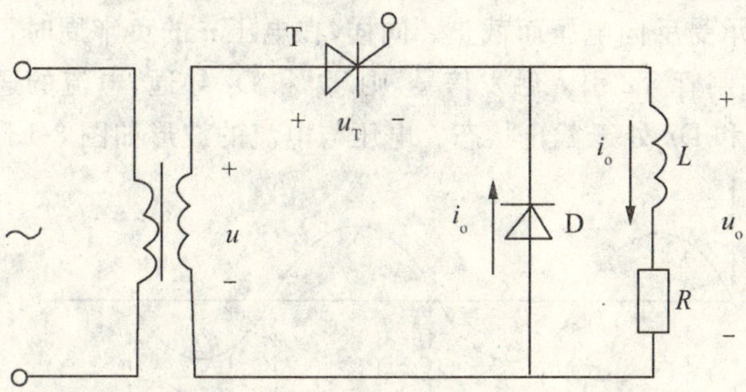

图 8-11　电感性负载并联续流二极管

这时负载两端电压近似为零，晶闸管因承受反向电压而关断。负载电阻上消耗的能量是电感元件释放的能量。

8.2.2　单相全波可控桥式整流电路

单向半波可控整流电路虽然具有电路简单、调整方便、使用元件少的优点，但却有整流电压脉动大和输出整流电流小的缺点。实际中较常用的是半控桥式整流电路，简称为半控桥，其电路如图 8-12 所示。该电路与单相不可控桥式整流电路相似，只是其中两个臂中的二极管被晶闸管所取代。

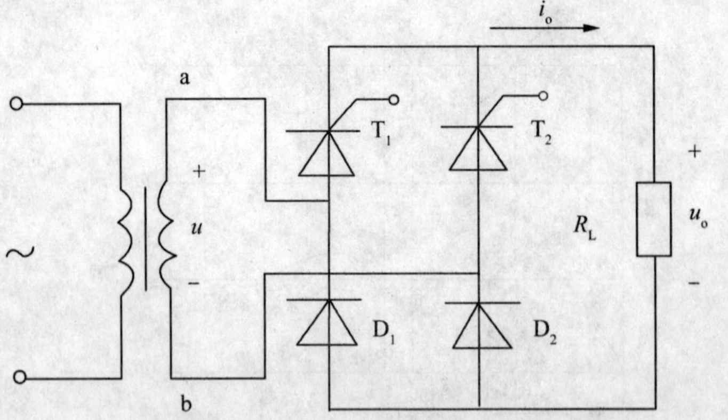

图 8-12　电阻性负载时单相半控桥式整流电路

在变压器副边电压 u 的正半周（a 端为正）时，T_1 和 D_2 承受正向电压。这时如对晶闸管 T_1 引入触发信号，则 T_1 和 D_2 导通，电流的通路为 a→T_1→R_L→D_2→b。这时 T_2 和 D_1 都因承受反向电压而截止。同样，在电压 u 的负半周时，T_2 和 D_1 承受正向电压。这时，如对晶闸管 T_2 引入触发信号，则 T_2 和 D_1 导通，电流的通路为：b→T_2→R_L→D_1→a。这时 T_2 和 D_1 都因承受反向电压而截止。同样，在电压 u 的负半周时，T_2 和 D_1 承受正向电压。这时，如对晶闸管 T2 引入触发信号，则 T_2 和 D_1 导通，电流的通路为：b→T_2→R_L→D_1→a。这时 T1 和 D2 处于截止状态。电压与电流的波形如图 8-13 所示。

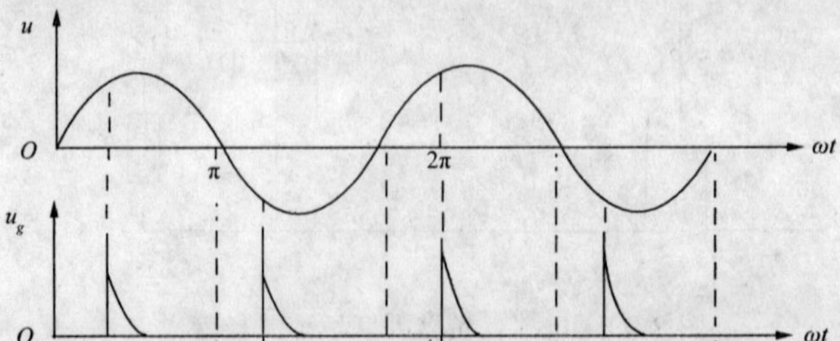

图 8-13　电阻性负载时单相半控桥式整流电路的电压与电流波形

显然，与单相半波整流图 8-10 相比，桥式整流电路的输出电压的平均值要大一倍，即

$$U_O=0.9U\cdot\frac{1+2\cos a}{2} \qquad (8.3)$$

输出电流的平均值为

$$I_O=\frac{U_O}{R_L}=0.9\frac{U}{R_L}\cdot\frac{1+\cos a}{2} \quad (8.4)$$

【例 8.1】有一纯电阻负载，需要可调的直流电源：电压 $U_0=0\sim180$V，电流 $I_0=0\sim6$A。现采用单相半控桥式整流电路图，试求交流电压的有效值，并选择整流元件。

解：设晶闸管导通角 θ 为 180°(控制角 $\alpha=0$)时，$U_0=180$V，$I_0=6$A。

交流电压有效值

$$U=\frac{U_0}{0.9}=\frac{180}{0.9}\text{V}=200\text{V}$$

实际上还要考虑电网电压波动、管压降以及导通角常常到不了 180°(一般只有 160°～170 °)等因素，交流电压要比上述计算而得到的值适当加大 10%左右，即大约为 220V。因此，在本例中可以不用整流变压器，直接接到 220V 的交流电源上。

晶闸管所承受的最高正向电压 U_{FM}、最高反向电压 U_{RM} 和二极管所承受的最高反向电压都等于

$$U_{FM}=U_{RM}=\sqrt{2}U=1.41\times220\text{V}=310\text{V}$$

流过晶闸管和二极管的平均电流是

$$I_T=I_D=\frac{1}{2}I_0=\frac{6}{2}\text{A}=3\text{A}$$

为了保证晶闸管在出现瞬时过电压时不致损坏，通常根据下式选取晶闸管的 U_{FRM} 和 U_{RRM}：

$$U_{FRM}\geqslant(2-3)U_{FM}=(2-3)\times310\text{V}=(620-930)\text{V}$$
$$U_{RRM}\geqslant(2-3)U_{RM}=(2-3)\times310\text{V}=(620-930)\text{V}$$

根据上面计算，晶闸管可先用 KP5－7 型，二极管可先用 2CZ5/300 型。因为二极管的反向工作峰值电压一般是取反向击穿电压的一半，已有较大余量，所以选 300V 已足够。

8.2.3　晶闸管在汽车电路中的应用

有触点电容储能式电子点火系：

在电容储能式电子点火系中，火花放电的能量是以电场的形式储存在专门的储能电容器中，并在适当的时刻将能量输送到点火线圈中，产生高压电，实现电火花点火。这种点火系仍有点火线圈，但它并不储存能量，仅起电压变换即升压的作用。

1. 有触点电容储能式电子点火系的组成和工作原理

有触点电容储能式电子点火系主要由电源、直流升压器、储能电容器、晶闸管开关、触发器、点火线圈、分电器和火花塞等组成。如图 8-14 所示。

直流升压器包括振荡器、变压器和整流器，其作用是将电源的低压直流经振荡器变成交流电压，经变压器升压后，再由整流器输出 300～500V 的高压直流，并向储能电容器充电。储能电容器的作用是储存点火能量，在需要点火时向点火线圈放电。晶闸管起开关作用，当电容器充电时，晶闸管关断；当电容器放电时，晶闸管导通，为电容器放电提供快速泄放通道。触发器由断电器触点及相应的触发电路组成，其作用是根据点火信号而触发导通，使储能电容器向点火线圈一次绕组放电。

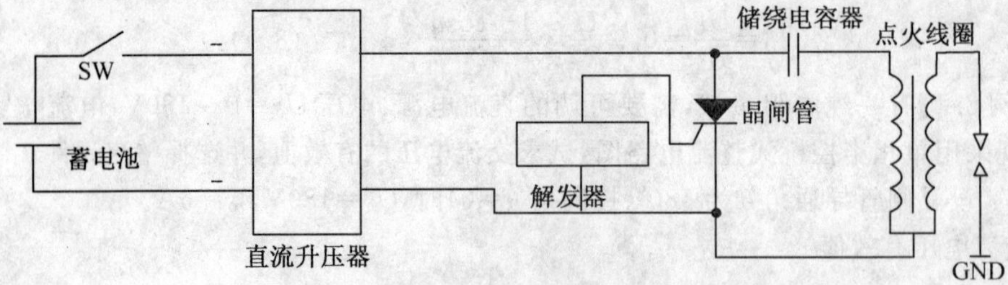

图 8-14 有触点电容储能式电子点火系电路

工作原理如下：

(1)接通点火开关，直流升压器投入工作，将 12V 的低压电升高到 400V 左右，并不断向储能电容器充电。

(2)发动机旋转，带动分电器轴转动，使触点反复开、闭，当触点打开时，触发器输出信号电压，使晶闸管导通。

(3)晶闸管导通后，储能电容器经晶闸管向点火线圈一次绕组放电。并在一次绕组上形成快速变化的电流，于此同时，在二次绕组中产生高压电动势(20～30kV)，使火花塞跳火，点燃混合气。这种点火装置，通常也被称为晶闸管电子点火系。

2. 实际线路分析

波许型有触点电容储能式电子点火系电路，如图 8-15 所示，其工作原理如下：

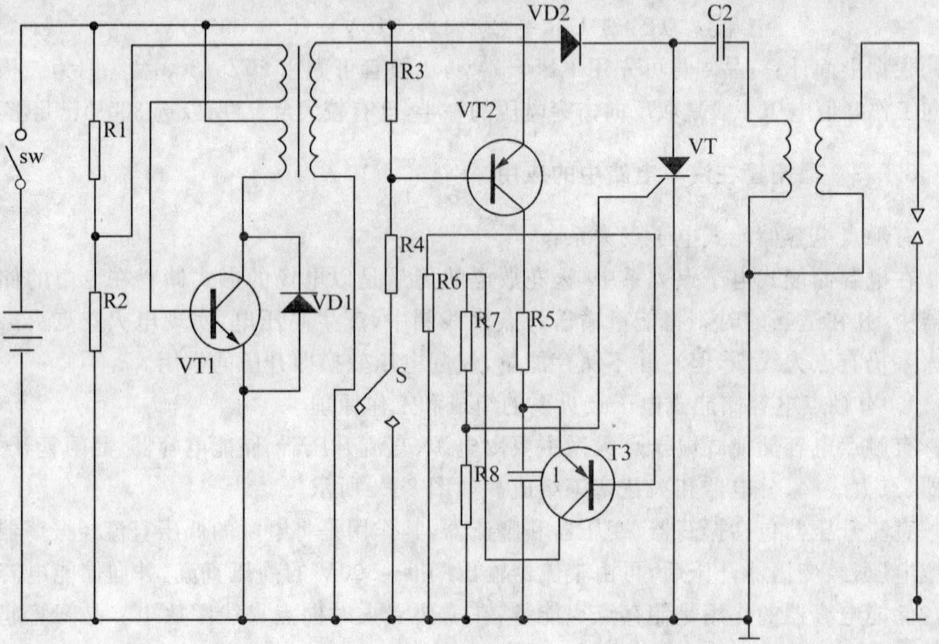

图 8-15 波许型有触点电容储能式电子点火系电路

接通点火开关 SW，由 R_1 和 R_2 分压，通过线圈 W_2 提供 VT_1 基极偏压，使 VT_1 导通，其电路为：蓄电池“+”极 → SW → 线圈 W_1 → VT_1(ce) → 搭铁 → 蓄电池“—”极。这时变压器线圈 W_2 感应出电压，这个电压加强了 VT_1 的基极正向偏压，使集电极电流迅速增大至饱和。饱和后，线圈 W_1 中的电流达最大值，并瞬间稳定。于是 VT_1 的基极点位下降，线圈 W_1 中电流减小，在线圈 W_2 中感应出负电压，使 VT_1 截止。接着又是 VT_1 导通→饱和→截止，如此反复，便在线圈 W_3 中感应出交流电动势。经 VD_2 整流，得到约 450V 的直流电压，有规律地向 C_2 充电。

当断电器触电 S 闭合时，R_3 和 R_4 组成的分压器加给三极管 VT_2(PNP)的基极一个负电位，使其导通。此时 VT_2 的集电极电流经电阻 R_5 向 C_1 充电，其电压加 VT_3 的发射极与集电极之间。当电容充电时，三极管 VT_3(PNP)的基极得到正电位而截止。

当断电器触电 S 打开时，三极管 VT_2 失去正向偏压而截止。这时，电容器 C_1 的正极电位使三极管 VT_3 获得正向偏压(e 接 C_1 的正极，b 经 R_5 接 C_1 的正极)，于是 VT_3 导通，通过电阻 R_7 和 R_8 的分压作用，使晶闸管 VT 的门极触发，VT 导通，点火系统顺利工作。

8.2.4 晶闸管的保护

晶闸管虽然具有很多优点，但是晶闸管承受过电压、过电流的能力很差，这是它的主要缺点。晶闸管的热容量很小，一旦发生过电流时，温度急剧上升，可能将 PN 结烧坏，造成元件内部短路或开路。例如一只 100A 的晶闸管过电流为 400A 时，仅允许持续 0.02s，否则将因过热而损坏；晶闸管耐受过电压的能力极差，电压超过其反向击穿电压时，即使时间极短，也容易损坏。若正向电压超过转折电压时，则晶闸管误导通，导通后的电流较大，使器件受损。因此，在各种晶闸管装置中必须采取适当的保护措施。

1. 晶闸管的过电流保护

由于晶闸管的热容量很小，一旦发生过电流时，温度就会急剧上升而可能把 PN 结烧坏，造成元件内部短路或开路。

晶闸管发生过电流的原因主要有：负载端过载或短路；某个晶闸管被击穿短路，造成其他元件的过电流；触发电路工作不正常或受干扰，使晶闸管误触发，引起过电流。晶闸管承受过电流能力很差，例如一个 100A 的晶闸管，它的过电流涌力如表 8-1 所列。这就是说，当 100A 的晶闸管过电流为 400A 时，仅允许持续 0.02s，否则将因过热而损坏。由此可知，晶闸管允许在短时间内承受一定的过电流，所以，过电流保护的作用就在于当发生过电流时，在通的时间内将过电流切断，以防止元件损坏。

晶闸管过电流保护措施有下列几种：

(1)快速熔断器

普通熔断丝由于熔断时间长，用来保护晶闸管很可能在晶闸管烧坏之后熔断器还没有熔断，这样就起不了保护作用。因此必须采用用于保护晶闸管的快速熔断器。快速熔断器用的是银质熔丝，在同样的过电流倍数之下，它可以在晶闸管损坏之前熔断，这是晶闸管过电流保护的主要措施。

表 8-1　　晶闸管的过载时间和过载倍数的关系

过载时间	0.02s	5s	5 min
过载倍数	4	2	1.25

快速熔断器的接入方式有三种，如图 8-16 所示。其一是快速熔断器接在输出(负载)端，这种接法对输出回路的过载或短路起保护作用，但对元件本身故障引起的过电流不起保护作用。其二是快速熔断器与元件串联，可以对元件本身的故障进行保护。以上两种接法一般需要同时采用。第三种接法是快速熔断器接在输入端，这样可以同时对输出端短路和元件短路实现保护，但是熔断器熔断之后，不能立即判断是什么故障。

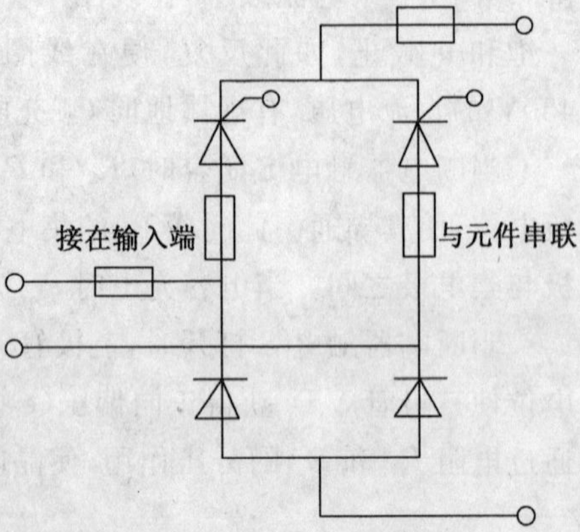

图 8-16　快速熔断器的接入方式

熔断器的电流定额应该尽量接近实际工作电流的有效值，而不是按所保护的元件的电流定额(平均值)选取。

(2)过电流继电器

在输出端(直流侧)装直流过电流继电器，或在输入端(交流侧)经电流互感器接入灵敏的过电流继电器，都可在发生过电流故障时动作，使输入端的开关跳闸。这种保护措施对过载是有效的，但是在发生短路故障时，由于过电流继电器的动作及自动开关的跳闸都需要一定时间，如果短路电流比较大，这种保护方法不很有效。

(3)过流截止保护

利用过电流的信号将晶闸管的触发脉冲移后，使晶闸管的导通角减小或者停止触发。

2. 晶闸管的过电压保护

晶闸管耐过电压的能力极差，当电路中电压超过其反向击穿电压时，即使时间极短，也容易损坏。如果正向电压超过其转折电压，则晶闸管误导通，这种误导通次数频繁时，导通后通过的电流较大，也可能使元件损坏或使晶闸管的特性下降。因此必须采取措施消除晶闸管上可能出现的过电压。

引起过电压的主要原因，是因为电路中一般都接有电感元件。在切断或接通电路时，从一个元件导通转换到另一个元件导通时，以及熔断器熔断时，电路中的电压往往都会超过正常值。有时雷击也会引起过电压。

晶闸管过电压的保护措施有下列几种：

(1)阻容保护

可以利用电容来吸收过电压，其实质就是将造成过电压的能量变成电场能量储存到电容器中，然后释放到电阻中去消耗掉。这是过电压保护的基本方法。

阻容吸收元件可以并联在整流装置的交流侧(输入端)、直流侧(输出端)或元件侧，如图 8-17 所示。

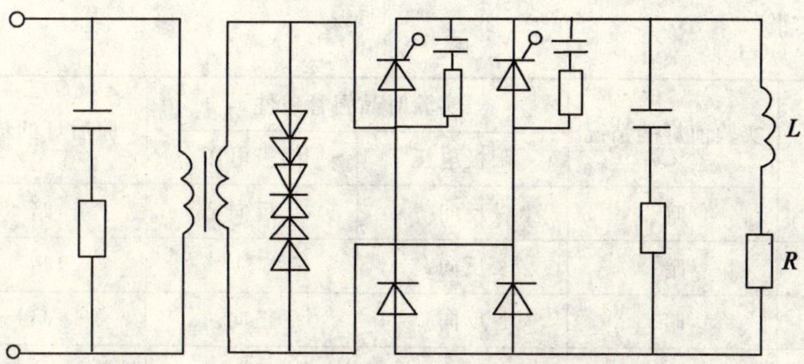

图 8-17　阻容吸收元件与硒堆保护

(2)硒堆保护

硒堆(硒整流片)是一种非线性电阻元件,具有较陡的反向特性。当硒堆上电压超过某一数值后,它的电阻迅速减小,而且可以通过较大的电流,把过电压能量消耗在非线性电阻上,而硒堆并不损坏。

硒堆可以单独使用,如图 8-17,也可以和阻容元件并联使用。

实训 8　晶闸管的可控单向导电性测试

知识目标:通过教学使学生理解和掌握晶闸管的原理和测试方法。

能力目标:使学生在工作中能够熟练、规范、安全地使用万用表。

教学重点:利用万用表测试晶闸管。

教学难点:万用表测试晶闸管的好坏。

实验内容:

1. 导通与关断条件

材料:直流电源、晶闸管、灯泡、导线、万用表。

按图接线:如图 8-18 所示。

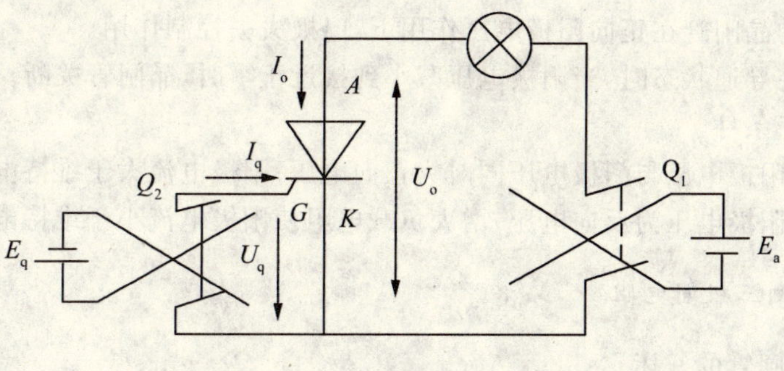

图 8-18

(1)导通实验

实验顺序	实验前灯的情况	实验时晶闸管条件		验后灯的情况	结论
		阳极电压	门极电压		
1	暗	反向	反向	暗	
2	暗	反向	零	暗	(1)
3	暗	反向	正向	暗	
4	暗	正向	反向	暗	
5	暗	正向	零	暗	(2)
6	暗	正向	正向	亮	

结论：

1)晶闸管在反向阳极电压作用下，不论门极为何种电压，它都处于关断状态。

2)晶闸管同时在正向阳极电压与正向门极电压作用下，才能导通。

(2)关断实验

实验顺序	实验前灯的情况	实验时晶闸管条件		验后灯的情况	结论
		阳极电压	门极电压		
1	亮	正向	正向	亮	
2	亮	正向	零	亮	(1)
3	亮	正向	反向	亮	
4	亮	正向(逐渐减小到接近零)	(任意)	暗	(2)

结论：

1)已导通的晶闸管在正向阳极电压作用下，门极失去控制作用。

2)晶闸管在导通状态时，当阳极电压减小到接近于零时，晶闸管关断。

导通与关断条件

导通条件：阳极电压与门极电压同时为正向电压；阳极电流大于维持电流。

关断条件：阳极电压为反向电压；增大负载电阻使阳极电流小于维持电流。

2. 万用表测三极间电阻

(1)鉴别晶闸管的好坏

用万用表 R×1K 的电阻挡测量两只晶闸管的阳极(A)与阴极(K)之间以及用 R×10 或 R×100 挡测量两只晶闸管的门极(G)与阴极之间正反向电阻并将所测数据填入表中以判断被测晶闸管的好坏。

被测晶闸管	R_{AK}	R_{KA}	R_{GK}	R_{KG}	结论
VT1					
VT2					

(2)测量晶闸管门极与阴极之间正向电阻时，有时会发现表的旋钮放在不同电阻挡的位置，读出的 RGK 欧姆值相差很大。在测试晶闸管各极间的阻值时其旋钮应放在同一档测量为准。

(3)测量晶闸管门极与阴极之间正反向电阻时，旋钮放在 R×10 挡时发现有的管正反向电阻很接近，约为几百欧姆。出现这现象还不能判断被测管已损坏，而要留心观察正反向电阻虽然很接近，只要正向电阻值比反向电阻值小一些，一般说被测管还是好的。

(4)测量晶闸管极间电阻时，特别在测量门极与阴极间的电阻时，不要用 R×10K 挡以防止损坏门极，一般应放在 R×10 挡测量为准。

习　题

8.1　晶闸管的导通条件是什么？导通后流过晶闸管的电流和负载上的电压由什么决定？

8.2　晶闸管的关断条件是什么？如何实现？晶闸管处于阻断状态时其两端的电压大小由什么决定？

8.3　温度升高时，晶闸管的触发电流、正反向漏电流、维持电流以及正向转折电压和反向击穿电压如何变化？

8.4　晶闸管的非正常导通方式有哪几种？

8.5　如图题 8-19 所示，试画出负载 R_d 上的电压波形(不考虑管子的导通压降)。

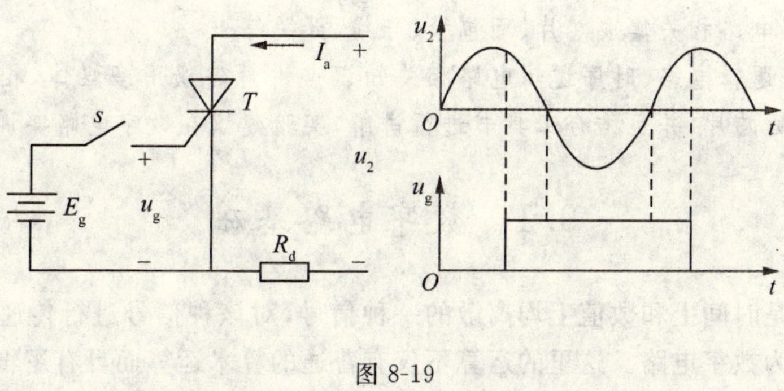

图 8-19

8.6　晶闸管作为单向导电的开关，与二极管的差别是什么？

8.7　晶闸管的过电流保护措施是什么？

第 9 章　数字电路

学习目标

1. 学习组合逻辑电路的分析与设计方法。

2. 掌握触发器的逻辑功能，由触发器构成的计数器和寄存器的分析方法。

3. 能分析由 555 触发器构成的单稳态和双稳态触发器应用电路。

考核标准

知识要求：

学习组合逻辑电路和时序逻辑电路的相关知识点，学会组合逻辑电路和数字逻辑电路的分析方法。

技能要求：

会识别运用相应的集成芯片设计实际应用电路。

教学建议

教具：数字电路相关集成芯片、面包板、导线、开关等

建议：组合逻辑电路、时序逻辑电路相关知识点讲解建议用多媒体，相关集成芯片的讲解建议用实际芯片，并且结合工具书进行讲解，实验建议在数字电路实训室进行。

9.1　数字电路基础

数字信号是时间上和数值上均离散的一种信号，对该种信号进行传递、处理、运算和存储的电路称为数字电路。这里的运算不仅有普通的算术运算而且有逻辑运算。本章将介绍数字电路的基础知识。

9.1.1　脉冲的基本概念

电子电路中，持续时间短、间歇变化的电压或电流信号，称为脉冲波，通常将产生或变换脉冲波形的电路称为脉冲电路。

1. 几种常见的脉冲波形

数字电路中使用的脉冲波有矩形波、三角波、锯齿波、尖顶波、钟形波、梯形波等。常见的脉冲信号波形如图 9-1 所示。

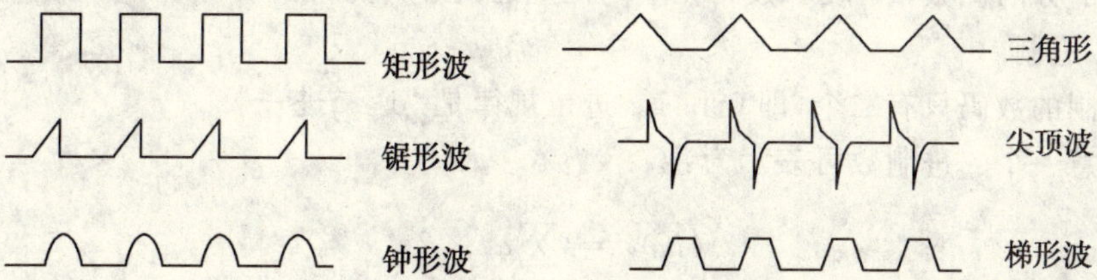

图 9-1 常见的脉冲波形

2. 脉冲波的主要参数

这里以矩形波为例，图 9-1 所示的波形是理想化的波形。实际波形如图 9-2 所示。其上升沿和下降沿比理想波形平缓，过度处均带有圆角。这是由于电容电感的影响所致。

脉冲波的主要参数如下：

(1)脉冲幅度 U_m：表示脉冲电压或电流变化的最大值，其值等于脉冲的底部和脉冲的顶部数值之差的绝对值。

(2)脉冲前沿上升时间 t_r：表示脉冲前沿从 $0.1U_m$ 上升到 $0.9U_m$ 所需要的时间。

(3)脉冲后沿下降时间 t_f：表示脉冲后沿从 $0.9U_m$ 下降到 $0.1U_m$ 所需要的时间，其数值越小，表明脉冲下降的越快。

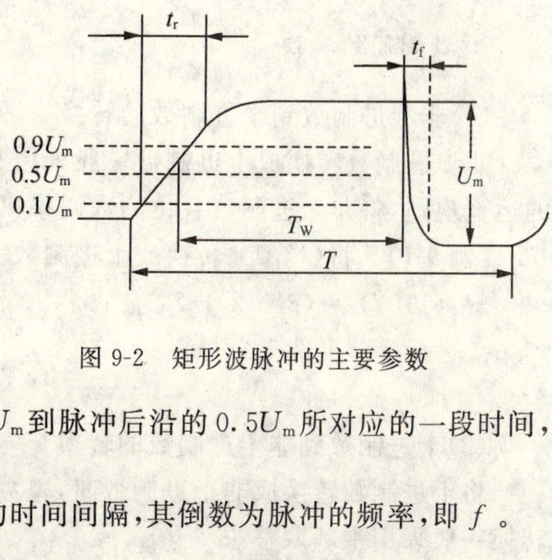

图 9-2 矩形波脉冲的主要参数

(4)脉冲宽度 T_W：表示由脉冲前沿的 $0.5U_m$ 到脉冲后沿的 $0.5U_m$ 所对应的一段时间，其值越大，说明脉冲出现后持续的时间越长。

(5)周期 T：表示两个相邻脉冲重复出现的时间间隔，其倒数为脉冲的频率，即 f 。

(6)占空比 D：$D=T_W/T$

9.1.2 数制及编码

数制是人们对数量计算的一种统计规律。在日常生活中，我们最熟悉的是十进制，而在数字系统中广泛使用的是二进制、八进制和十六进制。

1. 几种常用的进位计数制

(1)十进制

十进制的数码有 0、1、2、3、4、5、6、7、8、9 共十个，进位规律是“逢十进一”。

十进制数 2564.15 可表示成多项式形式：

$(2564.15)10=2\times10^3+5\times10^2+6\times10^1+4\times10^0+1\times10^{-1}+5\times10^{-2}$

对任意一个十进制数可表示为：

$$(N)_{10}=\sum_{i=-m}^{n-1}a_i\times10^i$$

上式中 a_i 是第 i 位的系数，它可能是 0～9 中的任意数码，n 表示整数部分的位数，m 表示小数部分的位数，10^i 表示数码在不同位置的大小，称为位权。

(2)二进制

二进制的数码只有二个，即 0 和 1。进位规律是“逢二进一”。

对任意一个二进制数可表示为：

$$(N)_2=\sum_{i=-m}^{n-1}a_i\times2^i$$

上式中 a_i 是第 i 位的系数，它可能是 0、1 中的任意数码，n 表示整数部分的位数，m 表示小数部分的位数，2^i 表示数码在不同位置的大小，称为位权。

(3)八进制和十六进制数：

八进制数码有：0、1、2、3、4、5、6、7。进位规律是“逢八进一”。十六进制的数码是：0、1、2、3、4、5、6、7、8、9、A、B、C、D、E、F。进位规律是“逢十六进一”。不管是八进制还是十六进制都可以像十进制和二进制那样，用多项式的形式来表示。

2. 数制间的转换

(1)非十进制数到十进制数的转换

非十进制数转换成十进制数一般采用的方法是按权相加，这种方法是按照十进制数的运算规则，将非十进制数各位的数码乘以对应的权再累加起来。

【例 9-1】 将 $(1101)_2$ 转换成十进制数。

解：$(1101)_2=(2^3+2^2+2^0)_{10}$

$=(8+4+1)_{10}$

$=(13)_{10}$

(2)十进制数到非十进制数的转换

将十进制数转换成非十进制数时，整数部分的转换一般采用除基取余法，小数部分的转换一般采用乘基取整法。

1)十进制整数转换成非十进制整数

【例 9-2】 将 $(21)_{10}$ 转换成二进制数。

解：21/2=10　　余数为 1

10/2=5　　余数为 0

5/2=2　　余数为 1

2/2=1　　余数为 0

1/2=0　　余数为 1

所以，$(21)_{10}=(10101)_2$

2)十进制小数转换成非十进制小数

【例 9-3】 将 $(0.625)_{10}$ 转换成二进制数。

解：$0.625\times2=1+0.25$

$0.25\times2=0+0.5$

$0.5\times2=1+0$

所以，$(0.625)_{10}=(0.101)_2$

(3)非十进制数之间的转换

1)二进制数和八进制数之间的转换

当要把一个八进制数转换成二进制数时，可以直接将每位八进制数码转换成三位二进制数码。而二进制数到八进制数的转换可按相反的过程进行，转换时，从小数点开始向两边分别将整数和小数每三位划分成一组，整数部分的最高一组不够三位时，在高位补0，小数部分的最后一组不足三位时，在末位补0，然后将每组的三位二进制数转换成一位八进制数即可。

【例9-4】 将$(304.71)_8$转换成二进制数。

解：3　0　4　.　7　1

↓　↓　↓　　↓　↓

011　000　100　.　111　001

所以，$(304.71)_8=(011000100.111001)_2$

【例9-5】 将$(1010110.0111)_2$转换成八进制数。

解：001　010　110　.　011　100

↓　↓　↓　　↓　↓

1　2　6　.　3　4

所以，$(1010110.0101)_2=(126.34)_8$

2)二进制数和十六进制数之间的转换

当要把一个十六进制数转换成二进制数时，可以直接将每位十六进制数码转换成四位二进制数码。对二进制数到十六进制数的转换可按相反的过程进行，转换时，从小数点开始向两边分别将整数和小数每四位划分成一组，整数部分的最高一组不够四位时，在高位补0，小数部分的最后一组不足四位时，在末位补0，然后将每组的四位二进制数转换成一位十六进制数即可。

【例9-6】 将$(9E.3A)_{16}$转换成二进制数。

解：9　E　.　3　A

↓　↓　　↓　↓

1001　1110　.　0011　1010

所以，$(9E.3A)_{16}=(10011110.00111010)_2$

【例9-7】 将$(1011111.10110101)_2$转换成十六进制数。

解：0101　1111　.　1011　0101

↓　↓　　↓　↓

5　F　.　B　5

所以，$(1011111.10110101)_2=(5F.B5)_{16}$

3)八进制数和十六进制数之间的转换

八进制数和十六进制数之间的转换，直接进行比较麻烦，可用二进制数作为转换中介，即先转换成二进制数，再进行转换就比较容易了。

【例 9-8】 将$(345.27)_8$转换成十六进制数

解：
```
 3    4    5   .   2    7
 ↓    ↓    ↓       ↓    ↓
011  100  101  .  010  111      先转换成二进制数。
  1110  0101   .  0101  1100    重新分组。
    ↓     ↓         ↓     ↓
    E     5    .    5     C     转换成十六进制数。
```

所以，$(345.27)_8=(E5.5C)_{16}$

【例 9-9】 将$(2B.A7)_{16}$转换成八进制数

解：
```
  2      B    .    A      7
  ↓      ↓         ↓      ↓
0010   1011   .  1010   0111      先转换成二进制数。
101  011   .  101  001  110       重新分组。
 ↓    ↓        ↓    ↓    ↓
 5    3    .   5    1    6        转换成八进制数。
```

所以，$(2B.A7)_{16}=(53.516)_8$

3. 编码

用二进制数码表示十进制数或其它特殊信息如字母、符号等的过程称为编码。编码在数字系统中经常使用，例如通过计算机将命令、数据等输入后，首先将它们转换为二进制码，然后才能进行信息处理。

二—十进制码是用四位二进制码表示一位十进制数的代码，简称为 BCD 码。常用的有 8421 码、5421 码和余 3 码等。常用的 BCD 编码如表 9-1。

表 9-1 常用的 BCD 编码

十进制数	8421BCD 码	2421BCD 码	5421BCD 码	余 3BCD 码
0	0000	0000	0000	0011
1	0001	0001	0001	0100
2	0010	0010	0010	0101
3	0011	0011	0011	0110
4	0100	0100	0100	0111
5	0101	1011	1000	1000
6	0110	1100	1001	1001
7	0111	1101	1010	1010
8	1000	1110	1011	1011
9	1001	1111	1100	1100

(1)8421 码

8421 码是最常用的一种十进制数编码,它是用四位二进制数 0000 到 1001 来表示一位十进制数。可以看出,8421 码对十进数的十个数字符号的编码表示和二进制数中表示的方法完全一样,但不允许出现 1010 到 1111 这六种编码,因为没有相应的十进制数字符号和其对应。表 9-2 中给出了 8421 码和十进制数之间的对应关系。

表 9-2　　十进制数和 8421 码之间的对应关系

十进制数	8421 码	十进制数	8421 码
0	0000	5	0101
1	0001	6	0110
2	0010	7	0111
3	0011	8	1000
4	0100	9	1001

8421 码具有编码简单、直观、表示容易等特点。

【例 9-10】 将$(126)_{10}$转换为对应的 8421BCD 码。

解:将每一位十进制数对应一位 8421 码合在一起即可。

$$(126)_{10}=(000100100110)_{8421BCD}$$

(2)余 3 码

余 3 码也是用四位二进制数表示一位十进制数,但对于同样的十进制数字,其表示比 8421 码多 0011,所以叫余 3 码。余 3 码表示不像 8421 码那样直观,各位也没有固定的权,是一种无权码。余 3 码用 0011 到 1100 这十种编码表示十进制数的十个数字符号,和十进制数之间的对应关系如表 9-3 所示。

表 9-3　　十进制数和余 3 码之间的对应关系

十进制数	余 3 码	十进制数	余 3 码
0	0011	5	1000
1	0100	6	1001
2	0101	7	1010
3	0110	8	1011
4	0111	9	1100

9.2 逻辑代数与逻辑电路

9.2.1 逻辑代数的基本运算

逻辑代数是研究因果关系的一种代数,和普通代数类似,可以写成下面的表达形式:

$$Y=F(A、B、C、D)$$

逻辑变量 A、B、C 和 D 称为自变量，Y 称为因变量，描述因变量和自变量之间的关系称为逻辑函数。但它有与普通代数不同的特点：不管是变量还是函数的值只有"0"和"1"两个，且这两个值不表示数值的大小，只表示事物的性质、状态等。在逻辑电路中，通常规定 1 代表高电平，0 代表低电平，是正逻辑。如果规定 0 代表高电平，1 低电平代表，则称为负逻辑。在以后如不专门声明时，指的都是正逻辑。逻辑代数的基本运算有三种：与运算、或运算和非运算。

1. 与运算 $F=A\cdot B$

与运算的规则可用表说明，该表称为真值表，它反映所有自变量全部可能的组合和运算结果之间的关系。真值表在以后的逻辑电路分析和设计中是十分有用的。与运算的例子在日常生活中经常会遇到，如图 9-3 所示的串联开关电路，灯 F 亮的条件是开关 A 和 B 都必须接通。如果开关闭合表示 1，开关断开表示 0；灯亮表示 1，灯灭表示 0。则灯和开关之间的逻辑关系可表示为 $F=A\cdot B$。真值表如表 9-4 所示。即有 0 出 0，全 1 出 1。

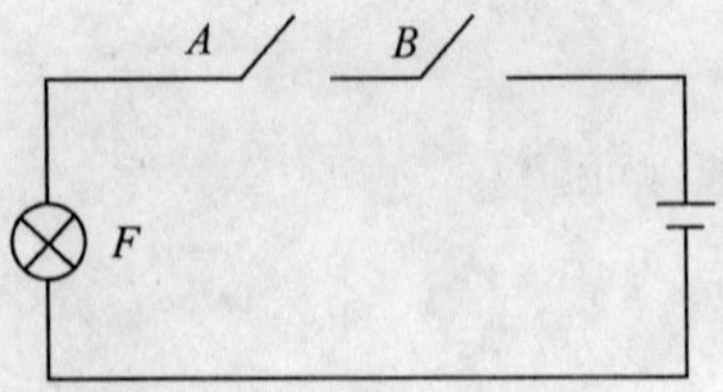

图 9-3 逻辑与的例子

表 9-4 逻辑与运算

A	B	F
0	0	0
0	1	0
1	0	0
1	1	1

2. 或运算 $F=A+B$

或运算的规则可用表 9-5 说明，即有 1 出 1，全 0 出 0。这一结论也适合于有多个变量参加的或运算。

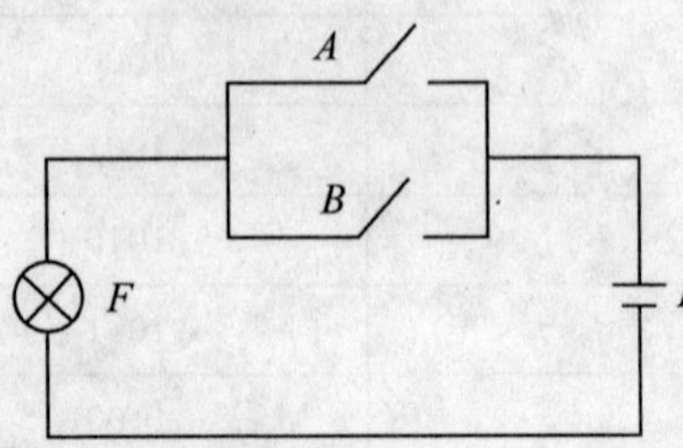

图 9-4 逻辑或的例子

表 9-5 逻辑或运算

A	B	F
0	0	0
0	1	1

或运算的例子在日常生活中也会经常会遇到，如图 9-4，灯 F 亮的条件是只要有一个开关或个以上的开关接通就可以。灯和开关之间的逻辑关系可表示为 $F=A+B$。

3. 非运算 $F=\overline{A}$

非运算的真值表如表 9-6 所示，既见 1 出 0，见 0 出 1。图 9-5 反映了灯 F 和开关 A 之间的非运算关系。如果闭合开关，灯则不亮；如果断开开关，灯则会亮。

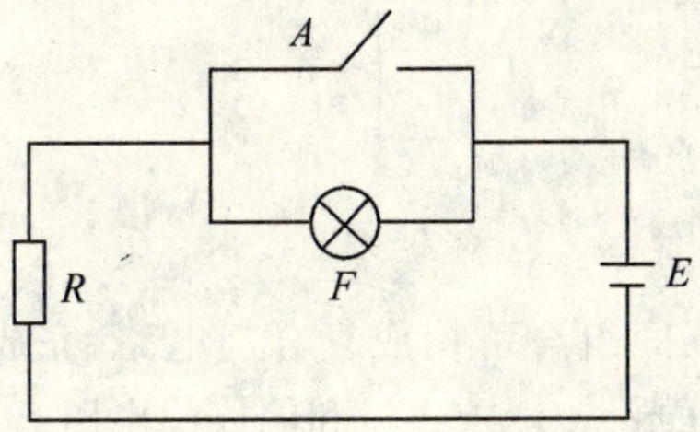

图 9-5　逻辑非的例子

表 9-6　逻辑或运算

A	F
0	1
1	0

9.2.2　集成逻辑门

能实现逻辑运算的电路称为门电路，用基本的门电路可以构成复杂的逻辑电路，完成任何逻辑运算功能，这些逻辑电路是构成计算机及其他数字系统的重要基础。

与门、或门和非门电路是最基本的门电路，可分别完成与、或、非逻辑运算。

1. 与门电路

与门电路用图 9-6 所示的逻辑符号表示，由左到右分别为国内以前使用的符号，国际常用的符号，国标符号(以下各图类似)。输入端只要有一个为低电平时，输出端就为低电平；只有输入端全是高电平时，输出端才是高电平。

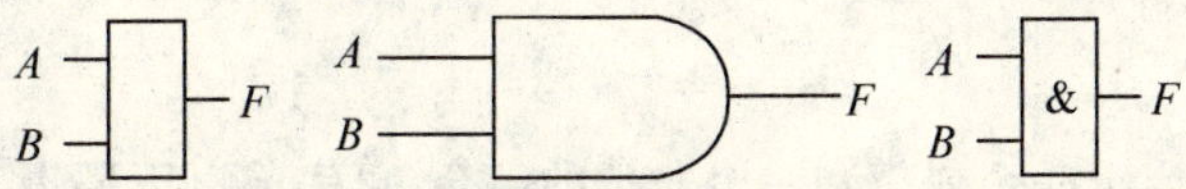

图 9-6　与门的逻辑符号

2. 或门电路

或门电路用图 9-7 所示的逻辑符号表示，当输入端有一个或一个以上为高电平时，输出端就为高电平；只有输入端全是低电平时，输出端才是低电平。

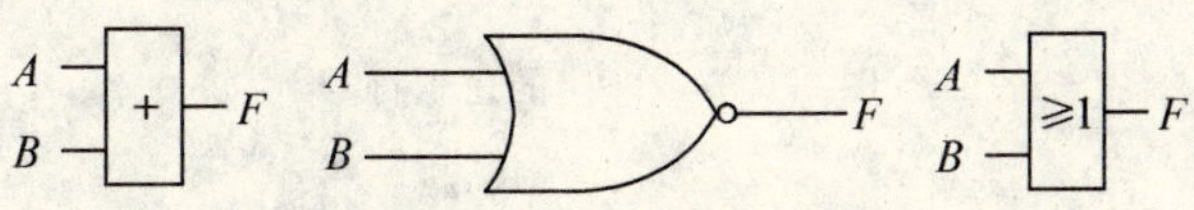

图 9-7　或门的逻辑符号

3. 非门电路

非门电路用图 9-8 所示的逻辑符号表示，具有一个输入端和一个输出端，当输入端是低电平时，输出端是高电平；而输入端是高电平时，输出端是低电平。

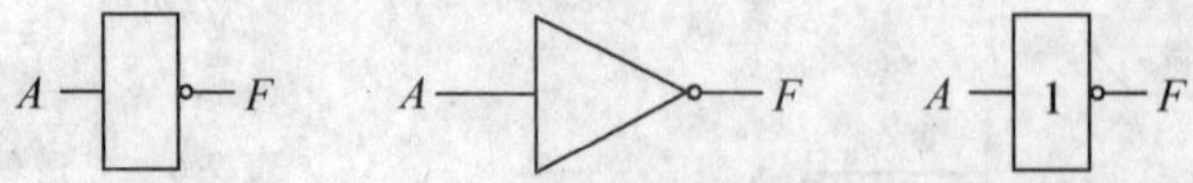

图 9-8 非门的逻辑符号

在实际应用中，利用与门、或门和非门之间的不同组合可构成复合门电路，完成复合逻辑运算。常见的复合门电路有与非门、或非门、与或非门、异或门和同或门电路。

4. 与非门电路

与非门电路相当于一个与门和一个非门的组合，可完成以下逻辑表达式的运算：

$$F=\overline{A \cdot B}$$

与非门电路用图 9-9 所示的逻辑符号表示，对与非门完成的运算分析可知，与非门的功能是，仅当所有的输入端是高电平时，输出端才是低电平。只要输入端有低电平，输出必为高电平。

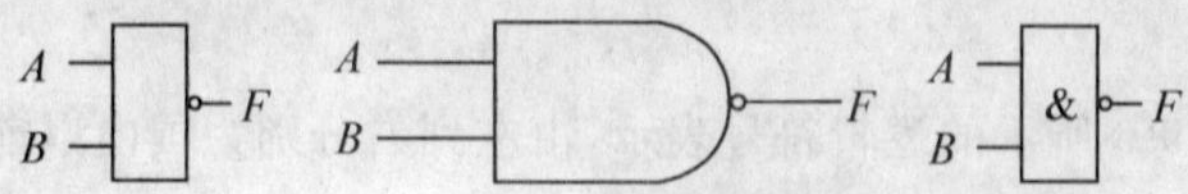

图 9-9 与非门的逻辑符号

5. 或非门电路

或非门电路相当于一个或门和一个非门的组合，可完成以下逻辑表达式的运算：

$$F=\overline{A+B}$$

或非门电路用图 9-10 所示的逻辑符号表示。对或非门完成的运算分析可知，仅当所有的输入端是低电平时，输出端才是高电平。只要输入端有高电平，输出必为低电平。

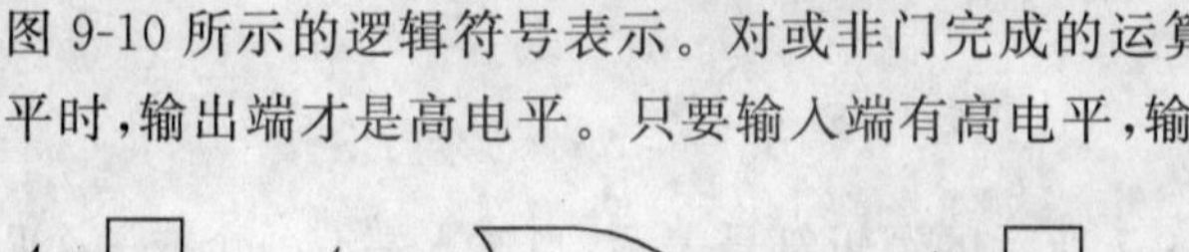

图 9-10 或非门的逻辑符号

6. 与或非门电路

与或非门电路相当于两个与门、一个或门和一个非门的组合，可完成以下逻辑表达式的运算：

$$F=\overline{AB+CD}$$

与或非门电路用图 9-11 所示的逻辑符号表示。对与或非门完成的运算分析可知，与或非门的功能是将两个与门的输出相或然后变反输出。与或非门电路也可以由多个与门和一个或门、一个非门组合而成，从而具有更强的逻辑运算功能。

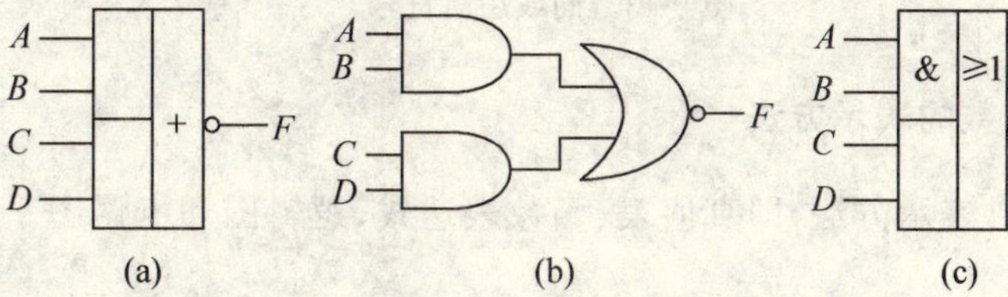

图 9-11　与或非门的逻辑符号

以上三种复合门电路都允许有两个以上的输入端。

7. 异或门电路

异或门电路可以完成逻辑异或运算，运算符号用“⊕”表示。异或运算逻辑表达式为：

$$F=A\oplus B$$

异或运算的规则如下：

$$0\oplus0=0 \qquad 0\oplus1=1$$

$$1\oplus0=1 \qquad 1\oplus1=0$$

对异或运算的规则分析可得出结论：当两个变量取值相同时，运算结果为 0；当两个变量取值不同时，运算结果为 1。如推广到多个变量异或时，当变量中 1 的个数为偶数时，运算结果为 0；1 的个数为奇数时，运算结果为 1。

异或门电路用图 9-12 所示的逻辑符号表示，逻辑表达式：$F=AB+\overline{AB}$也可完成异或运算。要指出的是，异或运算也可以用与、或、非运算的组合完成。

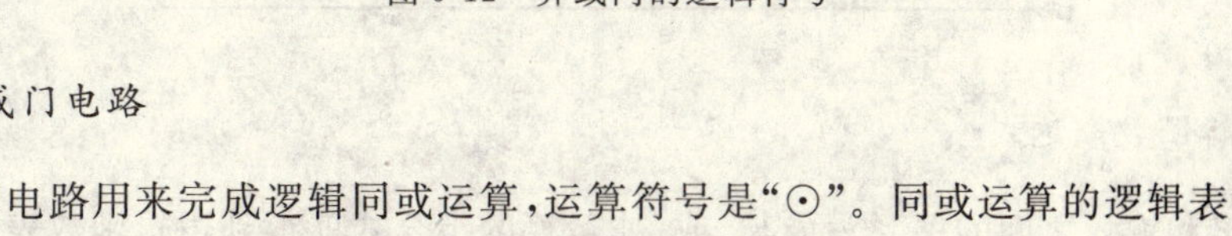

图 9-12　异或门的逻辑符号

8. 同或门电路

同或门电路用来完成逻辑同或运算，运算符号是“⊙”。同或运算的逻辑表达式为：

$$F=A\odot B$$

同或运算的规则正好和异或运算相反，同或门电路用图 9-13 所示的逻辑符号表示。

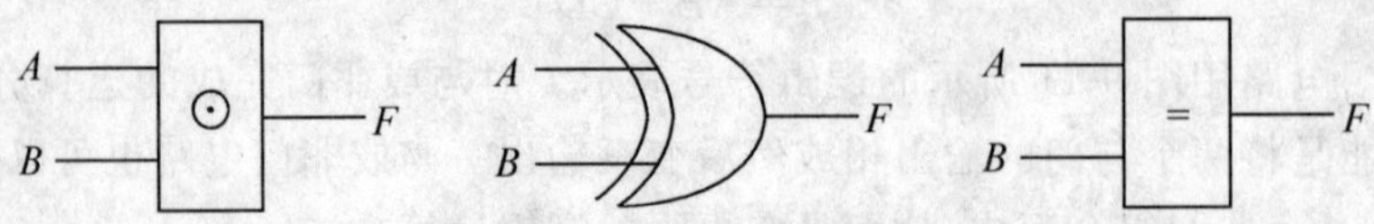

图 9-13　同或逻辑符号

9.2.3　逻辑函数的表示方法

逻辑函数有四种表示方法，即真值表、函数表达式、逻辑图和卡诺图。这里先介绍前三种。

1. 真值表

真值表是将输入逻辑变量的各种可能取值和相应的函数值排列在一起而组成的表格。为避免遗漏，各变量的取值组合应按照二进制递增的次序排列。真值表是常用的逻辑函数的表达方法。

【例 9-11】　有 a、b、c 三个输入信号，只有当 a 为 1，且 b、c 至少有一个为 1 时输出为 1，其余情况输出为 0。

解：a、b、c 三个输入信号共有 8 种可能，对应每一个输入信号的组合均有一个确定输出。根据题意可列出真值表 9-7。

表 9-7　　[例 9-10]真值表

a	b	c	F
0	0	0	0
0	0	1	0
0	1	0	0
0	1	1	0
1	0	0	0
1	0	1	1
1	1	0	1
1	1	1	1

2. 逻辑函数表达式

将输出和输入之间的关系写成与、或、非运算的组合式就得到逻辑函数表达式。同一个逻辑函数可写出不同的函数表达式，如上题对应的函数表达式可写为：

$$F=a(b+c)$$

$$\text{或 } F=ab+ac$$

由真值表可以转换为函数表达式，方法为：在真值表中依次找出函数值等于 1 的变量组合，变量值为 1 的写成原变量，变量值为 0 的写成反变量，把组合中各个变量相乘。这样，对应于函数值为 1 的每一个变量组合就可以写成一个乘积项。然后，把这些乘积项相加，就得到相应的函数表达式了。反之，由表达式也可以转换成真值表，方法为：画出真值表的表格，将变量及变量的所有取值组合按照二进制递增的次序列入表格左边，然后按照表达式，依次对变量的各种取值组合进行运算，求出相应的函数值，填入表格右边对应的位置，即得真值表。

【例 9-12】 列出函数 $L=A\cdot B+\overline{A}\cdot\overline{B}$的真值表。

解：该函数有两个变量，有 4 种取值的可能组合，将他们按顺序排列起来即得真值表，如表 9-8 所示。

表 9-8　[例 9-11]真值表

A	B	L
0	0	1
0	1	0
1	0	0
1	1	1

3. 逻辑图

将逻辑函数表达式中各变量之间的与、或、非等逻辑关系用逻辑图形符号表示，即得到表示函数关系的逻辑图。

【例 9-13】 逻辑图如图 9-14。

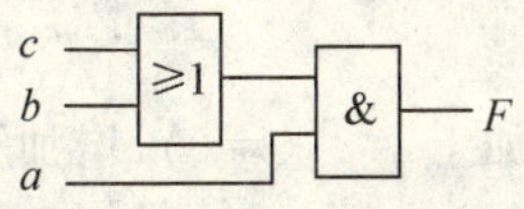

图 9-14　逻辑图

同一个逻辑函数可以用不同的逻辑表达式表示，也可以用不同的逻辑图表示。由逻辑图也可以写出其相应的函数表达式。这里就不作赘述。

9.2.4　逻辑代数的化简

公式法化简：

逻辑代数的基本公式和规则：逻辑代数的基本公式对于逻辑函数的化简是非常有用的。大部分逻辑代数的基本公式如下：

(1)0－1 律　$A+1=1$　$A\cdot 0=0$

(2)自等律　$A+0=A$　$A\cdot 1=A$

(3)互补律　$A\cdot\overline{A}=0$　$A+\overline{A}=1$

(4)交换律　$A+B=B+A$　$A\cdot B=B\cdot A$

(5)结合律　$A+(B+C)=(A+B)+C$　$A\cdot(B\cdot C)=(A\cdot B)\cdot C$

(6)分配律　$A+B\cdot C=(A+B)\cdot(A+C)$　$A\cdot(B+C)=A\cdot B+A\cdot C$

(7)吸收律　$A+A\cdot B=A$　$A\cdot(A+B)=A$

(8)重迭律　$A+A=A$　$A\cdot A=A$

(9)反演律　$\overline{A\cdot B}=\overline{A}+\overline{B}$　$\overline{A+B}=\overline{A}\cdot\overline{B}$

(10)还原律　$\overline{\overline{A}}=A$

(11)包含律　$AB+\overline{A}C+BC=AB+AC$

公式法化简常用以下四种方法：

1. 合并法

常用公式　$A+\overline{A}=1$，将两项合并为一项，消去一个变量。如：

$L=AB\overline{C}+ABC=AB(\overline{C}+C)=AB$

$L=A(BC+\overline{BC})+A(B\overline{C}+\overline{B}C)=ABC+\overline{ABC}+AB\overline{C}+A\overline{B}C$

$\quad=AB(C+\overline{C})+A\overline{B}(C+\overline{C})=AB+A\overline{B}=A(B+\overline{B})=A$

2. 吸收法

运用吸收律 $A+\overline{A}B=A+B$ 消去多余的因子。如：

$L=AB+\overline{A}C+\overline{B}C=AB+(\overline{A}+\overline{B})C=AB+\overline{AB}C=AB+C$

$L=\overline{A}+AB+\overline{B}E=\overline{A}+B+\overline{B}E=\overline{A}+B+E$

3. 消去法

常用公式 $A+AB=A+B$，消去多余因子。

4. 配项法

先通过乘以 $A+\overline{A}(=1)$ 或加上 $A\overline{A}(=0)$，增加必要的乘积项，再用以上方法化简。如：

$L=AB+\overline{A}C+BCD=AB+\overline{A}C+BCD(A+\overline{A})=AB+\overline{A}C+ABCD+\overline{A}BCD=AB+\overline{A}C$

在化简逻辑函数时，要灵活运用上述方法，才能将逻辑函数化为最简。

【例 9-14】　化简逻辑函数 $L=A\overline{B}+A\overline{C}+A\overline{D}+ABCD$

解：$L=A(\overline{B}+\overline{C}+\overline{D})+ABCD=\overline{ABCD}+ABCD=A(\overline{BCD}+BCD)=A$

【例 9-15】　化简逻辑函数 $L=A\overline{B}+B\overline{C}+\overline{B}C+\overline{A}B$

解法 1：$L=A\overline{B}+B\overline{C}+\overline{B}C+\overline{A}B+A\overline{C}$　　（增加冗余项 $A\overline{C}$）

$\quad=A\overline{B}+\overline{B}C+\overline{A}B+A\overline{C}$　　（消去 1 个冗余项 $B\overline{C}$）

$\quad=\overline{B}C+\overline{A}B+A\overline{C}$　　（再消去 1 个冗余项 $A\overline{B}$）

解法 2：$L=A\overline{B}+B\overline{C}+\overline{B}C+\overline{A}B+\overline{A}C$　　（增加冗余项 $\overline{A}C$）

$\quad=A\overline{B}+B\overline{C}+\overline{A}B+A\overline{C}$　　（消去 1 个冗余项 $\overline{B}C$）

$\quad=A\overline{B}+B\overline{C}+A\overline{C}$　　（再消去 1 个冗余项 $\overline{A}B$）

由上例可知，逻辑函数的化简结果不是唯一的。

9.2.5　门电路在汽车电路中的应用

门锁控制电路：现代轿车都装有门锁装置，为了防止驾驶员将钥匙忘在点火开关内而下车关门，专门设计了门锁控制电路。图 9-17 所示为门锁控制电路。

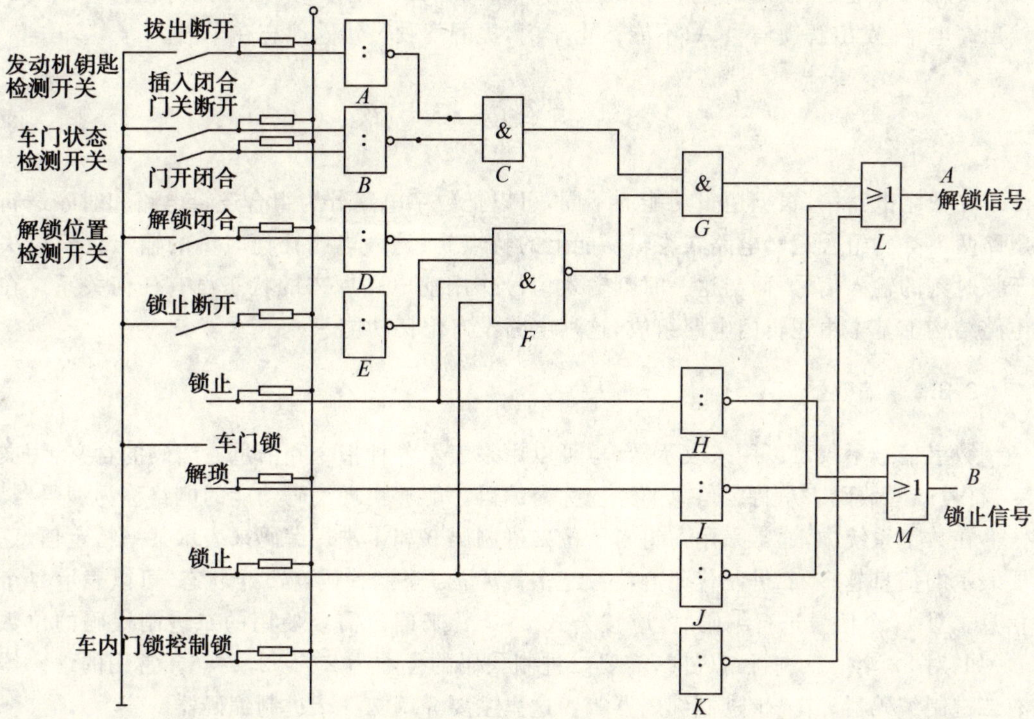

图 9-17　汽车门锁控制电路

图 9-17 电路由非门、与门、与非门和或门电路组成。输入信号包括：发动机钥匙检测开关，钥匙插入点火开关内为闭合，拔出为断开；车门状态检测开关，车门打开为闭合，车门关闭为断开；解锁位置检测开关，处于解锁位置为闭合，处于锁止位置为断开；车门钥匙的锁止位置和开锁位置；车内门锁控制开关的锁止位置和开锁位置。

在正常情况下，当驾驶员拔出发动机钥匙，准备锁车时．发动机钥匙检测开关断开，非门 a 输入高电平，输出低电平。与门 c、g 均输出低电平，控制解锁信号 A 的或门 L 的状态完全由车门锁或车内门锁控制开关实现控制。当车门锁插入钥匙旋向锁止位置时，非门 h 输入低电乎，输出高电平；控制锁止信号的或门 m 输出高电平，发出锁止信号 B。

相反，当车门钥匙旋向解锁位置时，非门 i 输入低电平，输出高电平；控制解锁信号的或门 L 输出高电平，发出解锁信号 A。与此相似，当车内门锁控制开关被扳向锁止或解锁位置时，或门 m 或 L 也会发出相应的锁止信号 B 和解锁信号 A。

当车门未关好，准备锁车时，由于车门状态检测开关中的一个必为闭合状态，与非门 b 有一个输入为低电平，所以输出为高电平，相应地使与门 c、g 均输出高电平，控制或门 L 输出高电平，发出解锁信号 A，使得车门无法锁止，提醒驾驶员车门未关好。

当解锁时，如果解锁装置没有到位，开关断开，解锁位置检测开关输入为高电平，非门 d、e 中有一个输出为低电平，或门 f 输出为高电平，与门 g 输出为高电平，或门 L 输出为高电平，发出解锁信号 A，使解锁过程到位。

当驾驶员将发动机钥匙遗忘在点火开关内，准备锁车时，发动机钥匙检测开关闭合，非门 a 输入低电平，输出高电平，使得与门 c、g 均输出高电平（其他开关均正常），或门 L 输出高电平，发出解锁信号 A，不能锁止车门，提醒驾驶员钥匙遗忘在车内。

9.3 组合逻辑电路

在数字电路中，根据逻辑功能的不同，可以把数字电路分为组合逻辑电路和时序逻辑电路两大类。组合逻辑电路在逻辑功能上的特点是：这种电路任何时刻的输出仅仅取决于该时刻的输入信号，而与这一时刻输入信号作用前电路原来的状态没有任何关系。在电路结构上基本由逻辑门电路组成，这种电路没有记忆功能。

9.3.1 编码器

数字信号不仅可以用来表示数，也可以用来表示各种指令和信息。编码的含义：用文字、符号或者数码表示特定信息的过程称为编码。能够实现编码功能的电路称为编码器。

在数字系统中，通常采用一组若干位二进制码 0 和 1 进行编码来表示某一特定信息。要表示的信息越多，二进制代码的位数越多。n 位二进制代码有 2^n 个状态，可以表示 2^n 个信息。对 N 个信号进行编码时，应按公式 $2^n \geqslant N$ 来确定需要使用的二进制代码的位数 n。如：对 52 个信息进行编码时，需要二进制代码的位数为 $2^n \geqslant 52$，$n=6$。常用的编码器有二进制编码器、二—十进制编码器等。这里主要介绍二—十进制编码器。

1. 二—十进制编码器

二—十进制编码器也称为 8421 BCD 编码器，它的功能是将十进制数（或其他十个信息）转换为 8421 BCD 码。它应当是 10 线—4 线编码器，即有 10 个输入端，4 个输出端。图 9-18 所示电路就是一个键控 8421BCD 码编码器。

左端的十个按键 $S_0 \sim S_9$ 代表输入的十个十进制数符号 0～9，输入为低电平有效，即某一按键按下，对应的输入信号为 0。输出对应的 8421 码，为 4 位码，所以有 4 个输出端 A、B、C、D。

由逻辑电路图写出各输出的逻辑表达式为：

$$A=\overline{S_8}+\overline{S_9}=\overline{S_8 S_9}$$

$$B=\overline{S_4}+\overline{S_5}+\overline{S_6}+\overline{S_7}=\overline{S_4 S_5 S_6 S_7}$$

$$C=\overline{S_2}+\overline{S_3}+\overline{S_6}+\overline{S_7}=\overline{S_2 S_3 S_6 S_7}$$

$$D=\overline{S_1}+\overline{S_3}+\overline{S_5}+\overline{S_7}+\overline{S_9}=\overline{S_1 S_3 S_5 S_7 S_9}$$

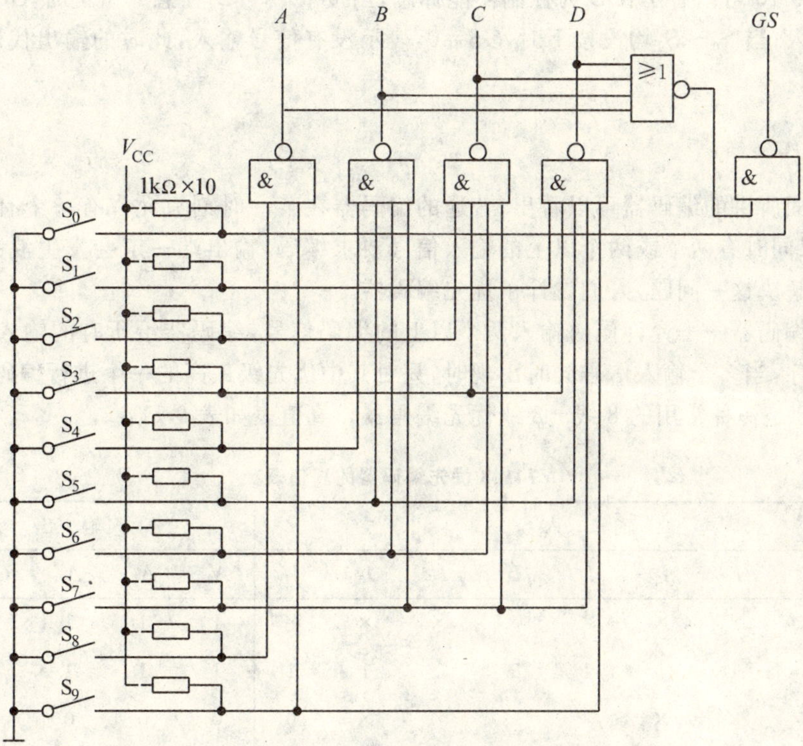

图 9-18　键控 8421 BCD 码编码器

由上式列出真值表 9-10：

表 9-10　　键控 8421 BCD 码编码器真值表

输入										输出				
S_9	S_8	S_7	S_6	S_5	S_4	S_3	S_2	S_1	S_0	A	B	C	D	GS
1	1	1	1	1	1	1	1	1	1	0	0	0	0	0
1	1	1	1	1	1	1	1	1	0	0	0	0	0	1
1	1	1	1	1	1	1	1	0	1	0	0	0	1	1
1	1	1	1	1	1	1	0	1	1	0	0	1	0	1
1	1	1	1	1	1	0	1	1	1	0	0	1	1	1
1	1	1	1	1	0	1	1	1	1	0	1	0	0	1
1	1	1	1	0	1	1	1	1	1	0	1	0	1	1
1	1	1	0	1	1	1	1	1	1	0	1	1	0	1
1	1	0	1	1	1	1	1	1	1	0	1	1	1	1
1	0	1	1	1	1	1	1	1	1	1	0	0	0	1
0	1	1	1	1	1	1	1	1	1	1	0	0	1	1

由表 9-10 可以看出：GS 为控制使能标志，当按下 $S_0 \sim S_9$ 任意一个键时，$GS=1$，表示有信号输入；当 $S_0 \sim S_9$ 均没按下时，$GS=0$，表示没有信号输入，此时的输出代码 0000 为无效代码。

2. 优先编码器

由前面所讲的编码器可以看出，普通的编码器在某一时刻只允许有一个有效的输入信号，如果同时有两个或两个以上的输入信号要求编码，输出端一定会发生混乱，出现错误。为了解决这一问题，人们设计了优先编码器。

优先编码器——允许同时输入两个以上的编码信号，编码器给所有的输入信号规定了优先顺序，当多个输入信号同时出现时，只对其中优先级最高的一个进行编码。

74148 是一种常用的 8 线－3 线优先编码器。真值表如表 9-11：

表 9-11　　74148 优先编码器的真值表

输入									输出				
EI	I_0	I_1	I_2	I_3	I_4	I_5	I_6	I_7	A_2	A_1	A_0	GS	EO
1	×	×	×	×	×	×	×	×	1	1	1	1	1
0	1	1	1	1	1	1	1	1	1	1	1	1	0
0	×	×	×	×	×	×	×	0	0	0	0	0	1
0	×	×	×	×	×	×	0	1	0	0	1	0	1
0	×	×	×	×	×	0	1	1	0	1	0	0	1
0	×	×	×	×	0	1	1	1	0	1	1	0	1
0	×	×	×	0	1	1	1	1	1	0	0	0	1
0	×	×	0	1	1	1	1	1	1	0	1	0	1
0	×	0	1	1	1	1	1	1	1	1	0	0	1
0	0	1	1	1	1	1	1	1	1	1	1	0	1

由表 9-11 可以看出：

其中 $I_0 \sim I_7$ 为编码输入端，低电平有效。$A_0 \sim A_2$ 为编码输出端，也为低电平有效，即反码输出。其他功能：

(1)EI 为使能输入端，低电平有效。

(2)优先顺序为 $I_7 \rightarrow I_0$，即 I_7 的优先级最高，然后是 $I_6, I_5, \cdots, I_0$。

(3)GS 为编码器的工作标志，低电平有效。

(4)EO 为使能输出端，高电平有效。

当 I_7 有效时，不管其他输入端为何值，都对 I_7 进行编码，即输出 $A_2\ A_1\ A_0$ 为 000(低电平有效)。

当 I_7 无效时，若 I_6 有效，则不管 $I_5 \sim I_0$ 输入为何值，是否有效，都对 I_6 进行编码，即输出 $A_2\ A_1\ A_0$ 为 001(低电平有效)。

依次类推，I_7优先级最高，I_0优先级最低。

9.3.2　译码器

译码是编码的反过程，是将给定的二进制代码翻译成编码时赋予的原意，即将每一组输入的二进制代码译成相应特定的输出高、低电平信号，完成这种功能的电路称为译码器。译码器是多输入多输出的组合逻辑电路。假设译码器有 n 个输入信号和 N 个输出信号，如果 $N=2^n$，就称为全译码器，常见的全译码器有 2 线—4 线译码器、3 线—8 线译码器、4 线—16 线译码器等。如果 $N<2^n$，称为部分译码器，如二一十进制译码器（也称作 4 线—10 线译码器）等。

常用的译码器电路有二进制译码器、二一十进制译码器、显示译码器等。在这里主要介绍二进制译码器。设二进制译码器的输入端为 n 个，每一组输入组合为一个 n 位二进制代码，则输出端为 2^n个，且对应于输入代码的每一种状态，2^n个输出中只有一个为 1（或为 0），其余全为 0（或为 1）。这种译码器可以称为 n 线—2^n线译码器。它的工作情况，相当于根据号码寻找有效的输出端，因此输入端可称为“地址”端。下面介绍一下 2 线—4 线译码器的工作过程。

令 2 线—4 线译码器的输出为低电平有效，地址输入端为两位即 A、B，为地址码。输出为 4（2^n）个，即$\overline{Y0}$，$\overline{Y1}$，$\overline{Y2}$，$\overline{Y3}$。根据译码器功能，可列出 2 线—4 线译码器的功能如表 9-12 所示。

表 9-12　　2 线—4 线译码器功能表

输　入			输　出			
$\overline{EI}$	A	B	$\overline{Y_0}$	$\overline{Y_1}$	$\overline{Y_2}$	$\overline{Y_3}$
1	×	×	1	1	1	1
0	0	0	0	1	1	1
0	0	1	1	0	1	1
0	1	0	1	1	0	1
0	1	1	1	1	1	0

由表 9-12 可写出各输出函数表达式：

$$Y_0=\overline{\overline{EIAB}}$$

$$Y_1=\overline{\overline{EIA}B}$$

$$Y_2=\overline{\overline{EI}A\,\overline{B}}$$

$$Y_3=\overline{\overline{EI}AB}$$

由真值表和表达式可以看出，$\overline{EI}$为使能端，也称控制输入端，低电平有效。当$\overline{EI}$无效时（为高电平），输出值无效；当$\overline{EI}$有效时（为低电平），输出值为译码值：AB 为 00 时，将 00 进行译码，输出$\overline{Y_0}$为 0，其余输出为高电平，为无效值。AB 为 01 时，将 01 进行译码，输出$\overline{Y_1}$为 0，其余输出为高电平，为无效值。AB 为 10 时，将 10 进行译码，输出$\overline{Y_2}$为 0，其余输出为高电平，为无效值。AB 为 11 时，将 11 进行译码，输出$\overline{Y_3}$为 0，其余输出为高电平，为无效值。

用门电路实现 2 线—4 线译码器的逻辑电路如图 9-19 所示。

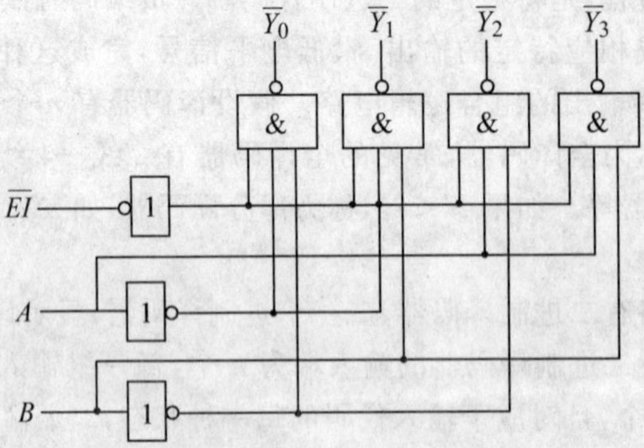

图 9-19　2 线—4 线译码器逻辑电路

如果采用高电平有效的规定，则其真值表和逻辑电路都将有所不同。例如采用高电平有效的 3 线—8 线译码器，其电路图如图 9-20：

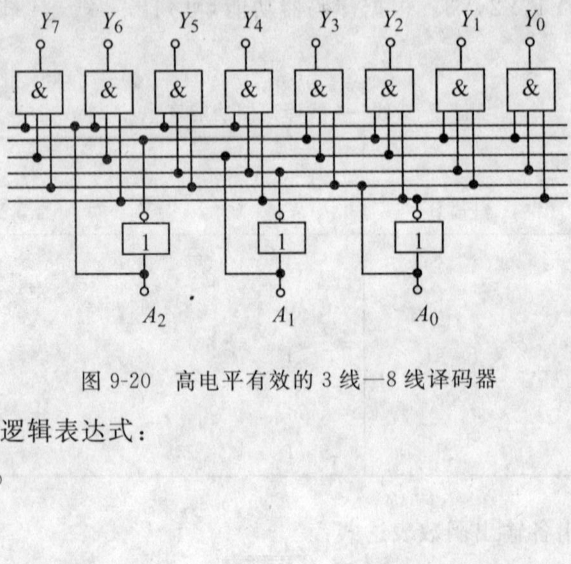

图 9-20　高电平有效的 3 线—8 线译码器

列出图 9-20 的逻辑表达式：

$$
\begin{cases}
Y_0=\overline{A}_2\,\overline{A}_1\,\overline{A}_0 \\
Y_1=\overline{A}_2\,\overline{A}_1 A_0 \\
Y_2=\overline{A}_2 A_1\,\overline{A}_0 \\
Y_3=\overline{A}_2 A_1 A_0 \\
Y_4=A_2\,\overline{A}_1\,\overline{A}_0 \\
Y_5=A_2\,\overline{A}_1 A_0 \\
Y_6=A_2 A_1\,\overline{A}_0 \\
Y_7=A_2 A_1 A_0
\end{cases}
$$

在中规模组合逻辑电路中，常用的二进制译码器有双 2 线—4 线的 54/74HC139、54/74LS139；3 线—8 线的 54/74HCT138、54/74LS138；4 线—16 线的 54/74HCT154、54/

74LS154 等，下面介绍 74LS138 芯片的构成及逻辑功能。

74LS138 芯片的引脚图如图 9-21：

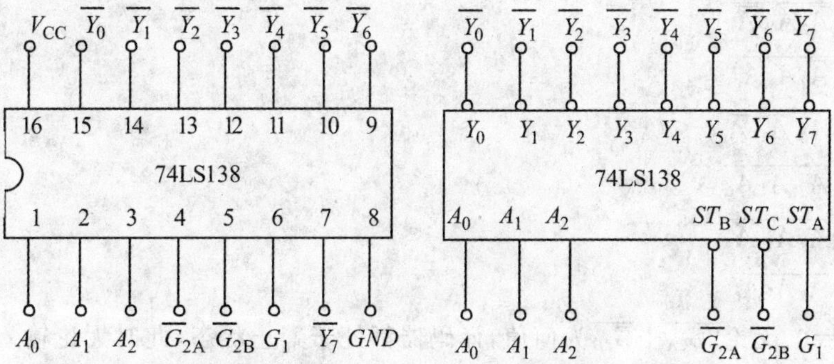

(a) 引脚排列图　　(b) 逻辑功能示意图

图 9-21　74LS138 芯片

其真值表如表 9-13 示：

表 9-13　真值表

输入					输出							
使能		选择										
G_1	$\overline{G_2A}+\overline{G_{2B}}$	A_2	A_1	A_0	$\overline{Y_7}$	$\overline{Y_6}$	$\overline{Y_5}$	$\overline{Y_4}$	$\overline{Y_3}$	$\overline{Y_2}$	$\overline{Y_1}$	$\overline{Y_0}$
×	1	×	×	×	1	1	1	1	1	1	1	1
0	×	×	×	×	1	1	1	1	1	1	1	1
1	0	0	0	0	1	1	1	1	1	1	1	0
1	0	0	0	1	1	1	1	1	1	1	0	1
1	0	0	1	0	1	1	1	1	1	0	1	1
1	0	0	1	1	1	1	1	1	0	1	1	1
1	0	1	0	0	1	1	1	0	1	1	1	1
1	0	1	0	1	1	1	0	1	1	1	1	1
1	0	1	1	0	1	0	1	1	1	1	1	1
1	0	1	1	1	0	1	1	1	1	1	1	1

A_2、A_1、A_0 为二进制译码输入端，$\overline{Y_0}\sim\overline{Y_7}$ 为译码输出端（低电平有效），G_1、$\overline{G_{2A}}$、$\overline{G_{2B}}$ 为选通控制端。当 $G_1=1$、$\overline{G_{2A}}+\overline{G_{2B}}=0$ 时，译码器处于工作状态，对输入地址信号进行译码工作：

$$
\begin{cases}
\overline{Y_0}=\overline{\overline{A_2}\ \overline{A_1}\ \overline{A_0}} \\
\overline{Y_1}=\overline{\overline{A_2}\ \overline{A_1}A_0} \\
\overline{Y_2}=\overline{\overline{A_2}A_1\ \overline{A_0}} \\
\overline{Y_3}=\overline{\overline{A_2}A_1A_0} \\
\overline{Y_4}=\overline{A_2\ \overline{A_1}\ \overline{A_0}} \\
\overline{Y_5}=\overline{A_2\ \overline{A_1}A_0} \\
\overline{Y_6}=\overline{A_2A_1\ \overline{A_0}} \\
\overline{Y_7}=\overline{A_2A_1A_0}
\end{cases}
$$

当 $G_1=0$、无论$\overline{2G_{2A}}+\overline{G_{2B}}$为何值，译码器都处于禁止状态，此时无论输入什么地址信号，译码器的输出均为无效值。当$\overline{2G_{2A}}+\overline{G_{2B}}=1$、无论 G_1 为何值时，译码器也处于禁止状态，此时无论输入什么地址信号，译码器的输出均为无效值。由上可知，选通控制端 G_1、$\overline{2G_{2A}}+\overline{G_{2B}}$必须分别为 1、0、0 时，译码器才能进行译码工作。选通控制端上有无非号表示该信号是高电平有效还是低电平有效，不只是选通控制端，对其他输入输出端也有相同的意义。当选通控制端有效时，即 G_1、$\overline{2G_{2A}}+\overline{G_{2B}}$分别为 1、0、0 时，译码器进行译码工作：输入值为 000 时，输出值$\overline{Y_0}$有效为 0，输入值为 001 时输出值$\overline{Y_1}$有效为 0。依此类推，完成译码功能。

9.3.3 七段显示译码器

数字系统中，常常需要将数字、字母、符号等直观地显示出来，供人们读取或监视系统的工作情况。能够显示数字、字母或符号的器件称为数字显示器。

在数字电路中，数字量都是以一定的代码形式出现的，所以这些数字量要先经过译码，才能送到数字显示器去显示。这种能把数字量翻译成数字显示器所能识别的信号的译码器称为数字显示译码器。

常用的数字显示器有多种类型。按显示方式分，有字型重叠式、点阵式、分段式等。

按发光物质分，有半导体显示器，又称发光二极管(LED)显示器、荧光显示器、液晶显示器、气体放电管显示器等。目前应用最广泛的是由发光二极管构成的七段数字显示器。

1. 七段数字显示器原理

七段数字显示器就是将七个发光二极管(加小数点为八个)按一定的方式排列起来，七段 a、b、c、d、e、f、g(小数点 DP)各对应一个发光二极管，利用不同发光段的组合，显示不同的阿拉伯数字。如图 9-22。

按内部连接方式不同，七段数字显示器分为共阴极和共阳极两种。见图 9-23。

半导体显示器的优点是工作电压较低(1.5～3V)、体积小、寿命长、亮度高、响应速度快、工作可靠性高。缺点是工作电流大，每个字段的工作电流为 10mA 左右。

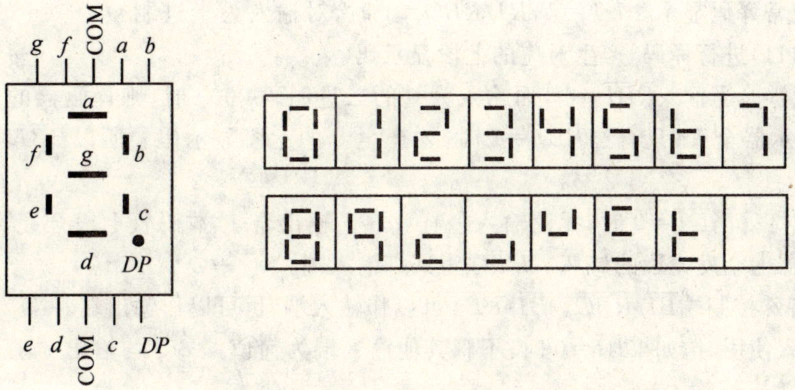

图 9-22 显示译码器

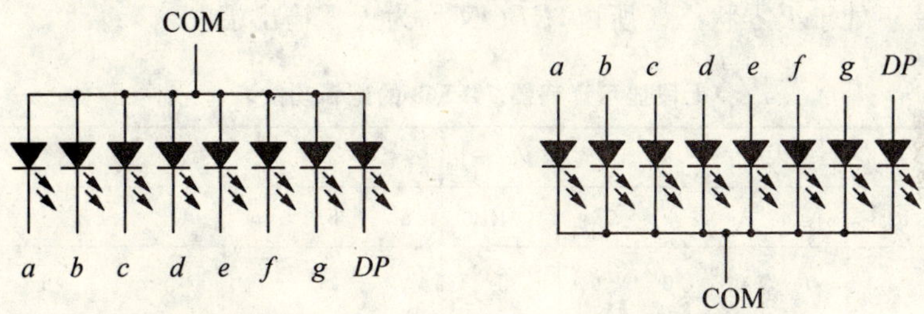

(a) 共阳极接法　(b) 共阴极接法

图 9-23 半导体数字显示器的内部接法

2. 七段显示译码器 74LS48

七段显示译码器 74LS48 是一种与共阴极数字显示器配合使用的集成译码器，它的功能是将输入的 4 位二进制代码转换成显示器所需要的七个段信号 $a \sim g$。图 9-24 为其引脚图：

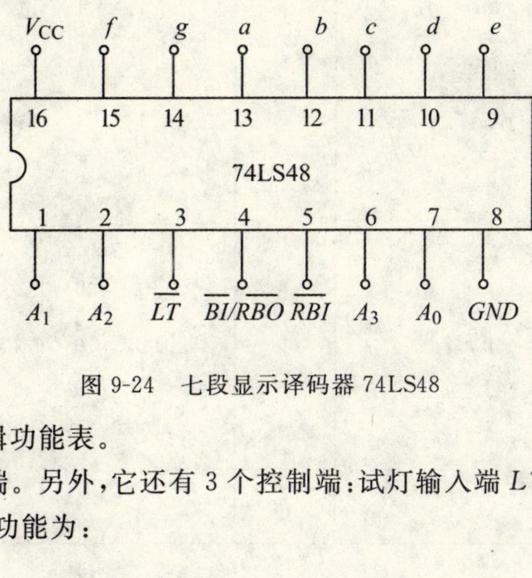

图 9-24 七段显示译码器 74LS48

表 9-14 为它的逻辑功能表。

$a \sim g$ 为译码输出端。另外，它还有 3 个控制端：试灯输入端 LT、灭零输入端 $\overline{RBI}$、特殊控制端 $\overline{RI}/\overline{RBO}$。其功能为：

(a)正常译码显示。$\overline{LT}=1$，$\overline{RI}/\overline{RBO}=1$ 时，对输入为十进制数 $l\sim15$ 的二进制码（0001～1111）进行译码，产生对应的七段显示码。

(b)灭零。当输入$\overline{RBI}=0$，而输入为 0 的二进制码 0000 时，则译码器的 $a\sim g$ 输出全 0，使显示器全灭；只有当$\overline{RBI}=1$ 时，才产生 0 的七段显示码。所以$\overline{RBI}$称为灭零输入端。

(c)试灯。当$\overline{LT}=0$ 时，无论输入怎样，$a\sim g$ 输出全 1，数码管七段全亮。由此可以检测显示器七个发光段的好坏。$\overline{LT}$称为试灯输入端。

(d)特殊控制端$\overline{BI}/\overline{RBO}$。$\overline{BI}/\overline{RBO}$可以作输入端，也可以作输出端。

作输入使用时，如果$\overline{BI}=0$ 时，不管其他输入端为何值，$a\sim g$ 均输出 0，显示器全灭，因此$\overline{BI}$称为灭灯输入端。

作输出端使用时，受控于$\overline{RBI}$。当$\overline{RBI}=0$，输入为 0 的二进制码 0000 时，$\overline{RBO}=0$，用以指示该片正处于灭零状态。所以，$\overline{RBO}$又称为灭零输出端。

表 9-14　七段显示译码器 74LS48 的逻辑功能表

功能（输入）	输入						输入/输出	输出							显示字形
	$\overline{LT}$	$\overline{RBI}$	A_3	A_2	A_1	A_0	$\overline{BI}/\overline{RBO}$	a	b	c	d	e	f	g	
0	1	1	0	0	0	0	1	1	1	1	1	1	1	0	0
1	1	×	0	0	0	1	1	0	1	1	0	0	0	0	1
2	1	×	0	0	1	0	1	1	1	0	1	1	0	1	2
3	1	×	0	0	1	1	1	1	1	1	1	0	0	1	3
4	1	×	0	1	0	0	1	0	1	1	0	0	1	1	4
5	1	×	0	1	0	1	1	1	0	1	1	0	1	1	5
6	1	×	0	1	1	0	1	0	0	1	1	1	1	1	6
7	1	×	0	1	1	1	1	1	1	1	0	0	0	0	7
8	1	×	1	0	0	0	1	1	1	1	1	1	1	1	8
9	1	×	1	0	0	1	1	1	1	1	0	0	1	1	9
10	1	×	1	0	1	0	1	0	0	0	1	1	0	1	
11	1	×	1	0	1	1	1	0	0	1	1	0	0	1	
12	1	×	1	1	0	0	1	0	1	0	0	0	1	1	
13	1	×	1	1	0	1	1	1	0	0	1	0	1	1	
14	1	×	1	1	1	0	1	0	0	0	1	1	1	1	
15	1	×	1	1	1	1	1	0	0	0	0	0	0	0	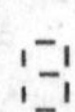
灭灯	1	×	×	×	×	×	0	0	0	0	0	0	0	0	

续表

灭零	×	×	0	0	0	0	0	0	0	0	0	0	0	0	
试灯	1 0	0 ×	×	×	×	×	1	1	1	1	1	1	1	1	

9.4　触发器及时序逻辑电路

数字电路分为组合逻辑电路和时序逻辑电路。时序逻辑电路的特点为任一时刻的输出信号不仅取决于当时的输入信号，而且还取决于电路原来的状态，因此可以说，时序逻辑电路具有记忆功能。触发器具有“记忆”功能，它是构成时序逻辑电路的基本单元。

触发器根据其结构分为 RS 触发器、JK 触发器、T 触发器、D 触发器等类型，根据触发方式分为基本触发器，同步触发器，边沿触发器，主从触发器等类型。

基本 RS 触发器是直接电平触发(低电平有效/高电平有效)，无 CP 控制脉冲。同步触发器是在 CP 的(高/低)电平期间触发，即在整个电平期间接收信号、在整个电平期间状态相应更新。边沿触发器只在 CP 的↑或↓边沿触发，即只在 CP 的↑或↓边沿接收信号，只在 CP 的↑或↓边沿状态更新。主从触发有主、从两个触发器，在 CP 的高/低电平期间交替工作、封锁。只在 CP 的高电平期间(或低电平期间)接收信号、只在 CP 的↑或↓边沿总的输出状态更新。

9.4.1 基本 RS 触发器

基本 RS 触发器由与非门构成或者由或非门组成。本节主要介绍用与非门构成的基本 RS 触发器。

(1)电路结构如图 9-25。由两个与非门的输入输出端交叉耦合。它与组合电路的根本区别在于电路中有反馈线。

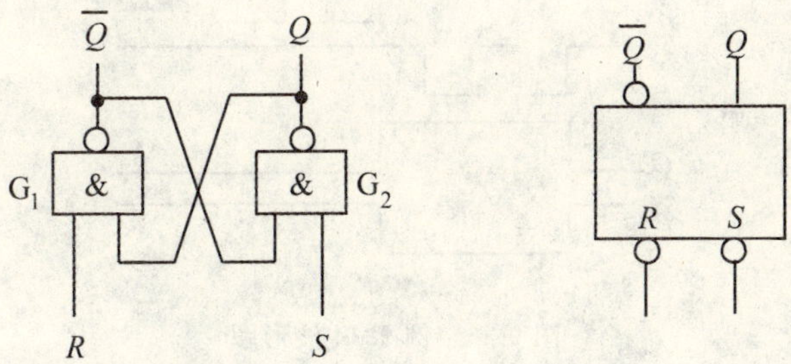

(a)　　(b)

图 9-25　基本 RS 触发器电路结构

它有二个输入端 R、S，有两个输出端 Q、$\overline{Q}$。一般情况下，Q、$\overline{Q}$是互补的。

定义：当 $Q=1$，$\overline{Q}=0$ 时，称为触发器的 1 状态；

当 $Q=0$，$\overline{Q}=1$ 时，称为触发器的 0 状态。

(2)逻辑功能表见表 9-15

表 9-15　　逻辑功能表

R	S	Q^n	Q^{n+1}	功能说明
0	0	0	×	不稳定状态
0	0	1	×	
0	1	0	0	置 0(复位)
0	1	1	0	
1	0	0	1	置 1(置位)
1	0	1	1	
1	1	0	0	保持原状态
1	1	1	1	

可见,触发器的新状态 Q^{n+1}(也称次态)不仅与输入状态有关,也与触发器原来的状态 Q^n(也称现态或初态)有关。

触发器的特点:

①有两个互补的输出端,有两个稳态。

②有复位($Q=0$)、置位($Q=1$)、保持原状态三种功能。

③R 为复位输入端,S 为置位输入端,该电路为低电平有效。

④由于反馈线的存在,无论是复位还是置位,有效信号只须作用很短的一段时间。即"一触即发"。

(3)波形分析。

【例 9-16】 用与非门组成的基本 RS 触发器如图 9-25 所示,设初始状态为 0,已知输入 R、S 的波形图如图 9-26,画出输出 Q、$\overline{Q}$的波形图。

解:由表 9-15 可画出输出 Q、$\overline{Q}$的波形如图 9-26 所示。

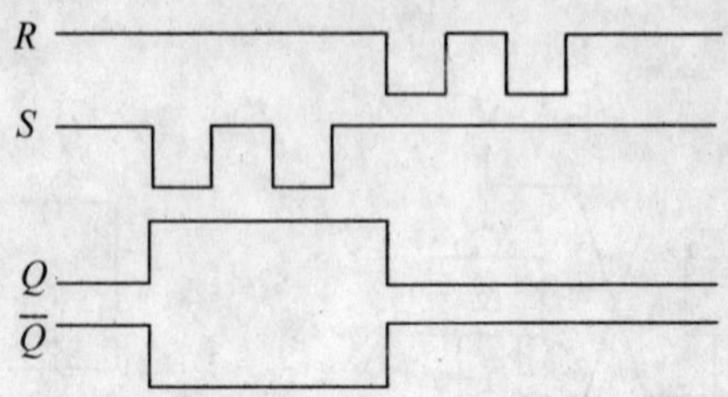

图 9-26　例 9.14 波形图

9.4.2　其他类型的触发器

1. 维持—阻塞边沿 D 触发器

边沿触发器不仅将触发器的触发翻转控制在 CP 触发沿到来的一瞬间,而且将接收输入信号的时间也控制在 CP 触发沿到来的前一瞬间。因此，边沿触发器既没有空翻现象，也没有一次变化问题，从而大大提高了触发器工作的可靠性和抗干扰能力。

D 触发器又称数据锁存器，D 触发器只有一个触发输入端 D，因此，逻辑关系非常简单，如表 9-16 所示。其内部电路及逻辑符号如图 9-27 所示。

D 触发器的特性方程为：$Q^{n+1}=D$。

表 9-16　　D 触发器逻辑关系

D	Q^n	Q^{n+1}	功能说明 0
0	0	0	输出状态与 D 状态相同
0	1	0	
1	0	1	
1	1	1	

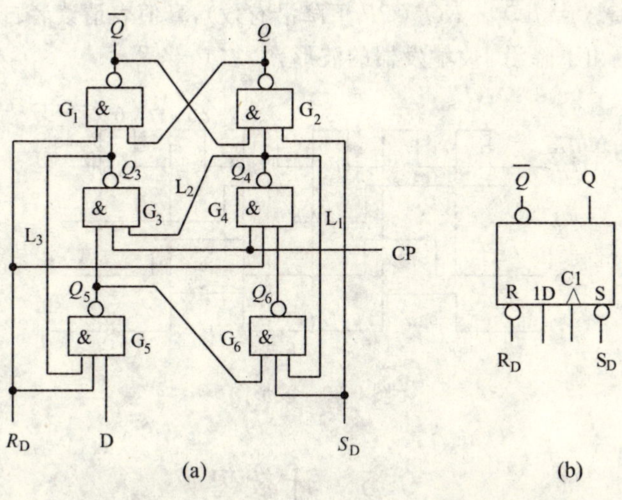

图 9-27　带有 R_D 和 S_D 端的维持—阻塞 D 触发器

【例 9-17】 维持—阻塞 D 触发器如图 9-27 所示，设初始状态为 0，已知输入 D 的波形图如图 9-28 所示，画出输出 Q 的波形图。

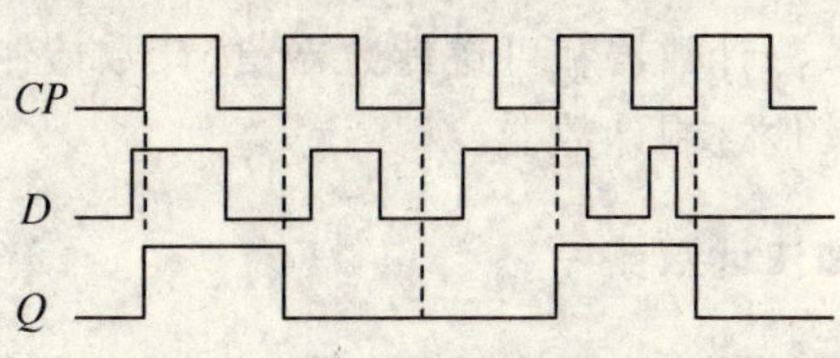

图 9-28　Q 的波形图

2. 边沿 JK 触发器

边沿 JK 触发器的电路结构如图 9-29。逻辑符号中“ ˆ”表示边沿触发输入。加小圆圈:表示下降沿有效触发,不加小圆圈:表示上升沿有效触发。

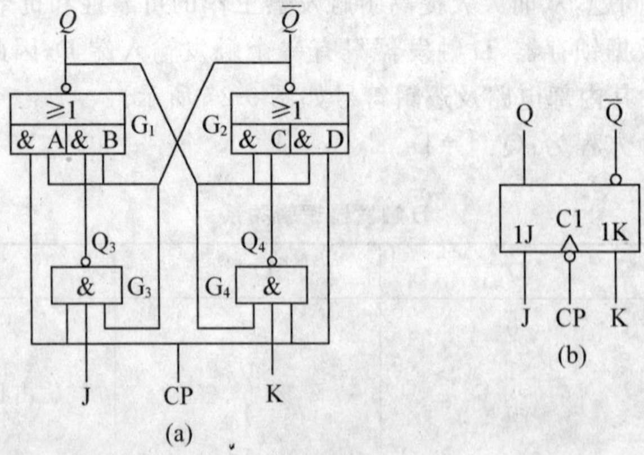

图 9-29

其特性方程:$Q^{n+1}=J\overline{Q^n}+\overline{K}Q^n$($CP$ 下降沿有效),真值表请读者自行推导。

【例 9-18】 画出下降沿 JK 触发器的波形。

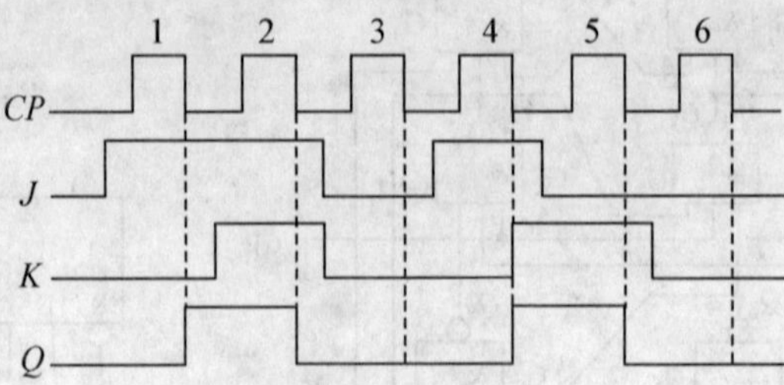

图 9-30 波形图

9.5 计数器

计数器是一种常用的数字部件,是触发器的重要应用之一。顾名思义,计数器就是能够累计输入脉冲数目的数字电路。它是一种记忆系统,除用作计数外,还可用作分频、定时等。计数器按脉冲的作用方式可分为异步计数器和同步计数器;按计数过程中数字的增减可分为加法计数器、减法计数器和可逆计数器;按计数体制的不同,又可分为二进制计数器,十进制计数器和其他进制计数器。

9.5.1 异步二进制加法计数器

图 9-33 为三位异步二进制计数器的逻辑电路。它由三个 D 触发器组成,每当有一个 CP 信号到来,触发器的状态就要翻转一次,而且,状态的翻转是发生在触发脉冲的上升沿。计数前,使得 $Q_2Q_1Q_0=000$。第一个计数脉冲来到后,F_0 由 0 态变为 1 态,F_2 和 F_1 的状态不变;第二个计数脉冲来到后,F0 由 1 态变为 0 态,在它的 Q 端上产生一个负跳变的脉冲,致使 F_1 由 0 态变为 1 态。可见,F_0 翻转两次,F_1 才翻转一次。同理,F_1 翻转二次,F_2

翻转一次。当第 7 个脉冲来到后，$Q_2Q_1Q_0=111$；第 8 个脉冲来到后，$Q_2Q_1Q_0=000$，且 Q_2 向更高位输出一个负跳变的进位脉冲，此后，计数又进入新的计数周期。状态表如表 9-17 所示。

表 9-17　　状态表

N	Q_1	Q_2	Q_3	十进制数
0	0	0	0	0
1	0	0	1	1
2	0	1	0	2
3	0	1	1	3
4	1	0	0	4
5	1	0	1	5
6	1	1	0	6
7	1	1	1	7

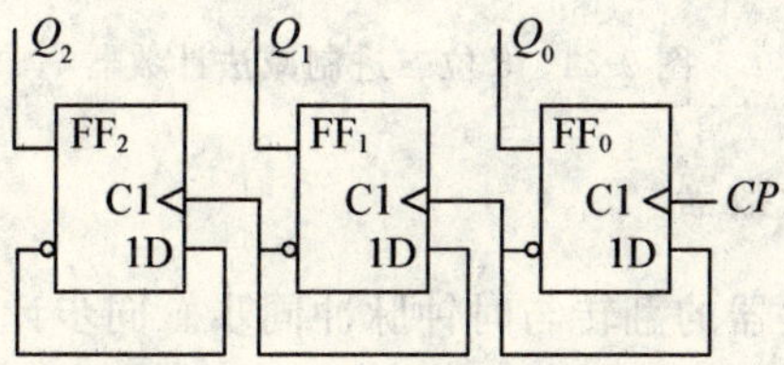

(a)

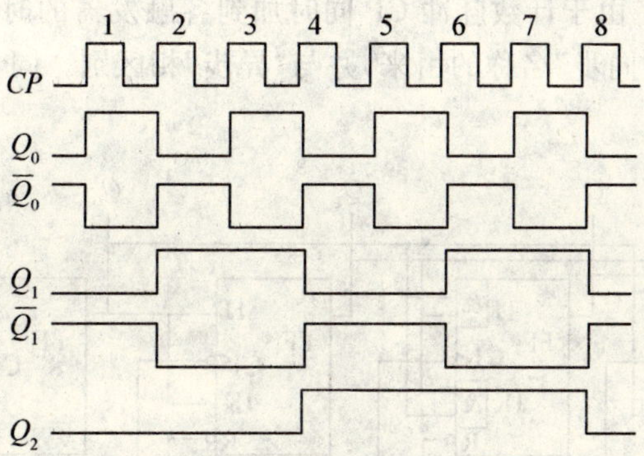

(b)

图 9-33　三位异步二进制计数器

9.5.2　异步二进制减法计数器

减法计数器必须满足二进制数的减法运算规则：0－1 不够减，应向相邻高位借位，即 9－1＝1。组成二进制减法计数器时，各触发器应当满足：① 每输入一个计数脉冲，触发器应当翻转一次;② 当低位触发器由 0 变为 1 时,应输出一个借位信号加到相邻高位触发器的计数输入端。图 9-34 为由 JK 触发器构成的 3 位二进制减法计数器,输出波形如图(b)所示。

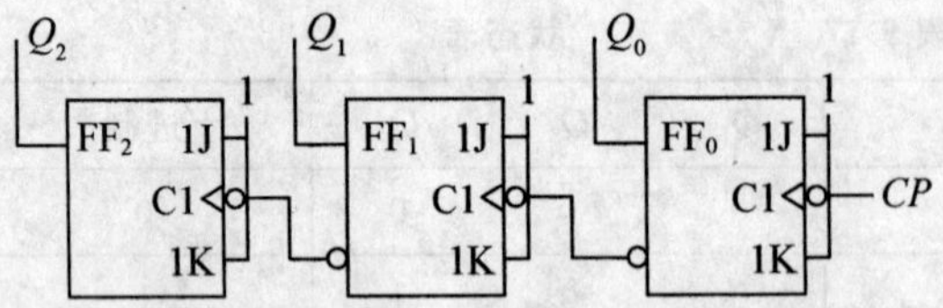

(a)

(b)

图 9-34　3 位二进制减法计数器

9.5.3　二进制同步计数器

同步计数器中,各触发器的翻转与时钟脉冲同步。同步计数器的工作速度较快,工作频率也较高。图 9-35 给出了用主从 JK 触发器组成的四位同步二进制加法计数器的电路图。图 9-36 为时序图。由于计数脉冲 CP 同时加到各触发器的时钟端,它们的状态变化和计数脉冲同步,这是"同步"名称的由来,并与"异步"相区别。同步计数器的计数速度较异步为快。

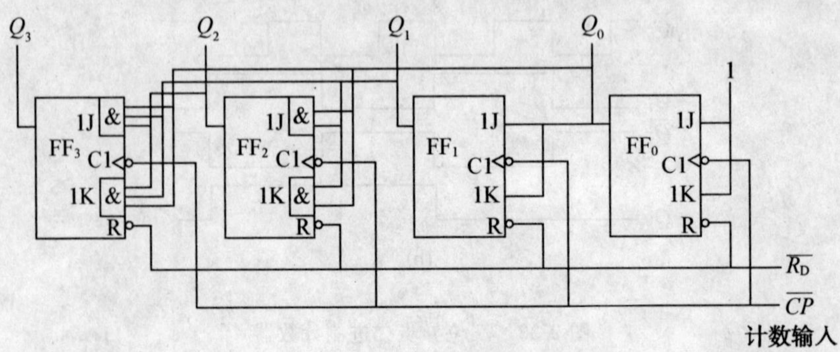

图 9-35　四位同步二进制加法计数器

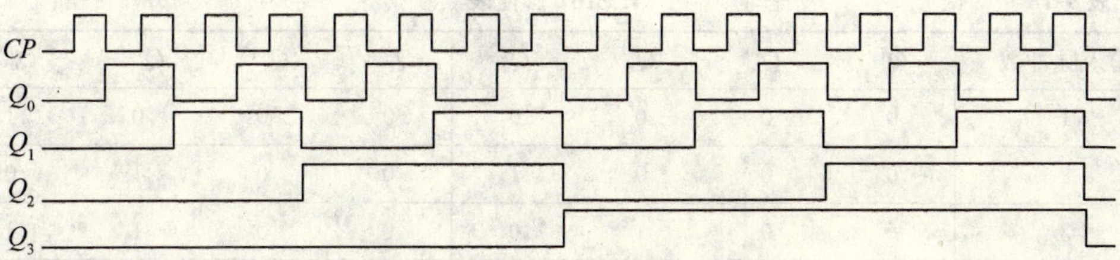

图 9-36　四位同步二进制加法计数器波形图

9.5.4　集成二进制计数器简介

74LS161 是同步四位二进制加法计数器，其逻辑电路图及引脚图如图 9-37 所示。

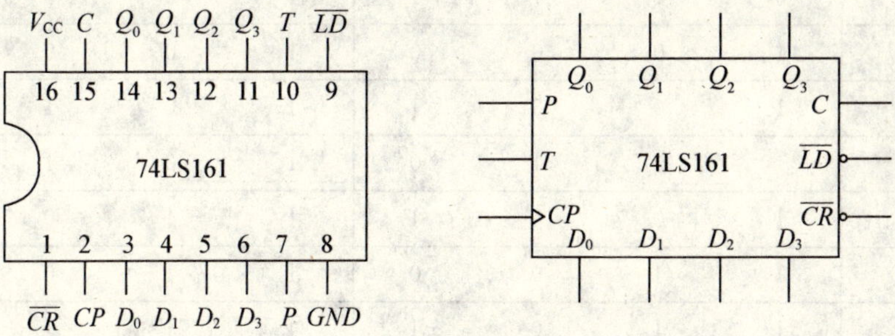

图 9-37　74LS161 逻辑电路图及引脚图

74LS161 功能如下：

(1)异步清零功能

当 $CR=0$ 时，不管其他输入端的状态如何(包括时钟信号 CP)，4 个触发器的输出全为零。

(2)同步并行预置数功能

在 $CR=1$ 的条件下，当 $LD=0$ 且有时钟脉冲 CP 的上升沿作用时，D_3、D_2、D_1、D_0 输入端的数据将分别被 $Q_3 \sim Q_0$ 所接收。由于置数操作必须有 CP 脉冲上升沿相配合，故称为同步置数。

(3)保持功能

在 $CR=LD=1$ 的条件下，当 $T=P=0$ 时，不管有无 CP 脉冲作用，计数器都将保持原有状态不变(停止计数)。其真值表如表 9-18 所示。

(4)同步二进制计数功能

当 $CR=LD=P=T=1$ 时，74LS161 处于计数状态，电路从 0000 状态开始，连续输入 16 个计数脉冲后，电路将从 1111 状态返回到 0000 状态，状态表见表 9-19。

表 9-18　　　　　　　　　　　　　　　　74LS161 真值表

输入脉冲数	Q_3^n	Q_2^n	Q_1^n	Q_0^n	Q_3^{n+1}	Q_2^{n+1}	Q_1^{n+1}	Q_0^{n+1}
1	0	0	0	0	0	0	0	1
2	0	0	0	1	0	0	1	0
3	0	0	1	0	0	0	1	1
4	0	0	1	1	0	1	0	0
5	0	1	0	0	0	1	0	1
6	0	1	0	1	0	1	1	0
7	0	1	1	0	0	1	1	1
8	0	1	1	1	1	0	0	0
9	1	0	0	0	1	0	0	1
10	1	0	0	1	1	0	1	0
11	1	0	1	0	1	0	1	1
12	1	0	1	1	1	1	0	0
13	1	1	0	0	1	1	0	1
14	1	1	0	1	1	1	1	0
15	1	1	1	0	1	1	1	1
16	1	1	1	1	0	0	0	0

表 9-19　　　　　　　　　　　　　　　　74LS161 状态表

输入									输出			
CP	CR	LD	P	T	D_3	D_2	D_1	D_0	Q_3	Q_2	Q_1	Q_0
×	0	×	×	×	×	×	×	×	0	0	0	0
↑	1	0	×	×	d	c	b	ad	c	b	a	
×	1	1	0	×	×	×	×	×	保持			
×	1	1	×	0	×	×	×	×	保持(C=0)			
↑	1	1	1	1	×	×	×	×	计数			

9.5.5　集成十进制计数器简介

74LS160 是集成同步十进制计数器，它是按 8421BCD 码进行加法计数的，74LS160 的引脚图、逻辑功能与 74LS161 相同，只是计数状态是按照十进制加法规律来计数的，因此不再重述。

9.6　555 定时器及应用

9.6.1　555 定时器简介

555 集成定时器是模拟功能和数字逻辑功能相结合的一种双极型中规模集成器件。外加电阻、电容可以组成性能稳定而精确的多谐振荡器、单稳电路、施密特触发器等，应用十分广泛。内部结构图和引脚图如图 9-38 所示：

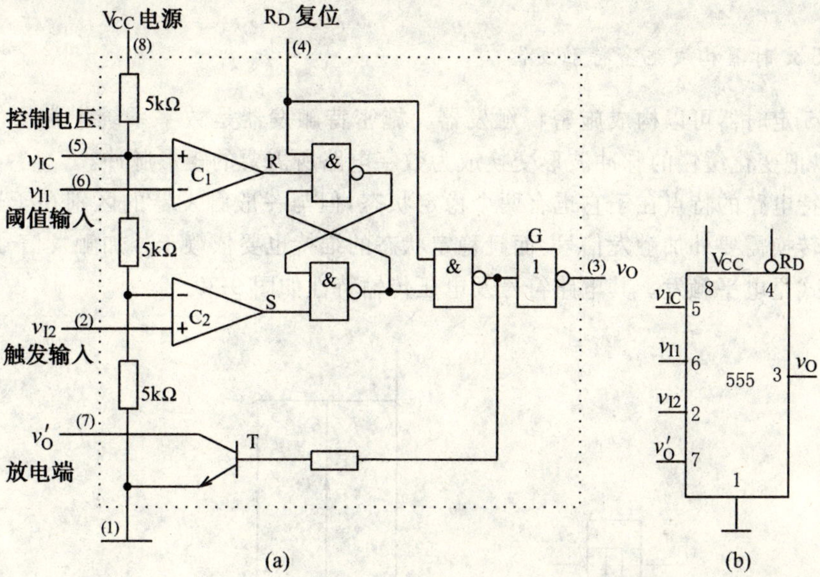

图 9-38　555 定时器电路

它是由上、下两个电压比较器、三个 5kΩ 电阻、一个 RS 触发器、一个放电三极管 T 以及功率输出级组成。比较器 C_1 的反相输入端 5 接到由三个 5 kΩ 电阻组成的分压网络的 2/3Vcc 处(5 也称控制电压端)，同相输入端 6 为阈值电压输入端。其功能表见表 9-20。

表 9-20　　**555 定时器功能表**

阈值输入(v_{I1})	触发输入(v_{I2})	复位(R_D)	输出(v_O)	放电管 T
×	×	0	0	导通
$<\frac{2}{3}V_{cc}$	$<\frac{1}{3}V_{cc}$	1	1	截止
$>\frac{2}{3}V_{cc}$	$>\frac{1}{3}V_{cc}$	1	0	导通
$<\frac{2}{3}V_{cc}$	$>\frac{1}{3}V_{cc}$	1	不变	不变

比较器 C_2 的同相输入端接到分压电阻网络的 1/3Vcc 处，反相输入端 2 为触发电压输入端，用来启动电路。两个比较器的输出端控制 RS 触发器。RS 触发器设置有复位端 4，当复位端处于低电平时，输出 3 为低电平。控制电压端 5 是比较器 C_1 的基准电压端，通过外接元件或电压源可改变控制端的电压值，即可改变比较器 C_1、C_2 的参考电压。不用时可将它与地之间接一个 0.01μF 的电容，以防止干扰电压引入。555 的电源电压范围是＋4.5～＋18V，输出电流可达 100～200mA，能直接驱动小型电机、继电器和低阻抗扬声器。

9.6.2 555 定时器的应用

1. 555 定时器构成施密特触发器

用 555 定时器可以构成施密特触发器。施密特触发器是数字系统中常用的电路之一，它可以把变化缓慢的脉冲波形变换成为数字电路所需要的矩形脉冲。

施密特电路的特点在于它也有两个稳定状态，但与一般触发器的区别在于这两个稳定状态的转换需要外加触发信号，而且稳定状态的维持也要依赖于外加触发信号，因此它的触发方式是电平触发。其电路符号及电压传输特性如图 9-39。

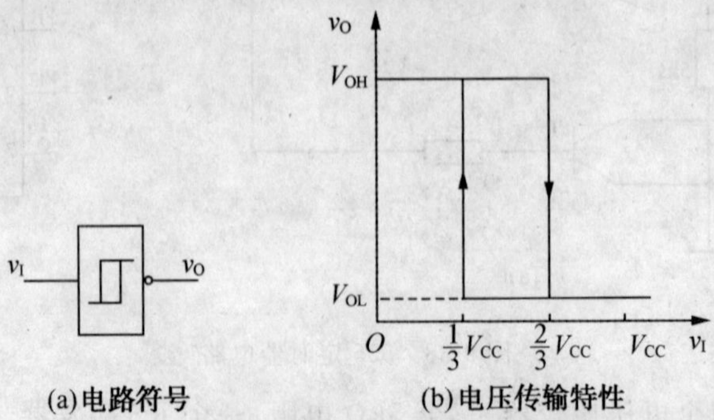

图 9-39 施密特触发器的电路符号和电压传输特性

由 555 定时器构成的施密特触发器如图 9-40。

其工作过程为：

(1) $v_I = 0V$ 时，v_{O1} 输出高电平。

(2)当 v_I 上升到 $\frac{2}{3}V_{CC}$ 时，v_{O1} 输出低电平。当 v_I 由 $\frac{2}{3}V_{CC}$ 继续上升，v_{O1} 保持不变。

(3)当 v_I 下降到 $\frac{1}{3}V_{CC}$ 时，电路输出跳变为高电平。而且在 v_I 继续下降到 0V 时，电路的这种状态不变。

图中，R、V_{CC2} 构成另一输出端 v_{O2}，其高电平可以通过改变 V_{CC2} 进行调节。

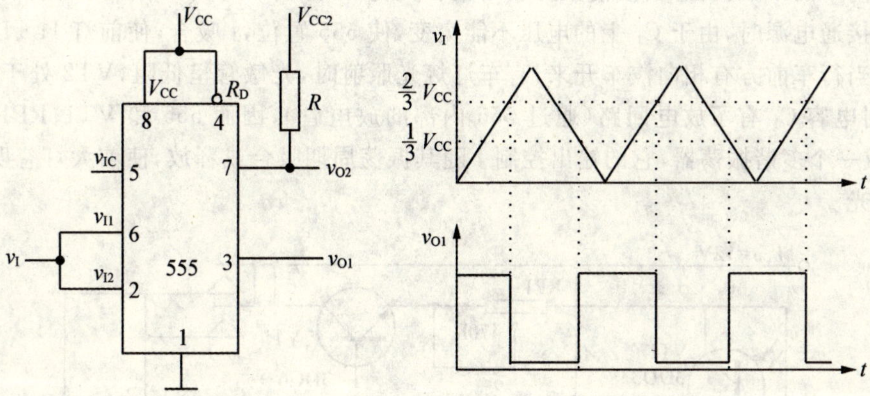

(a) 电路图　　　　　(b) 波形图

图 9-40　施密特触发器

2. 用 555 定时器构成的多谐振荡器

多谐振荡器一旦起振之后，电路没有稳态，只有两个暂稳态，它们作交替变化，输出连续的矩形脉冲信号，因此它又称作无稳态电路，常用来做脉冲信号源。由 555 构成的多谐振荡器电路及工作波形如图 9-41 所示。

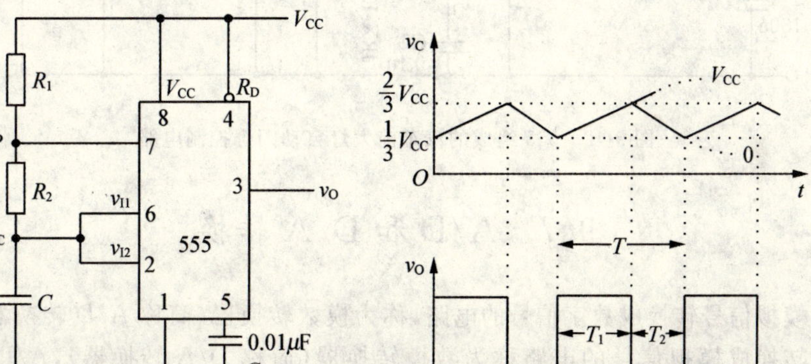

(a)　　　　　(b)

图 9-41　多谐振荡器电路和波形图

电源接通后，Vcc 通过电阻 R_1、R_2 向电容 C 充电。当电容上电压 $v_C=2/3Vcc$ 时，阈值输入端 6 受到触发，比较器 C_1 翻转，输出电压 $Vo=0$，同时放电管 T 导通，电容通过 R_2 放电；当电容上电压 $Vc=1/3Vcc$，比较器 C_2 工作，输出电压 Vo 变为高电平。C 放电终止、又重新开始充电，周而复始，形成振荡。其振荡周期与充放电的时间有关。

9.6.3　555 定时器在汽车电路中的应用

图 9-42 所示是由 555 组成的汽车前大灯自动闪烁控制电路。汽车夜晚行驶时，若前

方有相向来的车，司机总要使前大灯明暗交替变化，本控制器可实现前大灯的启动点亮和熄灭。接通电源时，由于 C_1 上的电压不能突变，使 555 置位，J 吸合，使前灯 H_1、H_2 一直点亮。当行车前方有相向汽车开来，有车灯灯光照射时，光敏管呈低阻，VT2 处于导通状态，此时电容 C_1 有了放电回路(通过 555 内部的放电管)，因而 555 和 VT1、RP1、VT2、C1 组成一个多谐振荡器，它的输出控制 J 随其振荡周期吸合或释放，使前大灯忽明忽暗，闪烁发光。

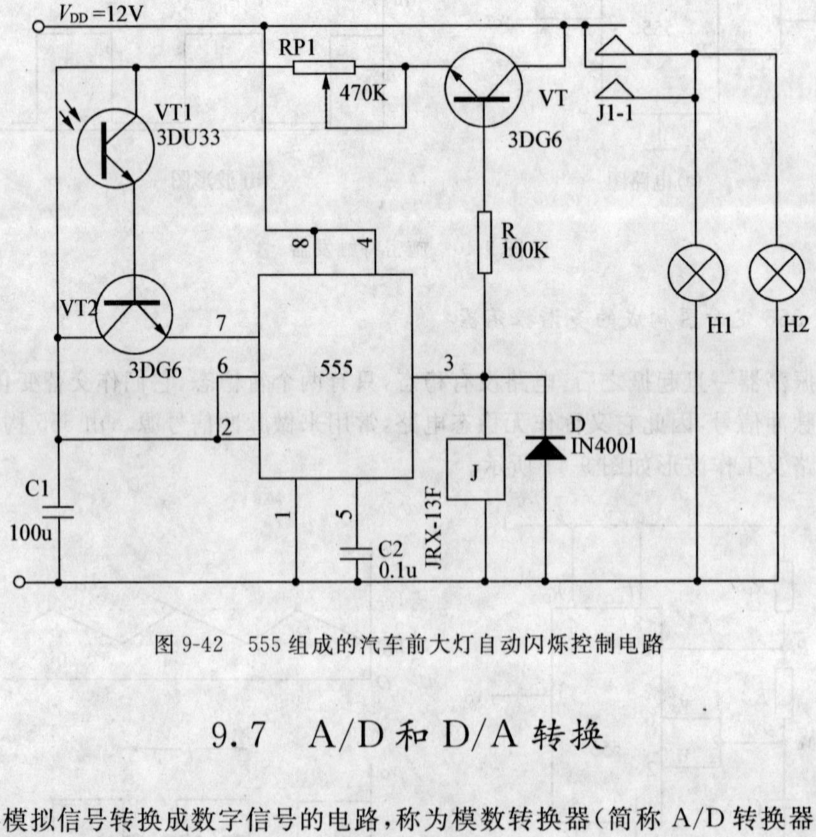

图 9-42　555 组成的汽车前大灯自动闪烁控制电路

9.7　A/D 和 D/A 转换

能将模拟信号转换成数字信号的电路，称为模数转换器(简称 A/D 转换器)；而能把数字信号转换成模拟信号的电路称为数模转换器(简称 D/A 转换器)，A/D 转换器和 D/A转换器已经成为计算机系统中不可缺少的接口电路。

9.7.1　A/D 和 D/A 转换器简介

1. A/D 转换器

目前 A/D 转换器的种类虽然很多，但从转换过程来看，可以归结成两大类：一类是直接 A/D 转换器；另一类是间接 A/D 转换器。在直接 A/D 转换器中，输入模拟信号不需要中间变量就直接被转换成相应的数字信号输出，如计数型 A/D 转换器，逐次逼近型 A/D转换器和并联比较型 A/D 转换器等，这里简要介绍几种转换器的特点。

(1)积分型(如 TLC7135)

积分型 AD 工作原理是将输入电压转换成时间(脉冲宽度信号)或频率(脉冲频率),然后由定时器/计数器获得数字值。其优点是用简单电路就能获得高分辨率,但缺点是由于转换精度依赖于积分时间,因此转换速率极低。初期的单片 AD 转换器大多采用积分型,现在逐次比较型已逐步成为主流。

(2)逐次比较型(如 TLC0831)

逐次比较型 AD 转换器由一个比较器和 DA 转换器通过逐次比较逻辑构成,从 MSB 开始,顺序地对每一位将输入电压与内置 DA 转换器输出进行比较,经 n 次比较而输出数字值。其电路规模属于中等。其优点是速度较高、功耗低,在低分辩率(＜12 位)时价格便宜,但高精度(＞12 位)时价格很高。

(3)并行比较型

并行比较型 AD 采用多个比较器,仅作一次比较而实行转换,又称 FLash(快速)型。由于转换速率极高,n 位的转换需要 2^n-1 个比较器,因此电路规模也极大,价格也高,只适用于视频 AD 转换器等速度特别高的领域。

AD 转换器的主要技术指标:

(1)分辩率(Resolution):指数字量变化一个最小量时模拟信号的变化量,定义为满刻度与 2^n 的比值。分辩率又称精度,通常以数字信号的位数来表示。

(2)转换速率(Conversion Rate):是指完成一次从模拟转换到数字的 AD 转换所需的时间的倒数。

(3)量化误差(Quantizing Error) 由于 AD 的有限分辩率而引起的误差,即有限分辩率 AD 的阶梯状转移特性曲线与无限分辩率 AD(理想 AD)的转移特性曲线(直线)之间的最大偏差。通常是 1 个或半个最小数字量的模拟变化量,表示为 1LSB、1/2LSB。

2. D/A 转换器

DA 转换器的内部电路构成无太大差异,一般按输出是电流还是电压、能否作乘法运算等进行分类。大多数 DA 转换器由电阻阵列和 n 个电流开关(或电压开关)构成。按数字输入值切换开关,产生比例于输入的电流(或电压)。此外,也有为了改善精度而把恒流源放入器件内部的。一般说来,由于电流开关的切换误差小,大多采用电流开关型电路,电流开关型电路如果直接输出生成的电流,则为电流输出型 DA 转换器,此外,电压开关型电路为直接输出电压型 DA 转换器。

DA 转换器的主要技术指标:

(1)分辩率(Resolution):指最小模拟输出量(对应数字量仅最低位为‘1’)与最大量(对应数字量所有有效位为‘1’)之比。

(2)建立时间(Setting Time):是将一个数字量转换为稳定模拟信号所需的时间,也可以认为是转换时间。DA 中常用建立时间来描述其速度,而不是 AD 中常用的转换速率。一般地,电流输出 DA 建立时间较短,电压输出 DA 则较长。

其他指标还有线性度(Linearity),转换精度,温度系数/漂移等。

9.7.2 A/D 和 D/A 转换器的应用

1. A/D 转换器的应用

集成 A/D 转换器的种类很多。例如 AD571、ADC0801、ADC0804、ADC0809 等。下面以 ADC0804 为例来介绍集成 A/D 转换器的应用。

在现代过程控制及各种智能仪器和仪表中，为采集被控（被测）对象数据以达到由计算机进行实时检测、控制的目的，常用微处理器和 A/D 转换器组成数据采集系统。单通道微机化数据采集系统的示意图如图 9-43 所示。

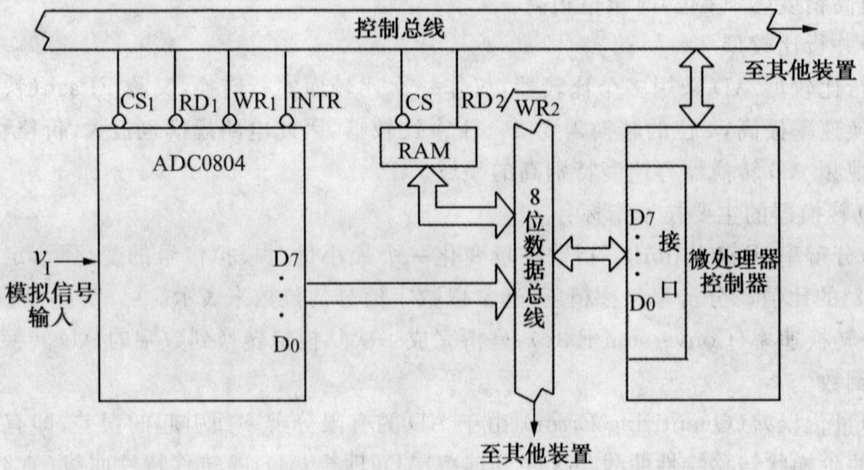

图 9-43 单通道微机化数据采集系统示意图

系统由微处理器、存储器和 A/D 转换器组成，它们之间通过数据总线（DBUS）和控制总线（CBUS）连接，系统信号采用总线传送方式。

现以程序查询方式为例，说明 ADC0804 在数据采集系统中的应用。采集数据时，首先微处理器执行一条传送指令，在指令执行过程中，微处理器在控制总线的同时产生 CS_1、WR_1 低电平信号，启动 A/D 转换器工作，ADC0804 经 100μS 后将输入模拟信号转换为数字信号存于输出锁存器，并在 INTR 端产生低电平表示转换结束，并通知微处理器可来取数。当微处理器通过总线查询到 INTR 为低电平时，立即执行输入指令，以产生 CS、RD_2 低电平信号到 ADC0804 相应引脚，将数据取出并存入存储器中。整个数据采集过程中，由微处理器有序地执行若干指令完成。

2. D/A 转换器的应用

DAC0832 属于倒 T 型电阻网络型 D/A 转换器，内部无运算放大器，输出为电流形式，因此，使用时，需外接一个运算放大器，如图 9-44DAC0832 可根据实际情况接成双缓冲、单缓冲和直缓冲 3 种形式，此 D/A 转换器接成第 3 种形式使用，即引脚 1、2、17、18 接低电平，19 引脚接＋5 V。引脚 8 为参考电压输入端口，接＋10 V 电源，当数字输入端全为高电平时，模拟输出端为－10V。

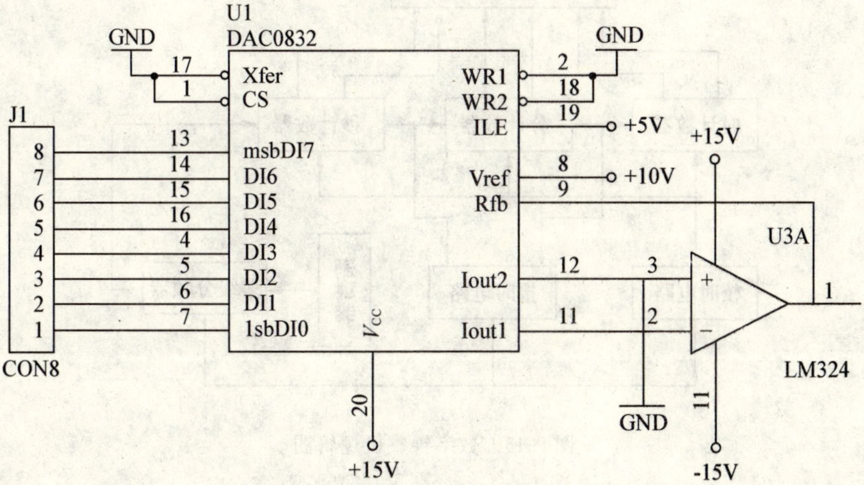

图 9-44　DAC0832 外部电路

实训 9　数字钟的设计

数字钟是采用数字电路实现“时”、“分”、“秒”数字显示的计时装置。由于数字集成电路的发展和石英晶体振荡器的使用，使得数字钟的精度、稳定度远远超过了机械钟表。钟表的数字化在提高报时精度的同时，也大大扩展了它的功能，诸如定时自动报警、按时自动打铃、时间程序自动控制、定时广播、定时启闭路灯等。因此，研究数字钟及扩大其应用，有着非常现实的意义。

一个具有计时、校时、报时、显示等基本功能的数字钟主要由振荡器、分频器、计数器、译码器、显示器、校时电路、报时电路等七部分组成。石英晶体振荡器产生的信号经过分频器得到秒脉冲，秒脉冲送入计数器计数，计数结果通过“时”、“分”、“秒”译码器译码，并通过显示器显示时间。数字钟的整机逻辑框图如图 9-45 所示。

1. 石英晶体振荡器

石英晶体振荡器的特点是振荡频率准确、电路结构简单、频率易调整，它是电子钟的核心，用它产生标准频率信号，再由分频器分成秒时间脉冲。用反相器与石英晶体构成的振荡电路如图 9-46 所示。利用两个非门 G1 和 G2 自我反馈，使它们工作在线形状态，然后利用石英晶体 Z_1 来控制振荡频率。振荡器振荡频率的精度与稳定度基本上决定数字钟的准确度，晶振频率越高，计时准确度越高。目前常见的石英晶振频率是 $4MH_z$ 时，则振荡器输出频率为 $4MH_Z$。

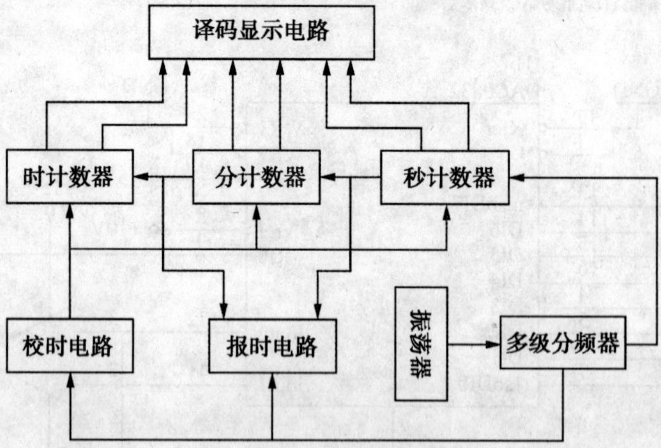

图 9-45　数字钟整机逻辑图

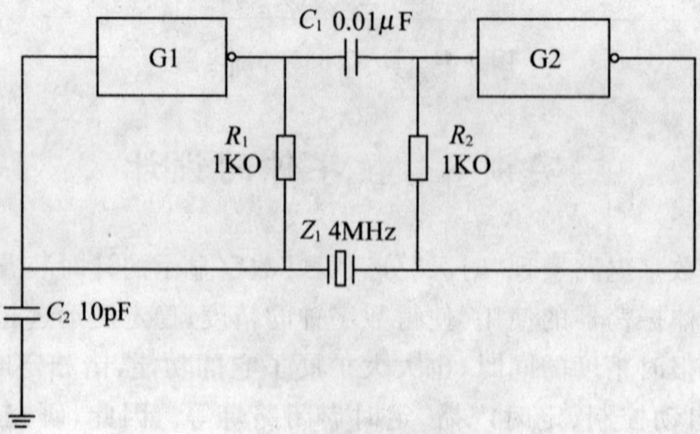

图 9-46　石英晶体振荡电路

2. 分频器

时间标准信号的频率很高，要得到秒脉冲，需要分频电路。例如，振荡器输出 $4MH_Z$ 信号，可通过D触发器（如 74LS74）进行 4 分频变成 $1MH_Z$，也可以将 10 分频计数器 74LS160（或 74LS90）进行 4 分频变成 $1MH_Z$，然后送到 10 分频计数器 74LS160（或 74LS90），经过 6 次 10 分频而获得 $1H_Z$的方波信号。

3. 计数器

整个计数器电路由秒计数器、分计数器、时计数器串接而成。秒计数器和分计数器各自由一个十进制计数器和一个六进制计数器串接组成，形成两个六十进制计数器。时计数器可由两个十进制计数器串接并通过反馈接成二十四制计数器。

4. 译码器

译码器由六片 74LS247（或 74LS48）组成，74LS247 驱动器是与 8421BCD 编码计数器配合用的 7 段译码驱动器。一片 74LS247 驱动一只数码,72LS247 是集电极开路输出,为了限制数码管的导通电流,在 72LS247 的输出与数码管的输入端之间均应串有限流电阻.

5. 显示器

用七段发光数码管来显示译码器输出的数字,发光数码管有两种:共阳极或共阴极。74LS247 驱动器是低电平输出,采用共阳极数码管。

6. 校时电路

刚接通电源或走时不准时,都需要进行时间校准。实现校时电路的方法有很多,采用基本 R—S 触发器构成单脉冲发生器是其中的一种,电路如图 9-47。

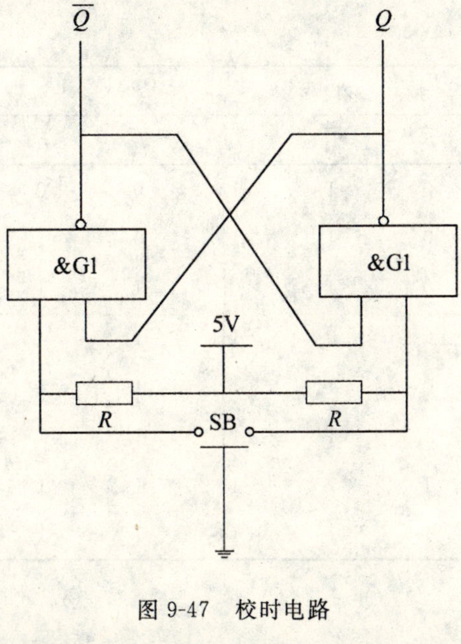

图 9-47　校时电路

具体电路不再多述,请读者自行设计。

习　题

9.1　填空题

1. 把下列二进制数转换成十进制数:

10010110=(　　)$_2$　　11010100=(　　)$_2$　　0101001=(　　)$_2$

110110.111=(　　)$_2$　　101101.101=(　　)$_2$

2. 将下列十进制数转换为对应的八进制数:

21=(　　)$_8$　　130=(　　)$_8$　　27=(　　)$_8$　　250=(　　)$_8$

48=(　　)$_8$　　1012=(　　)$_8$　　95=(　　)$_8$　　100.625=(　　)$_8$

3. 74LS148 是一种常用的 8 线—3 线优先编码器。其芯片引脚图如图 9-48 所示。

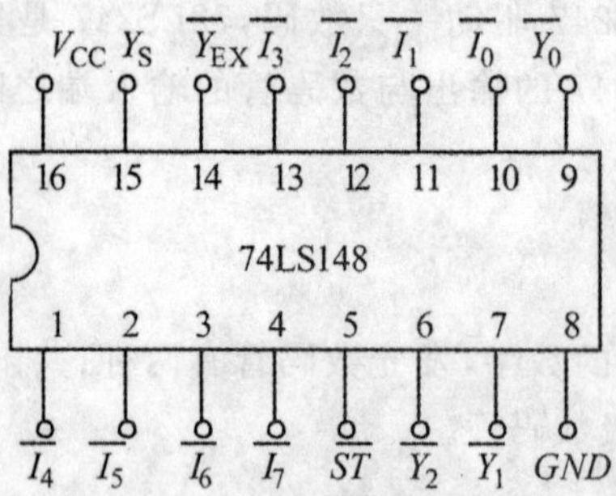

(a) 引脚排列图

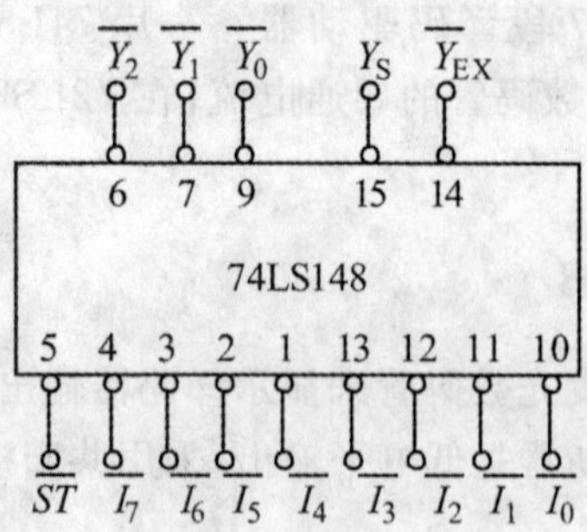

(b) 逻辑功能示意图

图 9-48

试在芯片工作的情况下，填写下表，分析 74LS148 芯片的特点：

表 9-21

输入								输出		
$\overline{I_0}$	$\overline{I_1}$	$\overline{I_2}$	$\overline{I_3}$	$\overline{I_4}$	$\overline{I_5}$	$\overline{I_6}$	$\overline{I_7}$	$\overline{Y_2}$	$\overline{Y_1}$	$\overline{Y_0}$
1	0	1	0	1	1	0	0			
1	0	1	0	1	1	0	1			
1	0	1	0	1	0	1	1			
1	0	1	0	0	1	1	1			
1	0	1	0	1	1	1	1			
1	0	0	1	1	1	1	1			
1	0	1	1	1	1	1	1			
0	1	1	1	1	1	1	1			

9.2　选择题

1. 能够完成译码工作的器件是(　　)

A. 编码器　　B. 译码器　　C. 数据选择器　　D. 触发器

2. 555 定时器能够构成(　　)

A. 单稳态触发器　B. 施密特触发器　C. 多谐振荡器　D. AD 转换器

3. 基本的门电路有(　　)种。

A. 三种　　B. 两种　　C. 五种　　D. 四种

9.3　问答题

1. 列出逻辑函数 $Y=AB+BC+AC$ 的真值表，并画出逻辑图。

2. 有一个上升沿触发的维持阻塞 D 触发器，试画出在图 9-49 所示的 CP 脉冲和输入 D 信号的作用下．输出端 Q 的波形。设 D 触发器的初态为 0。

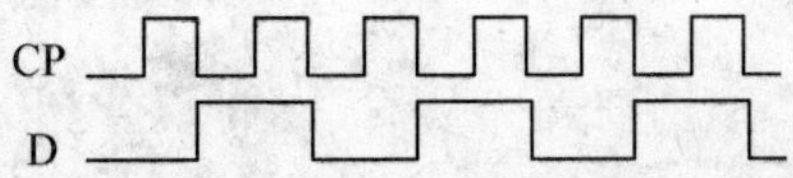

图 9-49

3. 设输入变量 A、B、C、D，输出为 F。当 A、B、C、D 有三个或三个以上为 1 时，输出为 1，输入为其它状态时，输出为 0。试列出其真值表。

4. 时序逻辑电路与组合逻辑电路的主要区别是什么？

主要参考文献

1. 陈小虎:《电工电子技术》(第 2 版),北京:高等教育出版社,2006
2. 姚道如:《汽车电工与电子技术》,武汉:武汉理工大学出版社,2009
3. 储克森:《汽车电工电子基础》,北京:机械工业出版社,2010
4. 李春明:《汽车电器设备构造与维修》,北京:高等教育出版社,2005
5. 张旭征:《汽车电工电子基础》,北京:机械工业出版社,2008
6. 韩广兴:《常用仪表使用方法与应用实例》,北京:电子工业出版社,2005
7. 叶挺秀:《电工电子学》,北京:高等教育出版社,2000
8. 刘卫民:《电力电子技术》,重庆:重庆大学出版社,2006
9. 焦阳:《电工电子技术》,北京:电子工业出版社,2006
10. 沈任元　吴勇:《数字电子技术基础》,北京:机械工业出版社,2009
11. 罗挺前:《电工与电子技术》,北京:高等教育出版社,2001
12. 高树德:《汽车电工电子技术基础》,北京:机械工业出版社,2005
13. 张继和:《电机控制与供电技术》,成都:西南交通大学出版社,2000
14. 王仁祥:《常用低压电气原理及其控制技术》,北京:机械工业出版社,2001
15. 郑忠杰:《电力电子变流技术》,北京:机械工业出版社,1999
16. 刘蕴陶:《电工电子技术》,北京:高等教育出版社,2005